المحاسبة الإدارية

تأليف

الدكتور أحمد حسن ظاهر

أستاذ مشارك

قسم المحاسبة - الجامعة الأردنية

الطبعة الثانية

الكتاب مقيم علمياً

٢٠٠٨

دار وائل للنشر

رقم الايداع لدى دائرة المكتبة الوطنية : (٢٠٠١/١٢/٢٥١٧)
ظاهر ، أحمد حسن
المحاسبة الادارية / أحمد حسن ظاهر . - عمان ، دار وائل ، ٢٠٠٢ .
(٤٨٣) ص
ر.إ. : (٢٠٠١/١٢/٢١٥٧)
الواصفات: المحاسبة / الادارة / محاسبة التكاليف
* تم إعداد بيانات الفهرسة والتصنيف الأولية من قبل دائرة المكتبة الوطنية

****

رقم التصنيف العشري / ديوي : ٦٥٧.٧
ISBN 9957-11-243-0 (ردمك)

* المحاسبـة الإداريـة
* الدكتور أحمد حسن ظاهر
* الطبعـة الثانية ٢٠٠٨

* جميع الحقوق محفوظة للناشر

دار وائـل للنشر والتوزيع

* الأردن - عمان - شارع الجمعية العلمية الملكية - مبنى الجامعة الاردنية الاستثماري رقم (٢) الطابق الثاني
هـاتف : ٠٠٩٦٢-٦-٥٣٣٨٤١٠ - فاكس : ٠٠٩٦٢-٦-٥٣٣١٦٦١ - ص. ب (١٦١٥ - الجبيهة)
* الأردن - عمـان - وسـط البـلد - مجمـع الفحيص التجـاري- هـاتف: ٠٠٩٦٢-٦-٤٦٢٧٦٢٧
www.darwael.com
E-Mail: Wael@Darwael.Com

بسم الله الرحمن الرحيم

مقدمـــــة

تعتبر المحاسبة الإدارية فرع من فروع المعرفة الذي يتميز بالتغير المستمر. وقد تم في هذا الكتاب معالجة أساسيات المحاسبة الإدارية مثل تحليل العلاقة بين التكاليف وحجم النشاط والأرباح بالإضافة إلى الموازنات المرنة والمعايير والموازنات الرأسمالية وهي مواضيع كلاسيكية. بالإضافة إلى ذلك فقد تم معالجة مواضيع حديثة مثل أنظمة التكاليف المبنية على الأنشطة والأساليب الكمية المستعملة في المحاسبة الإدارية.

وقد كان الاهتمام الرئيس لهذا الكتاب بالمجالات العملية الإدارية ودور المعلومات المحاسبية في عملية التخطيط والرقابة وتقييم الأداء واتخاذ القرارات الإدارية المختلفة مع التعرض لبعض الأساليب الكمية لتعزيز وتوضيح المفاهيم والأساسيات المطروحة.

لقد وضع هذا الكتاب "المحاسبة الإدارية" ليكون مناراً لكل طالب محاسبة ومرجعاً لكل من يعمل في مجال الإدارة والتخطيط وتقييم الأداء واتخاذ القرارات الإدارية المختلفة في كافة المنشآت. ويشمل الكتاب اثنى عشر فصلاً ويغطي أهم الجوانب العلمية والعملية في مجال المحاسبة الإدارية. وقد تم الاستعانة بالأمثلة الرقمية لتعزيز توضيح المفاهيم المتعددة المطروحة في الفصول المختلفة.

أرجو أن أكون قد وفقت بتقديم جهد متواضع لخدمة البرامج التعليمية الأكاديمية وسد بعض النقص في المكتبة العربية في مجال المحاسبة الإدارية مع شكري الجزيل لكل من ساهم في اخراج هذا الكتاب إلى حيز الوجود.

المؤلف
د. احمد حسن ظاهر
عمان

قائمة المحتويات

الفصل الأول

مقدمة للمحاسبة الإدارية

An Introduction to Managerial Accounting

يهدف هذا الفصل إلى تعريف القارئ بما يلي:

١- الحاجة إلى المعلومات المحاسبية لاتخاذ القرارات المختلفة.

٢- الفروقات بين المحاسبة الإدارية والمالية.

٣- المعايير الاخلاقية للمحاسبين الإداريين.

٤- معلومات المحاسبة الإدارية والقرارات الإدارية.

٥- هيكل المنشأة والمحاسب الإداري.

٦- العلاقة بين محاسبة التكاليف والمحاسبة الإدارية.

٧- التطورات الحديثة في المحاسبة الإدارية.

٨- الدور المتغير للمحاسبة الإدارية.

الفصل الأول
مقدمة للمحاسبة الإدارية
An Introduction to Managerial Accounting

١- مقدمة Introduction

تلعب المحاسبة الإدارية دورا بارزا في توفير المعلومات اللازمة للإدارة لاتخاذ القرارات الإدارية المختلفة. فهي تعطي معلومات تفصيلية لإدارة المنشأة في الوقت الذي تريده الإدارة لاتخاذ القرارات اللازمة، ويمكن أن تكون المعلومات مالية او غير مالية. ولا تخضع معلومات المحاسبة الإدارية لأية قواعد محاسبية كما هو الحال في المحاسبة المالية التي تخضع للقواعد المحاسبية المقبولة قبولا عاما. وتعتمد المحاسبة الإدارية في تقديمها المعلومات على الخبراء في مجالات المحاسبة والتسويق والتمويل والادارة والإنتاج وغيرها. ولا يتم عادة تدقيق هذه المعلومات المقدمة للإدارة من أية جهة خارجية محايدة.

ويجب أن يتحلى المحاسب الإداري بأربعة صفات رئيسة وهي الكفاءة والسرية والأمانة والموضوعية.

وتجدر الإشارة إلى أن معلومات المحاسبة الإدارية تساعد المدراء وغيرهم من المسؤولين بداخل المنشأة على اتخاذ قرارات عديدة تقع ضمن مجالات التخطيط طويل الأجل والتنظيم والتوجيه وتوزيع الموارد وتقييم الإنجاز والرقابة.

ونظرا للمنافسة الشديدة الموجودة بين المنشآت المختلفة في العصر الحاضر لانفتاح الاسواق العالمية على بعضها البعض، ونتيجة لتطور تقنية المعلومات بشكل سريع واستجابة لأذواق العملاء المتغيرة فقد استدعى كل ذلك إلى طلب معلومات أكثر دقة وبسرعة أكبر من السابق لاتخاذ القرارات المناسبة في الوقت الملائم للبقاء في دائرة المنافسة. وبالإضافة إلى ذلك فقد أصبحت المنشآت تركز اكثر مما سبق على جودة منتجاتها وعلى تصنيف عملياتها إلى أنشطة متعددة للحصول على معلومات أكثر دقة لتكاليف منتجاتها. ومن الممكن تطبيق نظام التكاليف المبني على الأنشطة في معظم أنواع المنشآت.

ونتيجة للتغيرات المختلفة في تقنية المعلومات وأذواق المستهلكين وغيرها من العوامل فقد أدى ذلك إلى تغير دور المحاسب الإداري من الدور التقليدي في توفير المعلومات لاتخاذ القرارات المختلفة إلى دور اكثر فاعلية بوضعه ضمن الفريق الإداري المتكامل الذي يسعى للتخطيط واتخاذ القرارات الملائمة لتحقيق افضل ارباح للمنشأة، مما أدى إلى تحسين نوعية المعلومات التي يوفرها نظام المحاسبة الإدارية.

وسوف يتم في هذا الفصل بيان مدى الحاجة إلى المعلومات المحاسبية لاتخاذ القرارات المختلفة وتوضيح الفروقات بين المحاسبة الإدارية والمالية، كما سيتم التعرف على المعايير الاخلاقية التي يجب أن يتحلى بها المحاسبون الإداريون، وبيان العلاقة بين محاسبة التكاليف والمحاسبة الإدارية. وأخيرا سيتم التعرض إلى التطورات الحديثة في المحاسبة الإدارية والدور المتغير للمحاسبة الإدارية في العصر الحاضر.

٢- الحاجة إلى المعلومات المحاسبية Need for Accounting Information

تهتم المحاسبة بتوفير المعلومات المالية اللازمة لاتخاذ القرارات المختلفة في كافة المنشآت سواء الهادفة منها للربح أو غير الهادفة للربح. وهناك العديد من الجهات الخارجية والداخلية للمنشأة التي تحتاج إلى المعلومات المحاسبية لاتخاذ قراراتها المتنوعة، وفيما يلي بعض الأمثلة على اتخاذ القرارات الرئيسة لمستخدمي المعلومات المحاسبية:

١- القرارات المتعلقة باستثمار الأموال في منشأة معينة. فمثلا أصحاب المنشأة والمستثمرين الحاليين بها يستعملون المعلومات المحاسبية لاتخاذ قرارهم بالاستمرار بملكية المنشأة والاستثمار بها أم لا. وكذلك الحال فإن مقرضي المنشأة يستعملون المعلومات المحاسبية لاتخاذ قرارهم بالاستمرار في إعطاء قروض للمنشأة أم لا. وأخيرا فإن المستثمرين والمقرضين المحتملين يستعملون المعلومات المحاسبية لاتخاذ قرارهم باستثمار أموالهم في المنشآت الواعدة والأكثر نجاحا.

٢- القرارات المتعلقة بفرض الضرائب والمراقبة على المنشآت. فمثلا تعتمد الجهات الضريبية على المعلومات المحاسبية في اتخاذ قرارها بالمبلغ المستحق على المنشأة من ضريبة الدخل وضريبة مبيعات وغيرها من الضرائب. وكذلك الحال فإن الجهات التي تراقب وتنظم اعمال المنشآت تعتمد على المعلومات

المحاسبية في قراراتها المختلفة، فمثلا هل المنشأة تتقيد بدفع الحد الأدنى من الأجور ام لا؟ وهل سعر المياه أو الكهرباء الذي يعتمد على إضافة نسبة معينة على التكاليف، متوافق مع نسبة الإضافة المسموح بها من الجهات الحكومية أم لا؟

٣- القرارات التي تتخذها إدارة المنشأة والمتعلقة بممارسة الوظائف الإدارية المختلفة من تخطيط وتنظيم وتوجيه وإشراف ورقابة. ويتم اتخاذ القرارات التي تؤثر على القوائم المالية من قبل كافة المستويات الإدارية. فقرار شراء آلة جديدة للمنشأة على الحساب سوف يؤثر على كل من الاصول والالتزامات ومصروف الإهتلاك بالزيادة. وكذلك الحال اتخاذ قرار بتعيين موظفين جدد أو الطلب من الموظفين الحاليين القيام بالعمل الإضافي سوف يؤدي إلى زيادة تكلفة الأجور والميزات المضافة لها.

٤- القرارات المتعلقة بالعاملين في المنشأة، الحاليين والمحتملين. حيث يعتمد العاملون في المنشأة على المعلومات المحاسبية الواردة في القوائم المالية لاتخاذ قرارهم بالاستمرار في العمل لدى المنشأة أم لا، فمثلا إذا كانت المنشأة تحقق أرباحا كبيرة كما يتضح من قائمة الدخل فإن العاملين بهذه المنشأة سيشعرون بالإطمئنان على وظائفهم وإمكانية الاستمرار بها وكذلك الحال فإن الأرباح الكبيرة سوف تشجع الباحثين عن العمل على اتخاذ قرارهم بالانضمام لهذه المنشأة باعتبارها منشأة ناجحة.

٥- القرارات المتعلقة بعملاء المنشأة ومورديها. حيث يهتم كافة المتعاملين مع المنشأة من عملاء وموردين بالاستمرار في تعاملهم مع المنشأة، فالعملاء يسعون للحصول على سلع أو خدمات المنشأة بأسعار منافسة، في حين أن الموردين يقدمون السلع أو عناصر الإنتاج والخدمات التي يتطلبها نشاط المنشأة وبالتالي فهم ينظرون إلى المنشأة كجهة مربحة لتسويق سلعهم ومنتجاتهم. وعليه فإن المتعاملين مع المنشأة يعتمدون على المعلومات المحاسبية الواردة في القوائم المالية لاتخاذ قرارهم باستمرار التعامل مع المنشأة أم لا.

ويلاحظ مما سبق أن هناك حاجة ماسة لتوفر المعلومات المحاسبية اللازمة للعديد من الاطراف لاتخاذ قراراتهم المختلفة. كما يلاحظ أنه يمكن تقسيم الجهات المتخذة للقرارات المختلفة إلى جهات خارجية وأخرى داخلية.

أما الجهات الخارجية عن المنشأة والتي تستعمل المعلومات المحاسبية المتعلقة بالمنشأة لاتخاذ قراراتها المختلفة حول المنشأة فتتضمن الموردين والمستثمرين والعملاء والجهات الضريبية وغيرها.

وتقدم المحاسبة المالية كافة المعلومات المحاسبية للجهات الخارجية عن طريق نشر القوائم المالية المتعلقة بالمنشأة والتي تحتوي على المعلومات المحاسبية اللازمة لاتخاذ القرارات المختلفة. ومن الأمثلة على القوائم المالية، الميزانية وقائمة الدخل وقائمة التدفقات النقدية وغيرها. وتمثل الميزانية ملخصا للأصول والتزامات وحقوق الملكية الخاصة بمنشأة معينة بتاريخ معين. في حين أن قائمة الدخل تحتوي على الإيرادات والمصروفات الخاصة بالمنشأة وينتج عنها صافي الربح أو الخسارة للمنشأة عن مدة معينة. أما قائمة التدفقات النقدية فهي تلخص المعلومات المتعلقة بالتدفقات النقدية الواردة والصادرة لمنشأة معينة عن مدة معينة.

في حين أن الجهات الداخلية بالمنشأة والتي تستعمل المعلومات المحاسبية لاتخاذ قراراتها المختلفة فهي تتضمن الإدارة بكافة مستوياتها الدنيا والوسطى والعليا. حيث تستعمل ادارة المنشأة المعلومات المحاسبية لتحديد تكاليف السلع والخدمات وبالتالي اتخاذ قرار تسعيرها للغير. كما تستعمل إدارة المنشأة المعلومات المحاسبية لاتخاذ قرارات متعلقة بالتخطيط والرقابة والقرارات الأخرى طويلة الاجل كشراء الات او

معدات يتم استعمالها بالمنشأة لأجل طويل. وتجدر الإشارة هنا إلى أن المحاسبة الإدارية تقوم بتوفير كافة المعلومات المحاسبية التي تخدم الإدارة في اتخاذ قراراتها المختلفة.

وسوف نوضح فيما يلي أهم الفروقات بين المحاسبة الإدارية والمحاسبة المالية.

٣- الفروقات بين المحاسبة الإدارية والمالية

Differences Between Managerial and Financial Accounting

تتلخص أهم الفروقات بين المحاسبة الإدارية والمحاسبة المالية بالنقاط التالية:

١- تختص المحاسبة الإدارية بتوفير المعلومات المحاسبية للأطراف الداخلية بالمنشأة والتي تتمثل بالإدارة على كافة مستوياتها ورؤساء الاقسام والمشرفين فيها. بينما تختص المحاسبة المالية بتوفير المعلومات المحاسبية للأطراف

الخارجية عن المنشأة كالمستثمرين والدائنين والعملاء وكافة فئات الجمهور بشكل عام.

٢- لا تخضع المحاسبة الإدارية للقواعد والقوانين والأنظمة والمبادئ نفسها التي تخضع لها المحاسبة المالية. فمثلا لا يوجد هناك قواعد محاسبية مقبولة قبولا عاما للمحاسبة الإدارية كما هو الحال في المحاسبة المالية ليتم الإلتزام بها عند إعداد المعلومات المحاسبية والإفصاح عنها.

٣- تصدر المحاسبة الإدارية تقارير ومعلومات داخلية تفصيلية طبقا لحاجة الأطراف الداخلية بالمنشأة وفي أي وقت، في حين أن المحاسبة المالية تصدر التقارير المالية بصورة مكثفة وغير تفصيلية للأطراف الخارجية وعلى الأقل مرة واحدة سنويا وبصورة دورية.

٤- يمكن ان تتضمن المحاسبة الإدارية تقارير ومعلومات مالية يمكن قياسها بالنقدية ومعلومات غير مالية كعدد الموظفين المطلوبين لإنجاز مهمة معينة أو عدد الساعات المطلوبة لإنجاز تلك المهمة، في حين أن التقارير الصادرة عن المحاسبة المالية تكون من النوع الذي يمكن قياسه بالنقدية فقط ولا تتضمن اية معلومات غير مالية.

٥- تركز المحاسبة الإدارية في المعلومات التي تصدرها على الأقسام والأنشطة المختلفة للمنشأة، في حين تركز المحاسبة المالية على المنشأة كوحدة محاسبية واحدة.

٦- تعتمد المحاسبة الإدارية في تقديمها المعلومات على الخبراء في مجالات المحاسبة والتمويل والتسويق والإدارة والإنتاج وغيرها، ولا يتم عادة تدقيقها من جهات محايدة، بينما تعتمد المحاسبة المالية في تقديمها التقارير المالية على المحاسب المالي ولا تستطيع نشرها إلا بعد تدقيقها من المدقق الخارجي الحيادي.

٧- يمكن الوثوق بصحة المعلومات الصادرة عن المحاسبة المالية بدرجة اكبر بسبب خضوعها للتدقيق الخارجي المحايد وبالتالي فهي تعتبر معلومات موضوعية خالية من التحيز، في حين ان المعلومات الصادرة عن المحاسبة الإدارية تعتبر تقديرية في مجال التخطيط ويتم مقارنتها مع النتائج الفعلية بالمنشأة لأغراض الرقابة.

٨- تعتمد تقارير المحاسبة الإدارية على نظام القيد المزدوج وعلى أية تحليلات ملائمة لاحتياجات إدارة المنشأة، بينما تعتمد التقارير المالية الصادرة عن المحاسبة المالية على نظام القيد المزدوج ومعلومات التكلفة فقط.

بالرغم من الفروقات المذكورة بين المحاسبة الإدارية والمحاسبة المالية إلا أن هناك بعض أوجه التشابه بينهما ويتركز هذا التشابه بالنقطتين التاليتين:

أ- أن كلا من المحاسبة المالية والإدارية تهتم بالمعلومات الاقتصادية المالية للمنشأة. فمثلا تحديد تكلفة الوحدة من منتج معين هو جزء من المحاسبة الإدارية، في حين أن الافصاح عن إجمالي تكلفة انتاج وبيع منتج معين هو جزء من المحاسبة المالية.

ب- أن كلا من المحاسبة المالية والإدارية تتطلب قياس نتائج الأحداث الاقتصادية للمنشأة وإبلاغها للجهات المعنية. وتجدر الإشارة هنا إلى أن الحاجات المتنوعة للمعلومات الإقتصادية للجهات المختلفة المعنية بهذه المعلومات هي المسؤولة عن أغلبية الفروقات بين المحاسبة الإدارية والمحاسبة المالية.

٤- المعايير الأخلاقية للمحاسبين الإداريين
Ethical Standards for Managerial Accountants

مما لا شك فيه ان المحاسبين الإداريين يدركون أن عليهم التزاما أخلاقيا تجاه الشركات التي يعملون بها وتجاه الجمهور بشكل عام. وقد أصدر معهد المحاسبين الإداريين الأمريكي المعايير الأخلاقية التي يجب ان يتحلى بها المحاسبون الإداريون. وتتخلص هذه المعايير بما يلي:

١- الكفاءة Competence
٢- السرية Confidentiality
٣- الأمانة Integrity
٤- الموضوعية Objectivity

وطبقا لهذه المعايير فإنه يجب على المحاسب الإداري ان يتمتع بالكفاءة ليكون قادرا على انجاز عمله، وأن لا ينقل اية معلومات عن الشركة لغير المختصين فيحافظ بذلك على سرية هذه المعلومات، وأن يكون أميناً وموضوعيا في نقل المعلومات للجهات المختصة كإدارة الشركة ورؤساء الاقسام وما شابه ليتمكنوا من اتخاذ القرارات الإدارية المختلفة والمتلائمة مع حاجات الشركة.

٥- معلومات المحاسبة الإدارية والقرارات الإدارية
Managerial Accounting Information and Managerial Decisions

تعتبر معلومات المحاسبة الإدارية ذات أهمية بالغة للجهات الداخلية بالمنشأة كالمدراء ورؤساء الاقسام والمشرفين وما شابه. وبشكل عام فإن معلومات المحاسبة الإدارية تساعد المدراء وغيرهم من مسؤولين بداخل المنشأة على اتخاذ قرارات تقع ضمن المجالات التالية:

١- التخطيط طويل الأجل: Long-term Planning

تعتبر مهمة التخطيط طويل الأجل وعمل الاستراتيجيات للمنشأة من أهم أعمال ومسؤوليات إدارة المنشأة لتحقيق الأهداف المنشودة لها.

ومن الأمثلة على اهداف المنشأة والتي تسعى إدارة المنشأة لتحقيقها ما يلي: تعظيم الأرباح وسعر سهم المنشأة بالسوق مع المشاركة بالبرامج الإجتماعية والحفاظ على البيئة، بالإضافة إلى تعظيم قيمة المنشأة والذي يعتبر من الأهداف الرئيسة للمنشأة على المدى البعيد.

وتلعب معلومات المحاسبة الإدارية دورا بارزا في تزويد إدارة المنشأة بتقارير عن التوقعات المستقبلية المختلفة بحيث تساعد الإدارة على تقييم المعلومات الموجودة بهذه التقارير والعمل على اختيار أفضل بديل ووضعه في الخطة طويلة الأجل.

٢- التنظيم والتوجيه وتوزيع الموارد
Organizing, Directing and Allocating Resources

حيث أن الموارد الموجودة بأي منشأة هي محدودة بطبيعتها فإنه تقع على عاتق ومسؤولية المدراء توزيع هذه الموارد النادرة واستعمالها في المنشأة بأقصى كفاءة وفعالية ممكنة. ويتطلب ذلك تعاون الفعاليات والأنشطة المختلفة وتنظيمها وتوجيهها بحيث تؤدي إلى أفضل استعمال للموارد المتاحة بالمنشأة وسير العمليات برفق وهدوء.

وتتعلق مهام التنظيم والتوجيه وتوزيع الموارد بعملية تنفيذ الخطط الموضوعة للتوصل إلى أهـداف المنشأة المرسومة. وإن القرارات المتعلقة بالمهام المذكورة تتطلب معلومات المحاسبة الإدارية الدقيقـة للتوصـل إلى اتخاذ القرارات

السليمة. فمثلا ما هو افضل مستوى للإنتاج بالمنشأة؟ وما هو أفضل مزيج من المنتجـات المختلفـة بالمنشـأة؟ وهل يجب شراء آلة جديدة ام استئجار الآلة من الغير؟

للإجابة على الاسئلة المذكورة واتخاذ القرارات السليمة والمناسبة بشأنها، لا بد مـن تـوفر معلومـات المحاسبة الإدارية الخاصة بها.

وفي المنشآت الصناعية الكبيرة يوجد عادة تعاون وتنسيق وثيق بين الاقسام المختلفـة. فمثلا عمليات شراء المواد الخام وتصنيعها وتخزينها وبيعها تتطلب تعاون وتنسيق وثيق للتوصل إلى تحقيق اهـداف المنشـأة المرجوة.

ويوجد لدى كثير من المنشآت خرائط لأنشطتها المختلفـة وتوزيع السـلطات بـين هـذه الأنشطة وتفويضـها بالمسؤوليات المناطة بها ليتم محاسبتها عليها عند التنفيذ.

٣- تقييم الإنجاز والرقابة Performance Evaluation and Control

ترغب إدارة المنشأة بمعرفة كيفية تنفيذ الخطط المرسومة ومـدى ملاءمتها. وتتسـلم الإدارة عـادة معلومات عن الإنجاز الفعلي الذي يتم مقارنته مع الخطط المرسومة لمعرفة وتقييم الانحرافـات بـين الإنجـاز الفعلي والتوقعات حسب الخطط الموضوعة. ويتم البحث عن أسباب هـذه الإنحرافـات في حالـة كونهـا ذات أهمية وتسوية هذه الأسباب وتصحيح الإنحرافات، وبهذة الطريقة تتم الرقابة على الإنجاز وتقييمه.

وتتم الرقابة وتقييم الانجاز في المنشآت الصغيرة بالملاحظة الشخصية للمدير.

اما في المنشآت الكبيرة فلا بد من وجود نظام معلومات منهجي للتقييم ويتم ذلك عن طريق إعداد الموازنات ومعرفة مراكز المسؤوليات وإعداد تقارير وتقييم الإنجاز، وتلعب معلومات المحاسبة الإداريـة دورا بارزا ومهما في توفير مختلف المعلومات عن الموازنات المتنوعة وتقارير تقييم إنجاز العاملين وأقسـام المنشـأة المختلفة.

ومن الجدير بالذكر أن العديد من القرارات الإداريـة تتطلب معرفـة التكاليف والمنـافع المتعلقـة باتخاذ قرار معين وتنفيذه، فمثلا قبل اتخاذ قرار في شركة صناعية بإنتاج منتج معين لا بد من معرفة التكاليف التقديرية للوحدة من ذلك المنتج

ومقارنتها مع اسعار المنتجات البديلة لهذا المنتج. وفي حالة كون التكاليف التقديرية للمنتج اعلى مـن اسـعار المنتجات البديلة لهذا المنتج فإنه يتم اتخاذ القرار بعدم انتاج ذلك المنتج، بينما إذا كانت التكاليف التقديريـة اقل من اسعار المنتجات البديلة فإن ذلك يساهم في تعزيز اتخاذ القرار بإنتاج ذلك المنتج. وكذلك الحـال قبـل اتخاذ قرار بإقفال قسم معين أم لا في جامعة نتيجة للإقبال الضعيف على التسجيل والدراسة من قبـل الطـلاب في ذلك القسم فإنه يتم الموازنة والمقارنة بين التكاليف والمنافع المترتبة على القسم المعني فإذا كانت تكـاليف الاستمرار بالقسم أعلى من المنافع المتحققة فإنه قد يتم اتخاذ قرار بإقفال القسم وعـدم الاسـتمرار بالتـدريس فيه. وتجدر الإشارة إلى أنه في بعض الحالات قد يكون من الصعوبة بمكان إمكانيـة قيـاس التكـاليف والمنـافع لاتخاذ قرار معين. فمثلا كيف يتم قياس العوامل النفسية لموظفي دائرة معينة عند اتخاذ قرار بإقفال دائرتهم وعدم الاستمرار بها؟

وفي مثل هذه الحالات قد يتم اللجوء إلى تقدير التكاليف والمنافع المترتبة على اتخاذ القرار بإقفـال دائرة معينة في المنشأة، وإن التقدير في مثل هذه الحالات هو أفضل من لا شيء.

٦- هيكل المنشأة والمحاسب الإداري
Organization Structure and the Managerial Accountant

تقع مسؤولية تصميم وتنفيذ وتشغيل النظام المحاسبي في المنشـأة عـلى عـاتق المراقب المـالي Controller أو رئيس الحسابات Chief Financial Officer ويعتبر المراقب المالي عضوا مـن أعضـاء الإدارة العليا في المنشأة ويتبع عادة هو والمدير المالي Treasurer لمساعد المدير العام للشؤون المالية.

ويوضح الشكل رقم (١-١) وضع المراقب المالي والمدير المالي في الخريطة التنظيمية لإحدى المنشآت.

شكل رقم (١-١)
وضع المراقب المالي (رئيس الحسابات) والمدير المالي في الخريطة التنظيمية للمنشأة

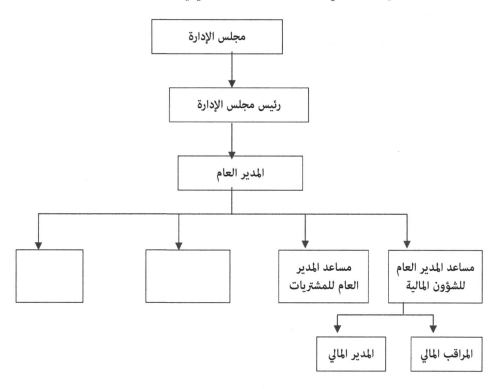

ويعتبـر المراقب المـالي مسـؤولا عـن وظـائف المحاسبة الماليـة والمحاسبة الإداريـة وتشـمل تلـك
المسؤوليات الواجبات التالية:
١-تصميم النظام المحاسبي.
٢- تشغيل النظام المحاسبي ويتضمن ما يلي:
(أ) الاستاذ العام.
(ب) الذمم المدينة.
(ج) الذمم الدائنة.
(د) محاسبة البضاعة.
(هـ) محاسبة الأصول طويلة الأجل.
٣- تخطيط ومحاسبة الانشطة الضريبية.
٤- اعداد وتنفيذ الموازنات التخطيطية والرقابية.
٥- المراجعة الداخلية.

٦- اعداد القوائم المالية للجهات الخارجية.
٧- تحديد تكاليف المنتجات وتجميع بيانات التكاليف وتحليلها.
٨- اعداد وتحليل تقارير الاداء.

أما المدير المالي بالمنشأة فعادة ما تكون مسؤولياته الرئيسة متعلقة بإدارة النقدية والاستثمارات قصيرة الأجل، ومراجعة طلبات الائتمان ووضع السياسات والاجراءات لتحصيل الذمم المدينة. كما يتولى الواجبات المتعلقة بعمليات الإقتراض من البنوك والغير وإصدار الأسهم للحصول على الأموال اللازمة للاستثمار.

وبمقارنة مسؤوليات المراقب المالي بمسؤوليات المدير المالي يتضح أن عمل المراقب المالي يتركز على الجوانب المحاسبية بالمنشأة في حين ان عمل المدير المالي يتركز عادة على الشؤون والجوانب المالية. وباختصار يمكن القول بأن المراقب المالي يهتم باتخاذ القرارات المتعلقة بالتخطيط والرقابة والمراجعة الداخلية وغيرها. في حين ان المدير المالي يهتم باتخاذ القرارات المتعلقة بمصادر الأموال وإدارة الاموال السائلة وشبه السائلة ومراجعة الائتمان والتحصيل.

٧- العلاقة بين محاسبة التكاليف والمحاسبة الإدارية

Relationship Between Cost and Managerial Accounting

يطلق مصطلح محاسبة التكاليف على مجموعة الاساليب والطرق المستخدمة في تجميع التكاليف وتحديد تكلفة وحدة الانتاج أو اية عملية من العمليات أو أي محور آخر مثل قسم في منشأة معينة وما شابه. وقد تم تطبيق مفاهيم محاسبة التكاليف في البداية على المنشآت الصناعية التي يتم فيها تحويل المواد الأولية إلى بضاعة تامة الصنع.

وفي الوقت الحالي فإنه يتم تطبيق مفاهيم محاسبة التكاليف على مختلف القطاعات التجارية والزراعية والخدمات وغيرها بالإضافة للقطاعات الصناعية.

يمكن النظر إلى محاسبة التكاليف كفرع من فروع المحاسبة يهدف إلى توفير البيانات والمعلومات المتعلقة بالتكاليف لغرضين رئيسيين وهما الغرض الأول وهو احتساب التكاليف لغايات اعداد القوائم المالية وتقارير الضريبة ويعكس ذلك الدور التقليدي لمجال محاسبة التكاليف لخدمة الجهات الخارجية عن المنشأة. أما الغرض الثاني لمحاسبة التكاليف فهو توفير معلومات التكاليف لاستعمالها من قبل إدارة المنشأة في مجالات التخطيط والرقابة واتخاذ القرارات الإدارية المختلفة،

ويعكس هذا الغرض الدور الذي تلعبه محاسبة التكاليف لخدمة الجهات الداخلية في المنشأة.

أما المحاسبة الإدارية فهي أحد فروع المحاسبة الذي يعنى بتزويد المعلومات التي تحتاجها الإدارة لأغراض التخطيط والمفاضلة بين البدائل المختلفة والرقابة واتخاذ القرارات المختلفة. وبالتالي فإن المحاسبة الإدارية تخدم بشكل رئيس الجهات الداخلية.

وتعتبر إدارة المنشأة مسؤولة عن استعمالها الموارد المتاحة في المنشأة بشكل كفؤ وفعال لتحقيق اهداف المنشأة. ويجب في هذا المجال ان تتخذ الإدارة القرارات اللازمة لكيفية استعمال الموارد والتخطيط لتعيين الموظفين المناسبين للعمل بكفاءة واستخدام معلومات التكاليف وغيرها من اجل اتخاذ القرارات السليمة وتحقيق أهداف المنشأة المنشودة. من هنا نستطيع القول بأن القاسم المشترك بين محاسبة التكاليف والمحاسبة الإدارية يتمثل في استخدام الإدارة لمعلومات التكاليف لاتخاذ قراراتها المناسبة.

٨- التطورات الحديثة في المحاسبة الإدارية
Contemporary Developments in Managerial Accounting

نظرا للمنافسة الشديدة الموجودة بين المنشآت المختلفة في العصر الحاضر وخاصة في مجالات الاتصالات والالكترونيات وما شابه، مما تتطلب من إدارة المنشآت تغيير ممارساتها السابقة والبحث عن اساليب وطرق جديدة لإدارة منشآتهم بكفاءة عالية. وقد استدعى ذلك الطلب من المحاسبين الإداريين معلومات مختلفة عن المعلومات التي كانت تطلب منهم سابقا، هذا بالإضافة إلى كون المعلومات الجديدة المطلوبة اكثر جودة من المعلومات المطلوبة في السابق.

ومن العوامل التي استدعت إدارة المنشآت تغيير نوعية المعلومات المطلوبة من المحاسبين الإداريين ما يلي:

١- التغير في أذواق العملاء إلى الأفضل.

٢- انفتاح الاسواق العالمية على بعضها البعض.

٣- التغير في التقنية حيث أصبح العالم بمثابة قرية صغيرة ويمكن التوصل عن طريق الانترنت إلى أي مكان خلال ثوان معدودة فتسويق المنتجات أصبح أكثر سهولة بواسطة الانترنت ولكن المنافسة اصبحت اكثر حدة.

٤- التغيرات السريعة في الأسواق المالية.

٥- الضغط المتزايد من قبل أصحاب المنشأة على إدارة المنشأة للحصول على عوائد مجزية.

٦- التركيز على الجودة والنوعية.
٧- التركيز على الأنشطة.

ونتيجة للعوامل السابقة وطلب إدارة المنشأة معلومات اكثر جودة ومختلفة عن السابق فقد تطلب ذلك تغيير دور المحاسب الإداري للتجاوب مع رغبة الإدارة بالمعلومات الجديدة لاتخاذ القرارات المناسبة لبقاء المنشأة في حالة منافسة مع المنشآت الاخرى. وسيتم فيما يلي شرح أهم العوامل المذكورة أعلاه وهي التغير في التقنية والجودة والتركيز على الأنشطة.

٨-١ التغير في التقنية Change in Technology

نظرا للتقدم التقني الحديث فإن كثيرا من المنشآت الصناعية أصبحت تنتج منتجاتها اوتوماتيكيا، وبالتالي فإن انتاج هذه المنتجات الذي لا يستدعي التدخل بالأيدي البشرية إلا في أضيق الحدود يؤدي إلى تخفيض الأجور المباشرة للعمال بشكل كبير.

وكذلك الحال فإن استعمال الحاسب الآلي الذي أصبح واسع الانتشار في كثير من الدول قد أدى إلى تخفيض تكلفة تجميع وتخزين معلومات المحاسبة الإدارية. هذا بالإضافة إلى إمكانية الحصول على معلومات تفصيلية كثيرة عن المنتجات والخدمات وما شابه.

وإن التسويق عن طريق الانترنت قد فتح المجال كثيرا أمام المنشآت لتسويق منتجاتها عالميا بأقل التكاليف الممكنة، وقد فتحت لها أسواق لم تكن تحلم بالوصول إليها.

٨-٢ الجودة Quality

أصبح عامل جودة المنتجات هو الشغل الرئيس لكثير من المنشآت فقد أصبح التركيز المعاصر على تخفيض العيوب والتلف في المنتجات النهائية المصنعة مما استدعى إلى تركيب نظام مراقبة الجودة الكلية Total Quality Control System ويتطلب هذا النظام وجود البيانات اللازمة في الوقت المناسب والمتعلقة بالمنتجات التي فيها عيب أو خلل وتكاليف إعادة تصنيعها وتكاليف الكفالات الخاصة بها.

ونتيجة لذلك فقد تم التركيز على المقاييس غير المالية مثل رضا المستهلك وعدد المكالمات الهاتفية لإنجاز الخدمات وما شابه. وإن الرقابة والتركيز على هذه

المقاييس سوف يؤدي إلى الزيادة في الأرباح، فمثلا السعي إلى إرضاء المستهلكين سوف يؤدي إلى جلب مستهلكين جدد، فالمستهلك الذي يرضى عن منتج معين سوف يعمل له دعاية جيدة بين معارفه وأصدقائه بحيث أن ذلك سوف يؤدي إلى تجربتهم وشرائهم لذلك المنتج مما ينتج عنه زيادة مبيعات المنشأة لذلك المنتج أي زيادة ايراداتها وبالتالي زيادة أرباحها.

وبالإضافة إلى ذلك فإن الكثير من المنشآت تحاول التخفيض من مستوى مخزونها السلعي إلى أدنى حد ممكن مما يؤدي إلى تخفيض تكاليف التخزين بشكل كبير. وتستعمل المنشآت بهذا الخصوص طريقة الوقت المناسب للبضاعة Just – in – time Method، وبهذه الطريقة يتم شراء المواد الخام للشركة الصناعية في الوقت المناسب للإستعمال في الانتاج والتصنيع وبالكميات المناسبة للبيع وبالتالي فإن استعمال طريقة الوقت المناسب للبضاعة سوف يؤدي إلى عدم وجود مخزون سلعي أو وجوده بأدنى كمية ممكنة مما يؤدي إلى تخفيض تكاليف تخزين البضاعة إلى أدنى حد ممكن. ويجب أن يتم تزويد المواد الاولية بشكل معتمد ومنتظم وأن تكون هذه المواد خالية من العيوب حتى يكون تنفيذ طريقة الوقت المناسب للبضاعة بشكل ناجح.

وتجدر الإشارة إلى أن الإنتاج في الوقت المناسب وبالكمية المناسبة ومراقبة الجودة الكلية لهذا الإنتاج تعتبر عناصر هامة في طريقة الوقت المناسب للبضاعة.

٨-٣ الأنشطة Activities

إن الإتجاه الحديث في كثير من المنشآت الصناعية هو التركيز على الأنشطة المستخدمة في انتاج المنتج للمحاسبة على التكاليف غير المباشرة وذلك للحصول على دقة اكثر في احتساب تكاليف المنتج. حيث يتم تقسيم عمليات المنشأة إلى عدة أنشطة ومن ثم يتم تجميع وتوزيع تكاليف الأنشطة على المنتجات المختلفة بناء على محركات التكلفة Cost Drivers. وإن استعمال نظام التكاليف المبني على الأنشطة Activity – Based Costing في المنشأة الصناعية يقتضي توفر الشروط الرئيسة التالية:

(١) أن المنافع المتوخاة من استعمال نظام الأنشطة تفوق التكاليف المتعلقة به.

(٢) أن المنشأة تستطيع تقسيم عملياتها إلى أنشطة مختلفة وواضحة.

(٣) أن المنشأة لديها التقنية العالية لتجميع المعلومات والتكاليف عن كل نشاط من الأنشطة بدقة متناهية.

(٤) أنه لا يوجد ثقة بمعلومات التكاليف الناتجة عن النظام التقليدي.

(٥) أنه يوجد محرك للتكلفة في كل نشاط من الأنشطة.

ومن الأمثلة على انشطة المنشأة ما يلي:

شراء المواد ومناولة المواد المباشرة ومراقبة الجودة والتصنيع بالآلات والتجميع والفحص النهائي وما شابه.

ومن الجدير بالذكر أنه يمكن تطبيق نظام التكاليف المبني على الأنشطة في منشآت الخدمات والمنشآت التجارية كما هو الحال في المنشآت الصناعية التي تم استعماله في البداية بها حيث أثبت نجاعته في تلك المنشآت. وقد أصبح استعمال النظام المذكور في العقد الأخير شائعا جدا في معظم أنواع المنشآت.

٩- الدور المتغير للمحاسبة الإدارية
The Changing Role of Managerial Accounting

نتيجة للتغير في تقنية المعلومات وفي اذواق المستهلكين وانفتاح الاسواق العالمية على بعضها البعض مما أدى إلى تركيز المنشأة على الجودة للإستجابة إلى اذواق المستهلكين المتطورة والمتغيرة باستمرار، وهذا بالتالي أدى إلى تغير الدور التقليدي للمحاسبة الإدارية. فلم تعد مهمة المحاسب الإداري تقتصر ـ فقط على اعطاء المعلومات لمساعدة الإدارة في اتخاذ القرارات الإدارية في المجالات المختلفة، بل أصبح المحاسب الإداري جزءا من الفريق الإداري المتكامل الذي يسعى إلى التخطيط واتخاذ القرارات المناسبة لتحقيق الأرباح الأفضل للمنشأة.

إن الوضع الجديد للمحاسب الإداري في المنشأة من خلال وجوده في الفريق الإداري المتكامل للمنشأة قد ادى إلى تحسين نوعية المعلومات التي يزودها نظام المحاسبة الإدارية. ونتيجة لذلك فقد أصبح تصميم أنظمة المحاسبة الإدارية يلائم عمليات المنشأة وليس العكس.

وأخيرا فإن التغير المتزايد والمتسارع في المحيط والبيئة الخارجية للمنشأة بشكل عام سوف يتطلب من المحاسبة الإدارية تزويد المعلومات بدقة وسرعة اكثر للطاقم الإداري في المنشأة والذي أصبح المحاسب الإداري جزءا لا يتجزا منه. حيث أن اتخاذ القرار المناسب في الوقت المناسب سوف يتيح للمنشأة أن تكون في وضع أفضل للمنافسة مع المنشآت المماثلة الأخرى.

المصطلحات

المعلومات المحاسبية	Accounting Information
الأنشطة	Activities
التغير في التقنية	Change in Technology
الكفاءة	Competence
السرية	Confidentiality
الرقابة	Control
محاسبة التكاليف	Cost Accounting
المعايير الاخلاقية للمحاسبين الاداريين	Ethical Standards for Managerial Accountants
المحاسبة المالية	Financial Accounting
الأمانة	Integrity
المحاسب الإداري	Managerial Accountant
المحاسبة الإدارية	Managerial Accounting
الموضوعية	Objectivity
تقييم الانجاز	Performance Evaluation
التخطيط	Planning
الجودة	Quality

أسئلة وتمارين

١- ما هي أهمية المعلومات المحاسبية؟

٢- أعط بعض الأمثلة على القرارات التي تعتمد على المعلومات المحاسبية.

٣- قارن بين المحاسبة الإدارية والمحاسبة المالية.

٤- عدّد المعايير الأخلاقية للمحاسبين الإداريين.

٥- ما هي مسؤوليات المراقب المالي في المنشأة؟

٦- اشرح العلاقة بين محاسبة التكاليف والمحاسبة الإدارية.

٧- ما هو تأثير التغير في التقنية على المحاسبة الإدارية؟

٨- لماذا تركز المنشآت المعاصرة على جودة منتجاتها؟

٩- علّل الدور المتغير للمحاسبة الإدارية؟

١٠- ما هو الفرق بين دور المحاسب الإداري ودور مدير المنشأة في اتخاذ القرارات الإدارية؟

١١- يفكر مدير منشأة باتخاذ قرار لوقف عمل المنشأة. اعط مثالين على المعلومات المالية التي يحتاجها المدير لاتخاذ قراره.

١٢- ما هي الجهات التي تحتاج للمعلومات المحاسبية؟

١٣- ضع دائرة حول رمز الاجابة الصحيحة.

المعلومات المحاسبية:

أ) تشكل كافة المعلومات التي يتسلمها المدير لتوجيه وتنظيم شؤون المنشأة.

ب) يستعملها عدد قليل من موظفي المنشأة بالإضافة إلى الموظفين الماليين.

جـ) تعتبر ضرورية لكافة وظائف الادارة الرئيسة.

د) كافة ما سبق.

١٤- إن هيكل المنشأة التنظيمي:

أ) يعطي فقط الوظائف الرئيسة بالمنشأة.

ب) يمكن تطبيقه فقط على المنشآت الهادفة للربح.

جـ) يستعمل فقط في المنشآت ذات القرارات المركزية.

د) لا شيء مما ذكر.

١٥- تسمى الوظيفة الإدارية التي تقارن بين النتائج المخطط لها والنتائج الفعلية:

أ) التخطيط

ب) التوجيه والتنظيم

جـ) الرقابة

د) اتخاذ القرارات

هـ) لا شيء مما ذكر.

١٦- المحاسبة الإدارية:

أ) تركيزها الرئيسي على المستقبل.

ب) يطلبها الهيئات المنظمة لمهنة المحاسبة بشكل عام.

جـ) تركيزها على المنشأة ككل وليس على اجزاء المنشأة.

د) كافة ما سبق.

هـ) أ + جـ

١٧- ما هي الوظيفة الإدارية المتعلقة بالعمليات والأنشطة اليومية؟

أ) التخطيط

ب) التنظيم والتوجيه

جـ) الرقابة

د) اتخاذ القرارات

هـ) لا شيء مما ذكر

١٨- إن التشابه بين المحاسبة المالية والمحاسبة الإدارية هو فيما يلي:

أ) كلاهما يسجل الاحداث المالية التاريخية في المنشأة.

ب) كلاهما يعتمد على مفهوم المسؤولية.

جـ) كلاهما يمتاز بالتركيز على المستقبل.

د) كلاهما يعتمد على المبادئ المحاسبية المقبولة قبولا.

هـ) لا شيء مما ذكر.

١٩- أي من الوظائف الإدارية لا يمكن فصلها عن بقية الوظائف؟

أ) التخطيط

ب) التنظيم والتوجيه

جـ) الرقابة

د) اتخاذ القرارات

هـ) لا شيء مما ذكر

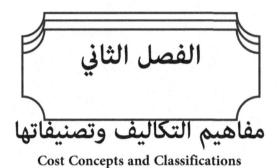

الفصل الثاني

مفاهيم التكاليف وتصنيفاتها
Cost Concepts and Classifications

يهدف هذا الفصل إلى تعريف القارئ بما يلي:

١- ماهية التكاليف والفروقات بينها وبين المصروفات.

٢- سلوك التكاليف.

٣- علاقة التكاليف بالتخطيط والرقابة الإدارية.

٤- تكاليف الفترة وتكاليف المنتج.

٥- التكاليف المباشرة والتكاليف غير المباشرة.

٦- قائمة تكلفة الصنع والبضاعة المباعة في المنشأة الصناعية.

٧- قائمة تكلفة البضاعة المباعة في المنشأة التجارية.

٨- قائمة الدخل للمنشأة الصناعية والمنشأة التجارية.

٩- الفروقات بين المنشأة الصناعية وكل من المنشأة التجارية والخدمية.

الفصل الثاني
مفاهيم التكاليف وتصنيفاتها
Cost Concepts and Classifications

١- مقدمة:

تستعمل المعلومات عن التكاليف في كثير من القرارات الادارية ويتم اتخاذ هذه القرارات في مراحل التخطيط والتشغيل والرقابة. فمثلاً قد يرغب مدير الإنتاج في مرحلة التخطيط بمعرفة فيما إذا كان من الأفضل أن يكون الانتاج آلياً في معظمه أو يدوياً باستخدام العمال المهرة. وإن المعلومات عن التكاليف المتوقعة عند مستويات مختلفة من الانتاج باستعمال كل من الاسلوبين المذكورين سوف تساعد مدير الانتاج باتخاذ قراره لاستعمال أي من الاسلوبين الآلي أم اليدوي.

أما في مرحلة التشغيل فإن المعلومات المتعلقة بتكاليف المنتج سوف تساعد ادارة المنشأة في اتخاذ قرار تسعير المنتج بالاعتماد على تكاليفه، هذا بالاضافة الى الاستفادة من التكاليف في تقييم البضاعة ومعرفة تكلفة المبيعات وعمل قائمة الدخل للمنشأة وقائمة المركز المالي بطريقة عادلة.

وأخيراً وفي مرحلة الرقابة فإن المحاسب الإداري سوف يزود إدارة المنشأة بالمقارنة بين النتائج الفعلية وبين ما هو مخطط له من نتائج وبناء على هذه المقارنة فإنه يمكن للادارة اتخاذ الاجراءات المناسبة. فمثلاً إذا كانت المقارنة تشير إلى عدم التمكن من تحقيق الخطة الموضوعة فقد يكون ذلك مؤشراً على عدم فعالية بعض الاقسام في المنشأة وبالتالي فقد تقرر الادارة تغيير الطريقة التي تعمل بها تلك الأقسام من أجل رفع فعاليتها. أما اذا كانت المقارنة تشير إلى تحقيق الخطة الموضوعة والمفترض أن تكون عادلة ومناسبة فإن مدير المنشأة قد يبقي الحال على ما هو عليه ولا يغير شيئاً. ومن الجدير بالذكر أن معرفة سلوك التكاليف فيما اذا كانت ثابتة أو متغيرة أو غير ذلك سوف يساعد في اعطاء مقارنات معقولة.

وسوف يتم التعرف في هذا الفصل على طبيعة التكاليف والفرق بينها وبين المصروفات وعلى تبويب التكاليف طبقاً لعدة معايير أهمها سلوك التكاليف وعلاقتها بالتخطيط والرقابة ووظائف المنشأة بالإضافة إلى شرح كيفية عرض بيانات التكاليف في قائمة الدخل.

٢- طبيعة التكاليف   Nature of Costs

يمكن تعريف التكلفة بشكل عام على أنها التضحية بموارد المنشأة للحصول على غرض معين. وتشير التكلفة الى سعر شراء البضاعة أو سعر الحصول على الخدمة المستهلكة في أنشطة المنشأة المختلفة.

ومن الجدير بالذكر ان مفهوم التكاليف له معنى فقط في حالات محددة ولاغراض معينة. فمثلاً تكلفة السيارة من وجهة نظر المشتري تختلف عن تكلفة السيارة من وجهة نظر الشركة الصانعة. وكذلك الحال فإن تكلفة الفرصة البديلة Opportunity Cost قد تكون مناسبة لقرار ما بينما التكلفة الغارقة Sunk Cost هي غير مناسبة لنفس القرار.

ونظراً لوجود أنواع كثيرة من التكاليف، فمن الضروري معرفة أن مفهوم تكلفة معين قد يكون ملائماً لغرض ما، في حين أن مفهوماً آخر للتكلفة قد يكون غير ملائم على الإطلاق لذات الغرض. ومن هنا فإن التكاليف تعتبر أدوات جيدة لاتخاذ القرارات المختلفة إذا ما أحسن استعمالها.

وهناك الكثير من الجهات المهتمة بالمعلومات المتعلقة بالتكاليف، ومن بين هذه الجهات ادارة المنشأة وموظفيها والمساهمين فيها وما شابه. وتجدر الاشارة إلى أن ادارة المنشأة تحتاج إلى معلومات تفصيلية عن التكاليف اكثر من غيرها حتى تستطيع ان تدير المنشأة بكفاءة عالية. فمن الضروري مثلاً أن تعرف إدارة المنشأة تكلفة كل قسم في المنشأة حتى تستطيع تخطيط عمليات الاقسام المختلفة ومراقبة أنشطتها واتخاذ القرارات المناسبة بشأنها.

٣- التكاليف والمصروفات   Costs and Expenses

من الضروري التمييز بين التكلفة والمصروف فالتكلفة كما تم تعريفها سابقاً هي التضحية بموارد المنشأة للحصول على غرض معين. أما المصروف فهو عبارة عن تكلفة يتم مقابلتها مع الايراد في الفترة المحاسبية. ويتم استعمال مصطلح المصروفات لغايات عمل التقارير المحاسبية الخارجية.

فمثلاً عندما يشتري المصنع الات لاستعمالها في صناعة منتجاته فإن ثمن شراء هـذه الالات يعتـبر تكلفة في حين ان اهتلاك الالات يعتبر مصروفاً للفترة التي يتم استعمال الالات بها.

وفي الحياة العملية فإنه يتم أحياناً استعمال المصطلحين التكلفة والمصروف بالترادف أي ليعطيان نفس المعنى بحيث يحل احدهما محل الآخر. وتركز المحاسبة الادارية عادة على مفهوم التكاليف لاستعماله في اتخاذ القرارات الادارية المختلفة.

٤- تبويب التكاليف Cost Classification

يمكن تبويب التكاليف طبقاً لسلوكها وعلاقتها بحجم الانتاج أو طبقاً لتأثيرها في عملية التخطيط واتخاذ القرارات الإدارية المختلفة أو طبقا لمدى خضوعها للرقابة الادارية أو طبقاً لمدى إمكانية ردها للمنتج أو طبقاً لوظائف المنشأة.

فطبقاً لمعيار سلوك التكاليف يمكن تقسيم أنواع التكاليف إلى تكاليف متغيرة وثابتة ومختلطة ومتدرجة. أما طبقا لمعيار التخطيط واتخاذ القرارات فيمكن تقسيم التكاليف الى تكاليف تفاضلية وتكاليف غارقة وتكاليف الفرصة الضائعة. بينما طبقاً لمعيار الرقابة الإدارية فيمكن تقسيم التكاليف إلى تكاليف خاضعة للرقابة وتكاليف غير خاضعة للرقابة. أما بالنسبة لمعيار امكانية رد التكاليف للمنتج فيمكن تقسيم عناصر التكاليف الى تكاليف مباشرة وتكاليف غير مباشرة. وأخيراً وبالنظر إلى وظائف المنشأة الإدارية فيمكن تقسيم عناصر التكاليف الى تكاليف صناعية وتكاليف غير صناعية وهذه الاخيرة يمكن تقسيمها إلى تكاليف تسويقية وتكاليف إدارية ويبين شكل رقم (٢-١) تبويب عناصر التكاليف طبقا للمعايير المختلفة المذكورة وسوف يتم لاحقاً شرح معايير تبويب عناصر التكاليف وبيان أنواع التكاليف الفرعية الناتجة عن تلك المعايير.

٥- سلوك التكاليف Cost Behavior

يقصد بمفهوم سلوك التكاليف الشكل الذي تستجيب به التكاليف للتغير في نشاط المنشأة. ونظراً لأثر سلوك التكاليف على العديد من القرارات الإدارية فإن الإدارة تهتم بالتعرف على سلوك التكاليف. ومن الضروري لدراسة سلوك التكاليف التعرض الى مفهوم المدى الملائم Relevant Range وهو مدى النشاط الذي يكون

فيه سلوك التكاليف ساري المفعول. وإن كيفية سلوك التكاليف خارج هذا المدى الملائم هـو ليس بـذات أهمية لغايات التخطيط والرقابة او لاتخاذ القرارات المختلفة.

يمكن التمييز بين أنمـاط مختلفة لسـلوك إجمـالي التكاليف عنـد المسـتويات المختلفـة للإنتـاج. ويوجد أربعة أنماط رئيسه لسلوك التكاليف تبعاً للتغير في مستوى الانتاج. وهـذه الأنمـاط هـي التكـاليف المتغيرة والتكاليف الثابتة والتكاليف المختلطة والتكاليف المتدرجة. وفيما يلي شرح موجز لهذه الأنواع من التكاليف.

شكل رقم (٢-١)
تبويب عناصر التكاليف طبقاً للمعايير المختلفة

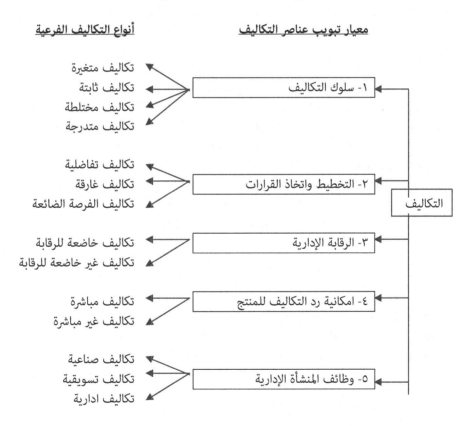

٥-١ التكاليف المتغيرة Variable Costs

يمكن تعريف اجمالي التكاليف المتغيرة بأنها تلك التكاليف التي تتغير طردياً مع التغير في حجم الانتاج. ويمكن تمثيل العلاقة بين إجمالي التكاليف المتغيرة وحجم النشاط بالمعادلة رقم (١) التالية:

إجمالي التكاليف المتغيرة = التكلفة المتغيرة للوحدة × عدد وحدات الانتاج..(١)

ومن الأمثلة على التكاليف المتغيرة تكاليف المواد المباشرة، وتكاليف الأجور المباشرة. وتجدر الإشارة إلى أن التكلفة المتغيرة للوحدة تبقى ثابتة ولا تتغير في المدى الملائم للإنتاج.

٥-٢ التكاليف الثابتة Fixed Costs

تتصف اجمالي التكاليف الثابتة بأنها لا تتغير تبعاً لتغير حجم الانتاج خلال فترة معينة. ويمكن تمثيل معادلة التكاليف الثابتة بالمعادلة رقم (٢) التالية:

إجمالي التكاليف الثابتة = ث ...... (٢)

حيث ث تمثل رقماً ثابتاً لا يتأثر بمستوى حجم الإنتاج

ومن الأمثلة على التكاليف الثابتة إيجار مبنى المصنع وإهتلاك الالات بالقسط الثابت ورواتب المشرفين الثابتة خلال فترة معينة.

ويلاحظ هنا أن اجمالي التكاليف الثابتة لا تتغير بل تبقى ثابتة في المدى الملائم للإنتاج، وهذا يعني ان التكلفة الثابتة للوحدة سوف تتغير طبقاً لمستوى الانتاج ولتوضيح ذلك فإننا نورد مثال رقم (١) التالي

مثال رقم (١)

تنتج احدى الشركات الصناعية سلعة معينة علماً بأن التكاليف الصناعية المتغيرة غير المباشرة تعادل ١٠ دنانير للوحدة، في حين أن اجمالي التكاليف الصناعية الثابتة غير المباشرة تعادل ٣٠٠٠٠٠ دينار سنوياً.

المطلوب: تحديد تكلفة الوحدة من التكاليف الصناعية غير المباشرة بافتراض عدد وحدات الانتاج خلال السنة في كل من الحالات التالية: (أ) ٣٠٠٠٠ وحدة (ب) ٤٠٠٠٠ وحدة (ج) ٥٠٠٠٠ وحدة

اجابة مثال رقم (١):

يمكن بيان موازنات التكاليف لحالات الانتاج المختلفة كما يلي:

البيان	(ج)	(ب)	(أ)
عدد وحدات الانتاج	٥٠٠٠٠	٤٠٠٠٠	٣٠٠٠٠
إجمالي التكاليف الصناعية المتغيرة غير المباشرة	٥٠٠٠٠٠	٤٠٠٠٠٠	٣٠٠٠٠٠
إجمالي التكاليف الصناعية الثابتة غير المباشرة	٣٠٠٠٠٠	٣٠٠٠٠٠	٣٠٠٠٠٠
إجمالي التكاليف الصناعية غير المباشرة	٨٠٠٠٠٠	٧٠٠٠٠٠	٦٠٠٠٠٠
تكلفة الوحدة من التكاليف الصناعية غير المباشرة :			
التكلفة المتغيرة للوحدة	١٠	١٠	١٠
التكلفة الثابتة للوحدة	٦	٧,٥	١٠
إجمالي تكلفة الوحدة من التكاليف الصناعية غير المباشرة	١٦	١٧,٥	٢٠

يلاحظ من إجابة مثال رقم (١) ما يلي:

(١) أن اجمالي التكاليف الصناعية المتغيرة غير المباشرة تزداد بازدياد حجم الانتاج، في حين أن التكلفة المتغيرة للوحدة بقيت ثابتة ولم تتغير مع تغير حجم الانتاج.

(٢) أن اجمالي التكاليف الصناعية الثابتة غير المباشرة قد بقيت ثابتة ولم تتغير مع تغير حجم الإنتاج في المدى الملائم المفترض للانتاج، في حين ان التكلفة الثابتة للوحدة قد تغيرت مع تغير حجم الانتاج. وبالتحديد فإن التكلفة الثابتة غير المباشرة للوحدة قد انخفضت مع ارتفاع حجم الانتاج، أي أنها تتناسب عكسياً مع حجم الانتاج.

٥-٣ التكاليف المختلطة   Mixed Costs

يطلق على التكاليف المختلطة احيانا مصطلح "التكاليف شبه المتغيرة" Semivariable Costs أو "التكاليف شبه الثابتة" Semifixed Costs وتتصف هذه التكاليف بأنها قد تتغير ولكن ليس بنسبة مباشرة تبعاً للتغير في حجم الانتاج كما هو الحال في التكاليف المتغيرة.

تتكون التكاليف المختلطة من جزئين احدهما ثابت والآخر متغير ومن الأمثلة على التكاليف المختلطة تكاليف الصيانة وتكاليف الكهرباء والمياه والهاتف إذ تحتوى اجمالي تلك التكاليف على جزء ثابت وآخر متغير مما يسهل عمل موازنات لمثل هذه التكاليف والرقابة عليها واستعمالها في اتخاذ القرارات الادارية المختلفة.

ويمكن تمثيل معادلة التكاليف المختلطة بالمعادلة رقم (٣) التالية:

اجمالي التكاليف المختلطة = إجمالي التكاليف الثابتة + (التكلفة المتغيرة للوحدة × عدد وحدات الانتاج) ...... (٣)

٥-٤ التكاليف المتدرجة   Step Costs

يطلق مصطلح التكاليف المتدرجة على التكاليف التي تبقى ثابتة على مدى مستوى معين من الإنتاج ثم تقفز إلى مستوى أعلى عندما يزيد مستوى الانتاج عن ذلك الحد وتبقى ثابتة وهكذا. ويعزى سبب تدرج تلك التكاليف عادة إلى عدم إمكانية تجزئة عوامل الانتاج. ويوضح شكل رقم (٢-٢) التالي سلوك التكاليف المتدرجة.

شكل رقم (٢-٢)
سلوك اجمالي التكاليف المتدرجة

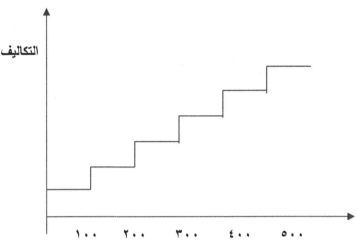

التكاليف

١٠٠   ٢٠٠   ٣٠٠   ٤٠٠   ٥٠٠

حجم الانتاج بالوحدات

وكمثال على التكاليف المتدرجة نفرض أن المشرف على العمال في مصنع معين يستطيع الإشراف على ١٠ عمال كحد أقصى وتبلغ تكلفة المشرف الواحد ٦٠٠ دينار شهرياً، وعليه فإن تكلفة الاشراف على العمال ستبقى ثابتة وتعادل ٦٠٠ دينار شهرياً طالما أن عدد العمال يساوي كحد أقصى ١٠. أما اذا توسعت اعمال المصنع وتطلب ذلك زيادة عدد العمال الى ١٥ عامل، فهنا يحتاج المصنع إلى تعيين مشرف آخر حيث لا يستطيع المشرف الأول الاشراف على اكثر من ١٠ عمال، وعليه فإن تكلفة الاشراف سوف تقفز إلى ١٢٠٠ دينار وتبقى ثابتة عند ذلك الحد طالما أن عدد العمال لا يزيد عن ٢٠ عامل وهكذا.

وقد يوجد بعض الصعوبة في إخضاع التكاليف المتدرجة للتحليل والتوقع. وفي بعض الأحيان يمكن تقريب التكاليف المتدرجة إلى تكاليف ثابتة في حالة كونها تغطى مستوى من الانتاج يمتد إلى مدى كبير نسبياً. وعلى أي حال إذا كان من غير الممكن تقريب التكاليف المتدرجة الى تكاليف متغيرة أو إلى تكاليف ثابتة بشكل معقول، فإنه يجب الاعتراف بالتكاليف المتدرجة ومعاملتها كذلك عند اتخاذ قرارات التخطيط والرقابة.

٦- التكاليف لغاية التخطيط Costs for Planning

تستعمل التكاليف لغاية التخطيط من خلال عمل الموازنات. فبالاعتماد على الخبرة والتوقعات المستقبلية يمكن عمل موازنات خاصة بالانتاج وتكاليف المبيعات وتكاليف الأقسام وغيرها. ويمكن تقسيم التكاليف لغاية التخطيط الى ثلاثة أنواع رئيسة من التكاليف وهي التكاليف التفاضلية Differential Costs والتكاليف الغارقة Sunk Costs وتكاليف الفرصة الضائعة Opportunity Costs وفيما يلي شرح موجز لهذه التكاليف.

٦-١ التكاليف التفاضلية Differential Costs

تقارن تكاليف البدائل المختلفة لاختيار البديل الأفضل واتخاذ القرار المناسب من أجل التخطيط المستقبلي. وإن اية تكاليف موجودة في بديل معين وغير موجودة كلياً أو جزئياً في البدائل الأخرى يمكن تسميتها بالتكاليف التفاضلية، وقد تكون هذه التكاليف ثابتة أو متغيرة. ولتوضيح كيفية احتساب التكاليف التفاضلية ومن ثم استعمالها في القرارات الادارية المختلفة لغاية التخطيط المستقبلي فإننا نورد المثال رقم (٢) التالي

مثال رقم (٢) :

تفكر شركة الأدوية الاردنية بتغيير طريقة توزيع منتجاتها من التسويق عن طريق الصيدليات الى التسويق والبيع المباشر للجمهور. وفيما يلي معلومات عن الايرادات والتكاليف للمقارنة بين الطريقتين:

البيان	طريقة التسويق الجديدة (البيع المباشر للجمهور)	طريقة التسويق القديم (عن طريق الصيدليات)
الايرادات (متغيرة)	٢٠٠٠٠٠	١٥٠٠٠٠
تكلفة المبيعات (متغيرة)	٨٠٠٠٠	٦٠٠٠٠
مصاريف الاعلان (متغيرة)	١٠٠٠٠	٢٠٠٠٠
مصاريف عمولة البيع (متغيرة)	٢٠٠٠٠	١٥٠٠٠
مصاريف اخرى (ثابتة)	٣٥٠٠٠	٣٥٠٠٠
مجموع المصاريف	١٤٥٠٠٠	١٣٠٠٠٠
صافي الربح	٥٥٠٠٠	٢٠٠٠٠

المطلوب:

بيان الأسلوب الأفضل لتسويق منتجات شركة الادوية الأردنية

إجابة مثال رقم (٢):

البيان	الايرادات التفاضلية والتكاليف التفاضلية (٢) – (١)	اسلوب التسويق الجديد (البيع المباشر للجمهور) (٢)	اسلوب التسويق القديم (عن طريق الصيدليات) (١)
الايرادات	٥٠٠٠٠ دينار	٢٠٠٠٠٠ دينار	١٥٠٠٠٠ دينار
تكلفة المبيعات	٢٠٠٠٠	٨٠٠٠٠	٦٠٠٠٠
مصاريف الاعلان	(١٠٠٠٠)	١٠٠٠٠	٢٠٠٠٠
مصاريف عمولة البيع	٥٠٠٠	٢٠٠٠٠	١٥٠٠٠
مصاريف اخرى	-	٣٥٠٠٠	٣٥٠٠٠
مجموع المصاريف	١٥٠٠٠	١٤٥٠٠٠	١٣٠٠٠٠
صافي الربح	٣٥٠٠٠ دينار	٥٥٠٠٠ دينار	٢٠٠٠٠ دينار

يتضح من إجابة مثال رقم (٢) أن الايرادات التفاضلية تبلـغ ٥٠٠٠٠ دينار في حين ان مجموع التكاليف التفاضلية يبلغ ١٥٠٠٠ دينار، وبالتالي نستطيع الاستنتاج بأن هناك زيادة في صافي الربح مقـدارها ٣٥٠٠٠ دينار فيما لو تم تغيير اسلوب التسويق ليصبح عن طريق البيع المباشر للجمهور بدلاً من التسويق عن طريق الصيدليات. وعليه فإن الاسلوب الأفضل لتسويق منتجات شركة الأدوية الأردنية هو عن طريـق البيع المباشر للجمهور.

ويلاحظ من اجابة مثال رقم (٢) ان التكاليف التفاضلية والتي تغيرت من بديل لآخر هي تكلفة المبيعات ومصاريف الاعلان ومصاريف عمولة البيع، في حين ان المصاريف الاخرى قد بقيت ثابتة ولم تتغير بين البديلين وبالتالي فإنه يمكن تسميتها بالتكاليف غير التفاضلية.

وأخيراً فإن اتخاذ القـرار للتخطيط المستقبلي باتبـاع اسلوب التسويق الجديد بـالبيع المباشـر للجمهور قد ارتكز على المقارنة بين الايرادات التفاضلية والتكاليف التفاضلية، بينما لم يأخـذ بعـين الاعتبـار التكاليف غير التفاضلية.

٦-٢ التكاليف الغارقة Sunk Costs

يمكن تعريف التكاليف الغارقة بأنها تكاليف حدثت في الماضي ولا يمكن تغييرها بأي قرار حالي أو مستقبلي. وحيث ان التكاليف الغارقة لا يمكن تغييرها بأي قرار سواء في الحاضر أو في المستقبل فهي تكاليف غير تفاضلية.

ولتوضيح فكرة التكاليف الغارقة، نفرض أن شركة الصناعة الوطنية قد اشترت آلة جديدة بمبلغ ٣٥٠٠٠ دينار لاستعمالها في احد خطوط انتاجها. وحيث ان تكلفة الآلة الجديدة قد حدثت فإن مبلغ ٣٥٠٠٠ دينار المتعلق بشراء الآلة الجديدة هو بمثابة تكاليف غارقة. وإن إدراك الشركة اللاحق بأن قرار شراء الآلة الجديدة كان قراراً غير حكيم، فإنه لا يمكن عمل شيء الآن بشأن قرار الشراء للآلة الجديدة كما أنه لا يمكن لأي قرار مستقبلي ان يتسبب في تجنب تلك التكاليف. وباختصار فإن مبلغ الاستثمار البالغ ٣٥٠٠٠ دينار في شراء الآلة الجديدة قد أصبح خارج نطاق الشركة ويجب على الشركة ان تتعايش مع ذلك بغض النظر عن أي عمل ممكن للشركة ان تعمله مستقبلا. ولهذا السبب فإن مثل هذه التكاليف تعتبر تكاليف غارقة. ولا تعني المناقشة السابقة أنه لا يمكن الاستفادة من المعلومات المتعلقة بشراء الآلة الجديدة، بل على العكس تماما فإذا افترضنا أنه تبين من استعمال الآلة كثرة اعطالها وعدم كفاءتها في الانتاج فإنه يمكن الاستفادة من هذه المعلومات في المستقبل بعدم شراء مثل هذا النوع من الالات.

ولبيان ان التكاليف الغارقة هي تكاليف غير تفاضلية فإننا نورد المثال رقم (٣) التالي.

مثال رقم (٣):

اشترت الشركة الأهلية فلتر لتنقية المياه بتكلفة ٨٠٠ دينار. ويوجد عدة بدائل امام الشركة وهي إما ان تبيع الفلتر بسعر ١٠٠٠ دينار أو تستعمل الفلتر لتنقية مياه الشرب أو تستعمل الفلتر لتنقية بركة السباحة وفيما يلي المعلومات المتعلقة بالبدائل المختلفة:

البيان	استعمال الفلتر لتنقية مياه السباحة	استعمال الفلتر لتنقية مياه الشرب	التخلص من الفلتر
الايـراد مــن استعمـال بركـة السباحة	٨٠٠٠ دينار		
الايـراد مـن بيـع ميـاه الشرب المفلترة		٤٠٠٠ دينار	
تكاليف تشغيلية مختلفة	(٢٠٠٠)	(١٠٠٠)	
تحصيلات بيع الفلتر			١٠٠٠ دينار
تكلفة الفلتر	(٨٠٠)	(٨٠٠)	(٨٠٠)
الربح	٥٢٠٠ دينار	٢٢٠٠ دينار	٢٠٠ دينار

المطلوب: بيان التكاليف التفاضلية وغير التفاضلية لاتخاذ البديل المناسب للشركة.

إجابة مثال رقم (٣)

يتضح من المعلومات الواردة في المثال ان التكاليف التفاضلية هي التكاليف التشغيلية المختلفة حيث انها تتغير من بديل لآخر، في حين أن تكلفة الفلتر البالغة ٨٠٠ دينار لم تتغير من بديل لآخر وبالتالي فهي غير تفاضلية. وبهذا يمكن الاستنتاج بأن التكاليف الغارقة (وهي تكلفة الفلتر بالمثال مبلغ ٨٠٠ دينار) هي تكاليف غير تفاضلية لا تؤثر على اتخاذ البديل المناسب.

وبالنظر إلى المعلومات الواردة في المثال رقم (٣) يتضح أن أفضل بديل هو استعمال الفلتر لتنقية مياه السباحة حيث انه يعطي الربح الاعلى ٥٢٠٠ دينار بين البدائل المختلفة. ويمكن التوصل إلى نفس الاستنتاج للبديل الأفضل بعدم الاخذ بعين الاعتبار تكلفة الفلتر وهـي التكـاليف الغارقـة وغير التفاضلية باعتبارها متساوية بين البدائل المختلفة.

٦-٣ تكاليف الفرصة الضائعة   Opportunity Costs

عندما تتعرض الادارة إلى عدة بدائل لاستعمال مواردها المحدودة فإنها تختار البـديل الأفضل وترفض بقية البدائل. فالتضحية بعوائد البديل المرفوض يمكن تسميتها بتكاليف الفرصة الضائعة. وبعبارة أخرى يمكن تعريف تكاليف الفرصة الضائعة بأنها العوائد التي كـان مـن الممكن تحقيقها من استعمال الموارد لأفضل

بديل ضائع (لم يتم اختياره). فمثلاً إذا كان من الممكن لشركة الازدهار ان تختار بـين انتاج المنتـج (أ) أو إنتاج المنتج (ب) ولا تستطيع الشركة ان تنتج المنتجين معاً نظراً لمحدودية الموارد. وتقدر مساهمة المنتج (أ) في ارباح الشركة بمبلغ ٢٢٠٠٠ دينار سنويا، في حين تقدر مساهمة المنتج (ب) في ارباح الشركة بمبلغ ٣١٠٠٠ دينـار سـنويا. وبنـاء عـلى هـذه التقديرات فإن الشركة سـوف تختار انتـاج المنتج (ب) بسـبب مساهمته الأفضل في انتاج الشركة، علماً بأن ذلك الاختيار سوف يـؤدي الى تكاليف فرصة ضائعة قيمتها ٢٢٠٠٠ دينار تم التضحية بها لعدم انتاج المنتج (أ).

ومن الجدير بالذكر أن تكاليف الفرصة الضائعة لا يتم تسجيلها في السجلات المحاسبية، ولكن يمكن استعمالها في اتخاذ القرارات، ومن الطبيعي انه لا يمكن حصر كافة الفرص المتمثلة والموجودة في كـل لحظة. ولذلك فإن بعض تكاليف الفرص الضائعة لن يتم اخذها بعين الاعتبار. وأخيراً فإن عـدم تسـجيل تكاليف الفرص الضائعة من خلال الأنظمة المحاسبية قد يؤدي خطأ الى تجاهل استعمالها احيانا في اتخـاذ القرارات المختلفة.

٧- التكاليف والرقابة   Costs and Control

يمكن تقسيم التكاليف من وجهة نظر الرقابة الإدارية الى نوعين رئيسيين هـما تكاليف خاضعة للرقابة Controllable Costs وتكاليف غير خاضعة للرقابة Noncontrollable Costs . وبهذا التقسيم فإنـه يتم معرفة مسؤولية المدراء في المنشأة عن التكاليف التي تخضع لرقابتهم.

يمكن تعريف التكاليف الخاضعة للرقابة بأنها تلك التكاليف التي تتأثر بأعمال مدير معين حيث يتمتع بالنفوذ في تفويضها. أما التكاليف غير الخاضعة للرقابة فهي تلك التكاليف التي لا تتأثر بـأعمال مدير معين بسبب عدم خضوعها لسيطرته فمثلاً مدير الانتاج هو مسؤول عـن جـودة وكميـة الانتـاج في مصنع معين في حين أنه غير مسؤول عن مصاريف الدعاية والاعلان لتسويق منتجات المصنع.

ومن الجدير بالذكر أن كافة التكاليف في المنشأة تخضع للرقابة عند احد المسـتويات الإداريـة المختلفة. فالإدارة العليا لها السلطة على معظم التكاليف في المنشأة. فمثلاً للإدارة العليـا الحـق في زيـادة رواتب العاملين في منشأة معينة بالمعدل الذي تـراه مناسـبا، وكـذلك الحـال لهـا سـلطة البـدء في مشاريع جديدة أو التخلص من مشاريع غير مجدية مـن الناحيـة الاقتصادية فهـذه التكاليف هـي خـارج سـلطة الإدارة

الوسطى أو الدنيا، وبالتالي لا تخضع لرقابتهم.وقد يكون رئيس قسم معين مسؤولاً عن اللوازم المستعملة في قسمه حيث انها تخضع لرقابته ويتحكم بمقدارها، في حين أن رئيس القسم هذا ليس له سلطة على شراء سيارات القسم واهتلاكها وبالتالي فهي لا تخضع لرقابته.

ويلعب الوقت دوراً فاعلاً في الرقابة فمثلاً مدير المشتريات في مصنع معين له سلطة على شراء المواد للمصنع ويستطيع مراقبة تكلفتها فعندما يشتري هذا المدير المواد بكميات قليلة وبأوقات مختلفة فإنه يستطيع التحكم بتكلفة شراء وحدة المواد عند كل أمر شراء. أما في حالة توقيع عقد ملزم طويل الأجل لشراء المواد فسوف يكون لمدير المشتريات دور في المفاوضات على تكلفة وحدة المواد في العقد بينما لن يكون له اية سيطرة على تكلفة وحدة المواد خلال فترة تنفيذ العقد حيث لا يوجد لمدير المشتريات أية مرونة وتحكم بتغيير تكلفة المواد في الأجل القصير.

٨- التكاليف وامكانية ردها للمنتج Costs and Traceability to Product

يمكن تقسيم التكاليف طبقاً لإمكانية ردها للمنتج إلى قسمين هما تكاليف مباشرة Direct Costs وتكاليف غير مباشرة Indirect Costs ويقصد بالتكاليف المباشرة تلك التكاليف المتعلقة بشيء معين يسمى محور أو موضع التكاليف (المنتج مثلا) Cost Object والتي يمكن ردها لذلك الشيء (محور التكاليف) بطريقة اقتصادية ملائمة وعملية. أما التكاليف غير المباشرة فهي التكاليف المتعلقة بشيء معين (المنتج مثلاً) ولكن لا يمكن ردها لذلك الشيء (المنتج) بطريقة اقتصادية ملائمة. وتوزع التكاليف غير المباشرة على الاشياء المتعلقة بها باحدى طرق التوزيع المختلفة.

فمثلاً في صناعة الاثاث فإن الاخشاب المستعملة في تلك الصناعة تعتبر مواد مباشرة وكذلك اجور العمال الذين يعملون لتحويل الأخشاب الخام إلى أثاث تسمى أجور مباشرة، وهذه كلها تسمى تكاليف مباشرة. بينما مواد الغراء المستعملة في صناعة الاثاث وأجور حارس مصنع الأثاث فهي تعتبر تكاليف غير مباشرة بسبب عدم إمكانية تتبع ورد هذه التكاليف بطريقة اقتصادية ملائمة لمنتجات الاثاث. وذلك باعتبار أن تكاليف مواد الغراء ليست بذات أهمية في صناعة الاثاث وأن حارس المصنع لا يعمل بشكل مباشر في صناعة الاثاث.

وهناك عدة عوامل تؤثر في تصنيف التكاليف الى مباشرة وغير مباشرة ومن هذه العوامل ما يلي:

١- الأهمية النسبية للتكاليف: فكلما زادت قيمة التكاليف كلما ارتفعت أهميتها النسبية وكلما اصبحت إمكانية ردها إلى محور التكاليف أسهل. ففي صناعة الأثاث مثلا فإن تكاليف الاخشاب تعتبر ذات أهمية نسبية مرتفعة وبالتالي فهي تعتبر تكاليف مباشرة بينما تكاليف الغراء في نفس الصناعة تعتبر ذات أهمية نسبية منخفضة وبالتالي يتم تصنيفها من ضمن مجموعة تكاليف غير مباشرة.

٢- توفر التكنولوجيا لجمع المعلومات: إن التطور الهائل الذي حصل في السنوات الأخيرة على تكنولوجيا المعلومات قد جعل تتبع المعلومات وردها الى محور تكاليف معين اكثر سهولة، وبالتالي فإن تجميع المعلومات اصبح الآن اكثر سهولة وعليه فإن بعض التكاليف التي كان يصعب ردها في الماضي إلى محور تكاليف معين، اصبحت بفضل التكنولوجيا من الممكن تتبعها بطريقة اقتصادية معقولة وبالتالي ردها الى محور تكاليف معين وتصنيفها ضمن التكاليف المباشرة.

٣- تصميم العمليات في المنشأة: قد يساعد تصميم العمليات في منشأة معينة على تصنيف تكاليفها، فمثلاً إذا تم تعيين وعمل أربعة عمال لانتاج المنتج (أ) فقط فمن السهل تصنيف اجور هؤلاء العمال كتكاليف مباشرة للمنتج (أ). وفي هذا دلالة على تأثير تصميم العمليات في المنشأة على تصنيف التكاليف المتعلقة بها.

٤- الترتيبات التعاقدية: يمكن للترتيبات التعاقدية بين المنشآت المختلفة أن تؤثر في كيفية تصنيف التكاليف. فإذا افترضنا ان الشركة الصناعية قد تعاقدت مع شركة مرسيدس على تصنيع قطعة معينة (موتور مثلاً) خصيصاً لإحدى سيارات المرسيدس ولا يستعمل لغيرها، فهنا من السهل اعتبار تكلفة تلك القطعة بمثابة تكاليف مباشرة لسيارة المرسيدس.

ومن الجدير بالذكر أن اية تكلفة من الممكن ان تكون مباشرة أو غير مباشرة طبقاً لمحور التكاليف. فمثلاً راتب مدير المصنع يعتبر بمثابة تكاليف مباشرة للمصنع، في حين يمكن اعتباره بمثابة تكاليف غير مباشرة لأي منتج من منتجات المصنع.

٩- التكاليف ووظائف المنشأة Costs and Company's Functional Areas

تنقسم أعمال المنشأة الى عدة وظائف. فمثلاً تتضمن وظائف المنشأة الصناعية والتي هي اعقد انواع المنشآت ثلاثة وظائف رئيسة هي الوظيفة الصناعية والوظيفة التسويقية والوظيفة الادارية. وكل من هذه الوظائف لها تكاليف خاصة بها، وبالتالي هناك تكاليف صناعية واخرى تسويقية وثالثة ادارية. وتتكون التكاليف الصناعية Manufacturing Costs من ثلاثة أنواع رئيسة هي:

١- المواد المباشرة Direct Materials : وهي المواد الرئيسة التي تدخل في صناعة المنتج. فمثلا تعتبر مادة الخشب في صناعة الاثاث من المواد المباشرة. ومن الجدير بالذكر أن الأجزاء المشتراة والتي تدخل في صناعة المنتج تعتبر أيضا مواد مباشرة فالموتور الذي تشتريه شركة السيارات من الخارج والذي يدخل في صناعة سيارات الشركة يعتبر ايضا من المواد المباشرة وتسمى المواد المباشرة احيانا بالمواد الخام.

٢- الأجور المباشرة Direct Labor : وهي أجور العمال لتحويل المواد المباشرة الى منتجات تامة الصنع. فتكلفة أجور عمال الانتاج في صناعة الاثاث تعتبر أجور مباشرة .

٣- تكاليف صناعية غير مباشرة Manufacturing Overhead : وهي كافة التكاليف الأخرى بخلاف الأجور المباشرة لتحويل المواد المباشرة الى منتجات تامة الصنع. وتتكون هذه التكاليف غير المباشرة مما يلي:

أ- المواد غير المباشرة: وهي تلك المواد اللازمة لصناعة المنتج وهي ذات أهمية نسبية منخفضة في صناعة المنتج النهائي نظراً لقلة تكاليفها. فمثلاً مواد الغراء ومواد التلميع التي تدخل في صناعة الاثاث تعتبر من المواد غير المباشرة نظراً لقلة تكلفتها وصعوبة تتبعها للمنتج النهائي بشكل اقتصادي ملائم ومعقول.

ب- الأجور غير المباشرة: وهي أجور العمال الذين لا يعملون بشكل مباشر في إنتاج المنتج ولكن عملهم يعتبر ضروريا لتشغيل المصنع. فمثلا اجور الحراس واجور عمال النظافة وأجور عمال الصيانة في المصنع تعتبر كلها من الأجور غير المباشرة.

جـ- تكاليف صناعية أخرى: وهي التكاليف الصناعية غير المباشرة بخلاف المواد غير المباشرة والأجور غير المباشرة اللازمة لتشغيل المصنع، ومن الأمثلة عليها مصاريف اهتلاك الات ومباني المصنع ومصاريف ايجار المصنع ومصاريف التأمين على الات ومباني المصنع ومصاريف القوى المحركة والمياه والهاتف الخاصة بالمصنع وغيرها.

وتجدر الاشارة إلى ان مجموع المواد المباشرة والأجور المباشرة يسمى التكاليف الأولية كما هو مبين في المعادلة رقم (٤) التالية:

التكاليف الاولية = المواد المباشرة + الأجور المباشرة ... (٤)

أما مجموع الأجور المباشرة والتكاليف الصناعية غير المباشرة فيسمى بتكاليف التحويل وهي التكاليف اللازمة لتحويل المواد المباشرة الى منتجات تامة الصنع وتبين المعادلة رقم (٥) التالية كيفية احتساب تكاليف التحويل:

تكاليف التحويل = الأجور المباشرة + التكاليف الصناعية غير المباشرة... (٥)

تم التعرض لغاية الآن الى التكاليف الصناعية ومكوناتها في المنشأة الصناعية، أما التكاليف غير الصناعية Non manufacturing Costs فهي تتكون من عنصرين رئيسيين هما التكاليف التسويقية Marketing Costs والتكاليف الادارية Administrative Costs وفيما يلي شرح موجز لهذين العنصرين.

التكاليف التسويقية: وهي تلك التكاليف المتعلقة بتسويق المنتجات للعملاء والحصول على أوامرهم لتنفيذها. ومن الأمثلة على التكاليف التسويقية، مصاريف الاعلان ورواتب وعمولة موظفي المبيعات وأجور نقل المبيعات وما شابه.

التكاليف الإدارية: وهي تلك التكاليف المتعلقة بإدارة المنشأة على مختلف المستويات. ومن الامثلة عليها رواتب المدراء ورواتب موظفي المحاسبة والشؤون القانونية وما شابه.

وتجدر الاشارة هنا إلى أن التكاليف غير الصناعية تعتبر مصروفات للفترة التي حدثت بها Period Expenses لأغراض المحاسبة المالية، وبالتالي فهي تظهر كمصروفات في قائمة الدخل لتلك الفترة، في حين أن التكاليف الصناعية تعتبر

تكاليف منتج Product Costs في تلك الفترة وتصبح تكاليف المنتج مصروفات فقط عند بيع المنتج أو المنتجات. فمثلاً تكاليف تأمين المصنع هي جزء من التكاليف الصناعية وبالتالي فهي تعتبر تكاليف منتج أو جزءاً من تكلفة البضاعة المنتجة، وفي حالة بيع تلك البضاعة المنتجة فانها تصبح مصروفات للفترة التي تمت فيها عملية البيع.

يبين الشكل رقم (٢-٣) العلاقة بين التكاليف الصناعية وتكاليف المنتج مع بيان التكاليف الاولية وتكاليف التحويل

شكل رقم (٢-٣)
العلاقة بين التكاليف الصناعية وتكاليف المنتج

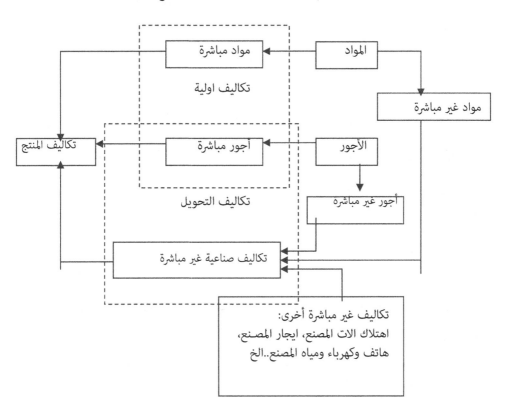

١٠- عرض بيانات التكاليف للمنشأة الصناعية:

يتم عرض بيانات التكاليف المتعلقة بالمنشأة الصناعية في قوائم مرتبة تشمل كافة عناصر
التكاليف مبوبة طبقاً لعلاقتها مع حجم الانتاج ومن أهم هذه القوائم قائمة تكلفة الصنع والبضاعة
المباعة وقائمة الدخل. وللتوصل إلى تكلفة الصنع فإنه يتم إضافة التكاليف الصناعية خلال الفترة والمكونة
من تكلفة المواد الأولية المستخدمة في الانتاج والأجور المباشرة والتكاليف الصناعية غير المباشرة إلى تكلفة
بضاعة تحت التشغيل أول المدة ويطرح منها تكلفة بضاعة تحت التشغيل آخر المدة وتدعى تكلفة الصنع
أيضا بتكلفة الانتاج.

أما تكلفة البضاعة المباعة فيتم التوصل إليها باضافة تكلفة الصنع إلى تكلفة بضاعة تامة الصنع
أول المدة ويطرح منها تكلفة بضاعة تامة الصنع آخر المدة.

ويبين الشكل رقم (٢-٤) قائمة تكلفة الصنع والبضاعة المباعة. وتجدر الإشارة إلى أنه يمكن
تقسيم القائمة المذكورة إلى ثلاثة قوائم منفصلة وهي قائمة تكاليف المواد المباشرة المستخدمة في الانتاج
وقائمة تكلفة الصنع خلال المدة وقائمة تكلفة البضاعة المباعة.

أما القائمة الثانية المتعلقة بعرض بيانات تكاليف المنشأة الصناعية فتسمى قائمة الدخل حيث
يتم فيها طرح تكلفة البضاعة المباعة من صافي المبيعات للتوصل إلى مجمل الربح (أو مجمل الخسارة) ثم
بعد ذلك يطرح من مجمل الربح التكاليف التسويقية والادارية للتوصل إلى الربح من العمليات التشغيلية
والذي هو مفهوم بارز لغايات اتخاذ القرارات الإدارية المختلفة وسنتوقف عنده لغايات إعداد قائمة
الدخل. ومن المعلوم ان هناك عناصر كثيرة تدخل في قائمة الدخل بعد الربح من العمليات التشغيلية وقبل
التوصل إلى صافي الربح ومن هذه العناصر مجموعة الايرادات والارباح الاخرى ومجموعة المصروفات
والخسائر الاخرى، وضريبة الدخل، والعناصر الاستثنائية والاثر التراكمي الناتج عن تغيرات الطرق
والاجراءات المحاسبية ولكن لغايات المحاسبة الادارية هنا لاعداد قائمة الدخل لمنشأة صناعية فسوف
تتوقف عند مفهوم الربح من العمليات التشغيلية او الربح التشغيلي بسبب أهمية هذا المفهوم في
المحاسبة الادارية والتركيز على استعماله لغايات اتخاذ القرارات الادارية المختلفة. ويبين الشكل رقم (٢-٥)
قائمة الدخل لمنشأة صناعية لغاية الربح من العمليات التشغيلية.

شكل رقم (٢-٤)

قائمة تكلفة الصنع والبضاعة المباعة عن المدة المنتهية في ....

بضاعة تحت التشغيل أول المدة			××
+ تكاليف صناعية خلال المدة:			
مواد مباشرة:			
مواد مباشرة أول المدة	××		
+ تكلفة مشتريات مواد أولية	××		
مجموع تكلفة المواد المباشرة المتاحة للاستخدام	××		
- مواد مباشرة آخر المدة	××		
تكلفة المواد المباشرة المستخدمة في الانتاج		××	
+ أجور مباشرة		××	
+ تكاليف صناعية غير مباشرة:			
مواد صناعية غير مباشرة	××		
+ أجور صناعية غير مباشرة	××		
+ تكاليف صناعية غير مباشرة اخرى			
×× كهرباء ومياه وقوى محركة للصنع			
×× صيانة وتصليحات للمصنع			
×× اهتلاك الات المصنع			
×× ايجار المصنع			
×× تأمين المصنع ...الخ			
مجموع التكاليف الصناعية غير المباشرة الاخرى	××		
مجموع التكاليف الصناعية غير المباشرة		××	
مجموع التكاليف الصناعية خلال المدة			××
مجموع تكاليف بضاعة تحت التشغيل خلال المدة			××
- بضاعة تحت التشغيل آخر المدة			××
تكلفة الصنع (الانتاج) خلال المدة			××
+ بضاعة تامة الصنع أول المدة			××
تكلفة البضاعة التامة الصنع المتاحة للبيع			××
- بضاعة تامة الصنع آخر المدة			××
تكلفة البضاعة المباعة			××

شكل رقم (٢-٥)

قائمة الدخل عن المدة المنتهية في ....

صافي المبيعات	××	
- تكلفة البضاعة المباعة	××	
مجمل الربح		××
- التكاليف التسويقية والإدارية:		
التكاليف التسويقية	××	
التكاليف الادارية	××	
اجمالي التكاليف التسويقية والادارية		××
الربح من العمليات التشغيلية		××

ويوضح المثال رقم (٤) كيفية اعداد كل من قائمة تكلفة الصنع والبضاعة المباعة وقائمة الدخل لشركة صناعية.

مثال رقم (٤):

فيما يلي بعض البيانات المتعلقة بشركة الصناعة الاردنية لسنة ٢٠٠٩ (المبالغ بالاف الدنانير):

المبلغ	البيان	المبلغ	البيان
٣٠٠	مصاريف ادارية	١٣٠	بضاعة تامة الصنع ٢٠٠٩/١٢/٣١
١٧٠	بضاعة تامة الصنع ٢٠٠٩/١/١	١٥	تكاليف صناعية مختلفة
٤٠	تكاليف الكهرباء والقوى المحركة للمصنع	٣٠٠	مشتريات مواد مباشرة
٥٠	تكاليف صيانة المصنع	٨٠	مواد مباشرة ٢٠٠٩/١٢/٣١
١٠٠	مواد مباشرة ٢٠٠٩/١/١	٢٠	مواد غير مباشرة
١٣٠	أجور غير مباشرة	٤٨٠	أجور مباشرة
١٤٠	بضاعة تحت التشغيل ٢٠٠٩/١٢/٣١	٥٠	تأمين المصنع
١١٠	اهتلاك الات صناعية	٢٨٠	مصاريف تسويقية
٣٥	ايجار المصنع	٢٠٠٠	ايراد المبيعات
١٥٠	بضاعة تحت التشغيل ٢٠٠٩/١/١		

المطلوب:
١- احتساب التكاليف الأولية.
٢- احتساب تكاليف التحويل.
٣- اعداد قائمة تكلفة الصنع والبضاعة المباعة عن السنة المنتهية في ٢٠٠٩/١٢/٣١
٤- اعداد قائمة الدخل عن السنة المنتهية في ٢٠٠٩/١٢/٣١

إجابة مثال رقم (٤):
١- احتساب التكاليف الاولية (المبالغ بالاف الدنانير)
التكاليف الاولية = المواد المباشرة المستخدمة في الانتاج + الأجور المباشرة
المواد المباشرة المستخدمة في الانتاج = مواد مباشرة اول المدة + مشتريات مواد مباشرة – مواد مباشرة آخر المدة
= ١٠٠ + ٣٠٠ – ٨٠
= ٣٢٠ دينار
وبتطبيق معادلة التكاليف الاولية المذكورة اعلاه نستنتج ما يلي:
التكاليف الأولية = ٣٢٠ + ٤٨٠
= ٨٠٠ دينار

٢- احتساب تكاليف التحويل : (المبالغ بالاف الدنانير)
تكاليف التحويل = الاجور المباشرة + التكاليف الصناعية غير المباشرة

التكاليف الصناعية غير المباشرة = اجور غير مباشرة + مواد غير مباشرة + تكاليف الكهرباء والقوى المحركة للمصنع + تكاليف صيانة المصنع + اهتلاك الات صناعية + ايجار المصنع + تأمين المصنع + تكاليف صناعية مختلفة
= ١٣٠ + ٢٠ + ٤٠ + ٥٠ + ١١٠ + ٣٥ + ٥٠ + ١٥
= ٤٥٠ دينار
وبتطبيق معادلة تكاليف التحويل المذكورة ينتج:
تكاليف التحويل = ٤٨٠ + ٤٥٠
= ٩٣٠ دينار

قائمة تكلفة الصنع والبضاعة المباعة عن السنة المنتهية في ٢٠٠٩/١٢/٣١

(المبالغ بالاف الدنانير)

بضاعة تحت التشغيل ٢٠٠٩/١/١			١٥٠
+ تكاليف صناعية خلال السنة :			
مواد مباشرة:			
مواد مباشرة ٢٠٠٩/١/١	١٠٠		
+ مشتريات مواد مباشرة	٣٠٠		
مجموع تكلفة المواد المباشرة المتاحة للاستخدام	٤٠٠		
- مواد مباشرة ٢٠٠٩/١٢/٣١	٨٠		
تكلفة المواد المباشرة المستخدمة في الانتاج		٣٢٠	
+ اجور مباشرة		٤٨٠	
+ تكاليف صناعية غير مباشرة:			
اجور غير مباشرة	١٣٠		
مواد غير مباشرة	٢٠		
تكاليف الكهرباء والقوى المحركة للمصنع	٤٠		
تكاليف صيانة المصنع	٥٠		
اهتلاك الات صناعية	١١٠		
إيجار المصنع	٣٥		
تأمين المصنع	٥٠		
تكاليف صناعية مختلفة	١٥		
مجموع التكاليف الصناعية غير المباشرة		٤٥٠	
مجموع التكاليف الصناعية خلال السنة			١٢٥٠
مجموع تكاليف بضاعة تحت التشغيل خلال السنة			١٤٠٠
- بضاعة تحت التشغيل ٢٠٠٩/١٢/٣١			١٤٠
تكلفة الصنع (الانتاج) خلال السنة			١٢٦٠
+ بضاعة تامة الصنع ٢٠٠٩/١/١			١٧٠
تكلفة البضاعة التامة الصنع المتاحة للبيع			١٤٣٠
- بضاعة تامة الصنع ٢٠٠٩/١٢/٣١			١٣٠
تكلفة البضاعة المباعة			١٣٠٠

قائمة الدخل عن السنة المنتهية في ٢٠٠٩/١٢/٣١

(المبالغ بالاف الدنانير)

ايراد المبيعات		٢٠٠٠
- تكلفة المبيعات		١٣٠٠
مجمل الربح		٧٠٠
- مصاريف تسويقية وإدارية:		
مصاريف تسويقية	٢٨٠	
مصاريف ادارية	٣٠٠	
مجموع المصاريف التسويقية والإدارية		٥٨٠
الربح من العمليات التشغيلية أو (الربح التشغيلي)		١٢٠

١١- قائمة تكلفة البضاعة المباعة في المنشآت التجارية

تقوم المنشآت التجارية بشراء بضاعة وبيعها للغير كما هي بدون اجراء اية تعديلات عليها وباختصار فإن تكلفة البضاعة المباعة في المنشآت التجارية تعادل تكلفة بضاعة أول المدة مضافا إليها تكلفة المشتريات خلال المدة مطروحاً منها تكلفة بضاعة آخر المدة. وتوضح المعادلة رقم (٦) التالية كيفية احتساب تكلفة البضاعة المباعة (أو تكلفة المبيعات):

تكلفة البضاعة المباعة = تكلفة بضاعة أول المدة + تكلفة المشتريات - تكلفة بضاعة آخر المدة ... (٦)

أما تكلفة المشتريات فيمكن الحصول عليها من خلال المعادلة رقم (٧) التالية:

تكلفة المشتريات = المشتريات - مردودات المشتريات ومسموحاتها - خصم المشتريات + نقل المشتريات واية تكاليف خاصة بالمشتريات ... (٧)

ويبين الشكل رقم (٢-٦) قائمة تكلفة البضاعة المباعة في المنشأة التجارية

شكل رقم (٢-٦)
قائمة تكلفة البضاعة المباعة في المنشأة التجارية

بضاعة اول المدة	xx
+ تكلفة المشتريات	
xx مشتريات	
xx - مردودات المشتريات ومسموحاتها	
xx - خصم المشتريات	
xx صافي المشتريات	
xx + نقل المشتريات	
xx + عمولة المشتريات	
xx + رسوم جمركية على المشتريات	
تكلفة المشتريات	xx
تكلفة البضاعة المتاحة للبيع	xx
- بضاعة آخر المدة	xx
تكلفة المبيعات (تكلفة البضاعة المباعة)	xx

ويوضح مثال رقم (٥) التالي كيفية اعداد قائمة تكلفة البضاعة المباعة في المنشأة التجارية

مثال رقم (٥)

فيما يلي بعض المعلومات المتعلقة بشركة السعادة التجارية لسنة ٢٠٠٩:

(المبالغ بالاف الدنانير)

البيان	المبلغ	البيان	المبلغ
مردودات المشتريات ومسموحاتها	١٥٠	مشتريات	١٢٠٠
خصم المشتريات	٥٠	بضاعة ٢٠٠٩/١/١	١٠٠
عمولة المشتريات	٨٠	نقل المشتريات	١٢٠
رسوم جمركية على المشتريات	٥٦٠	تأمين على المشتريات	٤٠
مبيعات	٣٩٦٠	بضاعة ٢٠٠٩/١٢/٣١	١٥٠
مصاريف الدعاية والاعلان	٢٠٠	نقل المبيعات	١٨٠
رواتب موظفي الادارة	٦٠٠	اهتلاك مباني الادارة	١٣٠

المطلوب: اعداد قائمة تكلفة البضاعة المباعة عن السنة المنتهية في ٢٠٠٩/١٢/٣١

إجابة مثال رقم (٥):

قائمة تكلفة البضاعة المباعة عن السنة المنتهية في ٢٠٠٩/١٢/٣١

(المبالغ بالاف الدنانير)

بضاعة أول المدة		١٠٠
+ تكلفة المشتريات		
مشتريات	١٢٠٠	
- مردودات المشتريات ومسموحاتها	١٥٠	
- خصم المشتريات	٥٠	
صافي المشتريات	١٠٠٠	
+ نقل المشتريات	١٢٠	
+ عمولة المشتريات	٨٠	
+ رسوم جمركية على المشتريات	٥٦٠	
+ تأمين على المشتريات	٤٠	
تكلفة المشتريات		١٨٠٠
تكلفة البضاعة المتاحة للبيع		١٩٠٠
- بضاعة آخر المدة		١٥٠
تكلفة البضاعة المباعة (أو تكلفة المبيعات)		١٧٥٠

ومن المعلوم أن قائمة الدخل في المنشأة التجارية لا تختلف في ترتيب البيانات على الاطلاق عـن قائمة الدخل في المنشأة الصناعية والمبينة في الشكل رقم (٢-٥). وتجدر الاشارة إلى أن تكلفـة المبيعـات يـتم احتسابها بشكل مختلف في المنشأتين وذلك بسبب اختلاف طبيعة اعمالهما، وقد سبق إيضاح قائمة تكلفـة البضاعة المباعة لكل من المنشأة الصناعية والمنشأة التجارية والمثال التـالي رقم (٦) يوضـح كيفيـة اعـداد قائمة الدخل للمنشأة التجارية.

مثال رقم (٦):

استعمل المعلومات الواردة في مثال رقم (٥) السابق

المطلوب: اعداد قائمة الدخل عن السنة المنتهية في ٢٠٠٩/١٢/٣١

إجابة مثال رقم (٦):

قائمة الدخل عن السنة المنتهية في ٢٠٠٩/١٢/٣١

(المبالغ بالاف الدنانير)

مبيعات			٣٩٦٠
- تكلفة المبيعات (من اجابة مثال رقم ٥)			١٧٥٠
مجمل الربح			٢٢١٠
- مصاريف تسويقية وإدارية:			
مصاريف تسويقية			
١٨٠ نقل المبيعات			
٢٠٠ مصاريف الدعاية والاعلان			
مجموع المصاريف التسويقية		٣٨٠	
مصاريف ادارية			
١٣٠ اهتلاك مباني الادارة			
٦٠٠ رواتب موظفي الادارة			
مجموع المصاريف الادارية		٧٣٠	
مجموع المصاريف التسويقية والادارية			١١١٠
الربح من العمليات التشغيلية (الربح التشغيلي)			١١٠٠

يتضح من اجابة مثال رقم (٦) ان هناك تشابه تام في عناصر قائمة الدخل لكل من المنشأة الصناعية والمنشأة التجارية. وواقع الحال أن الاختلاف يكمن في كيفية احتساب تكلفة المبيعات لكل من المنشأتين، ويعود ذلك إلى الاختلاف في طبيعة اعمالهما.

١٢- مقارنة بين المنشأة الصناعية والمنشأة التجارية:

من المعلوم أن المنشأة الصناعية تشتري المواد المباشرة أو المواد الخام وتحولها الى منتجات تامة الصنع في حين أن المنشأة التجارية تشتري بضاعة جاهزة وتبيعها بنفس الحالة. وتنحصر الفروقات الرئيسة بين المنشأة الصناعية والمنشأة التجارية بالنقاط التالية:

١- تحديد تكلفة المبيعات: يتم احتساب تكلفة المبيعات في المنشأة الصناعية كما يلي:

تكلفة المبيعات = بضاعة تامة الصنع اول المدة + تكلفة الصنع خلال المدة – بضاعة تامة الصنع آخر المدة

بينما يتم احتساب تكلفة المبيعات في المنشأة التجارية عن طريق المعادلة التالية:

تكلفة المبيعات = بضاعة اول المدة + تكلفة المشتريات خلال المدة – بضاعة آخر المدة

فمن الواضح أن المنشأة التجارية تتضمن تكلفة المشتريات في احتسابها مقدار تكلفة المبيعات، في حين أن المنشأة الصناعية يوجد لديها تكلفة الصنع كعنصر من عناصر تكلفة المبيعات. وذلك يعود إلى أنه يتم تصنيع المنتجات وبيعها في المنشأة الصناعية، بينما يتم شراء وبيع البضاعة لدى المنشأة التجارية.

٢- الإفصاح في الميزانية: يتم الإفصاح في ميزانية المنشأة الصناعية ضمن الاصول المتداولة عن ثلاثة حسابات يتم تصنيفها تحت عناصر البضاعة وهذه الحسابات هي مواد مباشرة وبضاعة تحت التشغيل وبضاعة تامة الصنع. وتتكون عادة البضاعة تحت التشغيل من مواد مباشرة مضافاً إليها بعض الاجور المباشرة والتكاليف الصناعية غير المباشرة، فهي ليست مواد مباشرة فقط وليست مكتملة التصنيع لتسمى بضاعة تامة الصنع. ومن هنا فالبضاعة تحت التشغيل هي الحالة التي تكون فيها البضاعة ما بين المواد المباشرة والبضاعة التامة الصنع. أما بالنسبة للإفصاح في ميزانية المنشأة التجارية فيما يتعلق بعنصر البضاعة فهناك حساب واحد فقط يتم الافصاح عنه بعنوان حساب البضاعة ضمن الأصول المتداولة ويمثل حساب البضاعة في المنشأة التجارية بالميزانية كافة السلع التي تتاجر بها المنشأة وتمتلكها بتاريخ اعداد الميزانية.

١٣- مقارنة بين المنشأة الصناعية والمنشأة الخدمية:

تنحصر الاختلافات الرئيسة بين المنشأة الصناعية والمنشأة الخدمية في النقاط التالية:
١- تحديد التكاليف: تنحصر عناصر التكاليف في المنشأة الخدمية بأجور العمال والمصاريف الأخرى غير المباشرة وذلك لعدم تعامل المنشأة الخدمية بالمواد

المباشرة وتحويلها الى بضاعة تامة الصنع كما هو الحال بالنسبة للمنشأة الصناعية.

٢- تحديد الانتاج: يمكن القـول بأنـه يصـعب تحديـد الإنتـاج في المنشـأة الخدميـة بالمقارنـة مـع المنشـأة الصناعية والتي يمكن فيها تحديد الإنتاج وتكلفته بدقة تامة.

٣- وجود المخزون: لا يوجد مخزون سلعي في المنشأة الخدمية بسبب عدم تعامل هـذه المنشـأة بالبضاعة أو المخزون السلعي، وبالتالي فميزانية المنشأة الخدمية لا تتضـمن ايـة تكـاليف متعلقـة بـالمخزون السلعي. ومن هنا تعتبر كافة التكاليف المتعلقة بالمنشأة الخدمية بمثابة تكاليف فترة تظهر في قائمـة الدخل في حين أن ميزانية المنشأة الصناعية تتضمن ثلاثة حسابات تتعلـق بـالمخزون السلعي وهـي مواد مباشرة وبضاعة تحت التشغيل وبضاعة تامة الصنع.

المصطلحات

Cost Behavior	سلوك التكاليف
Cost Classifications	تصنيفات (تبويبات) التكاليف
Cost Concepts	مفاهيم التكاليف
Costs	تكاليف
Differential Costs	تكاليف تفاضلية
Direct Labor	اجور مباشرة
Direct Materials	مواد مباشرة
Expenses	مصروفات
Fixed Costs	تكاليف ثابتة
Manufacturing Overhead Costs	تكاليف صناعية غير مباشرة
Mixed Costs	تكاليف مختلطة
Opportunity Costs	تكاليف الفرصة الضائعة
Period Expenses	مصروفات الفترة
Product Costs	تكاليف المنتج
Step Costs	تكاليف متدرجة
Sunk Costs	تكاليف غارقة
Variable Costs	تكاليف متغيرة

أسئلة وتمارين

١- ما المقصود بالتكلفة؟

٢- ما هي الفروقات بين التكاليف والمصروفات؟

٣- عدد الأنماط الرئيسة لسلوك التكاليف واشرحها باختصار.

٤- ما هي التكاليف التفاضلية؟

٥- عرف التكاليف الغارقة؟

٦- ما هي الفروقات بين تكاليف المنتج وتكاليف الفترة؟

٧- ما المقصود بالتكاليف الأولية وتكاليف التحويل؟

٨- قارن بين المنشأة الصناعية والمنشأة التجارية.

٩- قارن بين المنشأة الصناعية والمنشأة الخدمية.

١٠- تتعامل الشركة الحديثة للتجارة العالمية بشراء وبيع الكمبيوتر.

فاذا علمت بأن المعلومات التالية متعلقة بالبضاعة للشركة المذكورة لسنة ٢٠٠٩ (المبالغ بالاف الدنانير)

٣٦٠	بضاعة ٢٠٠٩/١/١
١٥٠٠	مشتريات بضاعة
٤٠	مصاريف نقل للداخل
٦٠٠	مصاريف تسويقية وادارية
٣٠٠	بضاعة ٢٠٠٩/١٢/٣١
٢٩٠٠	مبيعات

المطلوب:

١- عمل قائمة تكلفة البضاعة المباعة عن السنة المنتهية في ٢٠٠٩/١٢/٣١

٢- عمل قائمة الدخل عن السنة المنتهية في ٢٠٠٩/١٢/٣١.

١١- فيما يلي المعلومات المتعلقة بشركة الصناعة الدولية:

١٥٠٠٠ دينار بضاعة تامة الصنع ٢٠٠٩/١/١ ، ١١٢٥٠٠ دينار مبيعات

٩٥٠٠ دينار بضاعة تامة الصنع ٢٠٠٩/١٢/٣١ ، ٥٦٠٠٠ دينار تكلفة المبيعات

٢٥٠٠٠ دينار مصاريف تشغيلية

المطلوب:

ما هي تكلفة الصنع لسنة ٢٠٠٩

١٢- فيما يلي الأرصدة المتعلقة ببعض حسابات إحدى الشركات الصناعية لسنة ٢٠٠٩ :

البيان	٢٠٠٩/١٢/٣١	٢٠٠٩/١/١
مواد مباشرة	١٨٠٠٠ دينار	١٦٠٠٠ دينار
بضاعة تحت التشغيل	١٥٠٠٠	٢٠٠٠٠
بضاعة تامة الصنع	٩٠٠٠	٨٠٠٠
مواد مباشرة مستخدمة في الإنتاج	٨٥٠٠٠	-
تكلفة البضاعة المباعة	٢٥٠٠٠٠	-

المطلوب:

احتساب ما يلي:

أ- تكلفة الصنع لسنة ٢٠٠٩

ب- مجموع التكاليف الصناعية خلال سنة ٢٠٠٩.

جـ- مشتريات مواد مباشرة خلال سنة ٢٠٠٩.

١٣- فيما يلي المعلومات المتعلقة بسجلات شركة الصناعة الأهلية لسنة ٢٠٠٩ (المبالغ بالاف الدنانير)

اجور غير مباشرة	٢٢ دينار	مبيعات	٢١٥ دينار
بضاعة تحت التشغيل ٢٠٠٩/١٢/٣١	١٤	بضاعة تحت التشغيل ٢٠٠٩/١/١	١٦
مشتريات مواد مباشرة	٢٣	كهرباء ومياه للمصنع	٢٥
		بضاعة تامة الصنع ٢٠٠٩/١/١	١١
		بضاعة تامة الصنع ٢٠٠٩/١٢/٣١	٩
		مواد مباشرة ٢٠٠٩/١/١	١٨
		مواد مباشرة ٢٠٠٩/١٢/٣١	١٩
		أجور مباشرة	٣٥
		عمولة على المبيعات	١٥
		مواد غير مباشرة	٦
		اهتلاك مباني المصنع	٢٧
		مصاريف ادارية	٤٥

المطلوب:
١- إعداد قائمة تكلفة الصنع والبضاعة المباعة عن السنة المنتهية في ٢٠٠٩/١٢/٣١.
٢- إعداد قائمة الدخل عن السنة المنتهية في ٢٠٠٩/١٢/٣١.

١٤- فيما يلي بعض المعلومات المتعلقة بشركة الوادي لشهر آب سنة ٢٠٠٩:

٩٠٠٠ دينار	مشتريات مواد مباشرة
٢٠٠	مشتريات مواد غير مباشرة
٤٢٠	لوازم مكتبية
٣٦٠٠٠	مبيعات
٤٠٠٠	رواتب لموظفي البيع والإدارة
٦٠٠٠	أجور صناعية مباشرة
٤٠٠٠	ايجار (٦٠% للمصنع والباقي لمعرض البيع والادارة)
١٢٠٠	كهرباء ومياه وتلفون (٦٠% للمصنع والباقي لمعرض البيع والادارة)
٧٠٠	دعاية وإعلان

٢٠٠٩/٨/١	٢٠٠٩/٨/٣١	البيان
٤٤٠٠ دينار	١٦٠٠ دينار	مواد مباشرة
٥٠٠	٦٠٠	مواد غير مباشرة
٢٤٠٠٠	١٦٠٠٠	بضاعة تامة الصنع
١٥٠	١٨٠	لوازم مكتبية

المطلوب:
أ- إعداد قائمة تكلفة الصنع لشهر آب سنة ٢٠٠٩.
ب- إعداد قائمة الدخل لشهر آب سنة ٢٠٠٩.
جـ- احتساب ما يلي:
١- التكلفة الاولية.
٢- تكلفة التحويل.
٣- مجموع التكاليف الصناعية غير المباشرة.

١٥- أنتجت شركة الصناعات الوطنية ١٠٠٠ وحدة خلال سنة ٢٠٠٨ وقد تـم تصنيف التكاليف المتعلقـة بالانتاج للسنة المذكورة كما يلي: (المبالغ بالاف الدنانير)

٢٥ دينار	مواد مباشرة مستخدمة في الانتاج (متغيرة)
٥٠	أجور مباشرة (متغيرة)
١٢	رواتب المشرفين على الإنتاج (ثابتة)
٨	مواد غير مباشرة (متغيرة)
١٠	كهرباء ومياه وهاتف للمصنع (ثابتة)
٦	إيجار المصنع (ثابتة)
٧	اهتلاك آلات المصنع (ثابتة)
٩	تكاليف متفرقة للمصنع (متغيرة)

فإذا علمت بأن التكاليف المتغيرة للوحدة وإجمالي التكاليف الثابتة سوف لن تتغير لسنة ٢٠٠٩.

المطلوب:

إحتساب تكلفة الوحدة ومجموع التكاليف بافتراض أنه تم إنتاج ١٢٠٠ وحدة خلال سنة ٢٠٠٩.

١٦- يفكر سمير غانم بالالتحاق بالجامعة الأردنية للحصول على درجة الماجستير في سنة واحـدة. ويتطلـب ذلك التضحية بوظيفته التي تدر عليه مبلغ ٨٠٠٠ دينار سنويا. علماً بأن تكاليف المعيشة السنوية لسمير غانم تبلغ ٥٠٠٠ دينار بغض النظر عـن التحاقه بالجامعـة أم لا . كـما أن تكاليف الكتـب والرسوم الجامعية تعادل ١٨٠٠ دينار.

المطلوب:

١- ما هي تكلفة الفرصة الضائعة في حالة التحاق سمير بالجامعة؟

٢- ما هي التكاليف الغارقة في حالة التحاق سمير بالجامعة؟

٣- ما هي التكاليف التفاضلية لاتخاذ القرار بالالتحاق بالجامعة أم لا؟

١٧- سعيد صالح وهو مدير القسم رقم ١ لديه الصلاحيات لشراء اللـوازم وتعيين العمال ودفع قيمـة تكاليف البريد والهاتف للقسم، وفيما يلي التكاليف المتعلقة بشهر حزيران لسنة ٢٠٠٩ :

٣٠٠٠ دينار	اهتلاك آلات القسم رقم ١	
٤٠٠٠	اهتلاك مباني المصنع	
١٥٠٠٠	اجور العمال	
٢٧٠٠	راتب سعيد صالح	
١٥٠٠	لوازم مستعملة - قسم رقم ١	
١٨٠٠	صيانة وتصليحات للمصنع	
١٢٠٠	البريد والهاتف – قسم رقم ١	
٢٥٠٠	صيانة وتصليحات – قسم رقم ١	
٣٥٠٠	التدفئة والكهرباء للمصنع	
٩٠٠٠	راتب مدير المصنع	
٤٤٢٠٠	المجموع	

المطلوب:

١- ما هي التكاليف التي هي من صلاحيات سعيد صالح ويستطيع الرقابة عليها؟

٢- ما هي التكاليف المتعلقة مباشرة بالقسم رقم ١ ؟

١٨- تنتج الشركة الوطنية المنتج (أ) وتبيع الوحدة منه بسعر ٢٠ دينار. وفيما يلي المعلومات المتعلقة بتكاليف المنتج (أ) :

البيان	التكاليف الثابتة للفترة	التكلفة المتغيرة للوحدة
مصاريف بيعية وإدارية	٩٠٠٠٠ دينار	٢ دينار
تكاليف الصنع	٦٠٠٠٠	٨

بافتراض ان التكاليف الثابتة لن تتغير.

المطلوب:

احتساب صافي الربح (الخسارة) عند كل حجم من الأحجام التالية للانتاج:

أ- ١٠٠٠٠ وحدة

ب- ١٥٠٠٠ وحدة

جـ- ٢٠٠٠٠ وحدة

١٩- فيما يلي المعلومات المتعلقة بشركة الازدهار لسنة ٢٠٠٩ :

٢٥٠٠٠ دينار	أجور مباشرة
١٥٠٠٠	مواد مباشرة مشتراة
٢٥٠٠	مواد مباشرة ٢٠٠٩/١/١

٥٥٠٠	مواد مباشرة ٢٠٠٩/١٢/٣١
٦٠٠٠	تكاليف صناعية غير مباشرة (جميعها متغيرة)

فإذا علمت أنه تم إنتاج ٥٠٠٠ وحدة وقد بيع ما نسبته منها ٨٠% وانه لا توجد بضاعة تحت التشغيل أو بضاعة تامة الصنع في ٢٠٠٩/١/١

المطلوب:

احتساب تكلفة المبيعات لسنة ٢٠٠٩.

٢٠- فيما يلي المعلومات المتعلقة بشركة الاتحاد الصناعية لسنة ٢٠٠٩:

(المبالغ بالاف الدنانير)

٥٠	مواد مباشرة ٢٠٠٩/١/١
١٥٤	مشتريات مواد مباشرة
٢٦	مواد مباشرة ٢٠٠٩/١٢/٣١
٤٠	أجور مباشرة
٣٠	تكاليف صناعية غير مباشرة
١٠	بضاعة تحت التشغيل ٢٠٠٩/١٢/٣١
٢	بضاعة تحت التشغيل ٢٠٠٩/١/١
٤٠	بضاعة تامة الصنع ٢٠٠٩/١٢/٣١
٦٠	بضاعة تامة الصنع ٢٠٠٩/١/١

ما هي تكلفة المواد المباشرة المستخدمة في الانتاج خلال سنة ٢٠٠٩؟

أ) ٢٠٤٠٠٠ دينار
ب) ١٧٨٠٠٠ دينار
جـ) ١٢٨٠٠٠ دينار
د) ٢٤٠٠٠ دينار

٢١- استعمل المعلومات الواردة في السؤال السابق رقم (٢٠)

ما هي تكلفة الصنع خلال سنة ٢٠٠٩ ؟

أ) ٢٦٨٠٠٠ دينار
ب) ٢٤٨٠٠٠ دينار
جـ) ٢٤٠٠٠٠ دينار
د) ٢٣٨٠٠٠ دينار

٢٢- استعمل المعلومات الواردة في السؤال رقم (٢٠)

ما هي تكلفة المبيعات لسنة ٢٠٠٩ ؟

أ) ٢٦٠٠٠٠ دينار
جـ) ٢٢٠٠٠٠ دينار

ب) ٢٣٢٠٠٠ دينار   د) ٢٠٠٠٠٠ دينار

٢٣- فيما يلي المعلومات المتعلقة بشركة الأنوار لسنة ٢٠٠٩ :

٦٠٠٠٠ دينار	بضاعة تامة الصنع ٢٠٠٩/١/١
٤١٠٠٠٠	تكلفة الصنع
٣٤٠٠٠	بضاعة تامة الصنع ٢٠٠٩/١٢/٣١

ما هي تكلفة المبيعات لسنة ٢٠٠٩ ؟

أ) ٤٣٦٠٠٠ دينار   ج) ٣٧٦٠٠٠ دينار

ب) ٣٨٤٠٠٠ دينار   د) ٣١٦٠٠٠ دينار

٢٤- يمكن تعريف التكاليف الفعلية بأنها:

أ) التكاليف التي حدثت فعلاً   ج) التكاليف غير المباشرة

ب) التكاليف المباشرة   د) التكاليف المتوقعة

٢٥- كافة المحاور التالية هي محاور تكاليف ما عدا :

أ) الأنشطة   ج) المنتجات

ب) العملاء   د) تخصيص التكاليف

٢٦- أي من التالي يمكن اعتباره تكلفة متغيرة في شركة التأمين:

أ) الايجار   ج) عمولة البيع

ب) راتب مدير الشركة   د) ضريبة المباني

٢٧- فيما يتعلق بالمنشأة الخدمية:

أ) يوجد فيها حساب بضاعة تامة الصنع.

ب) يوجد فيها حساب بضاعة تحت التشغيل.

جـ) لا يوجد فيها حساب مواد مباشرة.

د) لا شيء مما سبق صحيح.

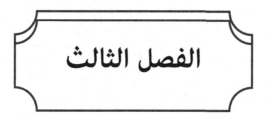

الفصل الثالث

تحليل العلاقة بين التكاليف وحجم النشاط والأرباح

Cost – Volume – Profit Analysis

أهداف الفصل:

بعد دراستك هذا الفصل يجب أن تكون قادراً على:

١- احتساب نقطة التعادل بالوحدات وبالدينار في ظل المنتج الواحد.

٢- عمل خريطة نقطة التعادل وخريطة العلاقة بين الأرباح وحجم النشاط.

٣- معرفة الإفتراضات المتعلقة بتحليل التعادل.

٤- احتساب عدد وحدات المبيعات اللازمة للتوصل إلى ربح مستهدف.

٥- معرفة تأثير التغير في سعر البيع والتكلفة المتغيرة للوحدة والتكاليف الثابتة على نقطة التعادل وعلى الأرباح.

٦- احتساب نقطة التعادل بالوحدات وبالدينار في ظل تعدد المنتجات.

٧- معرفة تأثير التغير في نسبة المزيج على نقطة التعادل وعلى الأرباح.

٨- معرفة طرق إيجاد نقطة التعادل.

الفصل الثالث
تحليل العلاقة بين التكاليف وحجم النشاط والأرباح
Cost – Volume – Profit Analysis

١- مقدمة:

يعتبر تحليل العلاقة بين التكاليف وحجم النشاط والأرباح عاملاً رئيساً في إتخاذ كثير من القرارات الإدارية وفي الإجابة على كثير من التساؤلات التي ترد في أذهان المديرين للمنشآت المختلفة. فمثلاً يفيد تحليل العلاقة المذكورة في إتخاذ قرار تسعير المنتجات المختلفة وحجم الإنتاج ونسبة المزيج من المنتجات وكيفية ومدى تأثير هذه القرارات على أرباح المنشأة. حيث تحتاج الإدارة للإجابة على كثير من الأسئلة التي لها علاقة بالتغير في الأرباح ومن هذه الأسئلة ما يلي: ما هو الربح الذي يمكن تحقيقه عند بيع كمية معينة من المنتج أو المنتجات المختلفة؟ ما هي كمية المبيعات التي تحقق ربحاً معيناً؟ كيف تؤثر التغيرات في التكاليف على الأرباح؟ ما هو تأثير التغيرات في أسعار بيع المنتجات على أرباح المنشأة؟ ما هي كمية المبيعات التي تؤدي إلى عدم وجود أرباح أو خسائر للمنشأة في حالة الركود الإقتصادي؟

إن تحليل العلاقة بين التكاليف وحجم النشاط والأرباح يعتبر أداة جيدة يمكن أن تستعملها إدارة المنشأة في تخطيط أرباحها. ويتطلب تحليل العلاقة المذكورة دراسة العلاقة المتداخلة بين العوامل التالية لمعرفة مدى تأثيرها على الأرباح:

١. أسعار بيع المنتجات المختلفة Selling Prices
٢. حجم المبيعات Volume of sales
٣. التكلفة المتغيرة للوحدة Unit Variable Cost
٤. إجمالي التكاليف الثابتة Total Fixed Costs
٥. مزيج المنتجات المباعة Mix of Products sold

٢- تحليل التعادل Break – even Analysis

يمكن تحليل العلاقة بين التكاليف وحجم النشاط والأرباح للتوصل إلى نقطة التعادل -Break even Point وهي النقطة التي يتساوى عندها إجمالي التكاليف مع إجمالي الإيرادات. أو بعبارة أخرى أن نقطة التعادل هي النقطة التي يساوي عندها الربح التشغيلي Operating Income صفراً.

ويرتكز تحليل العلاقة بين التكاليف وحجم النشاط والأرباح على عدة إفتراضات أهمها ما يلي:

١. يمكن تبويب او تصنيف كافة التكاليف في المنشأة إلى تكاليف متغيرة وتكاليف ثابتة.

٢. يتغير إجمالي التكاليف المتغيرة طبقاً لحجم نشاط المنشأة.

٣. لا يتغير إجمالي التكاليف الثابتة مع تغير حجم نشاط المنشأة في حدود المدى الملائم Relevant Range لمستوى النشاط.

٤. يمكن تمثيل العلاقة بين كل من اجمالي الإيرادات وإجمالي التكاليف من جهة وحجم نشاط المنشأة من جهة ثانية بخط مستقيم في حدود المدى الملائم لمستوى النشاط. ويفترض هنا ثبات أسعار بيع المنتجات.

٥. أن سعر بيع الوحدة من المنتج أو المنتجات والتكلفة المتغيرة للوحدة وإجمالي التكاليف الثابتة هي معلومات معروفة.

٦. يمكن إضافة التكاليف والإيرادات دون الأخذ بعين الإعتبار القيمة الزمنية للنقود.

٧. يتم بيع كافة الوحدات المنتجة خلال نفس الفترة الواحدة. وبعبارة أخرى أنه ليس هناك تغير ذات أهمية على مستوى البضاعة خلال المدة.

٨. يتم إنتاج منتج واحد فقط لدى المنشأة، وفي حالة إنتاج عدة منتجات فإنه يفترض ثبات نسبة المزيج من المنتجات.

٩. لا يوجد قيود على الإنتاج أو التسويق.

١٠. عدم تغير الفعالية والإنتاجية لدى المنشأة.

٢ - ١ طرق إيجاد نقطة التعادل

يوجد ثلاث طرق للتوصل إلى نقطة التعادل. الطريقة الأولى وتدعى طريقة معادلة الربح، أما الطريقة الثانية فتسمى طريقة عائد المساهمة، وأخيراً الطريقة الثالثة وتسمى طريقة الخريطة أو الرسم. وسوف يتم شرح هذه الطرق الثلاث بالتفصيل بافتراض وجود منتج واحد فقط لدى المنشأة، بينما سيتم لاحقاً في هذا الفصل شرح إيجاد نقطة التعادل في حالة وجود عدة منتجات لدى المنشأة.

أولاً: طريقة معادلة الربح Profit Equation Method

حيث أن الربح هو الفائض النهائي من الإيرادات بعد تغطية كافة التكاليف فإنه يمكن التعبير عن معادلة الربح كما يلي:

الربح = الإيرادات – التكاليف .... (١)

وحيث أنه يمكن تصنيف التكاليف إلى تكاليف متغيرة وأخرى ثابتة، فإنه يمكن إعادة كتابة معادلة الربح رقم (١) المذكورة أعلاه كما يلي:

الربح = الإيرادات – (التكاليف المتغيرة + التكاليف الثابتة)

أو

الربح = الإيرادات – التكاليف المتغيرة – التكاليف الثابتة ..... (٢)

ولتسهيل التحليل فإنه سوف يتم الإفتراض بأنه لا يوجد أية مصاريف إو إيرادات أخرى بالمنشأة خلاف المصاريف التشغيلية وإيرادات المبيعات، وبالتالي فإن معادلة الربح موضوع البحث هي معادلة الربح التشغيلي، وان صافي الربح للمنشأة هو عبارة عن الربح بعد اقتطاع الضرائب. ومن هنا نستطيع إعادة صياغة معادلة الربح المذكورة أعلاه رقم (٢) كما يلي:

الربح التشغيلي = الإيرادات – التكاليف المتغيرة – التكاليف الثابتة .... (٣)

وتعتبر المعادلة رقم (٣) بمثابة المعادلة العامة التي تمثل العلاقة بين التكاليف وحجم النشاط والأرباح. وحيث أنه عند نقطة التعادل يكون الربح التشغيلي مساوياً للصفر فإنه يمكن إعادة كتابة معادلة رقم (٣) لتمثل نقطة التعادل كما يلي:

صفر = الإيرادات – التكاليف المتغيرة – التكاليف الثابتة ..... (٤)

ونورد فيما يلي مثال رقم (١) تطبيقاً على طريقة معادلة الربح لإيجاد نقطة التعادل بالوحدات وبالدينار.

مثال رقم (١):

تنتج الشركة الأهلية منتجاً معيناً وقد كانت التكلفة المتغيرة للوحدة من ذلك المنتج دينارين، بينما بلغ سعر البيع للوحدة من المنتج ثمانية دنانير، كما بلغ إجمالي التكاليف الثابتة للفترة ستة آلاف دينار.

المطلوب:

١. إيجاد عدد الوحدات التي يجب إنتاجها وبيعها من المنتج عند نقطة التعادل.

٢. إيجاد نقطة التعادل بالدينار للشركة الأهلية.

إجابة مثال رقم (١):

١. إذا إفترضنا أن عدد الوحدات المباعة والمنتجة عند نقطة التعادل يساوي س فإن:

الإيرادات = ٨ × س = ٨ س.

التكاليف المتغيرة = ٢ × س = ٢ س

وباستعمال معادلة نقطة التعادل وهي معادلة رقم (٤) فإنه يمكن كتابة المعادلة المذكورة كما يلي:

$$٠ = ٨ س - ٢ س - ٦٠٠٠$$

$$٠ = ٦ س - ٦٠٠٠$$

$$٦٠٠٠ = ٦ س$$

$$س = \frac{٦٠٠٠}{٦} = ١٠٠٠ \text{ وحدة}$$

∴ نقطة التعادل بالوحدات = ١٠٠٠ وحدة

٢. نقطة التعادل بالدينار = نقطة التعادل بالوحدات × سعر بيع الوحدة

$$= ١٠٠٠ × ٨$$

$$= ٨٠٠٠ \text{ دينار.}$$

ثانياً: طريقة عائد المساهمة Contribution Margin Method

تعتبر طريقة عائد المساهمة طريقة جبرية محوّره من طريقـة معادلـة الـربح. ويعـرّف إجمـالي عائد المساهمة بأنه إجمالي الإيرادات مطروحاً منه إجمالي التكاليف المتغيرة. أمـا عائـد المساهمة للوحدة فهو سعر البيع للوحدة مطروحاً منه التكلفة المتغيرة للوحدة. وحيـث أنـه يمكـن صياغة المعادلـة العامـة للربح كما يلي:

الربح التشغيلي = الإيرادات – التكاليف المتغيرة – التكاليف الثابتة

وبافتراض ما يلي:

ر = الربح التشغيلي

س = عدد الوحدات المنتجة والمباعة

م = التكلفة المتغيرة للوحدة

ب = سعر بيع الوحدة

ث = إجمالي التكاليف الثابتة للفترة

فإنه يمكن إعادة كتابة المعادلة العامة للربح بالرموز كما يلي:

ر = ب س - م س - ث

ر = س (ب - م) - ث

ر + ث = س (ب - م)

$$س = \frac{ر + ث}{ب - م} \quad ...... (٥)$$

وحيث أنه عند نقطة التعادل يكون الـربح التشغيلي مسـاوياً للصـفر فإنـه يمكـن إعادة كتابـة المعادلة رقم (٥) المذكورة أعلاه لتمثل نقطة التعادل كما يلي:

$$س = \frac{ث}{ب - م} \quad .... (٦)$$

أي:

$$\text{عدد الوحدات المنتجة والمباعة عند نقطة التعادل} = \frac{\text{التكاليف الثابتة للفترة}}{\text{عائد المساهمة للوحدة}}$$

ونورد فيما يلي مثال رقـم (٢) تطبيقـاً علـى طريقـة عائـد المساهمة لإيجاد نقطـة التعـادل بالوحدات وبالدينار.

مثال رقم (٢):

تنتج الشركة الوطنية منتجاً معيناً وقد كانت التكلفة المتغيرة للوحدة من ذلك المنتج ستة دنانير، بينما بلغ سعر البيع للوحدة من المنتج ثمانية دنانير، كما بلغ إجمالي التكـاليف الثابتة للفـترة عشرة آلاف دينار.

المطلوب:

١. إيجاد عدد الوحدات التي يجب إنتاجها وبيعها من المنتج عند نقطة التعادل.

٢. إيجاد نقطة التعادل بالدينار للشركة الوطنية.

إجابة مثال رقم (٢):

$$١. \text{عدد الوحدات المنتجة والمباعة عند نقطة التعادل} = \frac{\text{التكاليف الثابتة للفترة}}{\text{عائد المساهمة للوحدة}}$$

$$= \frac{١٠٠٠٠}{٨ - ٦}$$

$$= ٥٠٠٠ \text{ وحدة}$$

٢. نقطة التعادل بالدينار = ٥٠٠٠ × ٨ = ٤٠٠٠٠ دينار

ثالثاً: طريقة الخريطة أو الرسم Graph Method

يتم بطريقة الخريطة رسم خطين حيث يمثل الخط الأول إجمالي الإيرادات بينما يمثل الخط الثاني إجمالي التكاليف، وبهذا تكون نقطة تقاطع الخطين المذكورين هي نقطة التعادل. وبافتراض أن كلاً من الخطين يمكن تمثيله بالخط المستقيم فإننا بحاجة فقط إلى نقطتين لرسم كل من خط إجمالي الإيرادات وخط إجمالي التكاليف. وتسمى هذه الخريطة بخريطة العلاقة بين التكاليف وحجم النشاط والأرباح، ويمثل المحور السيني حجم المبيعات بالوحدات بينما يمثل المحور الصادي قيمة التكاليف أو الإيرادات بالدينار.

لتوضيح خريطة العلاقة بين التكاليف وحجم النشاط والأرباح وكيفية إيجاد نقطة التعادل عن طريق هذه الخريطة فإننا نورد المثال رقم (٣) التالي:

مثال رقم (٣):

تنتج الشركة الوطنية منتجاً معيناً وقد كانت التكلفة المتغيرة للوحدة من ذلك المنتج سبعة دنانير، بينما بلغ سعر البيع للوحدة من المنتج ١٢ دينار، كما بلغ إجمالي التكاليف الثابتة للفترة عشرين ألف دينار.

المطلوب:

١. إيجاد عدد الوحدات المنتجة والمباعة عند نقطة التعادل عن طريق خريطة التكاليف وحجم النشاط والأرباح.

٢. إيجاد نقطة التعادل بالدينار عن طريق الخريطة المذكورة في المطلوب الأول.

إجابة مثال رقم (٣):

يبين الشكل رقم (٣-١) الخريطة التي تمثل العلاقة بين التكاليف وحجم النشاط والأرباح حيث يمثل المحور السيني حجم المبيعات بالوحدات بينما يمثل المحور الصادي القيمة بالدينار للتكاليف والإيرادات. ويبين الشكل المذكور ان خط

الإيرادات يبدأ من نقطة الأصل ويزداد بمعدل مساوٍ لسعر بيع الوحدة وهو ١٢ دينار بالمثال رقم (٣). اما الخط الذي يمثل إجمالي التكاليف فهو يبدأ من النقطة التي يكون فيها حجم المبيعات بالوحدات مساوياً للصفر، بينما يكون فيها إجمالي التكاليف مساوياً للتكاليف الثابتة وهي عشرين الف دينار بالمثال رقم (٣). ويزداد خط التكاليف بمعدل مساوٍ للتكلفة المتغيرة للوحدة وهي ٧ دنانير بالمثال رقم (٣) المذكور.

يتبين من الشكل رقم (٣-١) أن نقطة التعادل بالوحدات هي ٤٠٠٠ وحدة وهي النقطة التي يتقاطع عندها خط إجمالي الإيرادات بخط إجمالي التكاليف، كما يتبين أيضاً أن نقطة التعادل بالدينار هي ٤٨٠٠٠ دينار. كما يتبين أيضا أن أية مبيعات أكثر من نقطة التعادل فهي تؤدي إلى الربح بينما عندما تكون المبيعات أقل من نقطة التعادل فهي تؤدي إلى خسارة.

شكل رقم (٣-١)
خريطة العلاقة بين التكاليف وحجم النشاط والأرباح

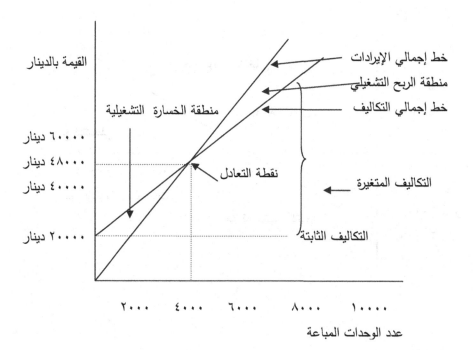

ومن الجدير بالذكر أن هناك أيضاً خريطة أخرى شائعة يمكن بواسطتها معرفة نقطة التعادل وتسمى هذه الخريطة بخريطة العلاقة بين حجم المبيعات والأرباح حيث يكون تركيز الإدارة على العلاقة بين حجم المبيعات والأرباح. ويمثل المحور السيني بهذه الخريطة حجم المبيعات كما هو الحال بالخريطة السابقة بينما يمثل المحور الصادي قيمة الأرباح أو الخسائر بالدينار. ويرسم بهذه الخريطة خطاً واحداً فقط ويمثل الأرباح أو الخسائر عند أحجام المبيعات المختلفة ويبدأ هذا الخط من نقطة الصفر لحجم المبيعات وخسارة مساوية للتكاليف الثابتة ويزداد هذا الخط بمعدل مساوٍ لعائد المساهمة للوحدة عندما يكون حجم المبيعات أكثر من صفر. ويقطع هذا الخط خط حجم المبيعات عند نقطة التعادل حيث يكون الربح عندها مساوياً للصفر. وبديهي أن الخط بعد نقطة التعادل يمثل الأرباح للمنشأة.

ويبين شكل رقم (٣-٢) خريطة العلاقة بين حجم المبيعات والأرباح باستعمال المعلومات الواردة في مثال رقم (٣).

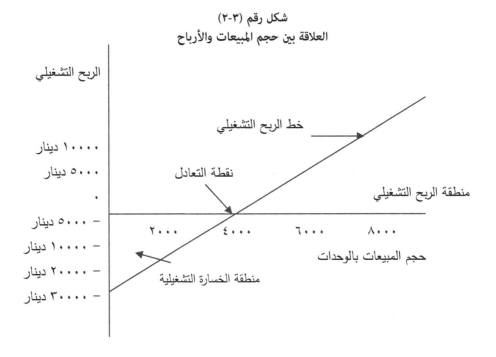

شكل رقم (٣-٢)
العلاقة بين حجم المبيعات والأرباح

. **الربح التشغيلي المستهدف Target Operating Income**

قد يستعمل مدير المنشأة المعادلة العامة للربح لإيجاد حجم المبيعات المطلوب للتوصل إلى ربح معين منشود او مستهدف. وبالتحديد فإن المعادلة رقم (٥) تعطي الإجابة على السؤال المتعلق بمعرفة حجم المبيعات المطلوب للتوصل إلى ربح تشغيلي مستهدف خلال فترة معينة، ونعيد فيما يلي كتابة المعادلة رقم (٥) المذكورة بالكلمات:

$$\text{حجم المبيعات بالوحدات} = \frac{\text{الربح التشغيلي} + \text{إجمالي التكاليف الثابتة للفترة}}{\text{سعر بيع الوحدة} - \text{التكاليف المتغيرة للوحدة}}$$

مثال رقم (٤):

تنتج الشركة العصرية منتجاً معيناً وقد كانت التكلفة المتغيرة للوحدة من ذلك المنتج ستة دنانير، بينما بلغ سعر البيع للوحدة من المنتج ثمانية دنانير، كما بلغ إجمالي التكاليف الثابتة للفترة عشرة الاف دينار. ما هو حجم المبيعات بالوحدات الذي يؤدي إلى ربح تشغيلي مقداره خمسين ألف دينار؟

إجابة مثال رقم (٤):

نستطيع استعمال المعادلة التالية للتوصل إلى حجم المبيعات بالوحدات:

$$\text{حجم المبيعات بالوحدات} = \frac{\text{الربح التشغيلي المستهدف} + \text{إجمالي التكاليف الثابتة للفترة}}{\text{سعر بيع الوحدة} - \text{التكلفة المتغيرة للوحدة}}$$

وبتطبيق المعادلة المذكورة أعلاه نستنتج ما يلي:

$$\text{حجم المبيعات بالوحدات} = \frac{١٠٠٠٠ + ٥٠٠٠٠}{٨ - ٦}$$

= ٣٠٠٠٠ وحدة

٤. **صافي الربح المستهدف   Target Net Income**

يمكن تمثيل العلاقة بين صافي الربح والربح التشغيلي بالمعادلة رقم (٧) التالية:

صافي الربح = الربح التشغيلي – الضرائب ...... (٧)

وتفترض المعادلة رقم (٧) المذكورة عدم وجود اية أرباح أو إيرادات أو مصاريف أو خسائر غير تشغيلية تسهيلاً لعمليات التحليل. وبإفتراض الرموز التالية:

ص = صافي الربح

ر = الربح التشغيلي

ض = معدل الضريبة

وحيث ان معدل الضريبة يطبق على الربح التشغيلي في حالة عدم وجود أية إيرادات أو مصاريف غير تشغيلية فإنه يمكن إعادة صياغة المعادلة رقم (٧) بالرموز لتصبح:

ص = ر – ض . ر   .... (٨)

أو

ص = ر (١ – ض)

وبتقسيم طرفي المعادلة على (١ – ض) فإننا نستنتج:

$$ر = \frac{ص}{١ - ض} \quad ..... (٩)$$

أي

$$الربح التشغيلي = \frac{صافي الربح}{١ - معدل الضريبة}$$

وحيث أن جزءاً من مديري الشركات يرغب بالتخطيط للتوصل إلى صافي ربح معين فإنه يمكن تحويل رقم صافي الربح إلى الربح التشغيلي وإعادة إستعمال معادلة رقم (٥) المذكورة سابقاً لمعرفة حجم المبيعات بالوحدات المطلوب التوصل

إلى صافي الربح المنشود أو المستهدف. ونورد فيما يلي المثال رقم (٥) لإحتساب عدد الوحدات المطلوب بيعها للتوصل إلى صافي ربح معين طبقاً لرغبة مدير الشركة.

مثال رقم (٥):

تنتج شركة السعادة منتجاً معيناً حيث كانت التكلفة المتغيرة للوحدة من ذلك المنتج ١٠ دنانير، بينما بلغ سعر البيع للوحدة ١٨ دينار، كما بلغ إجمالي التكاليف الثابتة للفترة ٢٠٠٠٠ دينار.

المطلوب:

ما هو حجم المبيعات بالوحدات للتوصل إلى صافي الربح ٤٢٠٠٠ دينار علماً بان معدل الضريبة هو ٣٠%؟

إجابة مثال رقم (٥):

$$\text{الربح التشغيلي المستهدف} = \frac{\text{صافي الربح المستهدف}}{١ - \text{معدل الضريبة}}$$

$$= \frac{٤٢٠٠٠}{١ - ٠.٣}$$

$$= ٦٠٠٠٠ \text{ دينار}$$

ويمكن استعمال المعادلة التالية للتوصل إلى ما هو مطلوب:

$$\text{حجم المبيعات بالوحدات} = \frac{\text{الربح التشغيلي المستهدف} + \text{إجمالي التكاليف الثابتة}}{\text{سعر بيع الوحدة} - \text{التكلفة المتغيرة للوحدة}}$$

$$\text{حجم المبيعات بالوحدات} = \frac{٦٠٠٠٠ + ٢٠٠٠٠}{١٨ - ١٠}$$

$$= \frac{80000}{8} = 10000 \text{ وحدة}$$

٥. نسبة عائد المساهمة **Contribution Margin Ratio**

لقد تعرضنا فيما سبق إلى مفهوم عائد المساهمة للوحدة مقاساً بالنقود وهو يساوي سعر بيع الوحدة مطروحاً منه التكلفة المتغيره للوحدة، ويمكن أن يتم التحليل على أساس نسبة عائد المساهمة والذي يساوي عائد المساهمة للوحدة مقسوماً على سعر البيع للوحدة. بمعنى أنه يمكن كتابة نسبة عائد المساهمة عن طريق المعادلة رقم (١٠) التالية:

$$\text{نسبة عائد المساهمة} = \frac{\text{عائد المساهمة للوحدة}}{\text{سعر البيع للوحدة}} \quad \text{......} \ (10)$$

ويمكن استعمال مفهوم نسبة عائد المساهمة في تحديد نقطة التعادل بالنقود وفي تحديد حجم المبيعات بالنقود للتوصل إلى ربح تشغيلي مستهدف او صافي ربح مستهدف.

بالرجوع إلى المعادلة رقم (٦) والتي تمثل نقطة التعادل بالوحدات وهي:

$$\text{س} = \frac{\text{ث}}{\text{ب} - \text{م}} \quad \text{........} \ (6)$$

حيث س = حجم المبيعات عند نقطة التعادل

ث = إجمالي التكاليف الثابتة للفترة

ب = سعر بيع الوحدة

م = التكلفة المتغيرة للوحدة

ويضرب طرفي المعادلة رقم (٦) بسعر بيع الوحدة (ب) ينتج:

$$\text{ب س} = \text{ب} \cdot \frac{\text{ث}}{\text{ب} - \text{م}} \quad \text{.........} \quad (11)$$

وتمثل المعادلة رقم (١١) نقطة التعادل بالنقود (بالدينار) ونستطيع إعادة كتابة المعادلة المذكورة لتصبح كما يلي:

$$\text{ب س} = \frac{\text{ث}}{\frac{\text{ب} - \text{م}}{\text{ب}}} \quad \text{..........} \quad (12)$$

$$\text{أي: نقطة التعادل بالنقود (بالدينار)} = \frac{\text{إجمالي التكاليف الثابتة}}{\text{نسبة عائد المساهمة}}$$

ونستطيع كتابة نسبة عائد المساهمة بالطريقة التالية:

$$\text{نسبة عائد المساهمة} = \frac{\text{ب} - \text{م}}{\text{ب}} = 1 - \frac{\text{م}}{\text{ب}}$$

حيث $\frac{\text{م}}{\text{ب}}$ تمثل نسبة التكلفة المتغيرة إلى سعر البيع Variable Cost Ratio

وبذلك نستطيع كتابة معادلة نقطة التعادل بالنقود كما يلي:

$$\text{ب س} = \frac{\text{ث}}{1 - \frac{\text{م}}{\text{ب}}} \quad \text{........} \quad (13)$$

مثال رقم (٦):

تنتج شركة السعادة المنتج (أ) وتبيعه في السوق بسعر ١٠٠ دينار للوحدة بينما تبلغ التكلفة المتغيرة للوحدة ٦٠ دينار. فإذا علمت أن التكاليف الثابتة للفترة تعادل ٥٠٠٠ دينار، ما هي نقطة التعادل بالدينار؟

إجابة مثال رقم (٦):

$$\text{نقطة التعادل بالدينار} = \frac{\text{إجمالي التكاليف الثابتة}}{\text{نسبة عائد المساهمة}}$$

$$= \frac{٥٠٠٠}{\frac{١٠٠ - ٦٠}{١٠٠}}$$

$$= \frac{٥٠٠٠}{٠.٤٠}$$

= ١٢٥٠٠ دينار

كما أننا نستطيع الحصول على نفس النتيجة باستعمال المعادلة رقم (١٣).

$$\text{نقطة التعادل بالدينار} = \frac{٥٠٠٠}{١ - \frac{٦٠}{١٠٠}} = \frac{٥٠٠٠}{١ - ٠.٦٠} = \frac{٥٠٠٠}{٠.٤٠}$$

= ١٢٥٠٠ دينار

أما إذا رغبنا بمعرفة نقطة التعادل بالوحدات فإننا نستطيع إستنتاج ذلك عـن طريـق تقسـيم نقطة التعادل بالدينار على سعر بيع الوحدة كما يلي:

$$\text{نقطة التعادل بالوحدات} = \frac{\text{نقطة التعادل بالدينار}}{\text{سعر بيع الوحدة}} = \frac{١٢٥٠٠}{١٠٠} = ١٢٥ \text{ وحدة.}$$

ولتحديد حجم المبيعات بالنقود للتوصل إلى ربح تشغيلي معين فإنه يمكن إستعمال معادلـة رقـم (٥) في البداية وهي:

$$\text{س} = \frac{\text{ر} + \text{ث}}{\text{ب} - \text{م}} \quad \dots\dots (٥)$$

حيث س تمثل حجم المبيعات بالوحدات عند الربح التشغيلي ر.

ث = التكاليف الثابتة للفترة

ب = سعر بيع الوحدة

م = التكلفة المتغيرة للوحدة

وبضرب طرفي المعادلة رقم (٥) بسعر بيع الوحدة (ب) ينتج:

$$\text{ب س} = \text{ب} \cdot \frac{\text{ر} + \text{ث}}{\text{ب} - \text{م}} \quad \dots\dots (٥أ)$$

وتمثل المعادلة رقم (٥أ) حجم المبيعات بالدينار عند ربح تشغيلي معين. ويمكن إعادة كتابة المعادلة رقم (٥أ) لتصبح كما يلي:

$$\text{ب س} = \frac{\text{ر} + \text{ث}}{\dfrac{\text{ب} - \text{م}}{\text{ب}}} \quad \dots\dots (١٤)$$

الربح التشغيلي + التكاليف الثابتة للفترة

أي: حجم المبيعات بالدينار = ─────────────────────────

نسبة عائد المساهمة

مثال رقم (٧):

تنتج شركة النسيم المنتج (أ) تبيعـه في السـوق بسـعر ١٠٠ دينـار للوحـدة بيـنما تبلغ التكلفـة المتغيرة للوحدة ٨٠ دينار. فإذا علمت أن التكلفة الثابتة للفترة تعادل ٦٠٠٠ دينار. مـاهو حجم المبيعات بالدينار إذا رغب مدير الشركة الحصول عـلى ربـح تشغيلي مقـداره عشـرة آلاف دينـار؟ ومـا هـو حجـم المبيعات بالدينار إذا رغب مدير الشركة الحصول على صافي ربـح مقـداره ١٢٠٠٠ دينـار علمـاً بـأن معـدل الضريبة على ربح الشركة يعادل ٤٠%.

إجابة مثال رقم (٧):

يمكن استعمال المعادلة رقم (١٤) للتوصل إلى حجم المبيعات بالدينار الذي يؤدي للحصول عـلى ربح تشغيلي معين، وفي مثالنا فإن الربح التشغيلي المنشود أو المستهدف هو ١٠٠٠٠ دينار.

الربح التشغيلي المستهدف + التكاليف الثابتة

حجم المبيعات بالدينار = ─────────────────────────────

نسبة عائد المساهمة

$$
\text{حجم المبيعات بالدينار} = \frac{٦٠٠٠ + ١٠٠٠٠}{\dfrac{١٠٠ - ٨٠}{١٠٠}}
$$

$$
= \frac{١٦٠٠٠}{٠.٢٠}
$$

$$
= ٨٠٠٠٠ \text{ دينار}
$$

وبذلك يمكننا الإستنتاج بان حجم المبيعات بالدينار هو ٨٠٠٠٠ دينار للتوصل إلى ربح تشغيلي للشركة مقداره ١٠٠٠٠ دينار.

أما في حالة رغبة مدير الشركة الحصول على صافي ربح مقداره ١٢٠٠٠ دينار فإنه في البداية يجب تحويل صافي الربح المنشود إلى الربح التشغيلي المستهدف باستخدام المعادلة رقم (٩) التالية:

$$الربح التشغيلي = \frac{صافي الربح}{١ - معدل الضريبة} \quad ...... (٩)$$

$$الربح التشغيلي = \frac{١٢٠٠٠}{١ - ٠.٤} = \frac{١٢٠٠٠}{٠.٦} = ٢٠٠٠٠ \ دينار$$

حيث اننا توصلنا إلى الربح التشغيلي المستهدف وهو ٢٠٠٠٠ دينار الذي يعادل صافي ربح مستهدف مقداره ١٢٠٠٠ دينار، فإننا نستطيع استخدام المعادلة رقم (١٤) للتوصل إلى حجم المبيعات بالدينار الذي يعطينا صافي الربح المنشود.

$$حجم المبيعات بالدينار = \frac{الربح التشغيلي المستهدف + التكاليف الثابتة}{نسبة عائد المساهمة}$$

$$حجم المبيعات بالدينار = \frac{٢٠٠٠٠ + ٦٠٠٠}{\frac{١٠٠ - ٨٠}{١٠٠}}$$

$$= \frac{٢٦٠٠٠}{٠.٢}$$

$$= ١٣٠٠٠٠ \ دينار$$

وبهذا نستطيع القول بأن حجم المبيعات المطلوب بالدينار هو ١٣٠٠٠٠ دينار للتوصل إلى صافي ربح مقداره ١٢٠٠٠ دينار.

٦.   **هامش الأمان Margin of Safety**

يمكن تعريف هامش الأمان بانه الزيادة في حجم المبيعات الفعلية عن حجم المبيعات عند نقطة التعادل. ويمكن احتساب هذه الزيادة كنسبة من المبيعات الفعلية. وسواءً تم احتساب هامش الأمان بالدينار أو بالوحدات أو كنسبة فإن ذلك يشير إلى مدى إمكانية إنخفاض المبيعات دون حدوث خسارة للمنشأة. وبالتالي كلما زاد حجم المبيعات الفعلية عن حجم المبيعات عند نقطة التعادل كلما زاد "الأمان" الذي تتمتع به المنشأة. ويمكن التعبير عن هامش الأمان بالمعادلة رقم (١٥) التالية:

هامش الأمان = المبيعات الفعلية – المبيعات عند نقطة التعادل ...... (١٥)
حيث يمكن قياس هامش الأمان بالوحدات أو بالدينار.

كما يمكن التعبير عن هامش الأمان كنسبة من المبيعات الفعلية بالمعادلة رقم (١٦) التالية:

$$\text{نسبة هامش الأمان} = \frac{\text{المبيعات الفعلية} – \text{المبيعات عند نقطة التعادل}}{\text{المبيعات الفعلية}} \quad ..... (١٦)$$

حيث يمكن استعمال وحدات المبيعات او المبيعات بالدينار لإحتساب نسبة هامش الأمان.

مثال رقم (٨):

تنتج إحدى الشركات الصناعية منتجاً معيناً وتبيع الوحدة بسعر ٢٥ دينار، بينما تبلغ التكلفة المتغيرة للوحدة ١٥ دينار وأن التكاليف الثابتة للفترة تعادل ٦٠٠٠ دينار وأن عدد الوحدات الفعلية المباعة يعادل ٨٠٠ وحدة.

المطلوب:

(١) احتساب هامش الأمان بالوحدات وبالدينار (٢) احتساب نسبة هامش الأمان.

إجابة مثال رقم (٨):

$$\text{نقطة التعادل بالوحدات} = \frac{\text{التكاليف الثابتة للفترة}}{\text{سعر بيع الوحدة} - \text{التكلفة المتغيرة للوحدة}}$$

$$\text{نقطة التعادل بالوحدات} = \frac{٦٠٠٠}{٢٥ - ١٥}$$

$$= \frac{٦٠٠٠}{١٠}$$

$$= ٦٠٠ \text{ وحدة}$$

١. هامش الأمان بالوحدات = المبيعات الفعلية بالوحدات – المبيعات عند نقطة التعادل بالوحدات

$$= ٨٠٠ – ٦٠٠$$

$$= ٢٠٠ \text{ وحدة}$$

هامش الأمان بالدينار = المبيعات الفعلية بالدينار – المبيعات عند نقطة التعادل بالدينار

$$= (٨٠٠ \times ٢٥) – (٦٠٠ \times ٢٥)$$

$$= ٢٠٠٠٠ – ١٥٠٠٠$$

$$= ٥٠٠٠ \text{ دينار}$$

ومن الجدير بالذكر أنه يمكن احتساب هامش الامان بالدينار عن طريق المعادلة التالية:

هامش الأمان بالدينار = هامش الامان بالوحدات × سعر بيع الوحدة

$$= ٢٠٠ \times ٢٥$$

$$= ٥٠٠٠ \text{ دينار}$$

$$\text{نسبة هامش الأمان} = \frac{\text{المبيعات الفعلية} - \text{المبيعات عند نقطة التعادل}}{\text{المبيعات الفعلية}}$$

٢.

$$\text{نسبة هامش الأمان} = \frac{٨٠٠ - ٦٠٠}{٨٠٠} = ٢٥\%$$

وبديهي بانه يمكن أيضاً الحصول على نسبة هامش الامان باستعمال المبيعات بالدينار كما يلي:

$$\text{نسبة هامش الأمان} = \frac{٢٠٠٠٠ - ١٥٠٠٠}{٢٠٠٠٠} = ٢٥\%$$

ويعني ذلك أنه يمكن ان تنخفض المبيعات بمبلغ ٥٠٠٠ دينار أو بمقدار ٢٠٠ وحدة أو بنسبة ٢٥% قبل حدوث أية خسارة للشركة، مع بقاء العوامل الأخرى ثابتة.

٧.   **تحليل الحساسية Sensitivity Analysis**

يقصد بتحليل الحساسية في مجال تحليل العلاقة بين التكاليف وحجم النشاط والأرباح معرفة مدى تأثير التغير في العوامل المتعلقة بالتكاليف وأسعار البيع وحجم النشاط على الأرباح ونقطة التعادل للمنشأة. وقد يكون التغير في عامل واحد أو أكثر، حيث يمكن أن يكون التغير في التكلفة المتغيرة للوحدة أو التكاليف الثابتة للفترة أو نسبة المزيج في المنتجات المتعددة أو أسعار البيع للسلع وهكذا. فمثلاً كثيراً ما يرغب مدير المنشأة في معرفة مدى التأثير على نقطة التعادل والأرباح في حالة زيادة التكاليف الثابتة وانخفاض التكلفة المتغيرة للوحدة مع إنخفاض سعر البيع للوحدة، وللإجابة على تساؤل مدير المنشأة هذا فإنه يمكن اللجوء إلى تحليل الحساسية.

مثال رقم (٩):

تنتج إحدى الشركات منتجاً يباع في السوق بسعر ٣٠ دينار للوحدة، في حين أن التكلفة المتغيرة للوحدة تبلغ ٢٠ دينار والتكاليف الثابتة للفترة تبلغ ١٠٠٠٠ دينار.

المطلوب: إحتساب نقطة التعادل بالوحدات في كل حالة من الحالات التالية:

١. إرتفاع التكاليف الثابتة بنسبة ٥%.

٢. انخفاض التكاليف الثابتة بنسبة ٥%.

٣. إرتفاع التكلفة المتغيرة للوحدة بنسبة ١٠%.

٤. إنخفاض التكلفة المتغيرة للوحدة بنسبة ١٠%.

٥. إرتفاع سعر بيع الوحدة بنسبة ١٠%.

٦. إنخفاض سعر بيع الوحدة بنسبة ١٠%.

٧. ارتفاع التكاليف الثابتة بنسبة ٥% وانخفاض التكلفة المتغيرة للوحدة بنسبة ١٠%.

٨. انخفاض التكاليف الثابتة بنسبة ٥% وارتفاع التكلفة المتغيرة للوحدة بنسبة ١٠%.

٩. ارتفاع التكاليف الثابتة بنسبة ٥% وانخفاض التكلفة المتغيرة للوحدة بنسبة ٥% وارتفاع سعر البيع للوحدة بنسبة ١٠%.

إجابة مثال رقم (٩):

$$\text{نقطة التعادل بالوحدات} = \frac{١٠٠٠٠}{٣٠ - ٢٠} = ١٠٠٠ \text{ وحدة} \ \ldots\ldots$$

(دون أية تغيرات)

وفيما يلي إحتساب نقطة التعادل بالوحدات لكل حالة على حدة بافتراض التغير في أحد العوامل أو التغير في اكثر من عامل طبقاً للحالة المذكورة.

$$١. \text{ نقطة التعادل بالوحدات} = \frac{١.٠٥ (١٠٠٠٠)}{٣٠ - ٢٠} = ١٠٥٠ \text{ وحدة } \ldots$$

$$٢. \text{ نقطة التعادل بالوحدات} = \frac{٠.٩٥ (١٠٠٠٠)}{٣٠ - ٢٠} = ٩٥٠ \text{ وحدة } \ldots$$

٣. نقطة التعادل بالوحدات = $\dfrac{١٠٠٠٠}{٣٠ - ١.١ (٢٠)}$ = ١٢٥٠ وحدة ...

٤. نقطة التعادل بالوحدات = $\dfrac{١٠٠٠٠}{٣٠ - ٠.٩ (٢٠)}$ = ٨٣٣ وحدة ...

٥. نقطة التعادل بالوحدات = $\dfrac{١٠٠٠٠}{١.١ (٣٠) - ٢٠}$ = ٧٦٩ وحدة ...

٦. نقطة التعادل بالوحدات = $\dfrac{١٠٠٠٠}{٠.٩ (٣٠) - ٢٠}$ = ١٤٢٩ وحدة ...

٧. نقطة التعادل بالوحدات = $\dfrac{١.٠٥ (١٠٠٠٠)}{٣٠ - ٠.٩ (٢٠)}$ = ٨٧٥ وحدة ...

٨. نقطة التعادل بالوحدات = $\dfrac{٠.٩٥ (١٠٠٠٠)}{٣٠ - ١.١ (٢٠)}$ = ١١٨٨ وحدة ...

٩. نقطة التعادل بالوحدات = $\dfrac{١.٠٥ (١٠٠٠٠)}{١.١ (٣٠) - ٠.٩٥ (٢٠)}$

$= \dfrac{١٠٥٠٠}{٣٣ - ١٩}$

$= ٧٥٠$ وحدة

مثال رقم (١٠):

ترغب إحدى الشركات الصناعية بإنتاج منتج جديد ليباع في السوق بسعر ٤٠ دينار للوحدة بينما تشير التقديرات إلى أن التكلفة المتغيرة للوحدة سوف تعادل ٣٠ دينار، في حين أن التكاليف الثابتة ستكون ١٠٠٠٠٠ دينار. وتتوقع إدارة الشركة الحصول على حصة تساوي ١٠% من السوق علماً بأن استيعاب السوق يعادل ١٣٠٠٠٠ وحدة.

المطلوب:

١. هل تنصح الشركة بإنتاج المنتج الجديد في حالة كون التوقعات صائبة؟

٢. هل تنصح الشركة بإنتاج المنتج الجديد في حالة وجود إحتمال بأن ترتفع التكاليف أو تنخفض بنسبة ١٠% كحد أقصى؟

إجابة مثال رقم (١٠):

١. نقطة التعادل بالوحدات = $\dfrac{١٠٠٠٠٠}{٤٠ - ٣٠}$ = ١٠٠٠٠ وحدة

حجم المبيعات المتوقع بالوحدات = ١٠% × ١٣٠٠٠٠ = ١٣٠٠٠ وحدة

وحيث أن حجم المبيعات المتوقع بالوحدات أكبر من نقطة التعادل بالوحدات فإننا ننصح الشركة بإنتاج المنتج الجديد.

٢. إن أفضل إحتمال هو إنخفاض التكاليف بنسبة ١٠% وبهذه الحالة فإنه يتم إحتساب نقطة التعادل كما يلي:

نقطة التعادل بالوحدات = $\dfrac{٠.٩٠ (١٠٠٠٠٠)}{٤٠ - ٠.٩ (٣٠)}$ = ٦٩٢٣ وحدة ...

اما أسوأ إحتمال فهو إرتفاع التكاليف بنسبة ١٠% وبهذه الحالة فإنه يتم احتساب نقطة التعادل كما يلي:

نقطة التعادل بالوحدات = $\dfrac{١.١ (١٠٠٠٠٠)}{٤٠ - ١.١ (٣٠)}$ = ١٥٧١٤ وحدة ...

وإذا إفترضنا بأن المنتج الجديد سوف يحصل على ١٠% من حصة السوق أي ما يعادل ١٣٠٠٠ وحدة فإننا نستطيع إحتساب النسبة التي يمكن ان تزيد بها التكاليف الثابتة والمتغيرة قبل أن تتحقق أية خسائر على الشركة، ويتم الإحتساب كما يلي:

$$١٣٠٠٠ = \frac{١٠٠٠٠٠ \text{(س)}}{٤٠ - ٣٠ \text{(س)}}$$

وبحل المعادلة نستنتج أن س = ١.٠٦١٢٢

ومن هنا يتبين أن الشركة سوف تخسر في حالة زيادة التكاليف عن ٦.١٢% كما هو متوقع. وعلى إدارة الشركة دراسة السوق أكثر دقة لإعطاء توقعات بثقة أكبر قبل إتخاذ القرار النهائي بشأن إنتاج المنتج الجديد وطرحه بالسوق.

٨. تحليل التعادل في ظل تعدد المنتجات

Breakeven Analysis for Multiple Products

لقد تم تحليل العلاقة بين التكاليف وحجم النشاط والأرباح بافتراض وجود منتج واحد فقط، وفي واقع الحال أن هذا الإفتراض ليس بواقعي في كثير من الشركات. وسنبين فيما يلي أن تحليل التعادل يمكن تطبيقه على الشركة ذات المنتجات المتعددة بافتراض ثبات نسبة المزيج من المنتجات كما يتم تطبيقه على الشركة ذات المنتج الواحد. وسوف نثبت بأن المعادلات المتعلقة بتحليل التعادل متشابهة إلى حد بعيد بين المنتجات المتعددة والمنتج الواحد.

٨ - ١ تحليل التعادل بالوحدات والنقود في ظل تعدد المنتجات

نفترض أن شركة تنتج عدة منتجات وعددها "ن". كما نفترض ما يلي:

$س_ر$ تمثل عدد الوحدات المنتجة والمباعة من المنتج "ر" حيث ر = ١، ٢،....، ن.

$ب_ر$ تمثل سعر البيع للوحدة من المنتج "ر" حيث ر = ١، ٢، ......، ن.

$م_ر$ تمثل التكلفة المتغيرة للوحدة من المنتج "ر" حيث ر = ١، ٢، ......، ن.

ث تمثل إجمالي التكاليف الثابتة للفترة.

س تمثل إجمالي عدد الوحدات المنتجة والمباعة لكافة المنتجات، وهي تمثل وحدات نظرية.

ب تمثل المتوسط المرجح لسعر بيع الوحدة النظرية.

م تمثل المتوسط المرجع للتكلفة المتغيرة للوحدة النظرية.
ب - م تمثل المتوسط المرجح لعائد المساهمة للوحدة النظرية.

وعليه فإننا نستطيع صياغة المعادلات التالية:

$$\text{س} = \text{س}_{1} + \text{س}_{2} + \text{س}_{3} + \ldots\ldots + \text{س}_{\text{ن}}$$

$$\text{س} = \sum_{\text{ر}=1}^{\text{ن}} \text{س}_{\text{ر}} \quad \ldots\ldots\ldots \ (17)$$

$$\text{ب} = \sum_{\text{ر}=1}^{\text{ن}} \frac{\text{س}_{\text{ر}}}{\text{س}} \cdot \text{ب}_{\text{ر}} \quad \ldots\ldots \ (18)$$

$$\text{م} = \sum_{\text{ر}=1}^{\text{ن}} \frac{\text{س}_{\text{ر}}}{\text{س}} \cdot \text{م}_{\text{ر}} \quad \ldots\ldots \ (19)$$

حيث $\frac{\text{س}_{\text{ر}}}{\text{س}}$ تمثل نسبة المزيج من المنتج "ر"

ويمكن كتابة معادلة الربح التشغيلي كما يلي:
الربح التشغيلي = الإيرادات - التكاليف المتغيرة - التكاليف الثابتة

وحيث ان الربح التشغيلي عند نقطة التعادل يساوي صفراً، فإن معادلة الربح التشغيلي عند تلك النقطة تصبح كما يلي:
صفر = الإيرادات - التكاليف المتغيرة - التكاليف الثابتة

وفي ظل تعدد المنتجات واستعمال الرموز المذكورة فإن معادلة التعادل تصبح كما يلي:

$$\text{صفر} = \text{ب}_{1}\text{س}_{1} + \text{ب}_{2}\text{س}_{2} + \ldots\ldots\ldots + \text{ب}_{\text{ن}}\text{س}_{\text{ن}} - \text{م}_{1}\text{س}_{1} - \text{م}_{2}\text{س}_{2} - \ldots\ldots\ldots - \text{م}_{\text{ن}}\text{س}_{\text{ن}} - \text{ث} \quad \ldots\ldots \ (20)$$

بتجميع العوامل المشتركة في المعادلة رقم (٢٠) السابقة فإن معادلة التعادل تصبح كما يلي:

$$\text{صفر} = \text{س}_١(\text{ب}_١ - \text{م}_١) + \text{س}_٢(\text{ب}_٢ - \text{م}_٢) + \ldots + \text{س}_\text{ن}(\text{ب}_\text{ن} - \text{م}_\text{ن}) - \text{ث}$$

$$\text{صفر} = \sum_{\text{ر}=١}^{\text{ن}} \text{س}_\text{ر}(\text{ب}_\text{ر} - \text{م}_\text{ر}) - \text{ث}$$

وبنقل ث للطرف الآخر تصبح المعادلة:

$$\text{ث} = \sum_{\text{ر}=١}^{\text{ن}} \text{س}_\text{ر}(\text{ب}_\text{ر} - \text{م}_\text{ر}) \quad \ldots\ldots\ldots (٢١)$$

بتقسيم طرفي المعادلة رقم (٢١) على س ينتج:

$$\frac{\text{ث}}{\text{س}} = \sum_{\text{ر}=١}^{\text{ن}} \frac{\text{س}_\text{ر}}{\text{س}} (\text{ب}_\text{ر} - \text{م}_\text{ر})$$

أو

$$\frac{\text{ث}}{\text{س}} = \sum_{\text{ر}=١}^{\text{ن}} \frac{\text{س}_\text{ر}}{\text{س}} \cdot \text{ب}_\text{ر} - \sum_{\text{ر}=١}^{\text{ن}} \frac{\text{س}_\text{ر}}{\text{س}} \cdot \text{م}_\text{ر}$$

$$\frac{\text{ث}}{\text{س}} = \text{ب} - \text{م}$$

وبحل المعادلة لإيجاد س ينتج:

$$\text{س} = \frac{\text{ث}}{\text{ب} - \text{م}} \quad \ldots\ldots\ldots (٢٢)$$

وهذه المعادلة رقم (٢٢) هي معادلة التعادل بالوحدات في ظل تعدد المنتجات. وإذا رغبنا بمعرفة معادلة التعادل بالدينار في ظل تعدد المنتجات فإننا

نضرب طرفي المعادلة رقم (٢٢) بالمتوسط المرجح لسعر بيع الوحدة النظرية وهو ب فينتج: ب س = ب $\frac{\text{ث}}{\text{ب-م}}$.

أو

$$\text{ب س} = \frac{\text{ث}}{\frac{\text{ب - م}}{\text{ب}}} \quad .... (٢٣)$$

حيث $\frac{\text{ب - م}}{\text{ب}}$ يمثل نسبة عائد المساهمة.

وبالتالي فإن معادلة التعادل بالدينار في ظل تعدد المنتجات وهي معادلة رقم (٢٣) يمكن كتابتها بالكلمات كما يلي:

$$\text{نقطة التعادل بالدينار} = \frac{\text{إجمالي التكاليف الثابتة}}{\text{نسبة عائد المساهمة}}$$

ومن الملاحظ نتيجة تحليل المعادلات رياضياً أن تحليل التعادل بالوحدات والنقود في ظل تعدد المنتجات لا يختلف عنه في ظل المنتج الواحد. ومن الجدير بالذكر أن إفتراض ثبات نسبة المزيج من المنتجات هو فقط لإيجاد إجابة واحدة ومحددة على كثير من الأسئلة مثل إيجاد نقطة التعادل وما شابه، وبخلاف ذلك فإنه يمكن إيجاد عدد كبير من الإجابات الصحيحة على نفس السؤال. فمثلاً إذا كان لدى شركة منتجان وقد تم إنتاج إجمالي ١٠٠ وحدة منهما. فإذا تم تحديد نسبة المزيج ٤٠% للأول و ٦٠% للثاني فإننا نستطيع الإستنتاج بانه تم إنتاج ٤٠ وحدة من المنتج الأول بينما تم إنتاج ٦٠ وحدة من المنتج الثاني. في حين إذا لم يتم تحديد نسبة المزيج فإننا نستطيع إيجاد عدد كبير من الإجابات الصحيحة للسؤال كم وحدة تم إنتاجها من المنتج الأول وكم وحدة تم إنتاجها من المنتج الثاني. فيمكننا القول مثلاً أنه تم إنتاج وحدة واحدة فقط من المنتج الأول كما تم إنتاج ٩٩ وحدة من المنتج الثاني وهكذا فإنه يوجد عدد كبير من الإجابات الصحيحة في حالة عدم افتراض ثبات نسبة المزيج.

مثال رقم (١١):

تنتج إحدى الشركات ثلاثة منتجات مختلفة بنسبة ٢ : ٣ : ٥ للمنتجات الأول والثاني والثالث على التوالي. فإذا علمت بأن التكاليف الثابتة السنوية للشركة هي ١٠٠٠٠٠ دينار، كما علمت ما يلي:

المنتج الأول	المنتج الثاني	المنتج الثالث	
٦٠	٢٥	١٠	سعر البيع للوحدة
٤٠	١٥	٨	التكلفة المتغيرة للوحدة
٢٠	١٠	٢	عائد المساهمة للوحدة

بافتراض ثبات نسبة المزيج

المطلوب:

١. إيجاد نقطة التعادل بالوحدات لكافة المنتجات.
٢. إيجاد نقطة التعادل بالدينار.
٣. إحتساب عدد الوحدات من كل منتج التي يجب بيعها للحصول على ربح تشغيلي مقداره ٤٠٠٠٠ دينار.
٤. إحتساب عدد الوحدات من كل منتج التي يجب بيعها للحصول على صافي ربح مقداره ٣٠٠٠٠ دينار علماً بان معدل الضريبة على أرباح الشركة تعادل ٤٠%.

إجابة مثال رقم (١١):

١. المتوسط المرجح لعائد المساهمة للوحدة النظرية = $\frac{٢}{١٠}(٢٠) + \frac{٣}{١٠}(١٠) + \frac{٥}{١٠}(٢)$

= ٤ + ٣ + ١

= ٨ دنانير

نقطة التعادل بالوحدات = $\frac{١٠٠٠٠٠}{٨}$ = ١٢٥٠٠ وحدة

عدد الوحدات المباعة من المنتج الأول عند نقطة التعادل = ٠.٢ × ١٢٥٠٠ = ٢٥٠٠ وحدة

عدد الوحدات المباعة من المنتج الثاني عند نقطة التعادل = ٠.٣ × ١٢٥٠٠ = ٣٧٥٠ وحدة

عدد الوحدات المباعة من المنتج الثالث عند نقطة التعادل = ٠.٥ × ١٢٥٠٠ = ٦٢٥٠ وحدة

٢. المتوسط المرجح لسعر بيع الوحدة النظرية = (٠.٢ × ٦٠) + ٠.٣ (٢٥) + ٠.٥ (١٠)

= ١٢ + ٧.٥ + ٥

= ٢٤.٥ دينار

نقطة التعادل بالدينار = ١٢٥٠٠ × ٢٤.٥ = ٣٠٦٢٥٠ دينار

٣. عدد الوحدات للحصول على الربح التشغيلي المستهدف = $\frac{١٠٠٠٠٠ + ٤٠٠٠٠}{٨}$

= ١٧٥٠٠ وحدة

عدد الوحدات من المنتج الأول = ٠.٢ × ١٧٥٠٠ = ٣٥٠٠ وحدة، عدد الوحدات من المنـتج الثـاني = ٠.٣ × ١٧٥٠٠ = ٥٢٥٠ وحدة، عدد الوحدات من المنتج الثالث = ٠.٥ × ١٧٥٠٠ = ٨٧٥٠ وحدة.

٤. صافي الربح = الربح التشغيلي (١ - معدل الضريبة)

أو الربح التشغيلي = $\frac{\text{صافي الربح}}{\text{١ - معدل الضريبة}}$ = $\frac{٣٠٠٠٠}{١ - ٠.٤}$ = ٥٠٠٠٠ دينار

عدد الوحدات للحصول على صافي الربح المستهدف = $\frac{١٠٠٠٠٠ + ٥٠٠٠٠}{٨}$

= ١٨٧٥٠ وحدة

عدد الوحدات من المنتج الأول = ٠.٢ × ١٨٧٥٠ = ٣٧٥٠ وحدة.

عدد الوحدات من المنتج الثاني = ٠.٣ × ١٨٧٥٠ = ٥٦٢٥ وحدة.

عدد الوحدات من المنتج الثالث = ٠.٥ × ١٨٧٥٠ = ٩٣٧٥ وحدة.

ومن الجدير بالذكر أن إختلاف نسبة المزيج يؤدي إلى إختلاف عدد الوحدات المنتجة والمباعة عند كل من نقطة التعادل والأرباح المستهدفة. ويوضح ذلك المثال التالي رقم (١٢)

مثال رقم (١٢):

بافتراض أن إحدى الشركات تنتج ثلاثة منتجات مختلفة كما هـو الحـال في المثال رقم (١١) السابق ولكن نسبة المزيج هي ١ : ١ : ٢ للمنتجات الاول والثاني والثالث على التوالي. أما التكاليف الثابتة للشركة وأسعار بيع الوحدات والتكلفة المتغيرة للمنتجات فقد بقيت كما هي في مثال رقم (١١) السابق. بافتراض ثبات نسبة المزيج الجديدة،

المطلوب:

١. إيجاد نقطة التعادل بالوحدات لكافة المنتجات.

٢. إيجاد نقطة التعادل بالدينار.

٣. إحتساب عدد الوحدات التي يجب بيعها من كل منتج للحصـول عـلى ربـح تشـغيلي مقـداره ٤٠٠٠٠ دينار.

٤. إحتساب عدد الوحدات التي يجب بيعها من كل منتج للحصول على صافي ربـح مقـداره ٣٠٠٠٠ دينار علماً بان معدل الضريبة على أرباح الشركة تعادل ٤٠%.

إجابة مثال رقم (١٢):

١. المتوسط المرجح لعائد المساهمة للوحدة النظرية $= \dfrac{١}{٤}(٢٠) + \dfrac{١}{٤}(١٠) + \dfrac{٢}{٤}(٢)$

$= ٥ + ٢.٥ + ١$

$= ٨.٥$ دينار

نقطة التعادل بالوحدات $= \dfrac{١٠٠٠٠٠}{٨.٥} = ١١٧٦٥$ وحدة

عدد الوحدات المنتجة والمباعة من المنتج الأول عند نقطة التعادل $=$

$\dfrac{١}{٤} \times ١١٧٦٥ = ٢٩٤١$ وحدة

عدد الوحدات المنتجة والمباعة من المنتج الثاني عند نقطة التعادل =

$\frac{١}{٤}$ × ١١٧٦٥ = ٢٩٤١ وحدة

عدد الوحدات المنتجة والمباعة من المنتج الثالث عند نقطة التعادل =

$\frac{٢}{٤}$ × ١١٧٦٥ = ٥٨٨٣ وحدة

٢. المتوسط المرجح لسعر بيع الوحدة النظرية = $\frac{١}{٤}$ (٦٠) + $\frac{١}{٤}$ (٢٥) + $\frac{٢}{٤}$ (١٠)

= ١٥ + ٦.٢٥ + ٥

= ٢٦.٢٥ دينار

نقطة التعادل بالدينار = ١١٧٦٥ × ٢٦.٢٥ = ٣٠٨٨٣١ دينار

٣. عدد الوحدات للحصول على الربح التشغيلي المستهدف = $\frac{١٠٠٠٠٠ + ٤٠٠٠٠}{٨.٥}$

= ١٦٤٧١ وحدة

عدد الوحدات من المنتج الأول = $\frac{١}{٤}$ × ١٦٤٧١ = ٤١١٨ وحدة

عدد الوحدات من المنتج الثاني = $\frac{١}{٤}$ × ١٦٤٧١ = ٤١١٨ وحدة

عدد الوحدات من المنتج الثالث = $\frac{٢}{٤}$ × ١٦٤٧١ = ٨٢٣٥ وحدة

٤. الربح التشغيلي = $\dfrac{\text{صافي الربح}}{\text{١ - معدل الضريبة}}$

$= \dfrac{٣٠٠٠٠}{١ - ٠.٤}$

= ٥٠٠٠٠ دينار

عدد الوحدات للحصول على صافي الربح المستهدف = $\dfrac{١٠٠٠٠٠ + ٥٠٠٠٠}{٨.٥}$

= ١٧٦٤٧ وحدة

عدد الوحدات من المنتج الأول = $\dfrac{١}{٤}$ × ١٧٦٤٧ = ٤٤١٢ وحدة

عدد الوحدات من المنتج الثاني = $\dfrac{١}{٤}$ × ١٧٦٤٧ = ٤٤١٢ وحدة

عدد الوحدات من المنتج الثالث = $\dfrac{٢}{٤}$ × ١٧٦٤٧ = ٨٨٢٣ وحدة

يتضح من مقارنة الإجابة على أسئلة مثال رقم (١١) ومثال رقم (١٢) أن إختلاف نسبة المزيج يؤدي إلى إختلاف عدد الوحدات المنتجة والمباعة عند كل من نقطة التعادل والربح المستهدف.

وأخيراً يمكن القول بأنه يمكن تطبيق خرائط التعادل والربحية في حالة تعدد المنتجات كما هو الحال في حالة المنتج الواحد، حيث يمثل المحور السيني عدد الوحدات الكلية المباعة في حالة تعدد المنتجات أما المحور الصادي فيمثل القيمة بالدينار للتكاليف الإيرادات في حالة خريطة التعادل ويمثل قيمة الأرباح او الخسائر في حالة خريطة الربحية ولا يختلف ذلك عن حالة المنتج الواحد.

المصطلحات

Breakeven Analysis	تحليل التعادل
ɪkeven Analysis for Multiple Products	تحليل التعادل في ظل تعدد المنتجات
Breakeven Point	نقطة التعادل
Contribution Margin Method	طريقة عائد المساهمة
Contribution Margin Ratio	نسبة عائد المساهمة
Cost – Volume – Profit Analysis	تحليل العلاقة بين التكاليف وحجم النشاط والأرباح
Graph Method	طريقة الخريطة او الرسم
Margin of Safety	هامش الأمان
Mix of Products Sold	مزيج المنتجات المباعة
Operating Income	الربح التشغيلي
Profit Equation Method	طريقة معادلة الربح
Relevant Range	المدى الملائم
Selling Prices	أسعار البيع
Sensitivity Analysis	تحليل الحساسية
Target Net Income	صافي الربح المستهدف
Target Operating Income	الربح التشغيلي المستهدف
Total Fixed Costs	إجمالي التكاليف الثابتة
Unit Variable Cost	التكلفة المتغيرة للوحدة
Variable Cost Ratio	نسبة التكلفة المتغيرة
Volume of Sales	حجم المبيعات

أسئلة وتمارين

١- ما المقصود بنقطة التعادل؟

٢- ما هي العلاقة بين خريطة التعادل وخريطة الربح مع حجم المبيعات؟

٣- ما هي الإفتراضات المتعلقة بتحليل العلاقة بين التكاليف وحجم النشاط والأرباح؟

٤- اعط ثلاثة أمثلة على التكاليف المتغيرة والتكاليف الثابتة.

٥- ما أهمية ثبات نسبة المزيج في تحليل العلاقة بين التكاليف وحجم النشاط والأرباح؟

٦- ما المقصود بالمدى الملائم، وما مدى اهمية هذا الإفتراض في تحليل العلاقة بين التكاليف وحجم النشاط والأرباح؟

٧- ما هو هامش الأمان؟ وكيف يمكن إحتساب نسبة هامش الأمان؟

٨- ما المقصود بتحليل الحساسية؟ وما علاقته بتحليل العلاقة بين التكاليف وحجم النشاط والأرباح؟

٩- كيف يمكن تخفيض نقطة التعادل؟ أعط ثلاثة أمثلة على ذلك.

١٠- هل من الممكن وجود عدة نقاط تعادل، وعدة طرق للتوصل إلى الربح المستهدف أو المنشود، في حالة وجود منتجات متعددة؟

١١- تنتج شركة الأهرام وتبيع منتجاً واحداً. فإذا علمت أن سعر بيع الوحدة من ذلك المنتج يبلغ ٢٠ دينار وأن نسبة عائد المساهمة تعادل ٣٠%. كما تبلغ التكاليف الثابتة السنوية ٩٠٠٠٠ دينار.

المطلوب:

١. إحتساب التكلفة المتغيرة للوحدة من المنتج.

٢. إحتساب نقطة التعادل بالوحدات.

٣. إحتساب نقطة التعادل بالدينار.

٤. ما هو حجم المبيعات بالوحدات وبالدينار المطلوب للتوصل إلى ربح تشغيلي مقداره ٣٠٠٠٠ دينار؟

٥. بافتراض أن الشركة استطاعت تخفيض التكلفة المتغيرة للوحدة بمقدار ٤ دنانير، ما هي نقطة التعادل الجديدة للشركة بالوحدات وبالدينار؟

٦. ما هو حجم المبيعات بالوحدات وبالدينار المطلوب للتوصل إلى صافي ربح مقداره ٣٦٠٠٠ دينار علماً بان معدل الضريبة هو ٤٠%؟

١٢- تتعلق المعلومات التالية بشركتين تبيعان نفس المنتج:

شركة أ	شركة ب	
٣٠%	٤٠%	نسبة التكلفة المتغيرة إلى سعر البيع
٣٥٠٠٠ دينار	٢٤٠٠٠ دينار	التكاليف الثابتة

المطلوب:

ما هو حجم المبيعات بالوحدات (إذا وجد) الذي يؤدي إلى تساوي الربح التشغيلي في الشركتين؟

١٣- تنتج شركة الإتحاد وتبيع منتجاً واحداً. فإذا علمت أن سعر بيع الوحدة يبلغ ١٥ دينار ويبقى ثابتاً بغض النظر عن حجم المبيعات، كما هو الحال بالنسبة للتكلفة المتغيرة للوحدة والتي تبلغ ٥ دنانير. ويمكن للشركة ان تختار العمل على أحد مستويات التشغيل الشهرية التالية:

حجم المبيعات والإنتاج	إجمالي التكاليف الثابتة	
٠ - ١٥٠٠٠	٣٠٠٠٠ دينار	مستوى التشغيل الأول
١٥٠٠١ - ٢٧٠٠٠	٦٠٠٠٠ دينار	مستوى التشغيل الثاني
٢٧٠٠١ - ٤٠٠٠٠	٨٠٠٠٠ دينار	مستوى التشغيل الثالث

المطلوب:

١. إحتساب نقطة التعادل (أو نقاط التعادل) بالوحدات وبالدينار عند كل مستوى من مستويات التشغيل، مع تفسير ذلك.

٢. بافتراض أن الشركة تستطيع بيع كل ما تنتج، ما هو مستوى التشغيل الذي يجب أن تعمل به؟

١٤- ما هي المعادلة الصحيحة (من المعادلات التالية) التي تمثل نقطة التعادل بالوحدات؟ مفترضاً ما يلي:

ث = إجمالي التكاليف الثابتة للفترة، م = التكلفة المتغيرة للوحدة

ب = سعر بيع الوحدة

١. $\frac{ب}{ث \div م}$ ٣. $\frac{ب}{ث - م}$ ٥. لا شيء مما ذكر

٢. $\frac{ث}{ب - م}$ ٤. $\frac{م}{ث \div ب}$

١٥- تنتج الشركة الوطنية منتجين وفيما يلي المعلومات المتعلقة بهما:

المنتج الأول	المنتج الثاني	
٦ دينار	٤ دينار	عائد المساهمة للوحدة
١٨ دينار	٢٠ دينار	سعر بيع الوحدة
١٨٠٠٠ دينار	٦٠٠٠٠ دينار	إيراد المبيعات

فإذا علمت أن التكاليف الثابتة للشركة تبلغ ١٠٠٠٠ دينار.

المطلوب:

إحتساب نقطة التعادل بالدينار، بافتراض أن نسبة المزيج بقيت ثابتة وكما هو موضح ويمكن إستنتاجه من المعلومات المتعلقة بالمنتجين.

١٦- تنتج الشركة الأهلية وتبيع منتجاً واحداً. فإذا علمت بأن سعر البيع للوحدة يبلغ ١٥ دينار، والتكلفة المتغيرة للوحدة تبلغ ٩ دنانير كما ان إجمالي التكاليف الثابتة للشركة يبلغ ٣٠٠٠٠ دينار، كما يبلغ معدل الضريبة ٢٠%.

المطلوب:

١. إحتساب نقطة التعادل بالوحدات وبالدينار.
٢. إحتساب عدد وحدات المبيعات للتوصل إلى صافي ربح مقداره ١٢٠٠٠ دينار.
٣. بافتراض أن عدد الوحدات المباعة كان كما هو في المطلوب السابق رقم (٢)، ما هو مقدار هامش الأمان بالوحدات وبالدينار، وما هي نسبة هامش الأمان؟

١٧- تنتج الشركة العصرية منتجاً واحداً وتبيعه بسعر ١٠٠ دينار للوحدة، علماً بأن التكلفة المتغيرة للوحدة تبلغ ٤٠ دينار وأن إجمالي التكاليف الثابتة للشركة يبلغ ٣٠٠٠ دينار كما ان الحد الأقصى للنشاط هو ١٥٠ وحدة.

المطلوب:

١. عمل خريطة العلاقة بين التكاليف وحجم النشاط والأرباح مع بيان نقطة التعادل بالوحدات وبالدينار.

٢. عمل خريطة العلاقة بين حجم النشاط والأرباح مع بيان نقطة التعادل بالوحدات وأقصى خسارة ممكن أن تحققها الشركة.

٣. بيان الارباح أو الخسائر على الخرائط في المطلوبين السابقين بافتراض أن حجم المبيعات ٢٠ وحدة ثم بافتراض حجم المبيعات ١٢٠ وحدة.

١٨- فيما يلي قائمة الدخل لشركة السعادة عن السنة المنتهية في ٣١/ ١٢/ ٢٠٠٩:

مبيعات		٢٤٠٠٠٠٠
تكاليف متغيرة	-	٢٠٠٠٠٠٠
عائد المساهمة		٤٠٠٠٠٠
تكاليف ثابتة	-	٣٠٠٠٠٠
الربح قبل الضريبة		١٠٠٠٠٠

المطلوب:

١. إحتساب هامش الأمان بالدينار. واحتساب نسبة هامش الأمان.

٢. عمل قائمة الدخل التقديرية لسنة ٢٠٠٢ بافتراض انخفاض المبيعات بنسبة ١٠%.

٣. علق مدير الشركة على انخفاض المبيعات بنسبة ١٠% وقال بأن ذلك سيؤدي إلى خسارة فادحة للشركة. باعتبارك المستشار المالي للشركة، ما رأيك بقول مدير الشركة؟

١٩- ترغب الشركة الذهبية بانتاج أحد منتجاتها الجديده وتقديمه للسوق وقد كان لديها بعض المرونة في تحديد سعر المنتج الجديد. فإذا علمت بأن التكاليف السنوية الثابتة المتعلقة بالمنتج الجديد تعادل ٧٠٠٠٠٠ دينار وترغب الشركة بالحصول على ربح من هذا المنتج مقداره ٤٢٠٠٠٠ دينار قبل الضريبة ومن المحتمل أن تكون المبيعات السنوية لهذا المنتج ٨٠٠٠٠ وحدة. وتقدر تكلفة المواد المباشرة لإنتاج وحدة من المنتج الجديد بمبلغ ٩ دنانير، بينما تقدر

الأجور المباشرة والتكاليف المتغيرة الأخرى لإنتاج وبيع ٨٠٠٠٠ وحدة بما يعادل ٢٤٠٠٠٠ دينار.

المطلوب:

إحتساب سعر البيع للوحدة من المنتج الجديد في ظل الشروط المذكورة.

٢٠- فيما يلي المعلومات المتعلقة بالمبيعات المتوقعة وعائد المساهمة العائد للمنتجات الثلاثة لشركة الأهرام:

المنتج	عائد المساهمة للوحدة	نسبة المنتج إلى المزيج
١	١٢ دينار	%٢٠
٢	٨	%٢٠
٣	٥	%٦٠

وبعد استشارة شركة متخصصة بالتسويق تبين أن ٤٠% من المبيعات تخص المنتج الأول بينما ٢٠% تخص المنتج الثاني، وأخيراً ٤٠% من المبيعات تخص المنتج الثالث.

فإذا علمت أن التكاليف السنوية الثابتة للشركة تبلغ ٦٠٠٠٠٠ دينار وترغب الشركة بالحصول على ربح تشغيلي بمقدار ٢٢٣٢٠٠ دينار.

المطلوب:

١. ما هو عدد الوحدات التي يجب بيعها في ظل الخطة الأصلية من كل منتج للوصول إلى الربح المستهدف؟

٢. ما هو عدد الوحدات التي يجب بيعها في ظل إستشارة شركة التسويق لتحقيق الربح التشغيلي المنشود؟

٢١- أكد مدير مبيعات شركة الإزدهار أن تخفيض سعر بيع منتج الشركة من ٣٥ دينار للوحدة إلى ٢٨ دينار للوحدة سوف يؤدي إلى زيادة كبيرة في حجم المبيعات. فإذا علمت أن التكاليف المتغيرة للوحدة تعادل ٢١ دينار بينما تعادل التكاليف الثابتة للمنتج ١٢٦٠٠٠ دينار سنوياً. وأن عدد الوحدات المباعة من هذا المنتج في السنة الماضية بلغت ١١٠٠٠٠ وحدة.

المطلوب:

١. احتساب الربح التشغيلي للسنة الماضية الناتج عن بيع ١١٠٠٠٠ وحدة بسعر ٣٥ دينار للوحدة.

٢. ما هي عدد الوحدات التي يجب بيعها في السنة القادمة لتحقيق التعادل؟

٣. ما هي عدد الوحدات التي يجب بيعها في السنة القادمة بالسعر الجديد لتحقيق نفس الربح التشغيلي للسنة الماضية؟

٢٢- فيما يلي قائمة الدخل الشهرية والتي تمثل نتائج الشهر العادي لشركة الشرق:

مبيعات	٥٤٠٠٠٠ دينار	
تكاليف متغيرة	٣٦٠٠٠٠ -	
عائد المساهمة	١٨٠٠٠٠	
التكاليف الثابتة	١٢٠٠٠٠ -	
الربح قبل الضرائب	٦٠٠٠٠ دينار	
كيلو غرام أنتج وتم بيعه	١٢٠٠٠٠	

المطلوب:

١. إحتساب نقطة التعادل بالكيلو غرام.
٢. إحتساب نقطة التعادل بالدينار.
٣. ما هو حجم الإنتاج بالكغم الذي يؤدي إلى تحقيق ما يعادل ٩٠٠٠٠ دينار ربح قبل الضرائب.
٤. إحتساب هامش الأمان بالدينار.

٢٣- يبيع محل الأقمشة الحديث بنطلونات وقمصان رجالي. وفيما يلي بعض المعلومات عن هذه البضاعة:

قميص	بنطلون	
١٥ دينار	١٨ دينار	سعر البيع
١٠.٥٠٠ دينار	١٢.٧٥٠	التكلفة المتغيرة

فإذا علمت ان التكاليف الثابتة للمحل هي ٣٠٠٠٠ دينار ولا يمكن تقسيمها بالتساوي بين الصنفين من البضاعة.

المطلوب:

١. ما هي نقطة التعادل بالوحدات لكل صنف من البضاعة بافتراض أن نسبة المزيج هي ٢ : ١ لصالح البنطلونات ؟ علماً بأن حجم المبيعات الاجمالي لا يزيد عن ٧٠٠٠ وحدة بسبب عوامل خارجية.

٢. ما هو الربح التشغيلي للمحل، بافتراض أن نسبة مزيج المبيعات هي ٢ : ١ لصالح البنطلونات وعلماً بأن حجم المبيعات الإجمالي يعادل ٩٩٠٠ وحدة؟

٢٤. تبيع إحدى الشركات منتجاً بمبلغ ٤٥ دينار للوحدة. وتبلغ التكاليف المتغيرة للوحدة ٣٠ دينار بينما يبلغ إجمالي التكاليف الثابتة ٢٧٠٠٠ دينار.

المطلوب:

١. ما هي نقطة التعادل بالوحدات؟

٢. ما هو هامش الأمان بالدينار بافتراض أن إجمالي المبيعات يبلغ ٩٠٠٠٠ دينار؟

٣. ما هي نقطة التعادل بالوحدات، بافتراض ان التكاليف المتغيرة للوحدة زادت بنسبة ٢٠%؟

٤. ما هي نقطة التعادل بالوحدات، بافتراض زيادة سعر البيع للوحدة بنسبة ١٠%، وانخفاض إجمالي التكاليف الثابتة بنسبة ١٠%؟

٢٥- تبيع إحدى الشركات منتجاً بمبلغ ٢٥ دينار للوحدة، بينما تبلغ التكاليف المتغيرة للوحدة ١٥ دينار. بافتراض أن الشركة ترغب بفتح فرع جديد لها واستئجار محل جديد حيث تم العرض عليها ما يلي:

١. أن تدفع مبلغ كإيجار ثابت سنوياً مقداره ١٢٥٠٠ دينار.

٢. أن تدفع مبلغ ١٠٠٠٠ دينار سنوياً بالإضافة إلى ٨% من إيراد المبيعات.

٣. أن تدفع مبلغ ٥٠٠٠ دينار سنوياً بالإضافة إلى نسبة ٢٠% من إيراد المبيعات وبحد أقصى مبلغ ٢٠٠٠٠ دينار بدل إيجار.

المطلوب:

١. إحتساب نقطة التعادل بالوحدات وبالدينار لكل من العروض الثلاثة، موضحاً مقدار الإيجار السنوي المتعلق بكل عرض.

٢. ما هي عدد وحدات المبيعات التي يكون عندها مدير الشركة سيان بالنسبة للعرضين الثاني والثالث؟

٣. مبتدءاً من عدد وحدات المبيعات مساوية للصفر ومنتهياً بعدد وحدات المبيعات ٥٠٠٠ وحدة، أوضح أي العروض افضل.

٢٦. إليك المعلومات التالية المتعلقة بالشركة العصرية:

١٠٠٠ وحدة	نقطة التعادل
٥٠٠ دينار	التكلفة المتغيرة للوحدة
١٥٠٠٠٠ دينار	إجمالي التكاليف الثابتة

ما هو عائد المساهمة عند بيع ١٠٠١ وحدة؟

أ) ٦٥٠ دينار   ج) ١٥٠ دينار   هـ) لا شيء مما ذكر

ب) ٥٠٠ دينار   د) صفر

٢٧- فيما يلي المعلومات المتعلقة بشركة الإتحاد:

٦٠٠٠٠٠ دينار	مبيعات متوقعة
٤٢٠٠٠٠	تكاليف متغيرة
١٢٠٠٠٠	تكاليف ثابتة

ما هي نقطة التعادل بالدينار؟

أ) ٤٠٠٠٠٠ دينار   جـ) ٥٤٠٠٠٠ دينار   هـ) لا شيء مما ذكر

ب) ٤٢٠٠٠٠ دينار   د) ٦٦٠٠٠٠ دينار

٢٨- تبيع إحدى الشركات منتجين وفيما يلي المعلومات المتعلقة بهما:

التكاليف المتغيرة للوحدة	سعر البيع للوحدة	المنتج
٧٠ دينار	١٢٠ دينار	١
٢٠٠	٥٠٠	٢

بافتراض أن التكاليف الثابتة السنوية تبلغ ٣٠٠٠٠٠ دينار وان نسبة المبيعات المتوقعة بالوحدات من المزيج تعادل ٦٠% للمنتج الأول و٤٠% للمنتج الثاني.

ما هي نقطة التعادل بالدينار؟

أ) ٣٠٠٠٠٠ دينار   جـ) ٤٧٥٠٠٠ دينار   هـ) لا شيء مما ذكر

ب) ٤٢٠٠٠٠ دينار   د) ٥٤٤٠٠٠ دينار

٢٩- إن نسبة عائد المساهمة تزداد دائماً عندما:

أ) تزيد نقطة التعادل.

ب) تنخفض نقطة التعادل.

جـ) تنخفض نسبة التكاليف المتغيرة إلى صافي المبيعات.

د) تزيد نسبة التكاليف المتغيرة إلى صافي المبيعات.

٣٠- تخطط شركة الغرب لبيع ٢٠٠٠٠٠ وحدة من منتجها بسعر دينارين للوحدة. علماً بأن نسبة عائد المساهمة تعادل ٢٥%. وسوف تصل إلى نقطة التعادل عند بيعها هذا العدد من الوحدات.

ما هي التكاليف الثابتة لشركة الغرب؟

أ) ١٠٠٠٠٠ دينار   جـ) ٢٠٠٠٠٠ دينار   هـ) لا شيء مما ذكر

ب) ١٦٠٠٠٠ دينار   د) ٣٠٠٠٠٠ دينار

٣١- تبيع إحدى الشركات منتجاً لها بسعر ١٠٠ دينار للوحدة، علماً بأن التكاليف المتغيرة للوحدة تبلغ ٣٠ دينار، وان التكاليف الثابتة تبلغ ١٠٠٠٠ دينار.

ما هو عدد الوحدات التي يجب أن تبيعه الشركة للتوصل إلى صافي ربح ٢٤٠٠ دينار مفترضاً بأن معدل الضريبة ٤٠%؟

أ) ٢٠٠ وحدة   ج) ١٥٠ وحدة   هـ) لا شيء مما ذكر

ب) ١٧٠ وحدة   د) ١٤٥ وحدة

٣٢- تبيع إحدى الشركات منتجاً لها بسعر ١٠٠دينار للوحدة، علماً بأن التكاليف المتغيرة للوحدة تبلغ ٣٠ دينار، وان التكاليف الثابتة تبلغ ١٠٠٠٠ دينار.

ما هو مقدار الربح التشغيلي بافتراض بيع ١٠٠٠ وحدة؟

أ) ١٠٠٠٠٠ دينار   ج) ٦٠٠٠٠ دينار   هـ) لا شيء مما ذكر

ب) ٩٠٠٠٠ دينار   د) ٤٠٠٠٠ دينار

٣٣- تبيع إحدى الشركات منتجين، وفيما يلي بعض المعلومات المتعلقة بهما:

المنتج	سعر البيع للوحدة	التكاليف المتغيرة للوحدة
١	٤ دنانير	١ دينار
٢	٦	٢

فإذا علمت أن إجمالي التكاليف الثابتة يبلغ ٤٠٠٠٠ دينار. ما هي نقطة التعادل بافتراض أن مزيج المبيعات يتكون من وحدتين من المنتج الأول لكل وحدة واحدة من المنتج الثاني؟

أ) ٢٠٠٠ وحدة من المنتج الثاني   و ٤٠٠٠ وحدة من المنتج الأول.

ب) ٢٠٢٥ وحدة من المنتج الثاني   و ٤٠٥٠ وحدة من المنتج الأول.

جـ) ٤٠٢٥ وحدة من المنتج الثاني و ٨٠٥٠ وحدة من المنتج الأول.

د) ٤٠٠٠ وحدة من المنتج الثاني   و ٨٠٠٠ وحدة من المنتج الأول.

هـ) لا شيء مما ذكر.

٣٤- تبيع إحدى الشركات منتجين، وفيما يلي المعلومات المتعلقة بهما:

المنتج	سعر البيع للوحدة	التكاليف المتغيرة للوحدة
١	٤ دنانير	١ دينار
٢	٦	٢

فإذا علمت أن إجمالي التكاليف الثابتة يبلغ ٤٠٠٠٠ دينار. ما هو الربح التشغيلي بافتراض أن المبيعات الفعلية كانت ٣٠٠٠٠٠ وحدة وأن مزيج المبيعات يتكون من وحدة واحدة من المنتج الأول لكل وحدتين من المنتج الثاني؟

أ) ١٠٠٠٠٠ دينار
ب) ١٠٤٠٠٠٠ دينار
جـ) ١٠٦٠٠٠٠ دينار
د) ١١٠٠٠٠٠ دينار
هـ) لا شيء مما ذكر

٣٥- يقوم الدكتور سمير باجراء عملية جراحية معينة مقابل ٤٠٠ دينار. علماً بان التكاليف المتغيرة للعملية الجراحية تبلغ ٢٠٠ دينار، بينما تبلغ التكاليف الثابتة الإجمالية ٨٠٠٠ دينار.
بافتراض أنه تم إجراء ٢٠٠ عملية جراحية، ما هو الإيراد الخاص بذلك؟
أ) ٤٠٠٠٠ دينار
ب) ٨٠٠٠٠ دينار
جـ) ١٢٠٠٠٠ دينار
د) ١٦٠٠٠٠ دينار
هـ) لا شيء مما ذكر

٣٦- استعمل المعلومات الواردة في السؤال السابق رقم (٣٥) بافتراض أنه تم إجراء ٢٠٠ عملية جراحية، ما هو الربح التشغيلي؟
أ) ٨٠٠٠٠ دينار
ب) ٤٠٠٠٠ دينار
جـ) ٣٢٠٠٠ دينار
د) ١٦٠٠٠ دينار
هـ) لا شيء مما ذكر

٣٧- استعمل المعلومات الواردة في السؤال رقم (٣٥). ما هي نقطة التعادل بافتراض أنه تم إجراء ٢٠٠ عملية جراحية؟
أ) ٤٠ مرة
ب) ٣٠ مرة
جـ) ٢٠ مرة
د) ١٠ مرات
هـ) لا شيء مما ذكر

٣٨- استعمل المعلومات الواردة في السؤال رقم (٣٥). ما هو هامش الأمان، بافتراض أن الدكتور سمير قد أجرى ١٠٠ عملية جراحية؟
أ) ١٦٠٠٠ دينار أو ٤٠ مرة.
ب) ٢٠٠٠٠ دينار أو ٥٠ مرة.
جـ) ٢٤٠٠٠ دينار أو ٦٠ مرة.
د) ٤٠٠٠٠ دينار أو ١٠٠ مرة.
هـ) لا شيء مما ذكر.

٣٩- أي من العوامل التالية متعلقة بتخطيط الأرباح؟

أ) إجمالي التكاليف الثابتة.

ب) مزيج المبيعات من المنتجات.

جـ) عائد المساهمة للوحدة من المنتج.

د) كافة ما سبق.

هـ) لا شيء مما سبق.

٤٠- إن التغير في التكاليف الثابتة:

أ) يؤدي إلى زيادة عائد المساهمة.

ب) ليس له تأثير على عائد المساهمة.

جـ) يؤدي إلى تخفيض عائد المساهمة.

د) يؤدي دائماً إلى تخفيض الأرباح.

هـ) لا شيء مما ذكر.

الفصل الرابع

الموازنات المرنة والتكاليف المعيارية
Flexible Budgets and Standard Costs

يهدف هذا الفصل إلى تعريف القارئ بما يلي:

١- ماهية الموازنات الثابتة والمرنة.

٢- كيفية احتساب انحرافات الموازنات الثابتة والمرنة.

٣- ماهية التكاليف المعيارية وأهدافها.

٤- انواع المعايير.

٥- التكاليف المعيارية للمواد المباشرة وانحرافاتها.

٦- التكاليف المعيارية للأجور المباشرة وانحرافاتها.

٧- التكاليف المعيارية للمصاريف الصناعية غير المباشرة وانحرافاتها.

الفصل الرابع
الموازنات المرنة والتكاليف المعيارية
Flexible Budgets and Standard Costs

١- مقدمة:

تعتبر الموازنات المرنة والتكاليف المعيارية من أهم وسائل التخطيط والرقابة لعناصر التكاليف المختلفة. ومما لا شك فيه أن تطبيق التكاليف المعيارية مع الموازنات المرنة سوف يؤدي إلى زيادة فعالية الموازنات ورفع قيمتها. وتتشابه الموازنات مع التكاليف المعيارية في ان كلا منهما يفيد في عمليات التخطيط والقياس والرقابة ومعرفة الانحرافات بين ما تم فعلاً وما هو مخطط له واتخاذ الاجراءات اللازمة لمعالجة هذه الانحرافات. وتختلف الموازنات عن التكاليف المعيارية حيث ان الموازنات يمكن عملها لكافة عناصر التكاليف والدخل والاصول والالتزامات في حين ان التكاليف المعيارية تعمل فقط لعناصر التكاليف هذا إضافة إلى ان الموازنات ترتبط بمحاسبة المسؤولية فمثلاً مدير المشتريات هو مسؤول عن موازنة المشتريات بينما مدير الانتاج هو مسؤول عن موازنة الانتاج، في حين ان التكاليف المعيارية ترتبط بوحدة من منتج معين أو مرحلة معينة وبذلك يمكن اعتبار التكاليف المعيارية بمثابة موازنة لإنتاج وحدة واحدة من المنتج. وسوف يتم التعرض في هذا الفصل إلى الموازنات المرنة والتكاليف المعيارية وأهدافها وانحرافات عناصرها كافة من مواد مباشرة واجور مباشرة ومصاريف صناعية غير مباشرة.

٢- الموازنات المرنة   Flexible Budgets

يمكن عمل الموازنات لتغطية كافة أعمال المنشأة من مبيعات وإنتاج ونقدية وتكاليف مختلفة وغيرها. وتعد الموازنات بشكل عام إما بالاعتماد على مستوى مبيعات أو إنتاج واحد فقط وتسمى حينئذ بالموازنة الثابتة Static Budget أو تعد لعدة مستويات مختلفة من النشاط (حجم المبيعات أو الانتاج) التي يمكن توقعها خلال فترة الموازنة وتسمى عندئذ بالموازنة المرنة.

ومن الجدير بالذكر ان مناقشة انحرافات الموازنة الأصلية الثابتة عن النتائج الفعلية في حالة اختلاف مستوى النشاط بالموازنة عن مستوى النشاط الفعلي سوف لن يؤدي إلى معرفة مواطن الكفاية والاسراف للعناصر المختلفة وبالتالي فإن مناقشة الانحرافات في هذه الحالة سوف لن يعطي الفائدة المرجوة منها. أما في حالة اعداد الموازنة المرنة فإنه يمكن مقارنة النتائج الفعلية لمستوى نشاط معين بالموازنة المرنة عند نفس المستوى من النشاط لمعرفة الانحرافات المختلفة وبالتالي تحديد المسؤوليات عن هذه الانحرافات وكشف مواطن الكفاية والاسراف والسعي إلى رقابة أفضل في مواضع الاسراف.

ولإعداد الموازنة المرنة فإنه يجب تحديد سلوك عناصر التكاليف في علاقتها مع حجم النشاط وتبويبها إلى تكاليف متغيرة وتكاليف ثابتة في حدود المدى الملائم من نشاط المنشأة وبالتالي فإنه يمكن تحديد اجمالي التكاليف عند حجم نشاط معين كما هو موضح في المعادلة رقم (١) التالية:

اجمالي التكاليف= التكاليف الثابتة للفترة + التكلفة المتغيرة للوحدة × (حجم النشاط)... (١)

وللمقارنة بين انحرافات الموازنة الثابتة وانحرافات الموازنة المرنة فإننا نورد المثال رقم (١) التالي.

مثال رقم (١):
قامت شركة الازدهار الصناعية بدراسة سلوك التكاليف وتبين لها أن التكاليف الثابتة السنوية للشركة تبلغ ٢٥٠٠٠٠ دينار وأن حجم المبيعات السنوية يتقلب ما بين ٣٥٠٠٠ وحدة و ٥٠٠٠٠ وحدة. وان التكاليف المتغيرة للوحدة كانت كما يلي:
١٥ دينار مواد مباشرة ، ١٠ دنانير أجور مباشرة ، ٥ دنانير تكاليف صناعية غير مباشرة متغيرة، ١ دينار تكاليف تسويقية وإدارية.

وقد تم إعداد الموازنة الثابتة بناءً على حجم مبيعات ٤٥٠٠٠ وحدة، بينما كان حجم المبيعات الفعلي ٤٠٠٠٠ وحدة.

وفيما يلي الموازنة الثابتة لقائمة الدخل عن السنة المنتهية في ٢٠٠٩/١٢/٣١ بالمقارنة مع النتائج الفعلية لقائمة الدخل عن المدة المذكورة.

قائمة الدخل عن السنة المنتهية في ٢٠٠٩/١٢/٣١

		الانحراف	الموازنة الثابتة	الفعلي
عدد الوحدات	غير مفضل	٥٠٠٠	٤٥٠٠٠	٤٠٠٠٠
مبيعات	غير مفضل	٢٥٠٠٠٠	٢٢٥٠٠٠٠	٢٠٠٠٠٠٠
يطرح المصاريف المتغيرة:				
مواد مباشرة	مفضل	٧٥٠٠٠	٦٧٥٠٠٠	٦٠٠٠٠٠
اجور مباشرة	مفضل	٥٠٠٠٠	٤٥٠٠٠٠	٤٠٠٠٠٠
مصاريف صناعية غير مباشرة	مفضل	٢٥٠٠٠	٢٢٥٠٠٠	٢٠٠٠٠٠
مصاريف بيعية وادارية	مفضل	٥٠٠٠	٤٥٠٠٠	٤٠٠٠٠
مجموع المصاريف المتغيرة	مفضل	١٥٥٠٠٠	١٣٩٥٠٠٠	١٢٤٠٠٠٠
عائد المساهمة	غير مفضل	٩٥٠٠٠	٨٥٥٠٠٠	٧٦٠٠٠٠
يطرح المصاريف الثابتة:				
مصاريف صناعية غير مباشرة	غير مفضل	١٠٠٠٠	١٥٠٠٠٠	١٦٠٠٠٠
مصاريف بيعية وادارية		-	١٠٠٠٠٠	١٠٠٠٠٠
مجموع المصاريف الثابتة	غير مفضل	١٠٠٠٠	٢٥٠٠٠٠	٢٦٠٠٠٠
الربح التشغيلي	غير مفضل	١٠٥٠٠٠	٦٠٥٠٠٠	٥٠٠٠٠٠

المطلوب:

١- احتساب انحراف الموازنة الثابتة للربح التشغيلي.

٢- عمل الموازنة المرنة للربح التشغيلي عند حجم مبيعات ٣٥٠٠٠ و ٤٠٠٠٠ و٤٥٠٠٠ و٥٠٠٠٠ وحدة

٣- احتساب انحراف الموازنة المرنة للربح التشغيلي وانحراف حجم المبيعات للربح التشغيلي.

اجابة مثال رقم (١):

١- انحراف الموازنة الثابتة للربح التشغيلي = الربح التشغيلي بالموازنة الثابتة - الربح التشغيلي الفعلي

= ٦٠٥٠٠٠ - ٥٠٠٠٠٠

= ١٠٥٠٠٠ دينار غير مفضل

وقد اعتبر انحراف الموازنة الثابتة للربح التشغيلي غير مفضل بسبب أن الربح التشغيلي الفعلي كان اقل من المخطط له بالموازنة الثابتة.

٢- الموازنة المرنة لقائمة الدخل عن السنة المنتهية في ٢٠٠٩/١٢/٣١

	الموازنة (للوحدة)	المبيعات بالوحدات			
		٥٠٠٠٠	٤٥٠٠٠	٤٠٠٠٠	٣٥٠٠٠
مبيعات	٥٠ دينار	٢٥٠٠٠٠٠	٢٢٥٠٠٠٠	٢٠٠٠٠٠٠	١٧٥٠٠٠٠
يطرح المصاريف المتغيرة:					
مواد مباشرة	١٥	٧٥٠٠٠٠	٦٧٥٠٠٠	٦٠٠٠٠٠	٥٢٥٠٠٠
اجور مباشرة	١٠	٥٠٠٠٠٠	٤٥٠٠٠٠	٤٠٠٠٠٠	٣٥٠٠٠٠
مصاريف صناعية غير مباشرة	٥	٢٥٠٠٠٠	٢٢٥٠٠٠	٢٠٠٠٠٠	١٧٥٠٠٠
مصاريف بيعية وادارية	١	٥٠٠٠٠	٤٥٠٠٠	٤٠٠٠٠	٣٥٠٠٠
مجموع المصاريف المتغيرة	٣١	١٥٥٠٠٠٠	١٣٩٥٠٠٠	١٢٤٠٠٠٠	١٠٨٥٠٠٠
عائد المساهمة	١٩	٩٥٠٠٠٠	٨٥٥٠٠٠	٧٦٠٠٠٠	٦٦٥٠٠٠
يطرح المصاريف الثابتة:					
مصاريف صناعية غير مباشرة		١٥٠٠٠٠	١٥٠٠٠٠	١٥٠٠٠٠	١٥٠٠٠٠
مصاريف بيعية وادارية		١٠٠٠٠٠	١٠٠٠٠٠	١٠٠٠٠٠	١٠٠٠٠٠
مجموع المصاريف الثابتة		٢٥٠٠٠٠	٢٥٠٠٠٠	٢٥٠٠٠٠	٢٥٠٠٠٠
الربح التشغيلي		٧٠٠٠٠٠	٦٠٥٠٠٠	٥١٠٠٠٠	٤١٥٠٠٠

٣- غ = غير مفضل ، م = مفضل

	الفعلي (١)	انحرافات الموازنة المرنة (٢)=(١)-(٣)	الموازنة المرنة (٣)	انحرافات حجم المبيعات (٤)=(٣)-(٥)	الموازنة الثابتة (٥)
عدد وحدات المبيعات	٤٠٠٠٠	-	٤٠٠٠٠	٥٠٠٠غ	٤٥٠٠٠
مبيعات	٢٠٠٠٠٠٠	-	٢٠٠٠٠٠٠	٢٥٠٠٠٠غ	٢٢٥٠٠٠٠
يطرح المصاريف المتغيرة:					
مواد مباشرة	٦٠٠٠٠٠	-	٦٠٠٠٠٠	٧٥٠٠٠م	٦٧٥٠٠٠
اجور مباشرة	٤٠٠٠٠٠	-	٤٠٠٠٠٠	٥٠٠٠٠م	٤٥٠٠٠٠
مصاريف صناعية غير مباشرة	٢٠٠٠٠٠	-	٢٠٠٠٠٠	٢٥٠٠٠م	٢٢٥٠٠٠
مصاريف بيعية وادارية	٤٠٠٠٠	-	٤٠٠٠٠	٥٠٠٠م	٤٥٠٠٠
مجموع المصاريف المتغيرة	١٢٤٠٠٠٠	-	١٢٤٠٠٠٠	١٥٥٠٠٠م	١٣٩٥٠٠٠
عائد المساهمة	٧٦٠٠٠٠	-	٧٦٠٠٠٠	٩٥٠٠٠غ	٨٥٥٠٠٠
يطرح المصاريف الثابتة:					
مصاريف صناعية غير مباشرة	١٦٠٠٠٠	١٠٠٠٠ غ	١٥٠٠٠٠	-	١٥٠٠٠٠
مصاريف بيعية وإدارية	١٠٠٠٠٠	-	١٠٠٠٠٠	-	١٠٠٠٠٠
مجموع المصاريف الثابتة	٢٦٠٠٠٠	١٠٠٠٠غ	٢٥٠٠٠٠	-	٢٥٠٠٠٠
الربح التشغيلي	٥٠٠٠٠٠	١٠٠٠٠غ	٥١٠٠٠٠	٩٥٠٠٠غ	٦٠٥٠٠٠

١٠٠٠٠ غير مفضل	٩٥٠٠٠ غير مفضل
إجمالي انحراف الموازنة المرنة	إجمالي انحراف حجم المبيعات
١٠٥٠٠٠ دينار غير مفضل	
إجمالي انحراف الموازنة الثابتة	

يتضح من التحليل السابق ان إجمالي انحراف الموازنة المرنة للربح التشغيلي يعادل ١٠٠٠٠ دينار غير مفضل، في حين ان اجمالي انحراف حجم المبيعات للربح التشغيلي يساوي ٩٥٠٠٠ دينار غير مفضل.

هذا ويمكن احتساب اجمالي انحراف حجم المبيعات للربح التشغيلي عن طريق المعادلة رقم (٢) التالية:

اجمالي انحراف حجم المبيعات للربح التشغيلي = (حجم المبيعات بالموازنة الثابتة - حجم المبيعات الفعلية) × عائد المساهمة للوحدة بالموازنة

= (٤٥٠٠٠ - ٤٠٠٠٠) × ١٩

= ٩٥٠٠٠ دينار غير مفضل

وباختصار فإننا نستطيع القول بأن شركة الازدهار الصناعية قد خسرت ما يعادل ٩٥٠٠٠ دينار في عائد المساهمة وبالتالي الربح التشغيلي نتيجة عدم قدرتها للتوصل إلى حجم المبيعات بالموازنة السنوية الثابتة. حيث بلغ حجم المبيعات الفعلية ٤٠٠٠٠ وحدة، في حين بلغ حجم المبيعات بالموازنة الثابتة ٤٥٠٠٠ وحدة.

أما إجمالي انحراف الموازنة المرنة للربح التشغيلي فإنه إما أن يعزى إلى انحراف سعر البيع أو انحراف المصاريف المتغيرة والثابتة. وحيث أنه لا يوجد اية انحرافات في كل من سعر البيع للوحدة وانحرافات المصاريف المتغيرة في مثالنا رقم (١) وكذلك الحال لا يوجد أية انحرافات في المصاريف البيعية والادارية فإنه يستنتج أن سبب انحراف الموازنة المرنة في المثال المذكور هو اختلاف مصاريف صناعية غير المباشرة الثابتة الفعلية عنها في الموازنة، وحيث ان الفعلية كانت ١٦٠٠٠٠ دينار بينما كانت المصاريف الصناعية غير المباشرة الثابتة في الموازنة ١٥٠٠٠٠ دينار فإن انحراف الموازنة المرنة هو ١٠٠٠٠ دينار غير مفضل بسبب ان المصاريف الفعلية كانت اكثر من الموازنة. ومن الجدير بالذكر أنه يجب تحليل انحرافات عناصر التكاليف كل على حدة لمعرفة اسباب انحرافاتها وتحديد المسؤولية عن كل من هذه الانحرافات. وسوف يتم لاحقاً في هذا الفصل شرح انحرافات كل من المواد المباشرة والاجور المباشرة والتكاليف الصناعية غير المباشرة.

وأخيراً فإنه يتضح من التحليل السابق ان اجمالي انحراف الموازنة الثابتة يتكون من عنصرين رئيسيين هما إجمالي انحراف الموازنة المرنة وإجمالي انحراف حجم المبيعات. ففي مثالنا السابق رقم (١) فقد تبين ان اجمالي انحراف الموازنة الثابتة للربح التشغيلي يعادل ١٠٥٠٠٠ دينار (غير مفضل) وهو مكون من عنصرين هما إجمالي انحراف الموازنة المرنة للربح التشغيلي ويبلغ ١٠٠٠٠ دينار (غير مفضل) واجمالي انحراف حجم المبيعات للربح التشغيلي ويبلغ ٩٥٠٠٠ دينار (غير مفضل). أما في حالة كون احد العنصرين السابقين مفضل والآخر غير

مفضل فإن إجمالي انحراف الموازنة الثابتة يساوي الفرق بين اجمالي انحراف الموازنة المرنة واجمالي انحراف حجم المبيعات ويأخذ إشارة (مفضل/ غير مفضل) طبقاً لإشارة العنصر الاكبر منهما.

٣- التكاليف المعيارية Standard Costs

يمكن تعريف المعيار بأنه نموذج أو قاعدة لقياس الأداء، وتستخدم المعايير في كافة مجالات الحياة. فالجامعة تختار الطلبة طبقاً لمعايير محددة لديها مسبقاً (معدل الطالب التراكمي.. الخ)، والدولة تختار الأطعمة التي تنزل الى السوق طبقاً لمعايير موجودة لديها (مدى صلاحية الأطعمة.. الخ)، وسلطة المياه تضح المياه للجمهور وفقاً لمعايير معينة لديها.. وهكذا. ومن هنا فإنه يمكن القول بأن التكاليف المعيارية هي عبارة عن تكاليف الوحدة المحددة مسبقاً والتي تستعمل لقياس الاداء وتقييمه.

ويتم اعداد التكاليف المعيارية بعد اجراء الدراسات العلمية والعملية لتكون دقيقة وواقعية ولا تحوي على إسراف أو ضياع أو عدم كفاية. ويتطلب وضع التكاليف المعيارية تعاون كافة الأشخاص المسؤولين عن التكاليف والكميات.

٣-١ انواع المعايير Types of Standards

يمكن التمييز بشكل عام بين نوعين من المعايير وهما المعايير المثالية Ideal Standards والمعايير العادية الطبيعية Normal Standards. اما المعايير المثالية فهي التي تفترض الظروف المثالية للإنتاج عند أقصى كفاءة للتشغيل بدون أعطال أو توقف للآلات أو اخطاء من العاملين، كما تستدعي جهداً مميزاً من العمال الذي يمكن التوصل إليه باستخدام العمال المهرة ذوي الكفاءة العالية والعاملين بجهدهم المميز طيلة الوقت، ولا شك أن هذه الافتراضات هي مثالية نظرية غير قابلة للتحقيق في معظم الأحيان. ومن هنا فإن المعايير المثالية قد تؤدي الى مشاكل سلوكية لدى العاملين حيث تولد شعوراً بالاحباط لعدم التمكن من الوصول إليها في معظم الأحيان وبالتالي تجاهل تطبيقها من قبل العاملين. هذا بالإضافة الى صعوبة تحليل الانحرافات عن المعايير المثالية، حيث ان الانحرافات تحتوي على عناصر عادية لعدم الفعالية كما قد تحتوي على عناصر غير عادية لعدم الفعالية وهذه يصعب فصلها في حالة استعمال المعايير المثالية، وعادة يرغب مدير المنشأة بمعرفة الانحرافات غير العادية وأسبابها للوقوف عندها ومعالجتها.

في حين ان المعايير العادية الطبيعية هي معايير ممكنة وقابلة للتحقيق تأخذ الظروف المتوقعة للتشغيل وتسمح بالضياع الطبيعي، وتتخذ هذه المعايير عادة كأساس للحوافز التشجيعية والمكافآت للعاملين بعد استشارتهم بوضعها.

ويمكن الاستفادة من تحليل الانحرافات عن المعايير العادية الطبيعية وجلب انتباه الادارة اليها في حالة كونها ذات اهمية ومتكررة. كما يمكن الاستفادة من المعايير العادية الطبيعية في تنبؤ التدفقات النقدية والتخطيط للبضاعة.

ومن الجدير بالذكر أنه يجب مراجعة المعايير من فترة لأخرى وذلك بسبب تغير ظروف التشغيل وكفاءة العاملين وظهور الات جديدة وطرق جديدة في الانتاج. والهدف الرئيسي من عملية مراجعة المعايير هو التأكد من صلاحيتها وإمكانية تحقيقها الظروف العادية الطبيعية ومناسبتها للمتغيرات المستمرة.

٣-٢ أهداف التكاليف المعيارية   Objectives of Standard Costs

يمكن تلخيص الأهداف الرئيسة للتكاليف المعيارية بما يلي:

١- الرقابة على التكاليف وتقييم الاداء: تتم الرقابة على التكاليف بمقارنة التكاليف المعيارية مع التكاليف الفعلية وتحدد الانحرافات ويتم تحليل أسبابها واتخاذ الاجراءات المناسبة لمعالجتها. كما تستخدم التكاليف المعيارية لتقييم أداء المنشأة ككل وأداء العاملين فيها ومنحهم الحوافز اللازمة والمكافآت التشجيعية في حالة أن الاداء الفعلي لهم يعادل أو يضاهي المعايير الموضوعة.

٢- إعداد الموازنات التخطيطية: تعتمد الموازنات التخطيطية على التكاليف المعيارية التي يتم احتسابها لوحدة انتاج واحدة وتعميمها على حجم النشاط المخطط له والذي تهدف إدارة المنشأة لتحقيقه. وتساعد التكاليف المعيارية في الرقابة على العناصر المباشرة من مواد وأجور، في حين أن موازنات اقسام الانتاج والخدمات المختلفة بالمنشأة تساعد في الرقابة على التكاليف غير المباشرة.

٣- تحديد اسعار المنتجات: يتم تسعير المنتجات في المنشأة بناء على عدة عوامل اقتصادية واجتماعية بالاضافة التكاليف المعيارية التي لا تحتوي على أية انحرافات أو إسراف، ومن الجدير بالذكر أن الاعتماد على التكاليف المعيارية هو اكثر عدالة من الاعتماد على التكاليف الفعلية التي قد تحتوي على الكثير من الاسراف وتتعرض للتقلبات المختلفة الناتجة عن عوامل كثيرة.

٤- دراسة المشاريع والعروض الجديدة: عند إنشاء المشاريع الجديدة أو استلام عروض جديدة من عملاء محتملين للمنشأة فإنه يتم مقارنة الايرادات المتوقعة من المشاريع والعروض الجديدة بالتكاليف المعيارية لها. فإذا كانت الايرادات المتوقعة هي اكثر من التكاليف المعيارية فإنه يتم قبول هذه المشاريع والعروض الجديدة والعمل على تنفيذها، بينما إذا كانت الايرادات المتوقعة هي اقل من التكاليف المعيارية فإنه في هذه الحالة يتم رفض المشاريع والعروض الجديدة وعدم تنفيذها. وبديهي انه لا يمكن الاعتماد على التكاليف الفعلية لدراسة المشاريع والعروض الجديدة بسبب ان التكاليف الفعلية لا يمكن معرفتها وتحديدها إلا بعد تنفيذ تلك المشاريع والعروض.

٣-٣ التكاليف المعيارية للمواد المباشرة وانحرافاتها
Standard Costs for Direct Materials and their Vaiances

تتكون التكاليف المعيارية للمواد المباشرة من معيار عامل الكمية اللازمة من المواد المباشرة لانتاج وحدة واحدة من المنتج النهائي ومعيار سعر الوحدة من المواد المباشرة. فإذا افترضنا أن منتج معين تحتاج الوحدة منه الى كمية معيارية مقدارها خمسة كيلوغرامات من المواد المباشرة علماً بأن السعر المعياري للكيلوغرام من المواد المباشرة هو ثلاثة دنانير، فتكون التكاليف المعيارية من المواد المباشرة لانتاج وحدة من المنتج النهائي هي ١٥ دينار (٥×٣).

ومن الجدير بالذكر أن الفروقات بين التكاليف المعيارية والتكاليف الفعلية للمواد تعزى إلى انحرافات في الاسعار وانحرافات في الكميات. حيث يتم احتساب انحراف سعر المواد المباشرة عند وقت الشراء بضرب الفرق بين السعر المعياري والسعر الفعلي في عدد الوحدات المشتراة من المواد المباشرة. ويعتبر انحراف سعر المواد المباشرة من مسؤولية مدير قسم المشتريات ويعزى انحراف سعر المواد المباشرة إلى عدم القدرة على تنبؤ الأسعار بشكل دقيق بسبب تقلب الاسعار في الأسواق الخارجية والتي تكون خارجة عن ارادة المنشأة بشكل عام ولا يمكن السيطرة عليها. هذا ويمكن التخفيض من حدة انحراف سعر المواد المباشرة بإجراء العقود المبكرة مع المصدرين بعد دراسة عروضهم واختيار السعر الأفضل.

ويمكن تأجيل احتساب انحراف سعر المواد المباشرة لحين تسليمها للانتاج وذلك بضرب الفرق بين السعر المعياري والسعر الفعلي في الكمية الفعلية من المواد المباشرة المستخدمة في الانتاج. ويفضل احتساب انحراف سعر المواد

المباشرة عند نقطة الشراء بدل نقطة التسليم للإنتاج حيث يمكن تقديم تقرير رقابة فوري عن هذا الانحراف بمجرد عملية الشراء.

اما انحراف كمية المواد المباشرة Materials Quantity Variance فينتج عن اختلاف الكمية المعيارية عن الكمية الفعلية المستعملة في الانتاج. ويمكن احتساب الانحراف المذكور بضرب السعر المعياري للمواد في الفرق بين الكمية الفعلية المستعملة والكمية المعيارية.

ويعزى انحراف كمية المواد المباشرة الى عدة أسباب أهمها انخفاض مهارة العاملين واختلاف مواصفات المواد المستخدمة في الانتاج عن المواصفات المعيارية، وسوء استخدام المواد، وسوء استخدام وصيانة الالات المستخدمة في الانتاج وعدم دقة معيار المواد المباشرة.

ويجب تحليل الانحرافات لمعرفة المسؤولين عنها واتخاذ الاجراءات المناسبة لمنع حدوثها مستقبلاً في حالة كونها غير مفضلة.

ونورد المثال التالي رقم (٢) لتوضيح كيفية احتساب الانحرافات المتعلقة بالمواد المباشرة.

مثال رقم (٢):

انتجت شركة الصناعة الأهلية ١٠٠٠ جالون من المنتج (أ) حيث كانت التكلفة الفعلية للمواد المباشرة ١٨٤٥٠ دينار وقد تم شراء واستعمال ٤٥٠٠ كغم من المواد المباشرة بتكلفة فعلية ٤.١ دينار لكل كغم. علماً بأن الكمية المعيارية لانتاج ١٠٠٠ جالون من المنتج (أ) هي ٤٣٠٠ كغم من المواد المباشرة وأن السعر المعياري لكل كغم من المواد المباشرة هو ٤ دنانير.

المطلوب: احتساب ما يلي:
١- انحراف سعر المواد المباشرة.
٢- انحراف كمية المواد المباشرة.
٣- الانحراف الكلي للمواد المباشرة.

اجابة مثال رقم (٢):

نستطيع احتساب انحرافات المواد المباشرة كما هي مبينة في شكل رقم (٤-١) التالي:

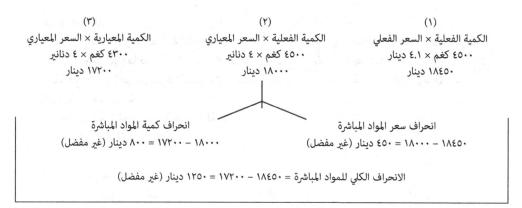

شكل رقم (٤-١)

انحرافا المواد المباشرة

(١)	(٢)	(٣)
الكمية الفعلية × السعر الفعلي	الكمية الفعلية × السعر المعياري	الكمية المعيارية × السعر المعياري
٤٥٠٠ كغم × ٤.١ دينار	٤٥٠٠ كغم × ٤ دنانير	٤٣٠٠ كغم × ٤ دنانير
١٨٤٥٠ دينار	١٨٠٠٠ دينار	١٧٢٠٠ دينار

انحراف سعر المواد المباشرة

١٨٤٥٠ – ١٨٠٠٠ = ٤٥٠ دينار (غير مفضل)

انحراف كمية المواد المباشرة

١٨٠٠٠ – ١٧٢٠٠ = ٨٠٠ دينار (غير مفضل)

الانحراف الكلي للمواد المباشرة = ١٨٤٥٠ – ١٧٢٠٠ = ١٢٥٠ دينار (غير مفضل)

ملاحظات على اجابة مثال رقم (٢):

١- تم افتراض أن الكمية المشتراة من المواد المباشرة تعادل الكمية المستخدمة من المواد المباشرة في الانتاج.

٢- تم استعمال كلمة غير مفضل Unfavorable في حالة شراء المواد المباشرة بسعر أعلى من السعر المعياري المحدد وهذا يعني أنه تم انفاق اكثر مما يجب على المواد المباشرة، وكذلك الحال فإنه عندما يتم استخدام كمية من المواد المباشرة اكثر من الكمية المعيارية للانتاج الفعلي يستنتج أيضا أنه تم استعمال كمية اكثر مما يجب من المواد وبالتالي يسمى هذا الانحراف غير مفضل.

وقد يكون الانحراف مفضل Favorable في حالة شراء مواد مباشرة بسعر اقل من السعر المعياري وكذلك الحال في حالة استخدام كمية مواد مباشرة في الانتاج أقل من الكمية المعيارية.

٣- يتم احتساب الانحراف الكلي للمواد المباشرة بطريقتين اما بتجميع انحرافات السعر والكمية معاً أو بأخذ الفرق بين (الكمية الفعلية × السعر الفعلي) وبين (الكمية المعيارية × السعر المعياري).

ونورد المثال التالي رقم (٣) لتوضيح كيفية احتساب الانحرافات المتعلقة بالمواد المباشرة في حالة كون الكمية المشتراة من المواد المباشرة تختلف عن الكمية المستخدمة في الانتاج.

مثال رقم (٣):

أنتجت شركة الصناعة الوطنية ٢٠٠٠ جالون من المنتج (ب) باستعمال ٤١٠٠ كغم من أصل ٤٥٠٠ كغم تم شراؤها بسعر ٤.١ دينار لكل كغم. علماً بأن الكمية المعيارية لانتاج ٢٠٠٠ جالون من المنتج (ب) هي ٤٣٠٠ كغم من المواد المباشرة وأن السعر المعياري هو ٤ دنانير لكل كغم من المواد المباشرة.

المطلوب: احتساب ما يلي:

١- انحراف سعر المواد المباشرة عند نقطة الشراء.

٢- انحراف كمية المواد المباشرة.

إجابة مثال رقم (٣):

نستطيع احتساب انحرافات المواد المباشرة كما هو موضح بالشكل رقم (٤-٢) التالي:

شكل رقم (٤-٢)

انحرافات المواد المباشرة

(١)	(٢)	(٣)	(٤)
الكمية الفعلية المشتراة	الكمية الفعلية المشتراة	الكمية الفعلية المستخدمة في الانتاج	الكمية المعيارية للانتاج الفعلي
×	×	×	×
السعر الفعلي	السعر المعياري	السعر المعياري	السعر المعياري
٤٥٠٠ كغم × ٤.١ د	٤٥٠٠ كغم × ٤د	٤١٠٠كغم × ٤د	٤٣٠٠كغم × ٤د
١٨٤٥٠ دينار	١٨٠٠٠ دينار	١٦٤٠٠دينار	١٧٢٠٠ دينار

انحراف سعر المواد المباشرة	انحراف كمية المواد المباشرة
١٨٤٥٠ - ١٨٠٠٠ =	١٦٤٠٠ - ١٧٢٠٠ =
٤٥٠ دينار (غير مفضل)	٨٠٠ دينار (مفضل)

ملاحظات على إجابة مثال رقم (٣):

١- عند اختلاف الكمية الفعلية المشتراة من المواد المباشرة عن الكمية الفعلية المستخدمة في الانتاج فإنه يتم احتساب انحراف سعر المواد المباشرة عند نقطة الشراء طبقا للمعادلة التالية:

انحراف سعر المواد المباشرة = (السعر الفعلي للوحدة - السعر المعياري للوحدة) × الكمية الفعلية المشتراة

وبتطبيق المعادلة المذكورة على بيانات مثال رقم (٣) يستنتج أن:
انحراف سعر المواد المباشرة = (٤.١ - ٤) × ٤٥٠٠
= ٤٥٠ دينار (غير مفضل)

٢- يعتمد احتساب انحراف كمية المواد المباشرة على الفروقات بين الكمية الفعلية المستخدمة في الانتاج والكمية التي كان من الواجب استخدامها للتوصل للانتاج الفعلي ولا تدخل كمية المواد المباشرة المشتراة الفعلية في معادلة انحراف كمية المواد المباشرة والتي يمكن كتابتها كما يلي:

انحراف كمية المواد المباشرة = (كمية المواد المباشرة الفعلية المستخدمة في الانتاج - كمية المواد المباشرة المعيارية للإنتاج الفعلي) × السعر المعياري لوحدة المواد المباشرة

وبتطبيق المعادلة المذكورة على بيانات مثال رقم (٣) يتبين أن:

انحراف كمية المواد المباشرة = (٤١٠٠ - ٤٣٠٠) × ٤
= ٨٠٠ دينار (مفضل)

٣- حيث ان انحراف سعر المواد المباشرة هو من مسؤولية مدير المشتريات وان انحراف كمية المواد المباشرة هو من مسؤولية مدير الانتاج فيتم تفسير كل من هذه الانحرافات على حدة. فمن المحتمل أن مدير المشتريات في مثالنا قد أقدم على شراء مواد مباشرة أفضل من المقرر مما استدعى الى دفع سعر أعلى من السعر المعياري المخطط له وأدى بالتالي الى انحراف غير مفضل في سعر المواد المباشرة. ومن المعلوم أن استعمال مواد مباشرة اكثر جودة من

المخطط له قد يؤدي الى استعمال كمية اقل من المخطط له للإنتاج الفعلي مما يؤدي إلى انحراف مفضل في كمية المواد المباشرة.

وأخيراً فإنه بشكل عام يمكن تسمية مجموع انحراف السعر وانحراف الكمية بانحراف الموازنة المرنة.

٣-٤ التكاليف المعيارية للأجور المباشرة وانحرافاتها

Standard Costs for Direct Labor and its Variances

يتم تحديد السعر المعياري لأجر الساعة وهو السعر الذي يجب دفعه للعامل في الساعة بعد دراسة السوق ومهارات العمال الموجودة به وقد يختلف هذا السعر عن السعر الفعلي لأجر الساعة وهو ما يدفع فعلاً عن الساعة، وقد يعزى سبب الاختلاف الى اجتذاب عمال اكثر أو اقل مهارة من المخطط له وذلك لظروف العمالة الموجودة بالسوق مما يستدعي الى وجود فروقات بين السعر المعياري للساعة والسعر الفعلي للساعة ويسمى ذلك بانحراف سعر الأجور المباشرة ويحتسب هذا الانحراف عن طريق المعادلة التالية:

انحراف سعر الأجور المباشرة = (السعر الفعلي للساعة - السعر المعياري للساعة) × الساعات الفعلية

وباختصار فإن انحراف سعر الأجور المباشرة ينتج اما بسبب دفع أجور اعلى أو أقل من المتوقع أو بسبب سوء توزيع العمال على خطوط الانتاج المختلفة وذلك بوضع العمال المهرة في مكان العمال غير المهارة والعكس بالعكس، أي وضع الشخص في المكان غير المناسب له.

أما الانحراف الآخر للأجور المباشرة فيسمى بانحراف كمية الأجور المباشرة ويتم احتسابه على النحو التالي:

انحراف كمية الاجور المباشرة = (الساعات الفعلية - الساعات المعيارية للانتاج الفعلي) × السعر المعياري للساعة

وقد تختلف الكمية الفعلية للأجور المباشرة عن الكمية المعيارية لها وذلك بسبب مدى فعالية العمال والذي قد ينتج عن عدم التدريب الكافي لهم او استعمال الآلات غير المناسبة أو اهمال العمال او استعمال مواد منخفضة الجودة مما يتطلب امضاء وقت اكثر لانتاج المنتج.

وتقع مسؤولية كل من انحراف سعر الأجور المباشرة وكمية الأجور المباشرة على عاتق مدير الموارد البشرية.

ومن الواضح ان احتساب انحراف سعر الاجور المباشرة هو مشابه لاحتساب انحراف سعر المواد المباشرة وان احتساب انحراف كمية الاجور المباشرة هو مشابه لاحتساب انحراف كمية المواد المباشرة.

نورد فيما يلي مثال رقم (٤) لتوضيح احتساب الانحرافات المتعلقة بالأجور المباشرة.

مثال رقم (٤):

انتجت شركة الصناعة الحديثة ١٠٠٠ جالون من المنتج (أ) حيث كانت التكلفة الفعلية للاجور المباشرة ٢١٧٨٠ دينار، وقد أمضى العمال ٢٢٠٠ ساعة عمل بأجر فعلي للساعة ٩,٩ دينار. بينما تعادل الساعات المعيارية اللازمة لانتاج ١٠٠٠ جالون من المنتج (أ) ٢١٠٠ ساعة عمل بسعر معياري للساعة ١٠ دنانير.

المطلوب: احتساب ما يلي:

١- انحراف سعر الأجور المباشرة.

٢- انحراف كمية الأجور المباشرة.

٣- الانحراف الكلي للأجور المباشرة.

٤- انحراف الموازنة المرنة للأجور المباشرة.

إجابة مثال رقم (٤):

يمكن احتساب الانحرافات المتعلقة بالأجور المباشرة كما هو مبين في شكل رقم (٤-٣) التالي:

شكل رقم (٤-٣)
انحرافات الأجور المباشرة

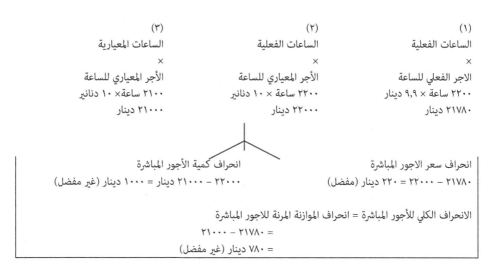

(١)	(٢)	(٣)
الساعات الفعلية	الساعات الفعلية	الساعات المعيارية
×	×	×
الاجر الفعلي للساعة	الأجر المعياري للساعة	الأجر المعياري للساعة
٢٢٠٠ ساعة × ٩,٩ دينار	٢٢٠٠ ساعة × ١٠ دنانير	٢١٠٠ ساعة× ١٠ دنانير
٢١٧٨٠ دينار	٢٢٠٠٠ دينار	٢١٠٠٠ دينار

انحراف سعر الاجور المباشرة
٢١٧٨٠ - ٢٢٠٠٠ = ٢٢٠ دينار (مفضل)

انحراف كمية الأجور المباشرة
٢٢٠٠٠ - ٢١٠٠٠ دينار = ١٠٠٠ دينار (غير مفضل)

الانحراف الكلي للأجور المباشرة = انحراف الموازنة المرنة للاجور المباشرة
= ٢١٧٨٠ - ٢١٠٠٠
= ٧٨٠ دينار (غير مفضل)

ملاحظات على اجابة مثال رقم (٤):

١- بلغ انحراف سعر الأجور المباشرة ٢٢٠ دينار مفضل وذلك بسبب ان الأجر الفعلي المدفوع للساعة (٩,٩ دينار) هو أقل من الاجر المعياري للساعة
(١٠ دنانير) مما ينتج عنه توفير جزء من تكاليف الأجور المباشرة.

٢- بلغ انحراف كمية الأجور المباشرة ١٠٠٠ دينار غير مفضل بسبب ان عدد الساعات الفعلية (٢٢٠٠ ساعة عمل) هي اكثر من عدد الساعات المعيارية (٢١٠٠ ساعة عمل) اللازمة لانتاج ١٠٠٠ جالون من المنتج (أ).

٣- بلغ الانحراف الكلي للاجور المباشرة ٧٨٠ دينار غير مفضل، وهذا يمثل اجمالي انحرافات الاجور المباشرة، وحيث ان انحراف سعر الأجور المباشرة هو ٢٢٠ دينار مفضل وان انحراف كمية الاجور المباشرة هو ١٠٠٠ دينار غير مفضل، فإن انحراف الأجور المباشرة الكلي هو الفرق بين انحراف كمية الأجور وانحراف سعر الأجور ويأخذ صفة الأكبر وهو الانحراف غير المفضل في مثالنا.

هذا ويمكن احتساب الانحراف الكلي للأجور المباشرة عن طريق المعادلة التالية:

الانحراف الكلي للأجور المباشرة = (الساعات الفعلية × الاجر الفعلي للساعة)- (الساعات المعيارية للانتاج الفعلي × الاجر المعياري للساعة)

= (٢٢٠٠ × ٩,٩) - (٢١٠٠ × ١٠)

= ٢١٧٨٠ - ٢١٠٠٠

= ٧٨٠ دينار غير مفضل

٤- بلغ انحراف الموازنة المرنة للأجور المباشرة ٧٨٠ دينار غير مفضل، وهو يعادل الانحراف الكلي للأجور المباشرة. ويمكن احتساب انحراف الموازنة المرنة للأجور المباشرة كما هو الحال بالنسبة لاحتساب الانحراف الكلي للأجور المباشرة الذي تم بيانه في الملاحظة السابقة رقم (٣) .

٣-٥ التكاليف المعيارية للمصاريف الصناعية غير المباشرة وانحرافاتها:

يستعمل المعدل المعياري للمصاريف الصناعية غير المباشرة والذي يتم احتسابه بتقسيم إجمالي التكاليف المعيارية للمصاريف الصناعية غير المباشرة على مستوى الطاقة المعياري. ويمكن ان يختلف اجمالي التكاليف الفعلية غير المباشرة عن إجمالي التكاليف المعيارية للمصاريف الصناعية غير المباشرة، ويسمى هذا الفرق بانحراف إجمالي المصاريف الصناعية غير المباشرة. ويمكن تقسيم هذا الانحراف الى نوعين من الانحرافات وهما انحراف المصاريف الصناعية المتغيرة غير المباشرة وانحراف المصاريف الصناعية الثابتة غير المباشرة.

كما يمكن تقسيم انحراف التكاليف الصناعية المتغيرة غير المباشرة إلى نوعين من الانحرافات وهما انحراف الانفاق Spending Variance وانحراف الكفاءة Efficiency Variance ويبين انحراف الانفاق لدى شركة معينة ان الشركة إما (١) استعملت اقل او اكثر مصاريف صناعية متغيرة غير مباشرة بالمقارنة مع المعايير المخطط لها أو (٢) دفعت اسعار اكثر أو أقل للمصاريف الصناعية المتغيرة غير المباشرة بالمقارنة مع المعايير المخطط لها. فإذا افترضنا أن التكاليف الصناعية المتغيرة غير المباشرة الفعلية للشركة الوطنية قد بلغت ٤٥٠٠٠٠ دينار خلال فترة معينة لعدد ساعات تشغيل الالات والتي تعادل ١٠٠٠٠٠ ساعة، في حين أن الموازنة لتشغيل الالات لمدة ١٠٠٠٠٠ ساعة تبلغ ٤٢٠٠٠٠ دينار. إن انحراف التكاليف الصناعية المتغيرة غير المباشرة في هذه الحالة يبلغ ٣٠٠٠٠ دينار ويتم احتسابه كما يلي:

٤٥٠٠٠٠ دينار	تكاليف صناعية متغيرة غير مباشرة فعلية
٤٢٠٠٠٠ -	الموازنة للتكاليف الصناعية المتغيرة غير المباشرة لمدة ١٠٠٠٠٠ ساعة
٣٠٠٠٠ دينار	انحراف الانفاق للتكاليف الصناعية المتغيرة غير المباشرة (غير مفضل)

وتستطيع الإدارة بمعرفة انحراف الانفاق المذكور الرجوع الى الأقسام المختلفة وتحديد المسؤولية عن هذا الانحراف والتجاوز للموازنة المعدة لها.

أما انحراف الكفاءة المتعلق بالتكاليف الصناعية المتغيرة غير المباشرة فهو يوضح الفروقات للتكاليف المذكورة الناتجة عن استعمال عدد ساعات اقل او اكثر مما خطط له لإنتاج منتجات الشركة. ويمكن احتساب انحراف الكفاءة للتكاليف الصناعية المتغيرة غير المباشرة عن طريق اخذ الفروقات بين الاستعمال الفعلي والاستعمال المعياري لعدد الساعات مضروباً في السعر المعياري للساعة. فإذا افترضنا ان عدد ساعات تشغيل الالات الفعلية تعادل ١٠٠٠٠٠ ساعة للتكاليف الصناعية المتغيرة غير المباشرة في حين أن عدد ساعات تشغيل الالات المعيارية يبلغ ٩٠٠٠٠ ساعة وأن المعدل المعياري للتكاليف الصناعية المتغيرة غير المباشرة هو ٤.٢ دينار للساعة، فإنه يمكن احتساب انحراف الكفاءة للتكاليف الصناعية المتغيرة غير المباشرة كما يلي:

انحراف الكفاءة للتكاليف الصناعية المتغيرة غير المباشرة = (١٠٠٠٠٠ - ٩٠٠٠٠) × ٤.٢

= ٤٢٠٠٠ دينار (غير مفضل)

أما انحراف التكاليف الصناعية الثابتة غير المباشرة فيمكن ايضا تقسيمه إلى نوعين وهما انحراف الانفاق وانحراف حجم الانتاج Production Volume Variance ويعزى انحراف الانفاق للتكاليف الصناعية الثابتة غير المباشرة في الغالب الى عدم تنقيح الموازنة للأخذ بعين الاعتبار التطورات الجديدة.

فإذا افترضنا أن الضرائب على مباني المصنع قد تم وضعها بالموازنة بمبلغ ٧٠٠٠ دينار ولكن اعادة التقدير لقيمة مباني المصنع قد ادى إلى ان تكون الضرائب الفعلية على مباني المصنع ٨٠٠٠ دينار وبالتالي أصبح هناك انحراف انفاق غير مفضل يعادل ١٠٠٠ دينار للتكاليف الصناعية الثابتة غير المباشرة.

اما انحراف حجم الانتاج للتكاليف الصناعية الثابتة غير المباشرة فيعزى إلى اختلاف حجم الانتاج الفعلي عن حجم الانتاج المخطط له بالطاقة العادية. فإذا افترضنا ان التكاليف الصناعية غير المباشرة للشركة الوطنية لسنة معينة قد وضعت بالموازنة بمبلغ ٧٠٠٠٠٠ دينار عند الطاقة التشغيلية العادية للالات والتي تعادل ١٠٠٠٠٠ ساعة. علماً بأنه تم انتاج عدد من الوحدات والتي تعادل الساعات المعيارية لانتاجها ٨٠٠٠٠ ساعة. وللتوصل إلى انحراف حجم الانتاج للتكاليف الثابتة غير المباشرة فإنه يتم احتسابه كما يلي:

$$\text{معدل التحميل للتكاليف الثابتة غير المباشرة} = \frac{٧٠٠٠٠٠}{١٠٠٠٠٠} = \text{٧ دنانير للساعة}$$

٧٠٠٠٠٠		موازنة التكاليف الصناعية الثابتة غير المباشرة
٥٦٠٠٠٠	-	التكاليف الصناعية الثابتة غير المباشرة المحملة (٨٠٠٠٠ × ٧)
١٤٠٠٠٠	دينار	انحراف حجم الانتاج للتكاليف الثابتة غير المباشرة (غير مفضل)

وباختصار نستطيع القول أن هناك انحراف انفاق لكل من التكاليف المتغيرة والثابتة غير المباشرة بينما هناك انحراف كفاءة فقط للتكاليف المتغيرة غير المباشرة ولا يوجد انحراف كفاءة للتكاليف الثابتة غير المباشرة، في حين أنه يوجد انحراف حجم الانتاج للتكاليف الثابتة غير المباشرة.

ونورد فيما يلي المثال رقم (٥) لتوضيح احتساب انحرافات التكاليف الصناعية غير المباشرة.

مثال رقم (٥) :

تستعمل الشركة الوطنية للصناعات الغذائية نظام التكاليف المعيارية والمبنية على حجم انتاج ٥٠٠٠٠ وحدة سنوياً، ٠.٥ ساعة الات للتكاليف الصناعية المتغيرة غير المباشرة بتكلفة ١٠ دنانير للساعة، كما تتضمن ٠.٥ ساعة الات للتكاليف الصناعية الثابتة غير المباشرة بتكلفة ١٥ دينار للساعة. هذا وقد بلغ حجم الانتاج السنوي الفعلي ٥٥٠٠٠ وحدة، بينما بلغت التكاليف الصناعية المتغيرة غير المباشرة الفعلية ٣٢٠٠٠٠ دينار، وبلغت ساعات الالات الفعلية المستخدمة في

الانتاج ٣٠٠٠٠ ساعة، كما بلغت التكاليف الصناعية الثابتة غير المباشرة الفعلية ٣٩٠٠٠٠ دينار.
المطلوب: احتساب الانحرافات التالية:

١- انحراف الانفاق للتكاليف الصناعية المتغيرة غير المباشرة.
٢- انحراف الانفاق للتكاليف الصناعية الثابتة غير المباشرة.
٣- انحراف الكفاءة للتكاليف الصناعية المتغيرة غير المباشرة.
٤- انحراف حجم الانتاج للتكاليف الصناعية الثابتة غير المباشرة.
٥- اجمالي انحراف الانفاق للتكاليف الصناعية غير المباشرة.
٦- اجمالي انحراف الموازنة المرنة للتكاليف الصناعية غير المباشرة.
٧- اجمالي انحراف التكاليف الصناعية غير المباشرة.

إجابة مثال رقم (٥):

شكل رقم (٤-٤)
انحرافات التكاليف الصناعية غير المباشرة

أ- التكاليف الصناعية المتغيرة غير المباشرة:

التكاليف الفعلية	ساعات الالات الفعلية × المعدل المعياري	ساعات الالات المعيارية للانتاج الفعلي × المعدل المعياري
	٣٠٠٠٠ساعة × ١٠ دنانير=	=١٠×(٥٥٠٠٠×٠.٥)
		= ١٠ × ٢٧٥٠٠
٣٢٠٠٠٠ دينار	٣٠٠٠٠٠ دينار	٢٧٥٠٠٠ دينار

انحراف الانفاق	انحراف الكفاءة
٣٢٠٠٠٠ - ٣٠٠٠٠٠ =	٣٠٠٠٠٠ - ٢٧٥٠٠٠ =
٢٠٠٠٠ دينار (غير مفضل)	٢٥٠٠٠ دينار (غير مفضل)

الانحراف الاجمالي للتكاليف الصناعية المتغيرة غير المباشرة
٢٠٠٠٠ + ٢٥٠٠٠ =
٤٥٠٠٠ دينار (غير مفضل)

ب- التكاليف الصناعية الثابتة غير المباشرة:

التكاليف الفعلية	ساعات الالات المعيارية للانتاج المعياري × المعدل المعياري	ساعات الالات المعيارية للانتاج الفعلي × المعدل المعياري
	= ١٥× (٠.٥×٥٠٠٠٠)	= ١٥× (٠.٥×٥٥٠٠٠)
	=٢٥٠٠٠ ساعة × ١٥=	=٢٧٥٠٠ ساعة × ١٥=
٣٩٠٠٠٠ دينار	٣٧٥٠٠٠ دينار	٤١٢٥٠٠ دينار

انحراف الانفاق	انحراف حجم الانتاج (النشاط)
= ٣٧٥٠٠٠ - ٣٩٠٠٠٠	= ٤١٢٥٠٠ - ٣٧٥٠٠٠
١٥٠٠٠ دينار (غير مفضل)	٣٧٥٠٠ دينار (مفضل)

الانحراف الاجمالي للتكاليف الصناعية الثابتة غير المباشرة
= ١٥٠٠٠ - ٣٧٥٠٠
٢٢٥٠٠ دينار (مفضل)

يبين الشكل رقم (٤-٤) كيفية احتساب الانحرافات المختلفة للتكاليف الصناعية غير المباشرة.
ويمكن تلخيص إجابة مثال رقم (٥) بما يلي:

١- انحراف الانفاق للتكاليف الصناعية المتغيرة غير المباشرة = ٢٠٠٠٠ دينار (غير مفضل).

٢- انحراف الانفاق للتكاليف الصناعية الثابتة غير المباشرة = ١٥٠٠٠ دينار (غير مفضل).

٣- انحراف الكفاءة للتكاليف الصناعية المتغيرة غير المباشرة = ٢٥٠٠٠ دينار (غير مفضل).

٤- انحراف حجم الانتاج للتكاليف الصناعية الثابتة غير المباشرة = ٣٧٥٠٠ دينار (مفضل)

٥- اجمالي انحراف الانفاق للتكاليف الصناعية غير المباشرة = انحراف الانفاق للتكاليف الصناعية المتغيرة غير المباشرة + انحراف الانفاق للتكاليف الصناعية الثابتة غير المباشرة

= ٢٠٠٠٠ + ١٥٠٠٠

= ٣٥٠٠٠ دينار (غير مفضل)

٦- اجمالي انحراف الموازنة المرنة للتكاليف الصناعية غير المباشرة = اجمالي انحراف الانفاق للتكاليف الصناعية غير المباشرة + انحراف الكفاءة للتكاليف الصناعية المتغيرة غير المباشرة

= ٣٥٠٠٠ + ٢٥٠٠٠

= ٦٠٠٠٠ دينار (غير مفضل)

٧- اجمالي انحراف التكاليف الصناعية غير المباشرة = الانحراف الاجمالي للتكاليف المتغيرة غير المباشرة + الانحراف الاجمالي للتكاليف الثابتة غير المباشرة

= ٤٥٠٠٠ (غير مفضل) – ٢٢٥٠٠ (مفضل)

= ٢٢٥٠٠ دينار (غير مفضل)

من المعلوم ان الانحرافات ذات الصفة الواحدة (مفضل/ غير مفضل) يمكن جمعها بشكل مباشر بينما إذا كانت الانحرافات تختلف في صفاتها (جزء منها مفضل والآخر غير مفضل) فإنه يتم جمعها عن طريق أخذ الفروقات بينها بحيث تحمل الاجابة النهائية صفة الانحراف الاكبر. ويتضح ذلك من إجابة المطلوب رقم (٧) في مثال رقم (٥) حيث انه لاحتساب إجمالي انحراف التكاليف الصناعية غير المباشرة فقد تم اخذ الفروقات بين مكونات اجمالي انحراف هذه التكاليف وهي اجمالي انحراف التكاليف المتغيرة غير المباشرة واجمالي انحراف التكاليف الثابتة غير المباشرة وذلك نظراً لاختلاف صفات هذه المكونات (احدها مفضل والآخر غير مفضل) وقد حملت الاجابة النهائية صفة الانحراف الاكبر (غير مفضل) وهي صفة الانحراف الاجمالي للتكاليف المتغيرة غير المباشرة.

ونورد فيما يلي مثال رقم (٦) ليكون شاملاً لكيفية احتساب كافة الانحرافات المذكورة في هذا الفصل والمتعلقة بانحرافات المواد المباشرة والاجور المباشرة والتكاليف الصناعية غير المباشرة.

مثال رقم (٦):

يوجد لدى شركة الصناعات الحديثة التكاليف المعيارية التالية لانتاج وحدة واحدة من المنتج

(أ) :

٣٦٠ دينار   مواد مباشرة (٦٠ كغم بسعر ٦ دنانير لكل كغم)

٨٠   اجور مباشرة (٤ ساعات بسعر ٢٠ دينار للساعة)

تكاليف غير مباشرة:

٤٠	تكاليف متغيرة (٤ ساعات بسعر ١٠ دنانير للساعة)
٦٠	تكاليف ثابتة (٤ ساعات بسعر ١٥ دينار للساعة)
٥٤٠ دينار	إجمالي التكاليف المعيارية للوحدة من المنتج (أ)

وقد تبين ان التكاليف الفعلية والمعلومات الأخرى المتعلقة بانتاج ٤٥٠وحدة من المنتج (أ) خلال شهر كانون ثاني سنة ٢٠٠٢ كانت كما يلي:

١٩٢٠٠٠ دينار	مواد مباشرة مشتراة (٣٠٠٠٠ كغم × ٦.٤ دينار)
٢٥٠٠٠ كغم	مواد مباشرة مستخدمة في الانتاج
٢١٦٠٠ دينار	اجور مباشرة (١٢٠٠ ساعة × ١٨ دينار)
	تكاليف غير مباشرة:
١٥٠٠٠ دينار	تكاليف متغيرة
٣٠٠٠٠ دينار	تكاليف ثابتة

فإذا علمت بأن الموازنة المرنة الشهرية للشركة قد بنيت على اساس ١٥٠٠ ساعة عمل مباشر والتي احتسب بناء عليها المعدل المعياري للتكاليف الثابتة غير المباشرة. وعند ذلك المستوى فقد كانت موازنة التكاليف المتغيرة غير المباشرة تعادل ١٥٠٠٠ دينار، في حين ان موازنة التكاليف الثابتة غير المباشرة كانت تعادل ٢٢٥٠٠ دينار.

المطلوب: احتساب الانحرافات التالية عن التكاليف المعيارية موضحاً فيما اذا كانت هذه الانحرافات مفضلة أو غير مفضلة:

١- انحراف سعر المواد المباشرة عند نقطة الشراء.
٢- انحراف كمية (كفاءة) المواد المباشرة.
٣- انحراف سعر الأجور المباشرة.
٤- انحراف كمية (كفاءة) الأجور المباشرة.
٥- انحراف الموازنة المرنة للتكاليف المتغيرة غير المباشرة.
٦- انحراف الانفاق للتكاليف الثابتة غير المباشرة.
٧- انحراف حجم الانتاج (النشاط) للتكاليف الثابتة غير المباشرة.
٨- انحراف الانفاق للتكاليف المتغيرة غير المباشرة.
٩- انحراف الكفاءة للتكاليف المتغيرة غير المباشرة.

إجابة مثال رقم (٦):

يتم احتساب الانحرافات المطلوبة المختلفة كما هو موضح في شكل رقم (٤-٥) التالي

شكل رقم (٤-٥)

احتساب الانحرافات المطلوبة المختلفة للمواد المباشرة والاجور المباشرة والتكاليف غير المباشرة

البيان	التكاليف الفعلية الكمية الفعلية × السعر الفعلي	الكمية الفعلية × السعر المعياري		الكمية المعيارية للانتاج الفعلي × السعر المعياري
		الشراء	الاستعمال	
المواد المباشرة	(٦.٤×٣٠٠٠٠) ١٩٢٠٠٠ دينار	(٦×٣٠٠٠٠) ١٨٠٠٠٠ دينار	(٦×٢٥٠٠٠) ١٥٠٠٠٠ دينار	[(٦٠×٤٥٠)×٦] = =٦×٢٧٠٠٠ ١٦٢٠٠٠ دينار

انحراف السعر	انحراف الكمية (الكفاءة)
٣٠٠٠٠ × ٠.٤ = ١٢٠٠٠ دينار (غير مفضل)	٢٠٠٠ × ٦ = ١٢٠٠٠ دينار (مفضل)

الاجور المباشرة	(١٨×١٢٠٠) ٢١٦٠٠ دينار	(١٢٠٠ ×٢٠) ٢٤٠٠٠ دينار	(٤×٤٥٠) ×٢٠= ١٨٠٠ ×٢٠= ٣٦٠٠٠ دينار

انحراف السعر	انحراف الكمية (الكفاءة)
٢٤٠٠ دينار (مفضل)	١٢٠٠٠ دينار (مفضل)

انحراف الموازنة المرنة
١٤٤٠٠ دينار (مفضل)

تكاليف متغيرة غير مباشرة	(١٢٠٠×١٢.٥ دينار) ١٥٠٠٠ دينار	(١٢٠٠×١٠) ١٢٠٠٠	١٨٠٠× ١٠ ١٨٠٠٠ دينار

انحراف الانفاق ١٢٠٠ × ٢.٥= ٣٠٠٠ دينار (غير مفضل)	انحراف الكفاءة ٦٠٠ × ١٠ = ٦٠٠٠ دينار (مفضل)

انحراف الموازنة المرنة ٣٠٠٠ دينار (مفضل)

تكاليف ثابتة غير مباشرة	٣٠٠٠٠ دينار	٢٢٥٠٠ دينار	١٥×١٨٠٠ ٢٧٠٠٠ دينار

انحراف الانفاق ٧٥٠٠ دينار (غير مفضل)	انحراف حجم الانتاج (النشاط) ٤٥٠٠ دينار (مفضل)
انحراف الموازنة المرنة ٧٥٠٠ دينار (غير مفضل)	انحراف حجم الانتاج (النشاط) ٤٥٠٠ دينار (مفضل)

ويمكن تلخيص إجابة مثال رقم (٦) والتي تم احتسابها كما هو موضح بالشكل رقم (٤-٥) بما يلي:

١- انحراف سعر المواد المباشرة عند نقطة الشراء = ١٢٠٠٠ دينار (غير مفضل)
٢- انحراف كمية (كفاءة) المواد المباشرة = ١٢٠٠٠ دينار (مفضل)
٣- انحراف سعر الاجور المباشرة = ٢٤٠٠ دينار (مفضل)
٤- انحراف كمية (كفاءة) الاجور المباشرة = ١٢٠٠٠ دينار (مفضل)
٥- انحراف الموازنة المرنة للتكاليف المتغيرة غير المباشرة = ٣٠٠٠ دينار (مفضل)
٦- انحراف الانفاق للتكاليف الثابتة غير المباشرة = ٧٥٠٠ دينار (غير مفضل)
٧- انحراف حجم الانتاج (النشاط) للتكاليف الثابتة غير المباشرة = ٤٥٠٠ دينار (مفضل)
٨- انحراف الانفاق للتكاليف المتغيرة غير المباشرة = ٣٠٠٠ دينار (غير مفضل)
٩- انحراف الكفاءة للتكاليف المتغيرة غير المباشرة = ٦٠٠٠ دينار (مفضل)

المصطلحات

Direct Labor Price Variance	انحراف سعر الاجور المباشرة
Direct Labor Quantity (Efficiency) Variance	انحراف كمية (كفاءة) الأجور المباشرة
Direct Materials Price Variance	انحراف سعر المواد المباشرة
Direct Materials Quantity Variance	انحراف كمية المواد المباشرة
Efficiency Variance	انحراف الكفاءة
Favorable Variance	انحراف مفضل
Flexible Budgets	الموازنات المرنة
Production Volume Variance	انحراف حجم الانتاج
Spending Variance	انحراف الانفاق
Standard Costs	التكاليف المعيارية
Static Budgets	الموازنات الثابتة
Unfavorable Variance	انحراف غير مفضل

أسئلة وتمارين

١- ما المقصود بالموازنة المرنة؟

٢- ما هي الفروقات بين الموازنة المرنة والموازنة الثابتة؟

٣- ماذا تعني التكاليف المعيارية؟

٤- عدد انواع المعايير.

٥- ما هي اهداف التكاليف المعيارية؟

٦- ما الفرق بين الموازنات والمعايير؟

٧- ما هي أسباب انحرافات المواد المباشرة؟

٨- ما الفرق بين انحراف السعر وانحراف الكمية؟

٩- ما هي الفروقات بين انحرافات التكاليف الصناعية الثابتة غير المباشرة والتكاليف الصناعية المتغيرة غير المباشرة؟

١٠- لماذا ترغب ادارة الشركة باحتساب وتقسيم انحرافات التكاليف الصناعية المختلفة؟

١١- كانت التكاليف المعيارية لشركة الأنوار كما يلي:

السعر المعياري لوحدة الانتاج	الكمية المعيارية لوحدة الانتاج	البيان
٢ دينار لكل كغم	٢٠ كغم	مواد مباشرة
٨ دنانير للساعة	٦ ساعات	أجور مباشرة

وخلال شهر حزيران سنة ٢٠٠٩ فقد توقعت الشركة انتاج ١٠٠ وحدة ولكن ما تم انتاجه فعلا بلغ ١١٠ وحدات. علماً بأنه تم شراء واستعمال ما يعادل ٢١٠٠ كغم من المواد المباشرة بسعر فعلي ٢,٢ دينار لكل كغم. في حين بلغت الاجور المباشرة الشهرية الفعلية ٥٣١٠ دينار وبمعدل أجر ٩ دنانير للساعة.
المطلوب: احتساب ما يلي:

١- انحراف سعر المواد المباشرة.

٢- انحراف كمية المواد المباشرة.

٣- الانحراف الكلي للمواد المباشرة.

٤- انحراف سعر الأجور المباشرة.

٥- انحراف كمية الأجور المباشرة.

٦- الانحراف الكلي للأجور المباشرة.

١٢- فيما يلي المعلومات المتعلقة بالشركة الصناعية لشهر أيار سنة ٢٠٠٩:

أ- تستعمل الشركة عدد ساعات العمل المباشر المعيارية كأساس لتوزيع التكاليف الصناعية المتغيرة غير المباشرة بينما يتم توزيع التكاليف الصناعية الثابتة غير المباشرة على أساس وحدة الانتاج.

ب- تعتمد الشركة الكميات والمبالغ المعيارية التالية لشهر أيار سنة ٢٠٠٩:

ساعات العمل المباشرة	٠.٣ ساعة لكل وحدة إنتاج
معدل التكاليف الصناعية المتغيرة غير المباشرة	٢٠ دينار لكل ساعة عمل مباشر
التكاليف الصناعية الثابتة غير المباشرة	٦٠٠٠٠٠ دينار
عدد وحدات الانتاج (مستوى الانتاج المعياري)	٣٠٠٠٠ وحدة

جـ- تم صرف الكميات والمبالغ التالية فعلا خلال شهر أيار سنة ٢٠٠٩:

تكاليف صناعية متغيرة غير مباشرة	٣٤٠٠٠٠ دينار
تكاليف صناعية ثابتة غير مباشرة	٥٩٠٠٠٠ دينار
ساعات عمل مباشر	١٦٠٠٠ ساعة
عدد وحدات الانتاج	٤٠٠٠٠ وحدة

المطلوب: احتساب الانحرافات التالية:

١- انحراف الإنفاق للتكاليف الصناعية المتغيرة غير المباشرة.

٢- انحراف الانفاق للتكاليف الصناعية الثابتة غير المباشرة.

٣- انحراف الكفاءة للتكاليف الصناعية المتغيرة غير المباشرة.

٤- انحراف حجم الانتاج للتكاليف الصناعية الثابتة غير المباشرة.

٥- انحراف الموازنة المرنة للتكاليف الصناعية المتغيرة غير المباشرة.

٦- انحراف الموازنة المرنة للتكاليف الصناعية الثابتة غير المباشرة.

٧- انحراف الموازنة المرنة للتكاليف الصناعية غير المباشرة.

٨- اجمالي انحراف التكاليف الصناعية غير المباشرة.

١٣- استعمل المعلومات التالية لشركة النجاح الصناعية لعمل الموازنة المرنة للربح التشغيلي لمستوى الانتاج والبيع المحتمل لعدد وحدات ١٠٠٠٠ وحدة و ١١٠٠٠ وحدة و ١٢٠٠٠ وحدة مبيناً عائد المساهمة عند كل مستوى من مستويات الانتاج والبيع المذكورة.

٣٠ دينار	سعر بيع الوحدة	
	تكاليف متغيرة للوحدة :	
١٥ دينار	صناعية	
٤ دنانير	ادارية	
١ دينار	بيعية	
	تكاليف ثابتة:	
٧٠٠٠٠ دينار	صناعية	
٣٠٠٠٠ دينار	ادارية	

١٤- تصنع الشركة الحديثة للأثاث خزائن خشبية. وقد عملت الموازنة التشغيلية لسنة ٢٠٠٩ للشركة على أساس ٢٠٠٠٠ وحدة مبيعـات بسـعر ١٠٠ دينار للوحـدة ومـن المتوقـع أن يكـون الـربح التشـغيلي ١٢٠٠٠٠ دينار. علماً بأن موازنة التكاليف المتغيرة للوحدة تعـادل ٦٤ دينـار، في حـين ان موازنـة التكاليف الثابتة الاجمالية هي ٦٠٠٠٠٠ دينار. فإذا بلغ الـربح التشـغيلي الفعـلي لسـنة ٢٠٠٢ مبلـغ ٣٥٤٠٠٠ دينار نتيجة بيع ٢١٠٠٠ وحدة. وقد بلغت التكاليف المتغيرة الفعلية للوحدة ٦٠ دينـار، في حين بلغت التكاليف الثابتة الفعلية الاجمالية ٥٧٠٠٠٠ دينار.
المطلوب: احتساب الانحرافات التالية وتحديد فيما اذا كانت مفضلة أو غير مفضلة:
١- انحراف الموازنة المرنة الإجمالي.
٢- انحراف حجم المبيعات الاجمالي.

١٥- فيما يلي المعلومات المتعلقة بشركة السعادة الصناعية لشهر آب سنة ٢٠٠٩:

١٤٠٠٠ وحدة	موازنة الانتاج بالوحدات
٢٢٤٠٠ دينار	موازنة التكاليف الصناعية الثابتة غير المباشرة
٣ دنانير لكل ساعة عمل مباشر	موازنة التكاليف الصناعية المتغيرة غير المباشرة

٠.٢ ساعة لكل وحدة	موازنة ساعات العمل المباشر
٢٤٠٠٠ دينار	التكاليف الصناعية الثابتة غير المباشرة الفعلية
٤٠٠٠ ساعة	عدد ساعات العمل المباشر الفعلية
١١٠٠٠ دينار	التكاليف الصناعية المتغيرة غير المباشرة
١٥٠٠٠ وحدة	عدد الوحدات المنتجة الفعلية

المطلوب: احتساب الانحرافات التالية:

١- انحراف الانفاق للتكاليف المتغيرة غير المباشرة.

٢- انحراف الكفاءة للتكاليف المتغيرة غير المباشرة.

٣- انحراف الانفاق للتكاليف الثابتة غير المباشرة.

٤- انحراف حجم الانتاج للتكاليف الثابتة غير المباشرة.

١٦- تنتج احدى الشركات الصناعية منتجاً وحيداً وتبيعه بسعر ٢٠ دينار للوحدة وتستعمل الشركة نظام التكاليف المعيارية وتفصل الانحرافات بأسرع ما يمكن. وتتضمن المعايير المتعلقة بانتاج وحدة واحدة من المنتج النهائي ما يلي:

٢ دينار	مواد مباشرة (١ كغم بسعر ٢ دينار لكل كغم)
٦ دنانير	اجور مباشرة (٠.٦ ساعة بسعر ١٠ دنانير للساعة)

أما النتائج الفعلية فكانت كما يلي:

٥١٠٠ وحدة	عدد الوحدات المنتجة
٥٢٠٠ كغم	مواد مباشرة مشتراة بسعر ٢.١ دينار لكل كغم
٥٣٠٠ كغم	مواد مباشرة مستخدمة في الانتاج
٣٢٠٠ ساعة	اجور مباشرة بسعر ١٠.٢ دينار للساعة

المطلوب: احتساب الانحرافات التالية:

١- انحراف سعر المواد المباشرة.

٢- انحراف كمية المواد المباشرة.

٣- انحراف سعر الاجور المباشرة.

٤- انحراف كمية الاجور المباشرة.

١٧- فيما يلي المعلومات المتعلقة بانتاج منتج معين لدى الشركة الوطنية الصناعية:

البيان	اجور مباشرة	مواد مباشرة
السعر الفعلي لوحدة المدخلات (كغم وساعة)	٩ دينار	١٤ دينار
السعر المعياري لوحدة المدخلات	١٠ دنانير	١٢ دينار
المدخلات المعيارية المسموح بها لوحدة الانتاج	٢	٥
عدد الوحدات الفعلية من المدخلات	٢٢٠٠٠	٤٨٠٠٠
عدد وحدات الانتاج الفعلي	١٠٠٠٠	١٠٠٠٠

المطلوب: احتساب الانحراف التالية:

١- انحراف سعر المواد المباشرة.

٢- انحراف كمية المواد المباشرة.

٣- انحراف الموازنة المرنة للمواد المباشرة.

٤- انحراف سعر الأجور المباشرة.

٥- انحراف كمية الاجور المباشرة.

٦- انحراف الموازنة المرنة للأجور المباشرة.

١٨- فيما يلي المعلومات المتعلقة بالمواد المباشرة لشركة الازدهار:

٢٠٠٠٠ كغم	الكمية الفعلية للمواد المباشرة المستخدمة في الانتاج
٤٠٠٠٠ دينار	التكاليف الفعلية للمواد المباشرة المستخدمة في الانتاج
٢.١ دينار	السعر المعياري لكل كغم من المواد المباشرة.
٤١٠٠٠ دينار	الموازنة المرنة للمواد المباشرة

المطلوب: احتساب الانحرافات التالية:

١- انحراف سعر المواد المباشرة.

٢- انحراف كمية المواد المباشرة.

١٩- فيما يلي المعلومات المتعلقة بالمواد المباشرة لشركة الصناعات الحديثة:

٣.٦ دينار	السعر المعياري لكل كغم من المواد المباشرة
١٦٠٠ كغم	الكمية الفعلية المستخدمة من المواد المباشرة
١٤٥٠ كغم	الكمية المعيارية المسموح بها للانتاج الفعلي
٢٤٠ دينار (مفضل)	انحراف سعر المواد المباشرة

المطلوب: احتساب سعر الشراء الفعلي لكل كغم من المواد المباشرة

٢٠- فيما يلي المعلومات المتعلقة بنشاط الشركة الأهلية للصناعة لشهر أيلول سنة ٢٠٠٩:

٩١٠٠ دينار	التكاليف الثابتة غير المباشرة الفعلية
٩٠٠٠ دينار	موازنة التكاليف الثابتة
٢٢١٠٠ دينار	التكاليف المتغيرة غير المباشرة الفعلية
١٥٠٠٠ ساعة	ساعات العمل المعيارية المسموح بها للانتاج الفعلي (موازنة مرنة)
١٤٠٠٠ ساعة	الساعات الفعلية المستغلة
٤٣٤٠٠ دينار	الأجور المباشرة الفعلية
١٤٠٠ دينار (غير مفضل)	انحراف سعر الأجور المباشرة
١.٥ دينار	معدل التكاليف المتغيرة غير المباشرة المعياري لكل ساعة عمل مباشر معيارية

المطلوب: احتساب الانحرافات التالية:

١- انحراف الكفاءة للتكاليف المتغيرة غير المباشرة.

٢- انحراف الانفاق للتكاليف المتغيرة غير المباشرة.

٣- انحراف الكمية للأجور المباشرة.

٤- انحراف الانفاق للتكاليف الثابتة غير المباشرة.

٢١- توقعت شركة الازدهار ان تكون التكاليف الثابتة غير المباشرة لشهر ايلول سنة ٢٠٠٩ تعادل ٢٠٠٠٠٠ دينار. وقد بلغ حجم الانتاج الفعلي٥٠٠٠٠ وحدة بحيث تستغرق الوحدة لانتاجها ما يعادل ٠.٢ ساعة آلة. بينما بلغت التكاليف المتغيرة غير المباشرة الفعلية لكل ساعة آلة ٢٥ دينار.

ما هو انحراف حجم الانتاج للتكاليف الثابتة غير المباشرة؟

أ) ٥٠٠٠٠ دينار (غير مفضل)　　جـ) ١٥٠٠٠٠ دينار (غير مفضل)

ب) ٥٠٠٠٠ دينار (مفضل)　　د) ١٥٠٠٠٠ دينار (مفضل)

٢٢- كان لدى شركة تأمين موازنة ثابتة للربح التشغيلي بمبلغ ٤.٦ مليون دينار، بينما بلغ الربح التشغيلي الفعلي ٣ ملايين دينار. ما هو انحراف الموازنة الثابتة للربح التشغيلي؟

أ) ١ مليون دينار (مفضل)　　جـ) ١.٦ مليون دينار (مفضل)

ب) ١ مليون دينار (غير مفضل)　　د) ١.٦ مليون دينار (غير مفضل)

٢٣- اذا كانت موازنة ساعات الالات المسموح بها لكل وحدة من الانتاج الفعلي تعادل ساعة واحدة، في حين أن موازنة التكاليف المتغيرة غير المباشرة لكل ساعة آلة هي ٢٠٠ دينار. ما هو المعدل المعياري للتكاليف المتغيرة غير المباشرة لكل وحدة انتاج؟

أ) ١٠٠ دينار
ب) ٢٠٠ دينار
جـ) ٣٠٠ دينار
د) ٤٠٠ دينار

٢٤- استعملت الشركة الوطنية ١٥٠٠٠ ساعة آلة خلال شهر آب ٢٠٠٩ وتحتاج الوحدة من الانتاج الى ٠.٩ ساعة آلة، علماً بأنه تم انتاج ١٥٠٠٠ وحدة خلال الشهر، في حين ان موازنة الانتاج كانت ١٢٠٠٠ وحدة باستعمال ١٠٨٠٠ ساعة آلة. وقد بلغت موازنة التكاليف المتغيرة غير المباشرة لكل وحدة انتاج هي ٢٢.٥ دينار.

ما هو انحراف كفاءة التكاليف المتغيرة غير المباشرة للشركة؟

أ) ١٦٨٧٥ دينار (مفضل)
ب) ١٦٨٧٥ دينار (غير مفضل)
جـ) ٣٧٥٠٠ دينار (مفضل)
د) ٣٧٥٠٠ دينار (غير مفضل)

٢٥- في تحليل انحرافات التكاليف، سوف لن يكون هناك للتكاليف الثابتة غير المباشرة:

أ) انحراف كفاءة
ب) انحراف موازنة مرنة
جـ) انحراف انفاق
د) انحراف حجم مبيعات

٢٦- تعتبر انحرافات الانفاق والكفاءة عناصر فرعية لما يلي:

أ) انحراف الموازنة المرنة.
ب) انحراف الموازنة المرنة للتكاليف غير المباشرة.
جـ) انحراف حجم الانتاج
د) انحراف حجم الانتاج للتكاليف المتغيرة غير المباشرة.

٢٧- تسمى الموازنة التي تبقى كما هي بغض النظر عن التغيرات التشغيلية أو المالية:

أ) موازنة متوازنة
ب) موازنة تكاليف
جـ) موازنة مرنة
د) موازنة ثابتة

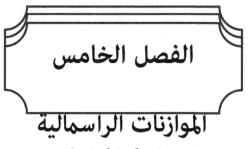

الفصل الخامس

الموازنات الراسمالية

Capital Budgeting

يهدف هذا الفصل إلى تعريف القارئ بما يلي:

١- ماهية الموازنات الرأسمالية.

٢- مراحل اعداد الموازنة الرأسمالية.

٣- طرق التدفق النقدي المخصوم.

أ- طريقة صافي القيمة الحالية.

ب- طريقة معدل العائد الداخلي.

٤- طريقة فترة الاسترداد.

٥- طريقة معدل العائد المحاسبي.

٦- طريقة وقت التعادل.

٧- مفهوم القيمة الحالية وجملة الدفعات العادية والفورية

الفصل الخامس
الموازنات الرأسمالية
Capital Budgeting

١- مقدمة:

تعتبر قرارات الاستثمار في الأصول طويلة الأجل وكيفية تمويلها من القرارات ذات الأهمية البالغة للمنشأة بسبب تأثير مثل هذه القرارات على المنشأة لفترة طويلة. فمثلا هل يضيف الفندق جناحا جديدا له ام لا؟ وهل سيشتري مصنع الات جديدة أم لا؟ وهل ستنتج شركة منتجاً جديداً أم لا؟..الخ إن مثل هذه القرارات الاستثمارية هي طويلة الأجل بطبيعتها وتؤثر على المنشأة لعدة سنوات قادمة فيجب أن تكون مبنية على اساس متين، وبخلاف ذلك فإن اتخاذ القرارات الاستثمارية طويلة الأجل الضعيفة قـد يـؤدي إلى عدم استقرار في اعمال المنشأة مستقبلا بسبب صعوبة استعادة الاموال المرتبطة بالاستثمارات غير الجيدة.

وعلى ذلك فإن التخطيط الجيـد المعتمد عـلى بيانـات صحيحة سوف يـؤدي إلى اتخـاذ القرار السليم للاستثمار طويل الأجل ومن هنا فإن البيانات المحاسبية لها دور فاعل في اعداد الموازنات الرأسمالية ومن ثم المساعدة في اتخاذ القرارات المناسبة بشأنها.

وسوف يتم التعرض في هذا الفصل إلى مراحل اعداد الموازنة الرأسمالية وطـرق التـدفق النقـدي المخصوم وطريقة فترة الاسترداد وطريقة وقت التعادل وطريقة معدل العائد المحاسبي المستعملة لاتخـاذ قرار الاستثمار أو عدمه كما سيتم شرح مفهوم القيمة الحالية وجملة الـدفعات الفوريـة والعاديـة وبيـان كيفية احتسابها ومن ثم استعمالها لاتخاذ القرارات الاستثمارية المناسبة.

٢- مراحل اعداد الموازنة الرأسمالية Stages of Capital Budgeting

يمكن اعتبار الموازنة الرأسمالية بمثابة مفهوم استثمار، وذلك بسبب انها تتعلق بتخصيص أمـوال في الفترة الحالية للحصول على عوائد معينة في المستقبل. وهناك عدة قرارات يمكن ان تتخذها الادارة في مجال الموازنة الرأسمالية، فمثلا هل يجب شراء الات جديدة لتخفيض التكاليف؟ وهـل يجـب شراء مخـزن جديد

للمنشأة لزيادة الطاقة الانتاجية والمبيعات؟ وما هي أفضل انواع الالات لإنجاز العمل المطلوب؟ وهل يجب استبدال الالات القديمة بالات جديدة الآن أم في المستقبل؟ وهل الأفضل استئجار أم شراء الات جديدة؟

ومن الجدير بالذكر أن الاستثمارات المتعلقة بالموازنات الرأسمالية تتصف بصفتين رئيسيتين هما ان هذه الاستثمارات ترتبط بالأصول القابلة للاهتلاك بالإضافة إلى أن عوائد هذه الاستثمارات تمتد لفترات طويلة.

ويمكن ايجاز مراحل اعداد الموازنة الرأسمالية بالمراحل الستة التالية:

(١) مرحلة التعرف على المشاريع: إن الغاية من هذه المرحلة الاولى هي التعرف على مشاريع الاستثمارات الرأسمالية المختلفة والتمييز بينها لمعرفة تلك المشاريع التي تخدم اهداف المنشأة واستراتيجياتها الرئيسة.

فإذا كان هدف المنشأة هو زيادة ايرادات المنشأة من خلال انتاج منتج جديد فإن مسؤولية مدير الانتاج تقتضي التعرف على مشاريع الاستثمارات الرأسمالية التي تحقق هدف المنشأة المنشود.

(٢) مرحلة البحث: إن الغاية من هذه المرحلة هي الدراسة الأولية للبدائل المختلفة للاستثمارات الرأسمالية التي يمكن من خلالها تحقيق اهداف المنشأة. حيث يتم التقييم الاولي لهذه البدائل من خلال التعرف على ما تحتاجه من الات ومهارات وما شابه، وبناء عليه فقد يتم رفض جزء من هذه البدائل في هذه المرحلة بينما يتم تقييم بقية البدائل بصورة أعمق في مراحل لاحقة.

(٣) مرحلة تجميع المعلومات: إن الغاية من هذه المرحلة هي تجميع المعلومات المتعلقة بالاستثمارات الرأسمالية المختلفة، حيث يتم تجميع معلومات عن التكاليف المتوقعة والنتائج المتوقعة للبدائل المختلفة مثل حجم المبيعات المتوقع والتكلفة المتغيرة للوحدة ومدى التحسن في نوعية المنتج وهكذا. ومن المعلوم ان الموازنة الرأسمالية ترتكز عادة على العوامل المالية، في حين أنه قد تكون هناك عوامل غير مالية يمكن أن تأخذها الإدارة بعين الاعتبار في حال كونها ذات أهمية.

(٤) مرحلة الاختيار بين المشاريع: يتم في هذه المرحلة المقارنة بين المشاريع المختلفة للاستثمارات الرأسمالية واختيار المشروع الذي يكون فيه الفرق بين المنافع والتكاليف اكبر ما يمكن.

(٥) مرحلة التمويل: يتم في هذه المرحلة مناقشة امكانية التمويل الداخلي او الخارجي للمشروع الذي تم اختياره في المرحلة السابقة، ومعرفة الطريقة الأفضل للتمويل واتباعها.

(٦) مرحلة التنفيذ والرقابة: يتم في هذه المرحلة تنفيذ المشروع الاستثماري الذي تم اختياره وتحديد كيفية تمويله، كما يتم ايضا مراقبة وتقييم تنفيذ الاستثمارات الرأسمالية بالمقارنة الفعلية للنتائج مع ما هو مخطط له في الموازنة.

وحيث أن المحاسبة الإدارية هي أكثر ارتباطا بالمراحل من الثالثة إلى السادسة فسوف يتم التركيز عليها في هذا الفصل.

وهناك طرق مختلفة لاتخاذ قرارات الموازنة الرأسمالية والتي سوف يتم مناقشتها في هذا الفصل وهي:

(أ) طرق التدفق النقدي المخصوم Discounted Cash Flow Methods

ويندرج تحتها طريقتين هما:

١- طريقة صافي القيمة الحالية Net Present Value Method

٢- طريقة معدل العائد الداخلي Internal Rate of Return Method

(ب) طريقة فترة الاسترداد Payback Method

(جـ) طريقة معدل العائد المحاسبي Accounting Rate-of-Return

(د) طريقة وقت التعادل Breakeven time Method

٣- طرق التدفق النقدي المخصوم

تتميز طرق التدفق النقدي المخصوم لغرض تقييم المشروعات الاستثمارية بأنها تأخذ في الإعتبار القيمة الزمنية للنقود Time Value of Money التي تعكس أهمية توقيت التدفقات النقدية للمشروع الاستثماري حيث ان دينار اليوم يساوي اكثر من دينار السنة القادمة ويرجع ذلك إلى عدة أسباب أهمها امكانية الاستفادة من دينار اليوم لتحقيق عوائد خلال السنة، وتوقعات التضخم في الفترات

المستقبلة للدينار وانخفاض قوته الشرائية، هذا بالإضافة إلى وجود المخاطرة في الحصول على الدينار مستقبلا.

ويلاحظ أيضا أن طرق التدفق النقدي المخصوم تركز على التدفقات النقدية الداخلية والخارجية في تقييم المشروعات الاستثمارية وليس على صافي الربح كما هو محسوب بطرق المحاسبة التقليدية المعتمدة أصلا على مفهوم الاستحقاق المحاسبي.

وسوف يتم التعرض في البداية لمفهوم القيمة الحالية ثم نتعرض بعد ذلك إلى طرق التدفق النقدي المخصوم عند اتخاذ القرارات الاستثمارية وأهم هذه الطرق هي طريقة صافي القيمة الحالية وطريقة معدل العائد الداخلي.

٣-١ مفهوم القيمة الحالية Concept of Present Value

تعتمد القيمة الحالية للمشروع الاستثماري على توقيت حدوث التدفقات النقدية لذلك المشروع ومقدار هذه التدفقات ومعدل الفائدة عليها وطول مدتها. فمثلا إذا كان هناك خيار لمنشأة معينة أن تشتري سيارة نقدا وتتم عملية الدفع فورا بمبلغ عشرة الاف دينار أو يتم تأجيل الدفع إلى بعد خمس سنوات. والسؤال هنا هو كم يجب ان تدفع المنشأة لشراء السيارة إذا رغبت الدفع بعد خمس سنوات علما بأن معدل الفائدة السنوية هو ١٠% ويتم احتساب الفائدة مركبة؟

ونستطيع القول بأن المبلغ الذي يمكن دفعه فورا وهو عشرة الاف دينار يسمى القيمة الحالية، بينما المبلغ الذي سيدفع بعد خمسة سنوات يسمى جملة المبلغ ويمكن احتسابه عن طريق المعادلة رقم (١) التالية:

جملة المبلغ = المبلغ × (١ + معدل الفائدة)^{المدة} ....(١)

وفي مثالنا فإن:

جملة المبلغ = ١٠٠٠٠ × (١ + ٠.١٠)^{٥}

= ١٠٠٠٠ × ١.٦١٠٥١

= ١٦١٠٥.١ دينار

ويمكن الاستنتاج بأن على المنشأة دفع مبلغ ١٦١٠٥.١ دينار إذا ارادت الدفع بعد خمسة سنوات من شراء السيارة. ومن الجدير بالذكر أنه يمكن استخدام

جداول الفائدة المركبة الخاصة بجملة مبلغ لاستخراج قيمة (١ + معدل الفائدة)^{المدة} مباشرة بمعرفة كل من معدل الفائدة والمدة.

كما يمكن ملاحظة أنه لايجاد القيمة الحالية لأي مبلغ يستحق بعد مدة معينة أو عدد معين من الفترات (ن) وبمعدل فائدة (ف) للفترة فإنه يمكن تحويل معادلة رقم (١) السابقة إلى المعادلة رقم (٢) التالية:

$$\text{القيمة الحالية} = \text{جملة المبلغ} \times \frac{١}{(١+\text{ف})^{\text{ن}}} \quad ....(٢)$$

وعلى ذلك تكون القيمة الحالية لمبلغ ١٦١٠٥.١ دينار يستحق بعد خمسة سنوات بمعدل فائدة ١٠% سنوياً هي ١٠٠٠٠ دينار ويمكن احتسابها عن طريق المعادلة رقم (٢) كما يلي:

$$\text{القيمة الحالية} = ١٦١٠٥.١ \times \frac{١}{(١+٠.١٠)^{٥}}$$

$$= ١٦١٠٥.١ \times ٠.٦٢٠٩٢١٣$$

$$= ١٠٠٠٠ \text{ دينار}$$

ومن الجدير بالذكر أنه يمكن استخدام جداول الفائدة المركبة الخاصة بالقيمة الحالية لمبلغ لاستخراج قيمة ١/ (١+ف)^{ن} مباشرة بمعرفة كل من معدل الفائدة (ف) وعدد الفترات (ن).

ويتضح لنا من المثال السابق أن عملية ايجاد القيمة الحالية هي عملية عكسية تماما لايجاد جملة المبلغ.

٣-٢ ايجاد جملة أو القيمة الحالية لدفعة دورية.

إن مصطلح الدفعة الدورية يطلق عادة على سلسلة من المبالغ المتساوية تستحق الدفع على مدى فترات متساوية. وقد تتم الدفعات في نهاية كل فترة وعندها

تسمى بالدفعة العادية Ordinary Annuity، أو تتم الدفعات في بداية كل فترة ويمكن تسميتها عندئذ بالدفعة الفورية Annuity Due .

ويمكن توضيح احتساب جملة الدفعة الدورية والقيمة الحالية للدفعة الدورية عن طريق الأمثلة التالية:

مثال (١):

اشترت منشأة سيارة بالتقسيط لمدة ٥ سنوات على ان تدفع مبلغ ١٠٠٠ دينار في نهاية كل ستة شهور، علما بأن معدل الفائدة السنوي هو ١٠%. ما هو ثمن السيارة المتفق عليه أو جملة الدفعات الدورية العادية؟

اجابة مثال (١):

ن = عدد الفترات = ٥ × ٢ = ١٠ فترات نصف سنوية.

ف = معدل الفائدة للفترة = ١٠% ÷ ٢ = ٥% عن كل ٦ شهور.

مبلغ الدفعة = ١٠٠٠ دينار في نهاية كل ٦ شهور.

يمكن استعمال المعادلة التالية لاحتساب جملة الدفعات الدورية العادية:

$$\text{جملة الدفعات الدورية العادية} = \text{مبلغ الدفعة} \times \frac{(1+\text{ف})^{\text{ن}}-1}{\text{ف}} \quad ....(3)$$

$$\text{جملة الدفعات الدورية العادية} = 1000 \times \frac{(1+0.05)^{10}-1}{0.05}$$

$$= 1000 \times \frac{1.6289-1}{0.05}$$

$$= 1000 \times 12.5779$$

= ١٢٥٧٧.٩ دينار

يتضح من التحليل السابق ان ثمن السيارة المتفق عليه (أو جملة الدفعات الدورية العادية) يعادل ١٢٥٧٧.٩ دينار.

ومن الجدير بالذكر أنه يمكن استخدام جداول الفائدة المركبة لجملة الدفعات الدورية العادية لاستخراج معامل جملة الدفعات الدورية العادية بمعرفة كل من عدد الفترات (ن)، ومعدل الفائدة للفترة (ف).

أما لغرض إيجاد القيمة الحالية للدفعات الدورية العادية فإنه يمكن استعمال المعادلة التالية:

$$\text{القيمة الحالية للدفعات الدورية العادية} = \text{مبلغ الدفعة} \times \frac{1 - (1+\text{ف})^{-\text{ن}}}{\text{ف}} \quad ....(٤)$$

حيث ف = معدل الفائدة للفترة

ن = عدد الفترات

ويمكن استخدام جداول الفائدة المركبة للقيمة الحالية لدفعة دورية عادية لإيجاد معامل القيمة الحالية

$$\frac{1 - (1+\text{ف})^{-\text{ن}}}{\text{ف}}$$

في المعادلة (٤) بمعرفة كل من (ف) و (ن)

نورد فيما يلي الامثلة رقم (٢) و (٣) لتوضيح احتساب القيمة الحالية للدفعات الدورية العادية.

مثال رقم (٢):

ما هي القيمة الحالية لدفعة قيمتها ١٥٠ دينار تدفع في نهاية كل سنة ولمدة ١٥ سنة علما بأن معدل الفائدة المركبة ٥% سنويا؟

إجابة مثال رقم (٢):

باستعمال المعادلة رقم (٤) للقيمة الحالية فإنه يمكن استنتاج ما يلي:

$$\text{القيمة الحالية للدفعة الدورية العادية} = ١٥٠ \times \frac{1 - (1+0.05)^{-15}}{0.05}$$

= ١٥٠ × ١٠.٣٧٩٦٥٨

= ١٥٥٦.٩٤٩ دينار

مثال رقم (٣):

ترغب منشأة الوفاء بشراء سيارة من شركة السيارات الوطنية بدفع مبلغ ١٠٠٠ دينار فورا ودفعة شهرية بمبلغ ١٠٠ دينار لمدة ٣٠ شهر.

ما هي القيمة النقدية للسيارة علما بأن معدل الفائدة السنوي هو ١٢% وأن الفائدة مركبة شهريا؟

إجابة مثال رقم (٣)

$$\text{معدل الفائدة الشهرية} = \frac{\%١٢}{١٢} = \%١$$

عدد الفترات = ٣٠ شهر

مبلغ الدفعة الدورية = ١٠٠ دينار في نهاية كل شهر

باستعمال المعادلة رقم (٤) يمكن استنتاج ما يلي:

$$\text{القيمة الحالية للدفعات الدورية} = ١٠٠ \times \frac{١ - (١+٠.٠١)^{-٣٠}}{٠.٠١}$$

= ١٠٠ × ٢٥.٨٠٧٧١

= ٢٥٨٠.٧٧١ دينار

∴ القيمة النقدية للسيارة = ١٠٠٠ + ٢٥٨٠.٧٧١ = ٣٥٨٠.٧٧١ دينار.

لقد تم التركيز لغاية الان على الدفعات الدورية العادية حيث تتم الدفعات في نهاية كل فترة، أما إذا كانت الدفعات تتم في بداية كل فترة فتسمى الدفعة عندئذ بالدفعة الفورية Annuity Due وسيتم فيما يلي بيان كيفية احتساب جملة الدفعة الفورية والقيمة الحالية للدفعة الفورية عن طريق الأمثلة التالية رقم (٤) و (٥).

مثال رقم (٤):

يودع سليم ٢٠ دينار في بداية كل شهر بحسابه التوفير لدى البنك العربي وبفائدة سنوية بمعدل ٦% مركبة شهريا. ما هي جملة قيمة الوديعة بحساب توفير سليم في البنك العربي في نهاية ثلاث سنوات علما بأنه بدأ الايداع في ١٩٩٩/١/١؟

اجابة مثال رقم (٤)

يمكن استعمال المعادلة التالية لاحتساب جملة الدفعات الفورية:

$$\text{جملة الدفعات الفورية} = \text{مبلغ الدفعة} \times \left[\frac{(١+ف)^{ن+١} - ١}{ف} - ١ \right] \quad ...(٥)$$

حيث ن = عدد الفترات

ف = معدل الفائدة للفترة

بتطبيق المعادلة رقم (٥) المذكورة وحيث أن مبلغ الدفعة يعادل ٢٠ دينار وأن عدد الفترات (ن) = ٣× ١٢ = ٣٦ شهر أو دفعة، معدل الفائدة الشهرية

$$\frac{٦\%}{١٢} = \frac{١}{٢}\%$$

$$\text{جملة قيمة الوديعة بعد ثلاث سنوات} = ٢٠ \times \left[\frac{(١+٠.٠٠٥)^{٣٧} - ١}{٠.٠٠٥} - ١ \right]$$

$$= ٢٠ \times (٤٠.٥٣٢٨ - ١)$$

$$= ٧٩٠.٦٥٦ \text{ دينار}$$

مثال رقم (٥)

ما هي القيمة الحالية للدفعات الدورية بقيمة الدفعة الواحدة ١٠٠دينار تدفع في بداية كل ثلاثة أشهر ولمدة سنة بفائدة سنوية بمعدل ٤% مركبة شهريا؟

إجابة مثال رقم (٥):

يمكن استعمال المعادلة التالية لاحتساب القيمة الحالية للدفعات الفورية:

$$\text{القيمة الحالية للدفعات الفورية} = \text{مبلغ الدفعة} \times \left[1 + \frac{1-(1+\text{ف})^{-(\text{ن}-1)}}{\text{ف}} \right] \quad ...(6)$$

بتطبيق المعادلة رقم (٦) المذكورة على مثال رقم (٥) وحيث أن مبلغ الدفعة ١٠٠ دينار ومعدل الفائدة يعادل (٤% ÷ ٤) = ١% كل ثلاثة اشهر، وعدد الفترات ٤ فترات، فإنه يمكن استنتاج ما يلي:

$$\text{القيمة الحالية للدفعات الفورية} = 100 \times \left[1 + \frac{1-(1+0.01)^{-(4-1)}}{0.01} \right]$$

$$= 100 \times (1 + 2.94099)$$

$$= 394.099 \text{ دينار}$$

يلاحظ بشكل عام من الأمثلة السابقة ان هناك اختلاف ضئيل بين احتساب معامل جملة الدفعات الدورية العادية واحتساب معامل جملة الدفعات الفورية. وكذلك الحال هناك اختلاف بسيط بين احتساب معامل القيمة الحالية للدفعات الدورية واحتساب معامل القيمة الحالية للدفعات الفورية.

٣-٣ طريقة صافي القيمة الحالية Net Present Value Method

يقصد بصافي القيمة الحالية لإستثمار معين الفرق بين القيمة الحالية لكافة التدفقات النقدية المستقبلية المتوقعة من الاستثمار والقيمة الحالية للمبلغ المطلوب الآن للاستثمار.

وفي حالة رغبة المنشأة بتقييم استثمار معين فإنه يتم احتساب صافي القيمة الحالية لذلك الاستثمار، فإذا تبين بأنه موجب فإنه يتم قبول ذلك الاستثمار. أما إذا كان صافي القيمة الحالية للاستثمار سالباً فسوف يتم رفض ذلك الاستثمار. وفيما يلي توضيح لاحتساب صافي القيمة الحالية للاستثمار باستعمال مثال رقم (٦) التالي.

مثال رقم (٦):

ترغب منشأة الشرق بتقييم مشروع استثماري تكلفته الحالية ١٦٠٠٠دينار وسوف يؤدي إلى تدفقات نقدية بمبلغ ٥٠٠٠ دينار في نهاية كل سنة من الخمس سنوات القادمة. فإذا علمت بأن معدل العائد أو الخصم هو ١٠%.

ما هو تقييمك للمشروع الاستثماري المذكور باستعمال طريقة صافي القيمة الحالية؟

اجابة مثال رقم (٦):

القيمة الحالية للتدفقات النقدية الداخلة = ٥٠٠٠ × ٣.٧٩٠٨

= ١٨٩٥٤ دينار

حيث تم استعمال المعادلة رقم (٤) وهي الخاصة باحتساب القيمة الحالية للدفعات الدورية العادية وذلك لغرض احتساب القيمة الحالية للتدفقات النقدية الداخلة.

كما يمكن أيضا استعمال جداول الفائدة المركبة للقيمة الحالية لدفعه دورية عادية لإيجاد معامل القيمة الحالية في المعادلة رقم (٤) بمعرفة المدة (ن) وهي ٥ سنوات ومعدل الفائدة (ف) وهي ١٠%.

صافي القيمة الحالية = القيمة الحالية للتدفقات النقدية الداخلة – القيمة الحالية للتكلفة

= ١٨٩٥٤ – ١٦٠٠٠

= ٢٩٥٤ دينار

وحيث أن صافي القيمة الحالية في مثالنا يعادل ٢٩٥٤دينار وهو رقم موجب، لذلك يمكن القول بأن المشروع الاستثماري هو مشروع ناجح وأن ربحية هذا المشروع تزيد عن ١٠%.

ومن الجدير بالذكر أنه في حالة تعدد المشاريع الاستثمارية التي تكون فيها القيمة الحالية للتكلفة متساوية فيمكن المفاضلة بينها عن طريق اختيار المشروع الذي يعطي اكبر صافي قيمة حالية.

فعند شح الموارد فإن المنشأة لا تستطيع تنفيذ كافة المشاريع التي يكون فيها صافي القيمة الحالية قيمة موجبة وبالتالي فإن على المنشأة ان تختار من تلك المشاريع ما يعطي أكبر صافي قيمة حالية في حالة كون القيمة الحالية للتكلفة متساوية.

أما إذا كانت القيمة الحالية لتكلفة المشاريع غير متساوية فإنه يتم المفاضلة بينها عن طريق اختيار المشروع الذي يعطي اكبر مؤشر للقيمة الحالية. ويمكن احتساب مؤشر القيمة الحالية (Present Value Index) كما يلي:

$$\text{مؤشر القيمة الحالية} = \frac{\text{القيمة الحالية للتدفقات النقدية الداخلة}}{\text{القيمة الحالية للتكلفة}} \quad ....(٧)$$

وسيتم توضيح المفاضلة بين المشاريع المختلفة باستعمال مثال رقم (٧) التالي:

مثال رقم (٧):

ترغب منشأة الشرق بالمقارنة بين المشاريع الاستثمارية التالية:

المشروع الاستثماري	القيمة الحالية للتكلفة	القيمة الحالية للتدفقات النقدية الداخلة
أ	١٦٠٠٠ دينار	١٨٩٥٤ دينار
ب	١٦٠٠٠	٢٠٠٠٠
جـ	٤٠٠٠٠	٤٥٠٠٠

المطلوب:

بيان المشروع الاستثماري المفضل باستعمال:

(١) طريقة صافي القيمة الحالية الأكبر (للمفاضلة بين المشروعين أ و ب).

(٢) طريقة مؤشر القيمة الحالية الأكبر (للمفاضلة بين المشروعين ب و جـ).

إجابة مثال رقم (٧):

(١) طريقة صافي القيمة الحالية الأكبر (للمفاضلة بين المشروعين أ و ب)

المشروع	القيمة الحالية للتكلفة	القيمة الحالية للتدفقات النقدية الداخلة	صافي القيمة الحالية
أ	١٦٠٠٠ دينار	١٨٩٥٤	٢٩٥٤ دينار
ب	١٦٠٠٠	٢٠٠٠٠	٤٠٠٠

يتضح من التحليل السابق أن صافي القيمة الحالية للمشروع الاستثماري (ب) والذي يعادل ٤٠٠٠ دينار هو أكبر من صافي القيمة الحالية للمشروع (أ) والذي يساوي ٢٩٥٤دينار، وبذلك يحقق المشروع الاستثماري (ب) ارباحا أكثر للمنشأة وبالتالي يكون أفضل من المشروع الاستثماري (أ).

(٢) طريقة مؤشر القيمة الحالية الاكبر (للمفاضلة بين المشروعين ب و جـ)

المشروع	القيمة الحالية للتكلفة	القيمة الحالية للتدفقات النقدية الداخلة	مؤشر القيمة الحالية
ب	١٦٠٠٠ دينار	٢٠٠٠٠ دينار	٢٠٠٠٠ / ١٦٠٠٠ = ١.٢٥
جـ	٤٠٠٠٠	٤٥٠٠٠	٤٥٠٠٠ / ٤٠٠٠٠ = ١.١٢٥

يتضح من التحليل السابق أن مؤشر القيمة الحالية للمشروع (ب) والذي يعادل ١.٢٥ هو أكبر من مؤشر القيمة الحالية للمشروع (جـ) والذي يعادل ١.١٢٥. وهذا يشير أن ربحية المشروع (ب) لكل دينار من الاستثمار هو أعلى من ربحية المشروع (جـ)، وبالتالي فإن المشروع الاستثماري (ب) هو أفضل للمنشأة من المشروع الاستثماري (جـ).

من الواضح أنه عند وجود اموال محدودة للاستثمار فإنه يمكن استعمال مؤشر القيمة الحالية للمفاضلة بين المشاريع الاستثمارية المختلفة في قيمتها الحالية للتكلفة وهذا المؤشر هو أفضل لغايات المقارنة بين المشاريع المختلفة من معيار صافي القيمة الحالية والذي يمكن استعماله عندما تكون القيمة الحالية للتكلفة متساوية للمشاريع المختلفة.

٤-٣ طريقة معدل العائد الداخلي Internal Rate of Return Method

يمكن تعريف معدل العائد الداخلي بأنه معدل الخصم أو الفائدة الذي عنده تتساوى قيمة التدفقات النقدية الواردة المخصومة لمشروع استثماري معين مع تكاليف ذلك المشروع المبدئية. أو بعبارة أخرى، أن معدل العائد الداخلي لمشروع استثماري معين هو الذي يؤدي إلى صافي قيمة حالية لذلك المشرع يساوي الصفر.

ولتوضيح كيفية احتساب معدل العائد الداخلي لمشروع استثماري معين فإننا نورد مثال رقم (٨) التالي:

مثال رقم (٨):

يوجد لدى شركة الشرق الأوسط مبلغ ١١٠٥٩ دينار وترغب باستثماره بمشروع معين حيث من المتوقع أن يؤدي ذلك المشروع إلى التدفقات النقدية التالية خلال الأربع سنوات القادمة والمقدرة لعمر المشروع.

نهاية السنة	التدفقات النقدية الواردة
١	٥٠٠٠ دينار
٢	٤٠٠٠ دينار
٣	٣٠٠٠
٤	٢٠٠٠

المطلوب:

احتساب معدل العائد الداخلي للمشروع الاستثماري

اجابة مثال رقم (٨):

لاحتساب معدل العائد الداخلي فإنه يجب معرفة معدل الخصم الذي يؤدي إلى تساوي التدفقات النقدية الواردة المخصومة مع القيمة الحالية للمشروع.

ومن هنا فإنه يمكن استعمال المعادلة التالية لاحتساب معدل العائد الداخلي (ف) للمشروع الاستثماري:

$$١١٠٥٩ = \frac{٥٠٠٠}{(١+ف)^{١}} + \frac{٤٠٠٠}{(١+ف)^{٢}} + \frac{٣٠٠٠}{(١+ف)^{٣}} + \frac{٢٠٠٠}{(١+ف)^{٤}}$$

وباستعمال الالات الحاسبة الحديثة أو الحاسب الآلي فإنه يمكن التوصل إلى أن معدل العائد الـداخلي (ف) هو ١٢٪ للمشروع الاستثماري.

وتعتبر طريقة معدل العائد الداخلي احدى طرق التـدفق النقـدي المخصـوم. ويمكـن استعمال طريقة العائد الداخلي للمفاضلة بين المشاريع الاستثمارية المختلفة بحيـث يتم في البدايـة تحديـد معدل القطع أو الفصل (Cutoff rate) ثم يتم قبول المشروع الاستثماري الذي يزيد فيه معدل العائد الـداخلي عـن معدل القطع أو الفصل بينما يتم رفض المشروع الاستثماري الذي يقل فيه معدل العائد الـداخلي عـن معدل القطع. وفي حالة قبول أكثر من مشروع استثماري فإن المفاضلة بين تلك المشاريع الاستثمارية تـتم باختيار المشروع الاستثماري الذي يكون فيه معدل العائد الداخلي هو الأعلى.

ومن الجدير بالذكر أن المنشآت المختلفة تستعمل معدل تكلفة رأس المال بمثابة معدل القطـع أو الفصل الذي يتم مقارنته مع معدل العائد الداخلي لاتخاذ القرار بقبول أو رفض المشروع الاستثماري. وفي حالة كون مصادر الأموال تتكون مـن مصادر داخليـة (حقـوق الملكيـة) ومصـادر خارجيـة (التزامات للغير) فإنه يتم الاعتماد على المتوسط المرجح لتكلفة رأس المال والذي يأخذ بعين الاعتبار الهيكل التمويلي للمنشأة. فمثلا إذا افترضنا أن مصادر التمويل لدى منشأة معينة تتكون مـن ٥٠٪ مـن مصادر داخليـة (حقوق ملكية) و ٥٠٪ من مصادر خارجية (التزامات للغير)، وان تكلفة حقوق الملكيـة تبلغ ١٢٪ بينما تبلغ الفائدة على المصادر الخارجية ٨٪، فإنه يتم احتساب المتوسط المرجح لتكلفة رأس المال كما يلي:

$$\text{المتوسط المرجح لتكلفة رأس المال} = (١٢\% \times ٥٠\%) + (٨\% \times ٥٠\%)$$
$$= ٠.٠٦ + ٠.٠٤$$
$$= ٠.١٠$$

وبالتالي فإنه يمكن استخدام معدل للقطع أو الخصـم مسـاويا ١٠٪ لغـرض المقارنـة مـع معدل العائد الداخلي وبالتالي لقبول أو رفض مشروع استثماري معين.

ومما يجب مراعاته بهذا الخصوص هو التغير في الهيكـل التمويلي للمنشأة والـذي يتسـبب في التغير على المتوسط المرجح لتكلفة رأس المال مما يؤثر بالتالي عـلى تقيـيم المشاريع الاستثمارية المختلفة. فمثلا إذا قامت المنشأة بتغيير هيكلها

التمويلي ليصبح ٧٥% من المصادر الخارجية و ٢٥% من المصادر الداخلية، فإن المتوسط المرجح لتكلفة رأس المال سوف يصبح:

المتوسط المرجح لتكلفة رأس المال = (١٢% × ٢٥%) + (٨% × ٧٥%)
= ٠.٠٣ + ٠.٠٦
= ٠.٠٩

ويلاحظ ان المتوسط المرجح لتكلفة رأس المال قد انخفض نتيجة زيادة التمويل من المصادر الخارجية في هذه الحالة وذلك بسبب انخفاض معدل تكلفة التمويل من المصادر الخارجية عن تكلفة التمويل من المصادر الداخلية.

ويتضح من المثال السابق أن قرار الاستثمار يتأثر بالهيكل التمويلي للمنشأة، كما يتأثر بكثير من العوامل منها تأثير الضرائب على الارباح ودرجة المخاطرة المالية الناتجة عن الاقتراض من الغير.

٣-٤-١ مقارنة بين طريقة صافي القيمة الحالية وطريقة معدل العائد الداخلي

عند تحليل مشروع استثماري معين فإن اتخاذ القرار بقبوله او برفضه سيكون واحدا سواء باستعمال طريقة صافي القيمة الحالية أو طريقة معدل العائد الداخلي. فإذا تم التفوق على معدل القطع، فإن صافي القيمة الحالية سيكون رقما موجبا، وسوف يزيد معدل العائد الداخلي عن معدل القطع. وبهذه الحالة يتم قبول المشروع الاستثماري. ويعتمد استعمال أية طريقة هنا على رغبة وتفضيل الطريقة من وجهة نظر الادارة، وبشكل عام فإن إدارة المنشأة تفضل استعمال طريقة صافي القيمة الحالية وخاصة في الحالات التي يكون فيها التدفقات النقدية الواردة من المشروع الاستثماري غير متساوية خلال حياة المشروع.

من الملاحظ أن هناك بعض الصعوبات في التطبيق لايجاد معدل العائد الداخلي للمشروع الاستثماري، حيث يتطلب الأمر عدة محاولات من التجربة والخطأ حتى يتم التوصل إلى معدل العائد الداخلي وخاصة عند وجود تدفقات نقدية واردة مختلفة من المشروع الاستثماري على مدار حياة المشروع الانتاجية. أما في حالة استعمال طريقة صافي القيمة الحالية فإنه يتم استخدام معدل القطع المعروف لغايات الخصم واحتساب القيمة الحالية للتدفقات النقدية المختلفة.

وفي حالة المفاضلة بين بدائل المشاريع الاستثمارية المختلفة وإعطاء الترتيب المناسب لهذه البدائل فإنه يمكن القول بأن طريقة معدل العائد الداخلي سوف تعطي نفس الترتيب الذي تعطيه طريقة صافي القيمة الحالية فقط عند توفر الشروط التالية:

١- ان معدل القطع أو الخصم المستعمل في طريقة معدل العائد الداخلي يساوي معدل تكلفة رأس المال.
٢- انه يوجد فقط معدل واحد للعائد الداخلي.
٣- ان المشاريع الاستثمارية لها نفس الحياة الانتاجية.
٤- ان المشاريع الاستثمارية غير متبادلة كليا أي أنه يمكن اختيار وتنفيذ أكثر من مشروع استثماري بنفس الوقت من بين البدائل المتاحة.

فيما عدا الشروط السابقة فإن طريقة معدل العائد الداخلي سوف تؤدي إلى قرارات غير سليمة حول المشاريع الاستثمارية المختلفة.

وعليه فإن العديد من المنشآت تفضل استعمال طريقة صافي القيمة الحالية لبساطتها وإمكانية تطبيقها في كافة الظروف والأحوال بالإضافة إلى أنها تؤدي إلى اتخاذ القرارات الاستثمارية السليمة.

٤- طريقة فترة الاسترداد Payback Method

تعتبر طريقة فترة الاسترداد احدى الطرق المتعلقة بتقييم المشاريع الاستثمارية المختلفة. ويمكن تعريف فترة الاسترداد بأنها تلك الفترة التي تتمكن المنشأة في نهايتها من استرداد التكلفة الأصلية للإستثمار. فكلما قصرت فترة الاسترداد كلما قلت درجة المخاطرة المتعلقة بالاستثمار. وكذلك الحال يمكن الاستفادة من الأموال التي يتم استردادها بإعادة استثمارها بمشاريع أخرى مربحة.

ويمكن احتساب فترة الاسترداد بطريقة مباشرة وسهلة ونورد الامثلة التالية تطبيقا على ذلك.

مثال رقم (٩):

ترغب الشركة الأهلية بالقيام بمشروع استثماري تكلفته الحالية ١٢٠٠٠ دينار وينتج عنه تدفقات نقدية واردة بمبلغ ٤٠٠٠ دينار سنويا ولمدة ٥ سنوات.

المطلوب:

احتساب فترة الاسترداد لتكلفة المشروع الاستثماري.

اجابة مثال رقم (٩):

$$\text{فترة الاسترداد للمشروع الاستثماري} = \frac{\text{التكلفة الحالية للاستثمار}}{\text{التدفق النقدي السنوي المتساوي}}$$

$$= \frac{١٢٠٠٠}{٤٠٠٠}$$

$$= ٣ \text{ سنوات}$$

يتضح من اجابة المثال رقم (٩) أن الشركة الأهلية سوف تتمكن من استرداد التكلفة الأصلية للاستثمار في نهاية السنة الثالثة من الاستثمار.

مثال رقم (١٠):

ترغب الشركة الوطنية بشراء سيارة تكلفتها الحالية ١٢٠٠٠ دينار وتقدر حياتها الانتاجية بخمس سنوات، وسوف تستعمل الشركة طريقة القسط الثابت لإهتلاك السيارة علما بأنه لا توجد قيمة نفاية للسيارة في نهاية عمرها الانتاجي. وتقدر التدفقات النقدية كما يلي:

٨٠٠٠ دينار إيراد سنوي، و ٤٠٠٠ دينار مصاريف تشغيلية سنوية.

المطلوب:

احتساب فترة استرداد التكلفة الأصلية للاستثمار بشراء السيارة، بافتراض ان كافة التدفقات النقدية تحدث في نهاية كل عام وأن معدل الضريبة على الأرباح هو ٣٠%.

إجابة مثال رقم (١٠):

٨٠٠٠ دينار	ايراد
(٤٠٠٠) دينار	مصاريف نقدية
(٢٤٠٠) دينار	الاهتلاك (١٢٠٠٠/ ٥)
١٦٠٠	الربح قبل الضريبة
(٤٨٠)	ضريبة الدخل (٣٠%)
١١٢٠ دينار	الربح بعد الضريبة
٨٠٠٠ دينار	الايراد السنوي
(٤٠٠٠)	المصاريف التشغيلية النقدية السنوية
(٤٨٠)	ضريبة الدخل
٣٥٢٠ دينار	التدفقات النقدية الواردة السنوية (بعد الضريبة)

$$\text{فترة الاسترداد لشراء السيارة} = \frac{\text{التكلفة الحالية للاستثمار}}{\text{التدفق النقدي السنوي المتساوي}}$$

$$= \frac{١٢٠٠٠}{٣٥٢٠}$$

= ٣.٤١ سنة

يتضح من اجابة المثال رقم (١٠) أن الشركة الوطنية سوف تتمكن من استرداد التكلفة الأصلية للسيارة بعد ٣.٤١ سنة من تاريخ الاستثمار.

مثال رقم (١١):

ترغب شركة الإزدهار بشراء سيارة تكلفتها ٢٠٠٠٠ دينار وتقدر حياتها الانتاجية بستة سنوات، كما يقدر صافي التدفقات النقدية الواردة خلال الحياة الانتاجية للسيارة كما يلي:

السنة	صافي التدفقات النقدية الواردة
١	٨٠٠٠ دينار
٢	٧٠٠٠
٣	٦٠٠٠
٤	٤٠٠٠
٥	٣٠٠٠
٦	١٠٠٠

المطلوب:

احتساب فترة استرداد التكلفة الحالية للسيارة بافتراض ان التدفقات النقدية تحدث في نهاية كل عام.

اجابة مثال رقم (١١):

حيث ان التدفقات النقدية الواردة من السيارة غير متساوية خلال العمر الانتاجي للسيارة، فإنه يجب في هذه الحالة تجميع التدفقات النقدية حتى يتم استرداد التكلفة الحالية للسيارة. وبهذا فإنه يتم احتساب فترة الاسترداد كالتالي:

التدفقات النقدية المتجمعة في السنتين الاولى والثانية = ٨٠٠٠ + ٧٠٠٠= ١٥٠٠٠دينار

والباقي وقدره ٥٠٠٠دينار (٢٠٠٠٠ - ١٥٠٠٠) وهو اللازم لاسترداد تكلفة السيارة سوف يتم تجميعه في السنة الثالثة والبالغ تدفقاتها النقدية ٦٠٠٠دينار.

وحيث ان الباقي اللازم لاسترداد التكلفة يعادل

$$\frac{٥٠٠٠}{٦٠٠٠} \quad \text{أو} \quad \frac{٥}{٦}$$

من تدفقات السنة الثالثة، فإننا نستطيع استنتاج ما يلي:

$$\text{فترة استرداد تكلفة السيارة} \quad = \quad ٢\frac{٥}{٦} \text{سنة}$$

من الملاحظ أن طريقة فترة الاسترداد لتقييم المشاريع الاستثمارية هي طريقة سهلة الاستعمال حيث تستطيع الإدارة بشكل فوري استبعاد تلك المشاريع الاستثمارية اذا كانت فترة استرداد تكاليفها الأصلية تزيد عن الحدود المسموح بها من قبل الإدارة.

ومن العيوب التي تؤخذ على طريقة فترة الاسترداد انها تتجاهل المنفعة الزمنية للنقود خلال الحياة الانتاجية للمشاريع الاستثمارية، هذا بالإضافة إلى أنها تتجاهل التدفقات النقدية المترتبة على المشاريع الاستثمارية والتي تنشأ بعد فترة استرداد التكلفة الاصلية لتلك المشاريع.

٥- طريقة معدل العائد المحاسبي Accounting Rate of Return Method

تدعى طريقة معدل العائد المحاسبي أحيانا بطريقة معدل العائد على الاستثمار، ويمكن احتساب العائد المذكور كما يلي:

$$
\text{معدل العائد المحاسبي على الاستثمار} = \frac{\text{متوسط ربح الاستثمار السنوي}}{\text{متوسط الاستثمار في المشروع}}
$$

وسوف يتم توضيح احتساب معدل العائد المحاسبي باستعمال مثال رقم (١٢) التالي.

مثال رقم (١٢):

ترغب الشركة الحديثة بالاستثمار بشراء سيارة تكلفتها الحالية ١٢٠٠٠دينار وتقدر حياتها الانتاجية بخمس سنوات ولا توجد قيمة نفاية للسيارة في نهاية حياتها الانتاجية ويتم اهتلاكها باستعمال طريقة القسط الثابت للاهتلاك.

بافتراض ان الاستثمار المذكور سوف يعطي دخلا مجموعه ٦٠٠٠ دينار خلال الخمس سنوات الانتاجية، أي بمعدل ربح ١٢٠٠ دينار سنويا.

المطلوب
احتساب معدل العائد المحاسبي للاستثمار بالسيارة.

إجابة مثال رقم (١٢):

حيث أن قيمة النفاية للاستثمار بالسيارة تعادل صفراً أي لا توجد قيمة نفاية للسيارة في نهاية العمر الانتاجي لها، فإنه يمكن استنتاج ما يلي:

$$\text{متوسط الاستثمار بشراء السيارة} \quad = \quad \frac{\text{صفر} + ١٢٠٠٠}{٢} \quad = \quad ٦٠٠٠ \text{ دينار}$$

وحيث أن متوسط الربح المحاسبي من الاستثمار بالسيارة يعادل ١٢٠٠ دينار سنويا فإنه يمكن احتساب معدل العائد المحاسبي للاستثمار بالسيارة كما يلي:

$$\text{معدل العائد المحاسبي للاستثمار بالسيارة} \quad = \quad \frac{\text{متوسط ربح الاستثمار السنوي}}{\text{متوسط الاستثمار في المشروع}}$$

$$= \quad \frac{١٢٠٠}{٦٠٠٠}$$

$$= ٢٠\%$$

يلاحظ من إجابة مثال رقم (١٢) أن طريقة معدل العائد المحاسبي تتجاهل المنفعة الزمنية للنقود خلال الحياة الانتاجية للمشروع الاستثماري وتعتمد على المعلومات المتعلقة بالربح المحاسبي بدلا من المعلومات المتعلقة بالتدفقات النقدية الناتجة عن الاستثمار.

كما يلاحظ ان طريقة معدل العائد المحاسبي تعتمد على مفاهيم متوسط الربح ومتوسط الاستثمار وهي مفاهيم محاسبية مصممة أصلا لغايات تقييم ربح الفترة والوضع المالي وليس لتقييم المشاريع الاستثمارية.

وعليه فإن طريقة معدل العائد المحاسبي قد تعطي نتائج مغايرة لما تعطيه طريقة معدل العائد الداخلي مثلا عند تقييمها لمشاريع استثمارية مختلفة.

ومن الجدير بالذكر أنه قد يتم احتساب معدل العائد المحاسبي باستعمال قيمة الاستثمار المبدئية بدلا من قيمة متوسط الاستثمار وبهذه الحالة فإن معدل العائد المحاسبي سوف يعادل نصف ما تم احتسابه باستعمال قيمة متوسط الاستثمار. وباستعمال المعلومات الواردة في مثال رقم (١٢) لاحتساب معدل العائد المحاسبي باستخدام قيمة الاستثمار المبدئية فإنه يمكن استنتاج ما يلي:

$$\text{معدل العائد المحاسبي (باستعمال الاستثمار المبدئي)} = \frac{\text{متوسط ربح الاستثمار السنوي}}{\text{التكلفة المبدئية للاستثمار}}$$

$$= \frac{١٢٠٠}{١٢٠٠٠}$$

$$= ١٠\%$$

٦- طريقة وقت التعادل Breakeven Time Method

يقصد بوقت التعادل ذلك الوقت الذي تتساوى عنده القيمة الحالية المتراكمة للتدفقات النقدية الواردة للمشروع الاستثماري مع القيمة الحالية المتراكمة للتدفقات النقدية الخارجية للمشروع الاستثماري. وبهذا فإن طريقة وقت التعادل لتحليل المشاريع الاستثمارية تشبه إلى حد ما طريقة فترة الاسترداد إلا أنها تأخذ المنفعة الزمنية للنقود في الاعتبار بالإضافة لتركيزها على التدفقات النقدية للمشروع الاستثماري. كما أن طريقة وقت التعادل تشجع الموظفين على بذل الجهود لإنتاج منتج جديد وطرحه بالاسواق للبيع في اسرع وقت ممكن.

يمكن استعمال طريقة وقت التعادل للمفاضلة بين المشاريع الاستثمارية وتطوير المنتجات وإنتاج منتجات جديدة. فمثلا يمكن للإدارة اختيار المشاريع الاستثمارية التي يكون فيها وقت التعادل اقل من خمسة سنوات.

أما بالنسبة لعيوب طريقة وقت التعادل فمنها أنه يتم احتساب الوقت ابتداء من لحظة موافقة الادارة على المشروع وليس من تاريخ الاستثمار الفعلي في المشروع، ولهذا فإن هذه الطريقة لا تأخذ في الحسبان التأخير الناتج عن تنفيذ الاستثمار الفعلي وبالتالي ففي حالة تطوير منتج جديد فقد يتأخر هذا التطوير بسبب تأخير تنفيذ قرار الادارة المتعلق بتطوير المنتج الجديد. هذا بالإضافة إلى ان طريقة وقت التعادل تتجاهل التدفقات النقدية للمشروع الاستثماري بعد استرداد قيمة الاستثمار المبدئية.

وفيما يلي مثال رقم (١٣) لتوضيح كيفية احتساب وقت التعادل.

مثال رقم (١٣):

في ٢٠٠٨/١٢/٣١ وافقت إدارة شركة الصناعة الحديثة على إنتاج المنتج الجديد (أ). ومن المتوقع البدء في انتاج هذا المنتج الجديد في نهاية عـام ٢٠٠٩ وسـوف ينتهـي مـن تنفيـذ الانتـاج الجديـد في سـنة ٢٠١٠. فبافتراض ان قيمة الاستثمار المبدئية تعـادل ١٥ مليـون دينار، ومن المتوقع أن مليـوني دينـار مـن الاستثمار سوف تدفع في ٢٠٠٩/١٢/٣١ بينما يدفع الباقي وقـدره ١٣ مليـون دينار في ٢٠١٠/١٢/٣١ وفيما يلي ملخص للتدفقات النقدية المتعلقة بالمشروع الاستثماري الجديد (المبالغ بملايين الدنانير).

التدفقات النقدية الواردة للمنتج	التدفقات النقدية الخارجة للاستثمار	السنة
	٢ دينار	٢٠٠٩
	١٣	٢٠١٠
٣ دينار		٢٠١١
٦		٢٠١٢
٧		٢٠١٣
٨		٢٠١٤
٩		٢٠١٥

المطلوب:

احتساب وقت التعادل للمنتج الجديد (أ) بافتراض ان الشركة تستعمل نسبة ١٦% معدل العائد المطلوب على هذا الاستثمار. وأن التدفقات النقدية الواردة في ٢٠١٥/١٢/٣١ تتضمن تدفقات نقديـة واردة قيمتها ٢ مليون دينار ناتجة عن التخلص من الاستثمار.

اجابة مثال رقم (١٣):

يتم احتساب وقت التعادل ابتداء مـن ٢٠٠٨/١٢/٣١ وهـو تـاريخ موافقـة ادارة شركة الصناعة الحديثة على انتاج المنتج الجديد.

وفيما يلي جدول الاستثمار والتدفقات النقدية للمنتج بالمليون دينار.

الاستثمار والتدفقات النقدية للمنتج (بالمليون دينار)

القيمة الحالية المتراكمة للتدفقات النقدية الواردة للمنتج (٧)	القيمة الحالية للتدفقات النقدية الواردة للمنتج (٥)×(١)=(٦)	التدفقات النقدية الواردة من المنتج والتخلص من الاستثمار (٥)	القيمة الحالية المتراكمة للتدفقات النقدية الخارجة للاستثمار (٤)	القيمة الحالية للتدفقات النقدية الخارجة للاستثمار (٢)×(١)=(٣)	التدفقات النقدية الخارجة للاستثمار (٢)	معامل خصم القيمة الحالية عند نسبة ١٦٪ (١)	السنة
						١	٢٠٠٨
			(١.٧٢٤)	(١.٧٢٤)	(٢)	٠.٨٦٢	٢٠٠٩
			(١١.٣٨٣)	(٩.٦٥٩)	(١٣)	٠.٧٤٣	٢٠١٠
١.٩٢٣	١.٩٢٣	٣				٠.٦٤١	٢٠١١
٥.٢٣٥	٣.٣١٢	٦				٠.٥٥٢	٢٠١٢
٨.٥٦٧	٣.٣٣٢	٧				٠.٤٧٦	٢٠١٣
١١.٨٤٧	٣.٢٨٠	٨				٠.٤١٠	٢٠١٤
١٥.٠٣٣	٣.١٨٦	٩				٠.٣٥٤	٢٠١٥

من المعلوم أن وقت التعادل هو الوقت الذي تتساوى عنده القيمة الحالية المتراكمة للتدفقات النقدية الواردة من الاستثمار مع القيمة الحالية المتراكمة للتدفقات النقدية الخارجة للاستثمار. ويتبين من جدول الاستثمار والتدفقات النقدية للمنتج أن شركة الصناعة الحديثة تسترد ما مجموعه ٨.٥٦٧ مليون دينار من القيمة الحالية المتراكمة للتدفقات النقدية الخارجة وهي ١١.٣٨٣ مليون دينار لغاية ٢٠١٣/١٢/٣١. وبالتالي فإنه يتبقى على الشركة استرداد ٢.٨١٦ مليون دينار (١١.٣٨٣-٨.٥٦٧). وحيث ان القيمة الحالية للتدفقات النقدية الواردة من الاستثمار تعادل ٣.٢٨٠ مليون دينار خلال سنة ٢٠١٤، فإن الشركة سوف تسترد القيمة الحالية للتدفقات النقدية الخارجة للاستثمار خلال سنة٢٠١٤.

ومن هنا فإنه يتم احتساب وقت التعادل كالتالي:

$$\text{وقت التعادل} = \text{٥ سنوات (من ٢٠٠٨/١٢/٣١ ولغاية ٢٠١٣/١٢/٣١)} + \frac{٢.٨١٦}{٣.٢٨٠}$$

$$= ٥.٨٦ \text{ سنة}$$

مثال شامل رقم (١٤):

تفكر شركة الصناعة الوطنية بتاريخ ٢٠٠٨/١/١ باستبدال احدى الالات المستعملة حاليا لديها. علما بأن هذه الآلة قد تم اهتلاكها كليا لكن يمكن الاستمرار باستعمالها لنهاية سنة ٢٠١٢ حيث تصبح عندها قيمة النفاية للآلة مساوية للصفر. وفي حالة اتخاذ قرار باستبدال الآلة في ٢٠٠٨/١/١ فإن شركة الازدهار قد عرضت شراء الآلة المستعملة بذلك التاريخ بمبلغ ٦٠٠٠٠ دينار.

وفي حالة استبدال الالة القديمة فسوف يتم شراء آلة جديدة بتاريخ ٢٠٠٨/١/٢ بمبلغ مليون دينار نقدا من شركة الالات الحديثة. وتقدر التدفقات النقدية الواردة نتيجة استعمال الآلة الجديدة بمبلغ ٣٠٠٠٠٠ دينار سنويا ولغاية نهاية العمر الانتاجي لها في ٢٠١٢/١٢/٣١ حيث من المتوقع ان تكون قيمة النفاية لها عندئذ مساوية للصفر.

بافتراض ان شركة الصناعة الوطنية غير خاضعة للضريبة وأن كافة النقدية التشغيلية الواردة والمصاريف النقدية التشغيلية تحدث في نهاية العام علما بأن الشركة تصدر قوائمها المالية في ١٢/٣١ من كل عام.

المطلوب:

١) بافتراض ان شركة الصناعة الوطنية ترغب بالحصول على عائد من استثمارها بنسبة ١٢%، ما هو صافي القيمة الحالية لاستبدال الآلة القديمة بالآلة الجديدة؟

٢) ما هو معدل العائد الداخلي لاستبدال الآلة القديمة بالآلة الجديدة؟

٣) ما هي فترة الاسترداد لاستبدال الآلة القديمة بالآلة الجديدة؟

٤) ما هو معدل العائد المحاسبي على الاستثمار المبدئي؟

٥) ما هو وقت التعادل لاستبدال الآلة القديمة بالآلة الجديدة بافتراض رغبة الشركة بالحصول على عائد من استثمارها بنسبة ١٢%؟

إجابة مثال شامل رقم (١٤):

١) **صافي القيمة الحالية** = $- ١٠٠٠٠٠٠ + ٦٠٠٠٠ + ٣٠٠٠٠٠ \times \frac{١-(١+٠.١٢)^{-٥}}{٠.١٢}$

= - ١٠٠٠٠٠٠ + ٦٠٠٠٠ + ٣٠٠٠٠٠ × ٣.٦١

= ١٤٣٠٠٠ دينار

٢) لاحتساب معدل العائد الداخلي فإنه يمكن حل المعادلة التي يكون فيها صافي القيمة الحالية مساويا للصفر لاستخراج معامل القيمة الحالية عند عدد الفترات (ن=٥) ومعدل العائد الداخلي = ف

صفر = - ١٠٠٠٠٠٠ + ٦٠٠٠٠ + ٣٠٠٠٠٠ × معامل القيمة الحالية

$$\text{معامل القيمة الحالية} = \frac{940000}{300000} = 3.13$$

$$3.13 = \frac{1-(1+\text{ف})^{-5}}{\text{ف}}$$

وبحل المعادلة السابقة فإنه يمكن التوصل إلى ان قيمة ف = ١٨%
أي أن معدل العائد الداخلي = ١٨%

كما يمكن التوصل إلى نفس النتيجة بتفحص جدول القيمة الحالية لدفعة دورية عادية عندما تكون عدد الفترات مساوية ٥ ومعامل القيمة الحالية مساويا للقيمة ٣.١٣.

٣) **فترة الاسترداد لاستبدال الآلة القديمة بآلة جديدة =** $\dfrac{\textbf{التكلفة الحالية للاستثمار}}{\textbf{التدفق النقدي السنوي المتساوي}}$

$$= \frac{1000000-60000}{300000}$$

$$= \frac{940000}{300000}$$

= ٣.١٣ سنة

٤) معدل العائد المحاسبي على الاستثمار المبدئي = $\frac{\text{الزيادة في معدل الربح التشغيلي الناتج عن الاستثمار}}{\text{الزيادة المبدئية في الاستثمار}}$

$$= \frac{\text{٣٠٠٠٠٠- المعدل السنوي للاهتلاك}}{\text{١٠٠٠٠٠٠ - ٦٠٠٠٠}}$$

$$= \frac{\text{٣٠٠٠٠٠} - \frac{\text{١٠٠٠٠٠٠}}{\text{٥}}}{\text{٩٤٠٠٠٠}}$$

$$= \frac{\text{١٠٠٠٠٠}}{\text{٩٤٠٠٠٠}}$$

= ١١%

٥) جدول التدفقات النقدية الصافية والقيمة الحالية لها

التاريخ (١)	الفترة (٢)	صافي التدفقات النقدية (٣)	معامل القيمة الحالية عند معدل فائدة ١٢% $\frac{1}{(1+ف)^{ن}}$ (٤)	القيمة الحالية لصافي التدفقات النقدية (٥)=(٣)×(٤)	صافي القيمة الحالية المتراكم (٦)
٢٠٠٨/١/١	٠	(٩٤٠٠٠٠)	١	(٩٤٠٠٠٠)	(٩٤٠٠٠٠)
٢٠٠٨/١٢/٣١	١	٣٠٠٠٠٠	٠.٨٩	٢٦٧٠٠٠	(٦٧٣٠٠٠)
٢٠٠٩/١٢/٣١	٢	٣٠٠٠٠٠	٠.٨٠	٢٤٠٠٠٠	(٤٣٣٠٠٠)
٢٠١٠/١٢/٣١	٣	٣٠٠٠٠٠	٠.٧١	٢١٣٠٠٠	(٢٢٠٠٠٠)
٢٠١١/١٢/٣١	٤	٣٠٠٠٠٠	٠.٦٤	١٩٢٠٠٠	(٢٨٠٠٠)
٢٠١٢/١٢/٣١	٥	٣٠٠٠٠٠	٠.٥٧	١٧١٠٠٠	١٤٣٠٠٠

يتضح من الجدول السابق أنه يمكن احتساب وقت التعادل لاستبدال الآلة القديمة بالآلة الجديدة كما يلي:

$$\text{وقت التعادل} = ٤ + \frac{٢٨٠٠٠}{١٧١٠٠٠} = ٤.١٦ \text{ سنة}$$

٧- الخلاصة

تم التعرض إلى خمسة طرق للتحليل الكمي لاتخاذ قرار الاستثمار المناسب وهذه الطرق هـي طريقة صافي القيمة الحالية وطريقة معدل العائـد الـداخلي وتنـدرج هـذه الطـرق تحـت نمـوذج التـدفق النقدي المخصوم هذا بالإضافة إلى طريقة فترة الاسترداد وطريقة معدل العائد المحاسبي وطريقة وقـت التعادل. ولكل من هذه الطرق مزايا وعيوب تم التعرض إليها عند شرح تلك الطرق. وبشـكل عـام فإنـه يمكن استعمال اكثر من طريقة للتوصل إلى قرار الاستثمار السليم.

المصطلحات

Accounting Rate of Return	معدل العائد المحاسبي
Annuity Due	الدفعة الفورية
Breakeven Time	وقت التعادل
Capital Budgeting	الموازنات الرأسمالية
Discounted Cash Flow	التدفق النقدي المخصوم
Internal Rate of Return	معدل العائد الداخلي
Net Present Value	صافي القيمة الحالية
Ordinary Annuity	الدفعة العادية
Payback Period	فترة الاسترداد
Present Value	القيمة الحالية

أسئلة وتمارين

١) ما المقصود بالموازنة الرأسمالية؟

٢) ما هي مراحل اعداد الموازنة الرأسمالية؟

٣) عدد طرق التدفق النقدي المخصوم.

٤) ما المقصود بالقيمة الحالية؟

٥) قارن بين طريقة صافي القيمة الحالية وطريقة معدل العائد الداخلي.

٦) ما هي مزايا وعيوب طريقة فترة الاسترداد؟

٧) قارن بين طريقة فترة الاسترداد وطريقة وقت التعادل.

٨) ما المقصود بمعدل العائد المحاسبي؟

٩) اشترت شركة الأزهار مبنى بمبلغ ثمانون الف دينار بتاريخ ٢٠١٢/١/٢. وقد دفعت الشركة مبلغ عشرة الاف دينار بذلك التاريخ، في حين انها ستدفع الرصيد بالإضافة إلى فائدة بمعدل ٤% مركبة سنويا وعلى مدار ١٤ دفعة سنوية، وتستحق الدفعة الاولى في ٢٠١٥/١/٢. ما هي قيمة كل دفعة؟

١٠) باعت الشركة الوطنية سيارة بمبلغ ١٠٠٠ دينار نقدا و ٦٠ دينار تدفع في نهاية كل شهر ولمدة ١٠ سنوات. ما هو السعر النقدي المعادل بافتراض ان معدل الفائدة السنوي ٥% وهي مركبة شهريا؟

١١) يوجد لدى الشركة الأهلية مبلغ ستماية الف دينار للاستثمار. فإذا علمت أن تكلفة رأس المال للشركة تعادل ٢٠% ويوجد امامها ثلاثة مشاريع رأسمالية ترغب بالاختيار من بينها بالتدفقات النقدية التالية: (المبالغ بالاف الدنانير).

السنة	مشروع ٣	مشروع ٢	مشروع ١
٠	(٤٠٠) دينار	(٣٥٠) دينار	(٢٠٠) دينار
١	٧٠	٨٠	٥٠
٢	١٥٠	١٩٠	٩٠
٣	٢٧٠	٢٥٠	١٠٠
٤	٢٠٠	١٢٠	١٠٠

المطلوب:

ما هو أفضل استثمار من المشاريع المذكورة بالأموال المتاحة للاستثمار لدى الشركة؟

١٢) ربح سعيد مسلم الجائزة الكبرى في اليانصيب الخيري الأردني وسوف يتسلم سعيد مبلغ خمسة وعشرون الف دينار في نهاية كل سنة من السنوات الأربع القادمة. بافتراض ان معدل الخصم المناسب هو ٨%، ما هي القيمة الحالية للدفعات المستقبلية للرابح سعيد؟

١٣) ترغب شركة السهل الأخضر بشراء آلة لاستعمالها بالعمليات الصناعية في الشركة. وقد قدم للشركة عرضين لآلتين مختلفتين هما (أ) و (ب) وفيما يلي صافي التدفقات النقدية لكل من هاتين الآلتين علما بأن الحياة الانتاجية لكل منهما هي ٣ سنوات:

	التكلفة الاصلية	السنة الاولى	السنة الثانية	السنة الثالثة
الآلة أ	(٥٠٠٠)دينار	٣٠٠٠دينار	٣٠٠٠دينار	٢٧٠٠دينار
الآلة ب	(٨٠٠٠)دينار	٤٠٠٠دينار	٥٠٠٠دينار	٤٠٠٠دينار

فإذا علمت أن تكلفة رأس المال لشركة السهل الأخضر يعادل ١٤%.

المطلوب:

(١) أي من الآلتين سوف يتم اختيارها بناء على معيار صافي القيمة الحالية؟

(٢) أي من الآلتين سوف يتم اختيارها بناء على معيار مؤشر القيمة الحالية؟

١٤) ترغب شركة النسور بشراء سيارة تكلفتها ٢٨٠٠٠ دينار ويقدر صافي التدفقات النقدية الواردة منها بمبلغ ٧٠٠٠دينار سنويا، علما بأنه سوف يتم اهتلاك السيارة باستعمال طريقة القسط الثابت على مدار الحياة الانتاجية للسيارة والمقدرة بسبع سنوات. فإذا علمت ان ضريبة الدخل على الشركة بمعدل ٣٠%.

المطلوب: احتساب معدل العائد المحاسبي على الاستثمار المبدئي في السيارة.

١٥) ترغب شركة الصناعة الحديثة باستخدام آلة جديدة تكلفتها ١٥٠٠٠٠دينار والتي سوف توفر على الشركة ما يعادل ٢٠٠٠٠ دينار سنويا من التكاليف التشغيلية النقدية، فإذا علمت ان العمر الإنتاجي للآلة هو ١٠ سنوات، وقيمة النفاية المتوقعة للآلة تعادل الصفر، بينما معدل العائد المطلوب هو ١٦%.

المطلوب:

١- احتساب فترة الاسترداد.

٢- احتساب صافي القيمة الحالية.

٣- احتساب معدل العائد الداخلي.

٤- احتساب معدل العائد المحاسبي للاستثمار المبدئي. بافتراض استعمال طريقة القسط الثابت للاهتلاك.

١٦) يرغب مستشفى الجامعة بشراء آلة جديدة للأشعة بتكلفة ١٢٠٠٠٠ دينار، وسوف تؤدي هذه الآلة إلى توفير ما يعادل مبلغ ٢٥٠٠٠دينار سنويا على مدار العمر الانتاجي للآلة والبالغ ١٠ سنوات. علما بأن معدل العائد المطلوب للمستشفى هو ١٤%.

المطلوب:

١- احتساب فترة الاسترداد.

٢- احتساب صافي القيمة الحالية.

٣- احتساب معدل العائد الداخلي.

٤- احتساب معدل العائد المحاسبي على الاستثمار المبدئي بافتراض استعمال طريقة القسط الثابت للاهتلاك وان قيمة النفاية للآلة تعادل صفر.

١٧) ترغب الشركة الصناعية باستبدال احدى الالات الموجودة لديها بآلة جديدة. بافتراض أن العمر الانتاجي المتبقي للآلة القديمة هو ٣ سنوات وأن قيمة الآلة الجديدة هي ٥٢٦٥٠ دينار وعمرها الانتاجي هو ٣ سنوات.

فإذا علمت بأن التدفقات النقدية الإضافية الواردة المتوقعة هي ٢٥٠٠٠ دينار سنويا.

المطلوب: احتساب معدل العائد الداخلي.

١٨) يرغب احد البنوك التجارية بشراء نظام الكتروني جديد لعملياته بقيمة مليوني دينار. ومن المتوقع زيادة التدفقات النقدية السنوية الواردة بمعدل ثمانماية الف دينار سنويا. بافتراض ان النظام الالكتروني سوف يستخدم لمدة ١٠ سنوات.

المطلوب: احتساب فترة الاسترداد.

١٩) ترغب شركة الصناعات الغذائية بشراء آلة حديثة لقسم الانتاج فيها، وفيما يلي بعض المعلومات المتعلقة بثلاثة عروض مقدمة للشركة:

	آلة ١	آلة ٢	آلة ٣
الاستثمار المبدئي	**٢٢٥٠٠٠دينار**	**٢٣٥٠٠٠دينار**	**٢١٠٠٠٠دينار**
التدفقات النقدية الواردة السنوية	**٥٠٠٠٠دينار**	**٥٠٠٠٠دينار**	**٥٠٠٠٠دينار**
العمر الانتاجي	**٥ سنوات**	**٤ سنوات**	**٨ سنوات**

فإذا علمت أن تكلفة رأس المال هي ١٠%.

المطلوب: أي آلة تختار باستعمال طريقة صافي القيمة الحالية؟

٢٠) ترغب شركة الدواء الحديثة بشراء آلة جديدة لتصنيع الأدوية، وقد تقدمت ثلاث شركات بالعروض التالية:

	آلة ١	آلة ٢	آلة ٣
الاستثمار المبدئي	**٩٠٠٠٠دينار**	**٩٠٠٠٠دينار**	**٩٠٠٠٠دينار**
الزيادة النقدية السنوية :			
السنة الاولى	**٨٠٠٠٠**	**٤٥٠٠٠**	**٩٠٠٠٠**
السنة الثانية	**١٠٠٠٠**	**٤٥٠٠٠**	**صفر**
السنة الثالثة	**٤٥٠٠٠**	**٤٥٠٠٠**	**صفر**
قيمة النفاية	**صفر**	**صفر**	**صفر**
الحياة الانتاجية	**٣ سنوات**	**٣ سنوات**	**١ سنة**

بافتراض ان الشركة تستخدم طريقة القسط الثابت لاهتلاك الاتها. وأن معدل العائد الداخلي هو ١٤%.

المطلوب:

١- احتساب فترة الاسترداد لكل آلة.

٢- احتساب صافي القيمة الحالية لكل آلة.

٣- احتساب معدل العائد المحاسبي لكل آلة.

٤- ترتيب عروض الالات طبقا للطرق المذكورة في المطاليب السابقة.

٥- ما هو أفضل عرض من العروض السابقة.

٢١) ترغب احدى الشركات الصناعية بشراء آلة تكلفتها المبدئية ٣٧٩١٠٠دينار وتقدر حياتها الانتاجية بخمس سنوات ولا يوجد لها قيمة نفاية في نهاية عمرها الانتاجي. افترض ان التدفقات النقدية الواردة السنوية هي ١٣٠٠٠٠ دينار وأن معدل العائد المطلوب هو ٨%.

المطلوب:

احتساب ما يلي:

(١) التدفق النقدي المخصوم

أ. صافي القيمة الحالية.

ب. معدل العائد الداخلي.

(٢) فترة الاسترداد.

(٣) معدل العائد المحاسبي على الاستثمار المبدئي.

(٤) وقت التعادل.

٢٢) كم يجب عليك ان توفر سنويا، بافتراض أن معدل الفائدة السنوية ٥% وانك ستعمل ٣٠سنة، وان هدفك هو التقاعد بمليوني دينار؟

أ) ١٦٥٥٦.٣ ‏ ‏ ‏ ‏ ‏ ‏ ‏ ‏ جـ) ١٣٠١٠٠دينار

ب) ٣٠١٠٢.٨ ‏ ‏ ‏ ‏ ‏ ‏ ‏ ‏ د) ٤٦٢٧٥٥ دينار

٢٣) ترغب احدى الشركات بشراء آلة جديدة. وتقدر التدفقات النقدية الواردة السنوية من الاستثمار بمبلغ ٣٠٠٠٠٠ دينار. فإذا كان معدل العائد المطلوب هو ١٢%، وان الآلة القديمة قد بقي في عمرها الانتاجي ٤ سنوات. وان الحياة الانتاجية للآلة الجديدة هي ٤ سنوات. ما هي اعلى قيمة ممكن ان تدفعها الشركة لشراء الآلة الجديدة؟

أ) ٥٠٧٠٠٠ دينار
ب) ٧٢٠٦٠٠ دينار
ج) ٧٩١٧٤٠ دينار
د) ٩١١٤٠٠ دينار

٢٤) أي من النتائج التالية لصافي القيمة الحالية هي الأقل قبولا؟

أ) (٢٠٠٠٠) دينار
ب) (٥٠٠٠) دينار
جـ) صفر دينار
د) ١٠٠٠٠ دينار.

٢٥) إن طريقة صافي القيمة الحالية هي أفضل من طريقة معدل العائد الداخلي بسبب:

أ) سهولة طريقة معدل العائد الداخلي.
ب) من الممكن وجود عدة معدلات للعائد الداخلي للاستثمارات.
ج) صعوبة استعمال طريقة صافي القيمة الحالية في القرارات الإدارية.
د) ان نتائج الطريقتين هما دائما متساويتان.

٢٦) ترغب احدى الشركات بتقييم احد مشاريعها الاستثمارية، حيث التدفقات النقدية الواردة للمشروع هي ٥٠٠٠٠دينار سنويا ولمدة ٥ سنوات. بافتراض ان معدل العائد المطلوب للسنوات الثلاثة الاولى هو ٢%، بينما معدل العائد المطلوب للسنتين الاخيرتين هو ١٠%.

ما هي القيمة الحالية للتدفقات النقدية الواردة؟

أ) ٢٥٠٠٠٠دينار
ب) ٢٤٧٧٣٠دينار
جـ) ٢٣٥٦٥٠دينار
د) ٢٠٩٣٥٠ دينار

٢٧) إن طريقة فترة الاسترداد تأخذ بعين الاعتبار:

	الارباح على مدار حياة المشروع	القيمة الزمنية للنقود
أ)	لا	لا
ب)	لا	نعم
جـ)	نعم	نعم
د)	نعم	لا

٢٨) من المفترض اعادة استثمار التدفقات النقدية بمعدل العائد على الاستثمار في أي من الطرق؟

	طريقة معدل العائد الداخلي	طريقة صافي القيمة الحالية
أ)	نعم	لا
ب)	لا	نعم
جـ)	لا	لا
د)	نعم	نعم

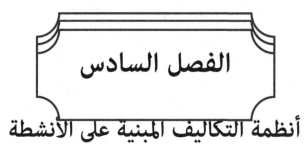

الفصل السادس

أنظمة التكاليف المبنية على الأنشطة

Activity – Based Costing Systems

يهدف هذا الفصل إلى تعريف القارئ بما يلي:

١- معنى كلمة أنشطة والأنواع الرئيسة للأنشطة في المنشآت المختلفة.

٢- أنظمة التكاليف المبنية على الأنشطة في المنشآت الخدمية.

٣- أنظمة التكاليف المبنية على الأنشطة في المنشآت التجارية.

٤- أنظمة التكاليف المبنية على الأنشطة في المنشآت الصناعية.

٥- مؤشرات الحاجة إلى نظام تكاليف مبني على الأنشطة.

٦- مزايا وعيوب استعمال نظام التكاليف المبني على الأنشطة.

الفصل السادس
أنظمة التكاليف المبنية على الأنشطة
Activity – Based Costing Systems

١- مقدمة:

تتجه المنشآت الحديثة إلى استعمال أنظمة التكاليف المبنية على الأنشطة بدلا من استعمال أنظمة التكاليف التقليدية. وسبب هذا التوجه هو وجود المزايا العديدة المتوفرة باستعمال أنظمة التكاليف المبنية على الأنشطة ومن هذه المزايا التوصل إلى تكاليف دقيقة للمنتجات المختلفة وتحسين الرقابة على التكاليف غير المباشرة بالإضافة إلى اتخاذ القرارات الإدارية المناسبة كالتسعير وما شابه. وبالرغم من وجود المزايا المختلفة لاستعمال أنظمة التكاليف المبنية على الأنشطة، إلا أن هناك بعض العيوب المتعلقة باستعماله كارتفاع تكاليف الحصول على بيانات التكاليف المتعلقة بالأنشطة المختلفة واستمرار مشكلة التخصيص العشوائي لبعض التكاليف غير المباشرة.

وتجدر الإشارة إلى أن مزايا استعمال أنظمة التكاليف المبنية على الأنشطة تفوق عادة العيوب المتعلقة باستعمالها، مما يشجع على تطبيق الأنظمة المذكورة في كافة المنشآت الخدمية والتجارية والصناعية. إلا أنه أحيانا نجد أن تكاليف استعمال أنظمة التكاليف المبنية على الانشطة قد تفوق المنافع المتوخاة من استعمال الأنظمة المذكورة مما يؤدي إلى إحجام بعض المنشآت عن تطبيق واستعمال أنظمة الأنشطة.

وسوف يتم في هذا الفصل تعريف الأنشطة وبيان أنواعها الرئيسة ثم توضيح كيفية استعمال أنظمة التكاليف المبنية على الأنشطة في المنشآت الخدمية والتجارية والصناعية من خلال الأمثلة المختلفة التي تبين كيفية التوصل إلى تكاليف تقديم الخدمات وتكاليف المنتجات بدقة أكثر من التكاليف الناتجة عن استعمال أنظمة التكاليف التقليدية.

وأخيرا فإنه سوف يتم التعرض إلى بعض المؤشرات التي تشير إلى الحاجة لاستعمال نظام تكاليف مبني على الأنشطة بدلا من استعمال نظام التكاليف التقليدي، كما سيتم بيان مزايا وعيوب استعمال أنظمة التكاليف المبنية على الأنشطة.

٢- تعريف الأنشطة Definition of Activities

يمكن تعريف الأنشطة بأنها الأحداث أو المهام أو وحدات العمل المتعلقة بهدف معين. ومن الأمثلة على الأنشطة شراء المواد الأولية كالأخشاب المستعملة في صناعة الموبيليا، ونشاط تقطيع الاخشاب في تلك الصناعة ونشاط تجميع القطع الخشبية لغرض معين كصناعة الكراسي أو الخزائن الخشبية، ونشاط الدهان ومن ثم نشاط البيع والشحن للبضاعة المنتجة.

وبشكل عام فإنه يمكن تقسيم الأنشطة إلى أربعة أنواع رئيسة هي:

١- أنشطة المدخلات Input Activities ويقصد بها تلك الأنشطة المتعلقة بالاستعداد لصناعة المنتج. ومن الأمثلة على هذه الأنشطة نشاط البحث والتطوير ونشاط شراء المواد الأولية.

٢- أنشطة العمليات Processing Activities ويقصد بها تلك الأنشطة المتعلقة بتصنيع المنتجات. ومن الأمثلة على هذه الانشطة نشاط تشغيل الالات المستعملة في صناعة المنتجات، ونشاط تخزين بضاعة تحت التشغيل.

٣- أنشطة المخرجات Output Activities وهي تلك الأنشطة المتعلقة بالتعامل مع العملاء كنشاط بيع المنتجات، ونشاط مطالبات العملاء والقيد على حسابهم ونشاط تسليم البضاعة للعملاء.

٤- أنشطة إدارية Administrative Activities وهي تلك الأنشطة التي تدعم الأنشطة الثلاثة الأولى. ومن الأمثلة على الأنشطة الإدارية نشاط الخدمات القانونية ونشاط خدمات المحاسبة.

ومن الجدير بالذكر أن العديد من المنشآت الحديثة أصبحت تهتم بأنظمة التكاليف المبنية على الأنشطة، وسوف يتم شرح أنظمة التكاليف المبنية على الأنشطة لدى كل من المنشآت الخدمية والتجارية والصناعية.

٣- أنظمة التكاليف المبنية على الأنشطة في المنشآت الخدمية
Activity – Based Costing Systems in Service Organizations
إن الحصول على التكاليف الدقيقة المتعلقة بتقديم خدمة معينة يعتبر ذا أهمية بالغة لإعطاء السعر العادل لكل من المنشأة الخدمية التي تقدم الخدمة والعميل الذي يتلقى تلك الخدمة في ظل المنافسة الشديدة بين المنشآت الخدمية المختلفة. وإن

عدم تحديد تكاليف تقديم الخدمة بدقة سوف يؤدي إلى تحديد سعر غير عادل سواء للمنشأة الخدمية أو العميل، وهذا قد يؤدي إلى عدم قدرة المنشأة على تحقيق الأرباح المنشودة أو إلى عدم إقبال العميل على تلقي الخدمة من تلك المنشأة والتحول إلى منشأة منافسة تؤدي نفس الخدمة بسعر أقل.

وتجدر الإشارة إلى أن كثيرا من المنشآت الخدمية التي تستعمل الأسلوب التقليدي في استخراج بيانات التكاليف المتعلقة بخدماتها قد تلجأ إلى توزيع التكاليف غير المباشرة Indirect (Overhead) costs لتلك الخدمات إما بالتساوي أو باستعمال معدل موحد يتم احتسابه بناء على خبرات المنشأة السابقة ويضرب هذا المعدل بعدد وحدات محرك التكلفة Cost Driver وهو الذي يرتبط بتغير التكلفة ويكون مسببا لها.

وهناك عدة وسائل نستطيع من خلالها تحسين تقدير بيانات التكاليف للحصول على بيانات دقيقة يمكن الاعتماد عليها في اتخاذ قرارات تسعير عالية ومن هذه الوسائل ما يلي:

١- تحسين تقدير التكاليف من خلال الزيادة في تتبع التكاليف المباشرة بزيادة عدد مجموعاتها.
٢- تحسين تقدير التكاليف من خلال زيادة عدد مجموعات التكاليف المباشرة Direct Costs وزيادة عـدد مجموعات التكاليف غير المباشرة والعمل على تحديد محركات التكاليف ما امكن.

وسوف يتم في البداية شرح كيفية تحديد تكاليف تقديم الخدمات من خلال الأسلوب التقليـدي Traditional System باستعمال مجموعة واحدة للتكاليف المباشرة ومجموعة اخرى للتكاليف غير المباشرة ثم سيتم تحسين تقدير التكاليف باستعمال كل من الاسلوبين المذكورين اعلاه وذلك من خلال الثلاثة أمثلة التالية:

مثال رقم (١):

يستعمل مكتب الوليد للمحاماة طريقة الاعتماد على التكاليف في تسعير القضايا التي يتسـلمها للدفاع عنها. ويستعمل حاليا مجموعة واحدة للتكاليف المباشرة (تعتمد على عدد السـاعات التـي يمضيها المحامي الرئيسي في القضية) ومجموعة أخرى للتكاليف غير المباشرة (وهي التكاليف الاخرى عـدا تكلفـة المحامي الرئيسي). ويتم توزيع التكاليف غير المباشرة على القضايا المختلفة بالاستناد إلى

عدد الساعات التي يمضيها المحامي الرئيسي في كل قضية. وقد أظهرت ملفات قضايا شركة السعدي وشركة الكمال المعلومات التالية:

شركة السعدي	شركة الكمال	
٤٥ ساعة	٥٥ ساعة	عدد ساعات المحامي الرئيسي في القضية

فإذا علمت بأن تكلفة ساعة المحامي الرئيسي في مكتب الوليد للمحاماة تعادل ٢٥ دينار، وأنه يتم توزيع التكاليف غير المباشرة على القضايا بمعدل ٣٠ دينار للساعة. وبافتراض أن إجمالي التكاليف غير المباشرة في السنة الماضية قد بلغت ٣٠٠٠ دينار.

المطلوب:

احتساب تكلفة كل من قضية شركة السعدي وقضية شركة الكمال باستعمال الاسلوب التقليدي وهو مجموعة واحدة للتكاليف المباشرة ومجموعة اخرى للتكاليف غير المباشرة.

إجابة مثال رقم (١):

شركة السعدي	شركة الكمال	الإجمالي	البيان
٤٥×٢٥=١١٢٥دينار	٥٥×٢٥=١٣٧٥دينار	٢٥٠٠دينار	التكاليف المباشرة
٤٥×٣٠=١٣٥٠دينار	٥٥×٣٠=١٦٥٠دينار	٣٠٠٠	التكاليف غير المباشرة
٢٤٧٥دينار	٣٠٢٥دينار	٥٥٠٠دينار	إجمالي التكاليف

يتضح من إجابة مثال رقم (١) أن إجمالي تكلفة قضية شركة السعدي يبلغ ٢٤٧٥ دينار، في حين أن تكلفة قضية شركة الكمال تبلغ ٣٠٢٥ دينار طبقا للاسلوب التقليدي باستعمال مجموعة واحدة للتكاليف المباشرة ومجموعة أخرى للتكاليف غير المباشرة.

مثال رقم (٢):

بافتراض أن مكتب الوليد للمحاماة في المثال السابق رقم (١) قد استطاع تتبع ٢٠٠٠ دينار مـن التكاليف غير المباشرة والبالغة ٣٠٠٠ دينار، ومن ثم إعادة تصنيفها واعتبارها تكاليف مباشرة كالتالي:

تكاليف مباشرة اخرى	شركة الكمال	شركة السعدي
اجور مساعدي المحامين	٢٥٠	٨٠٠ دينار
تكاليف النقل	١٠٠	٤٠٠
تكاليف الهاتف	٨٠	٢٠٠
تكاليف التصوير	٧٠	١٠٠
	———	———
المجموع	٥٠٠ دينار	١٥٠٠ دينار

وقد قرر مكتب الوليد للمحاماة احتساب تكاليف كل من القضيتين بـافتراض استعمال خمسـة مجموعات للتكاليف المباشرة ومجموعة واحدة للتكاليف غير المباشرة. علمـا بـأن التكـاليف غير المباشرة تعادل ١٠٠٠ دينار وسوف يتم توزيعها عـلى القضيتين بناء عـلى عـدد السـاعات التي يقضيها المحامي الرئيسي في القضية.

المطلوب:

(١) احتساب معدل توزيع التكاليف غير المباشرة الجديد لكل ساعة من ساعات المحـامي الرئيسي ـ عنـدما تعادل التكاليف غير المباشرة ١٠٠٠ دينار.

(٢) احتساب تكلفة كل من قضية شركة السعدي وقضية شركة الكمال بافتراض ان مكتب الوليد للمحامـاة يستعمل الاسلوب المنقح الجديد وهـو خمسـة مجموعـات للتكـاليف المباشـرة ومجموعـة واحـدة للتكاليف غير المباشرة.

(٣) قارن بين تكاليف كل من قضية شركة السعدي وقضية شركة الكمال باستعمال الاسلوب الوارد في مثال رقم (١) والأسلوب الوارد في مثال رقم (٢).

إجابة مثال رقم (٢):

(١)   معدل توزيع التكاليف غير المباشرة   = $\dfrac{\text{إجمالي التكاليف غير المباشرة}}{\text{إجمالي عدد ساعات المحامي الرئيسي}}$

$$= \frac{١٠٠٠}{١٠٠}$$

= ١٠ دنانير لكل ساعة.

(٢)

البيان	الإجمالي	شركة الكمال	شركة السعدي
التكاليف المباشرة:			
تكاليف المحامي الرئيسي	٢٥٠٠دينار	(٥٥×٢٥=)١٣٧٥دينار	(٤٥×٢٥=) ١١٢٥دينار
أجور مساعدي المحامين	١٠٥٠	٢٥٠	٨٠٠
تكاليف النقل	٥٠٠	١٠٠	٤٠٠
تكاليف الهاتف	٢٨٠	٨٠	٢٠٠
تكاليف التصوير	١٧٠	٧٠	١٠٠
	—	—	—
إجمالي التكاليف المباشرة	٤٥٠٠	١٨٧٥	٢٦٢٥
التكاليف غير المباشرة	١٠٠٠	(٥٥×١٠=) ٥٥٠	(٤٥×١٠=) ٤٥٠
	—	—	—
إجمالي التكاليف	٥٥٠٠	٢٤٢٥	٣٠٧٥

(٣)

البيان	الإجمالي	شركة الكمال	شركة السعدي
إجمالي التكاليف الناتجة عن إجابة مثال رقم (١)	٥٥٠٠ دينار	٣٠٢٥دينار	٢٤٧٥دينار
إجمالي التكاليف الناتجة عن إجابة مثال رقم (٢)	٥٥٠٠	٢٤٢٥	٣٠٧٥

1

يتضح من مقارنة إجمالي التكاليف الناتجة عن إجابة المثالين رقم (١) و (٢) لكل من قضية شركة السعدي وقضية شركة الكمال أن الاسلوب التقليدي المتبع في إجابة المثال رقم (١) باستعمال مجموعة واحدة للتكاليف المباشرة ومجموعة أخرى للتكاليف غير المباشرة قد أدى إلى عدم دقة في التوصل إلى إجمالي التكاليف

المتعلقة بكل قضية، وهذا واضح من إجابة المثال رقم (٢) حيث أمكن تتبع ما قيمته ٢٠٠٠دينار من التكاليف غير المباشرة والبالغة ٣٠٠٠ دينار، ومن ثم إعادة تصنيفها واعتبارها تكاليف مباشرة للقضيتين موضوع البحث. وبذلك فإن إجابة المثال رقم (٢) تكون أكثر دقة من إجابة المثال رقم (١).

نستنتج من مقارنة إجمالي التكاليف الناتجة عن اجابة المثالين رقم (١) و (٢) أن استعمال أسلوب عدة مجموعات للتكاليف المباشرة وهو الاسلوب المستعمل في إجابة مثال رقم (٢) يعطي نتائج اكثر دقة من استعمال مجموعة واحدة فقط للتكاليف المباشرة والذي استعمل في إجابة مثال رقم (١).

مثال رقم (٣):

بافتراض أن مكتب الوليد للمحاماة في المثالين السابقين رقم (١) و (٢) يصنف المحامين الرئيسيين إلى فئتين (أ) و (ب) وبتحليل عدد الساعات المبذولة من قبل الفئتين المذكورتين في قضية شركة السعدي وقضية شركة الكمال فقد تبين ما يلي:

فئة المحامي الرئيسي	عدد الساعات المبذولة في قضية		الاجمالي
	شركة السعدي	شركة الكمال	
أ	١٠ ساعات	٣٠ ساعة	٤٠ ساعة
ب	٣٥ ساعة	٢٥ ساعة	٦٠ ساعة
	—	—	—
	٤٥ ساعة	٥٥ ساعة	١٠٠ ساعة

وبتفحص معدلات الأجور لكل من فئتي المحامي الرئيسي فقد تبين ما يلي:

فئة المحامي الرئيسي	التكاليف المباشرة للساعة	التكاليف غير المباشرة للساعة
أ	٣١ دينار	١٦ دينار
ب	٢١ دينار	٦ دنانير

وقد تم احتساب معدلات التكاليف غير المباشرة بناء على مجموع التكاليف غير المباشرة البالغ ١٠٠٠دينار، حيث أن ٦٤٠دينار من هذه التكاليف يعزى إلى أنشطة المحامي الرئيسي- فئة (أ)، في حين أن الجزء الباقي من هذه التكاليف غير المباشرة والبالغ ٣٦٠ دينار يعزى إلى أنشطة المحامي الرئيسي- فئة (ب).

وبذلك فإنه يمكن احتساب معدل التكاليف غير المباشرة لساعة المحامي الرئيسي- فئة (أ) البالغ ١٦دينار بتقسيم ٦٤٠ دينار على ٤٠ ساعة عمل للفئة (أ) في حين أنه يمكن احتساب معدل التكاليف غير المباشرة لساعة المحامي الرئيسي فئة (ب) البالغ ٦ دنانير بتقسيم ٣٦٠دينار على ٦٠ ساعة عمل للفئة (ب).

المطلوب:

(١) احتساب تكلفة كل من قضية شركة السعدي وقضية شركة الكمال باستعمال الأسلوب الحديث وهو عدة مجموعات للتكاليف المباشرة وعدة مجموعات للتكاليف غير المباشرة مع إجراء مقارنة بينها وبين نتائج مثال رقم (١).

(٢) ما هي مزايا استعمال الاسلوب الحديث للتوصل إلى تكلفة كل قضية في هذا المثال في مجال اتخاذ القرارات بالمقارنة مع الأسلوب المتبع في المثال رقم (١)؟

إجابة مثال رقم (٣):

(١)

البيان	الإجمالي	شركة الكمال	شركة السعدي
التكاليف المباشرة:			
المحامي الرئيسي فئة(أ)	١٢٤٠دينار	(٣٠×٣١=) ٩٣٠ دينار	(١٠×٣١=) ٣١٠دينار
المحامي الرئيسي فئة(ب)	١٢٦٠	(٢٥×٢١=) ٥٢٥	(٣٥×٢١=)٧٣٥
أجور مساعدي المحامين	١٠٥٠	٢٥٠	٨٠٠
تكاليف النقل	٥٠٠	١٠٠	٤٠٠
تكاليف الهاتف	٢٨٠	٨٠	٢٠٠
تكاليف التصوير	١٧٠	٧٠	١٠٠
اجمالي التكاليف المباشرة	٤٥٠٠ دينار	١٩٥٥ دينار	٢٥٤٥ دينار
التكاليف غير المباشرة:			
المحامي الرئيسي فئة(أ)	٦٤٠	(٣٠×١٦=)٤٨٠	(١٠×١٦=)١٦٠
المحامي الرئيسي فئة(ب)	٣٦٠	(٢٥×٦=) ١٥٠	(٣٥×٦=) ٢١٠
إجمالي التكاليف غير المباشرة:	١٠٠٠	٦٣٠	٣٧٠
إجمالي التكاليف الكلية	٥٥٠٠ دينار	٢٥٨٥ دينار	٢٩١٥ دينار

وفيما يلي مقارنة بين نتائج مثال رقم (١) الذي يستعمل اسلوب المجموعة الواحدة لكل من التكاليف المباشرة والتكاليف غير المباشرة وبين نتائج مثال رقم (٣) الذي يستعمل أسلوب عدة مجموعات لكل من التكاليف المباشرة والتكاليف غير المباشرة.

شركة السعدي	شركة الكمال	الإجمالي	البيان
٢٤٧٥دينار	٣٠٢٥دينار	٥٥٠٠ دينار	إجمالي التكاليف باستعمال أسلوب مثال رقم (١)
٢٩١٥	٢٥٨٥	٥٥٠٠	إجمالي التكاليف باستعمال أسلوب مثال رقم (٢)

نستطيع القول بأن نتائج التكاليف باستعمال أسلوب عدة مجموعات لكل من التكاليف المباشرة والتكاليف غير المباشرة وهو الأسلوب المتبع في مثال رقم (٣) هي أكثر دقة من نتائج استعمال الاسلوب التقليدي باستعمال مجموعة واحدة لكل من التكاليف المباشرة والتكاليف غير المباشرة وهو الأسلوب المتبع في مثال رقم (١)، ويعود ذلك إلى إمكانية تتبع جزء من التكاليف غير المباشرة وإعادة تصنيفها إلى تكاليف مباشرة. ويتضح ذلك من أن نسبة التكاليف المباشرة إلى التكاليف الإجمالية تكون أعلى عند استعمال الاسلوب الحديث المتبع في مثال رقم (٣) مقارنة باستعمال الاسلوب التقليدي المتبع في مثال رقم (١) كما هو مبين في الجدول التالي:

نسبة إجمالي التكاليف المباشرة إلى اجمالي التكاليف	نسبة إجمالي التكاليف غير المباشرة إلى اجمالي التكاليف	البيان
(٢٥٠٠÷٥٥٠٠=) ٤٥%	(٣٠٠٠÷٥٥٠٠=)٥٥%	اسلوب مثال رقم (١)
(٤٥٠٠÷٥٥٠٠=) ٨٢%	(١٠٠٠÷٥٥٠٠=)١٨%	اسلوب مثال رقم (٣)

يلاحظ من التحليل السابق أن استعمال الأسلوب الحديث المتبع في مثال رقم (٣) قد أدى إلى ان تكون نسبة اجمالي التكاليف المباشرة إلى اجمالي التكاليف الكلية وهي النسبة البالغة ٨٢% أعلى بكثير من النسبة المماثلة لها باستعمال الاسلوب التقليدي المتبع في مثال رقم (٣) حيث بلغت هذه النسبة فقط ٤٥%، وهذا يعزز القول بأن اتباع اسلوب مثال رقم (٣) سوف يؤدي إلى استخراج نتائج اكثر

دقة من استعمال اسلوب مثال رقم (١) بسبب إمكانية تتبع التكاليف اكثر وتصنيفها كتكاليف مباشرة للقضايا تحت التحليل.

وتجدر الإشارة إلى ان اسلوب مثال رقم (١) يفترض استعمال المصادر بصورة متماثلة من قبل كافة القضايا، في حين أن اسلوب مثال رقم (٣) يبين ان القضايا المختلفة في مكتب الوليد للمحاماة تختلف في استعمالها للموارد المتاحة بالمكتب وفيما يلي جدول يبين نسبة استعمال الموارد المتاحة لكل من قضية شركة السعدي وقضية شركة الكمال.

شركة السعدي	شركة الكمال	البيان
(٣١٠÷١٢٤٠=)٢٥%	(٩٣٠÷١٢٤٠=)٧٥%	نسبة تكاليف المحامي الرئيسي فئة (أ)
(٧٣٥÷١٢٦٠=)٥٨%	(٥٢٥÷١٢٦٠=)٤٢%	نسبة تكاليف المحامي الرئيسي فئة(ب)
(٨٠٠÷١٠٥٠=)٧٦%	(٢٥٠÷١٠٥٠=)٢٤%	نسبة اجور مساعدي المحامين
(٤٠٠÷٥٠٠=)٨٠%	(١٠٠÷٥٠٠=)٢٠%	نسبة تكاليف النقل
(٢٠٠÷٢٨٠=)٧١%	(٨٠÷٢٨٠=)٢٩%	نسبة تكاليف الهاتف
(١٠٠÷١٧٠=)٥٩%	(٧٠÷١٧٠=)٤١%	نسبة تكاليف التصوير

يتضح من الجدول المبين أعلاه أن شركة السعدي تستعمل خدمات المحامي الرئيسي من فئة (أ) بصورة أقل من شركة الكمال، في حين أنها تستعمل بصورة اعلى خدمات المحامي الرئيسي من فئة (ب) وخدمات مساعدي المحامين والنقل والهاتف والتصوير.

ومن الواضح ان استعمال موارد مكتب الوليد للمحاماة بصورة مختلفة في كل قضية، ومن العدالة توزيع تكاليف هذه الموارد طبقا لاستعمالها مما يؤدي إلى تحديد تكلفة كل قضية بدقة أكبر وهذا هو الاسلوب المتبع في التحليل بالمثال رقم (٣)، مقارنة بالأسلوب المتبع في مثال رقم (١) والافتراض الجزافي ان كافة القضايا الموجودة بمكتب الوليد للمحاماة تستعمل موارد المكتب بصورة متساوية مما يؤدي إلى عدم دقة في تحديد تكلفة كل قضية ترد إلى المكتب.

(٢) تتضح مزايا استعمال الاسلوب الحديث المتبع في إجابة مثال رقم (٣) بالاعتماد على عدة مجموعات للتكاليف المباشرة وعدة مجموعات للتكاليف غير المباشرة مقارنة بالأسلوب المتبع في إجابة مثال رقم (١) وهو استعمال

مجموعة واحدة للتكاليف المباشرة ومجموعة اخرى للتكاليف غير المباشرة في مجال اتخاذ القرارات التالية:

(أ) قرارات التسعير والتركيز على المنتجات (القضايا): حيث أن استعمال الاسلوب الحديث في التوصل إلى تكلفة القضايا وهو المتبع في اجابة المثال رقم (٣) يعطي معلومات عن التكاليف اكثر دقة من استعمال الاسلوب التقليدي المتبع في إجابة مثال رقم (١) وذلك بسبب التتبع الاكثر للتكاليف المباشرة في الاسلوب الحديث مما يساعد مدير مكتب الوليد للمحاماة على اعطاء قرارات تسعير أفضل وبذلك يستطيع المدير التعرف على القضايا الأكثر ربحية ومن ثم التركيز على بذل الجهود بشكل اكبر لمثل هذه القضايا. في حين أن مدير المكتب قد يعطي قرارات تسعير خاطئة وخاسرة بالاعتماد على الاسلوب التقليدي المتبع في اجابة مثال رقم (١). فمثلا إذا اعتمد مدير مكتب وليد للمحاماة في تسعير قضاياه بنسبة ١١٥% من التكلفة فإنه سوف يعطي لقضية شركة السعدي سعرا يعادل ٢٨٤٦.٢٥ دينار (١١٥% ×٢٤٧٥) باستعمال الاسلوب التقليدي المتبع في مثال رقم (١). وواضح بأن السعر المذكور هو أقل من التكلفة الفعلية الأكثر دقة والبالغة ٢٩١٥ دينار لقضية شركة السعدي باستعمال الاسلوب الحديث المتبع في مثال رقم (٣). وبذلك يكون مثل هذا القرار خاطئا بسبب أنه يؤدي إلى خسارة مكتب المحاماة.

وفي حالة اعطاء سعر تقديري غير عادل وغير منافس لقضية قبل البدء بها فقد يؤدي ذلك إلى عدم كسبه لتلك القضية وذهاب العميل إلى مكتب محامي آخر. فمثلا في حالة قضية شركة الكمال قد يعطي مكتب الوليد للمحاماة سعرا لتلك القضية يعادل ٣٤٧٨.٧٥ دينار (١١٥% ×٣٠٢٥) معتمدا على الاسلوب التقليدي المتبع في اجابة مثال رقم (١) وتقدير السعر باستعمال تلك التكاليف لقضايا مشابهة. ويعتبر السعر المذكور مرتفعا نسبيا إذا ما قورن بالسعر ٢٩٧٢.٧٥دينار (١١٥% × ٢٥٨٥) المعتمد على التكاليف الأكثر دقة باستعمال الأسلوب الحديث المتبع في إجابة مثال رقم (٣)، مما يؤدي إلى فقدان العميل وذهابه لمكتب محامي آخر وذلك بسبب ارتفاع السعر المعطى له من مكتب الوليد للمحاماة. وبهذا فإنه يمكن القول بأن قرارات التسعير المستندة إلى التكاليف الناتجة عن استعمال الأسلوب الحديث المتبع في إجابة مثال رقم (٣) لن تؤدي إلى فقدان أي عميل مربح لمكتب الوليد للمحاماة.

(ب) الرقابة على التكاليف: إن استعمال عدة مجموعات للتكاليف المباشرة وعدة مجموعات للتكاليف غير المباشرة وهو الاسلوب المتبع في إجابة مثال رقم (٣) يعطي تركيزا أكثر على مجالات التكاليف الفردية المختلفة من الأسلوب التقليدي المتبع في إجابة مثال رقم (١). فمن الملاحظ وجود ستة مجموعات تكاليف مباشرة لدى مكتب الوليد للمحاماة باستعمال الاسلوب الحديث المتبع في اجابة مثال رقم (٣) مقابل مجموعة واحدة للتكاليف المباشرة باستعمال الاسلوب التقليدي المتبع في إجابة مثال رقم (١)، هذا بالإضافة إلى وجود مجموعتين من التكاليف غير المباشرة في الأسلوب الحديث مقابل مجموعة واحدة فقط للتكاليف غير المباشرة في الأسلوب التقليدي. وعليه فمن المتوقع أن استعمال الاسلوب الحديث لتحديد التكاليف سوف يؤدي إلى تعزيز الرقابة عليها اكثر من استعمال الاسلوب التقليدي. فالثمانية مجموعات الموجودة في الأسلوب الحديث (مجموعات تكاليف مباشرة وغير مباشرة) تستدعي الرقابة عليها بفعالية اكثر من المجموعتين الموجودتين في الأسلوب التقليدي.

(جـ) العلاقة مع العملاء: إن استعمال مكتب الوليد للمحاماة للأسلوب الحديث في تحديد تكلفة كل قضية وشرح هذا الأسلوب للعملاء سوف يؤدي إلى تفهم العملاء لعدالة هذا الأسلوب الذي يؤثر على تسعير قضاياهم.

وبالتالي يستطيع العملاء عمل مفاوضات مع المكتب للحصول على تكاليف أقل لقضاياهم باستعمال المعلومات الخاصة بمجموعات التكاليف المختلفة.

فمثلا يستطيع العملاء الطلب من مكتب الوليد للمحاماة استعمال وقت أطول من فئة المحامي الرئيسي (ب) ووقت أقل من فئة المحامي الرئيسي (أ) للتخفيض من تكاليف قضاياهم باعتبار أن تكلفة ساعة المحامي الرئيسي (ب) هي أقل من تكلفة ساعة المحامي الرئيسي (أ).

باختصار نستطيع القول أن الاسلوب الحديث في تقسيم اعمال المنشأة بشكل عام إلى أنشطة مختلفة يمكن تجميع التكاليف المتعلقة بها بدقة هو أفضل كثيرا من الاسلوب التقليدي الذي يتبع استخراج معدل موحد وتطبيقه على كافة خدمات المنشأة مما ينتج عنه عدم دقة في تجميع التكاليف. وقد تم بيان ذلك باستعمال الاسلوب الحديث في اجابة مثال رقم (٣) ومقارنته بالاسلوب التقليدي لتجميع التكاليف المتبع في إجابة مثال رقم (١). ويلاحظ أن تجميع التكاليف بدقة يؤثر على كثير من القرارات التي تتخذها المنشأة في مجالات التسعير وتطوير الخدمات

والمنتجات التي تعطي ربحا اكثر للمنشأة مع التركيز عليها بالإضافة إلى تعزيز الرقابة على البنود المختلفة للتكاليف وتحسين العلاقات مع العملاء.

٤- أنظمة التكاليف المبنية على الأنشطة في المنشآت التجارية
Activity – Based Costing Systems in Merchandising Organizations

إن التركيز على الأنشطة واعتبارها محاور رئيسه للتكاليف في المنشآت التجارية يعتبر أحد الأساليب الحديثة التي تحاول معظم المنشآت تطبيقها بتقسيم اعمال المنشأة إلى أنشطة مختلفة وتحديد التكاليف الناتجة عن هذه الأنشطة المختلفة بالمنشأة ومن ثم تحديد محركات هذه التكاليف واستعمالها كأساس لتوزيع تلك التكاليف على المنتجات والعملاء والخدمات المقدمة للتوصل إلى تكاليف دقيقة لهذه المنتجات والعناصر الأخرى التي ترغب المنشأة بتحديد تكلفتها بدقة.

ويوضح المثال رقم (٤) التالي تحديد تكلفة شراء كل من سلعتين بمنشأة تجارية باستعمال كل من الاسلوب التقليدي في المنشأة وأسلوب الأنشطة.

مثال رقم (٤)

فيما يلي المعلومات المتعلقة بالتكاليف للسلعتين (أ) و (ب) التي تتاجر بهما منشأة القاسم التجارية لفترة معينة:

البيان	الإجمالي	السلعة (ب)	السلعة (أ)
عدد وحدات المشتريات	٢٥٠٠٠	٢٢٠٠٠	٣٠٠٠
تكلفة وحدة المشتريات		٢٥ دينار	٥٠ دينار
عدد الشحنات المستلمة	٢٠	١٠	١٠
تكاليف الاستلام	٧٠٠٠ دينار	٦٠٠٠ دينار	١٠٠٠ دينار

وتستعمل منشأة القاسم التجارية حاليا نظام التكاليف التقليدي حيث يتم استعمال تكلفة المشتريات كأساس لتوزيع التكاليف غير المباشرة وهي تكاليف الاستلام. ويفكر مدير منشأة القاسم التجارية بتوزيع تكاليف الاستلام طبقا لاسلوب الانشطة باستعمال عدد الشحنات المستلمة وهو الاكثر ملاءمة للتوزيع

وليس طبقا لإجمالي تكلفة مشتريات الوحدات المستلمة كما هو الحال في الاسلوب التقليدي.

المطلوب:

تحديد تكلفة استلام الوحدة من السلعتين (أ) و (ب):

(١) باستعمال نظام التكاليف التقليدي.

(٢) باستعمال نظام التكاليف المبني على الأنشطة.

إجابة مثال رقم (٤)

(١) تحديد تكلفة استلام الوحدة من السلعتين (أ) و (ب) باستعمال نظام التكاليف التقليدي.

السلعة (أ)	السلعة (ب)	الإجمالي	البيان
١٥٠٠٠٠دينار	٥٥٠٠٠٠دينار	٧٠٠٠٠٠دينار	تكلفة المشتريات أ = ٣٠٠٠ × ٥٠ ب = ٢٢٠٠٠ × ٢٥
$\dfrac{٣}{١٤}$	$\dfrac{١١}{١٤}$		نسبة تكلفة المشتريات للسلعة إلى اجمالي تكلفة المشتريات
١٠٠٠دينار	٦٠٠٠دينار	٧٠٠٠دينار	تكاليف الاستلام
١٥٠٠	٥٥٠٠	٧٠٠٠دينار	توزيع تكاليف الاستلام
٣٠٠٠	٢٢٠٠٠		عدد الوحدات المشتراة
٠.٥٠٠دينار	٠.٢٥٠دينار		تكلفة استلام الوحدة

يلاحظ ان تكلفة استلام وحدة السلعة (أ) تعادل ٠.٥٠٠دينار، بينما تكلفة استلام وحدة السلعة (ب) تعادل ٠.٢٥٠دينار باستعمال نظام التكاليف التقليدي.

(٢) تحديد تكلفة استلام الوحدة من السلعتين (أ) و (ب) باستعمال نظام التكاليف المبني على الأنشطة:

البيان	الإجمالي	السلعة (ب)	السلعة (أ)
عدد الشحنات المستلمة	٢٠	١٠	١٠
نسبة الشحنات المستلمة إلى اجمالي عدد الشحنات المستلمة		٥٠%	٥٠%
تكاليف الاستلام	٧٠٠٠دينار	٦٠٠٠دينار	١٠٠٠دينار
توزيع تكاليف الاستلام	٧٠٠٠دينار	٣٥٠٠دينار	٣٥٠٠دينار
عدد الوحدات المشتراة		٢٢٠٠٠	٣٠٠٠
تكلفة استلام الوحدة		٠.١٥٩ دينار	١.١٦٧ دينار

باستعمال نظام التكاليف المبني على الأنشطة فإنه يلاحظ أن تكلفة استلام وحدة السلعة (أ) تعادل ١.١٦٧ دينار، في حين أن تكلفة استلام وحدة السلعة (ب) تعادل ٠.١٥٩ دينار.

وتجدر الإشارة إلى ان التكاليف الناتجة عن نظام الأنشطة هي اكثر دقة من التكاليف الناتجة عن النظام التقليدي بسبب استعمال نظام الأنشطة لمحرك تكلفة (Cost Driver) اكثر ملاءمة من محرك التكلفة المستعمل في النظام التقليدي. ويتبين من اجابة مثال رقم (٤) السابق أن تكلفة استلام الوحدة للسلعة (أ) هي ١.١٦٧ دينار باستعمال نظام التكاليف المبني على الأنشطة في حين ان تكلفة استلام الوحدة للسلعة (أ) هي ٠.٥٠٠ دينار باستعمال الأسلوب التقليدي. وهذا يعني ان تكلفة استلام الوحدة لنظام الأنشطة هي أكثر من ضعف تكلفة استلام الوحدة للنظام التقليدي، وفي هذا انحرافات كبيرة تؤثر على تسعير السلعة (أ) مستقبلا. في حين أن تكلفة استلام الوحدة للسلعة (ب) هي ٠.١٥٩ دينار باستعمال نظام الأنشطة بينما تكلفة استلام الوحدة للسلعة (ب) هي ٠.٢٥٠ دينار طبقاً لنظام التكاليف التقليدي. وهذا يعني أن تكلفة استلام الوحدة من السلعة (ب) هي في نظام الانشطة اقل بكثير من التكلفة المذكورة باستعمال النظام التقليدي.

باختصار نستطيع القول بأن استعمال النظام التقليدي للتكاليف هو بحاجة إلى تحسين وتعديل ليصبح اكثر دقة في تحديد تكاليف السلع والخدمات وهذا الدور يقوم به نظام التكاليف المبني على الأنشطة.

ويوضح المثال التالي رقم (٥) تطبيقا آخر على نظام التكلفة المبني على الأنشطة في المنشآت التجارية ومقارنته بالنظام التقليدي حيث محور التطبيق هو ربحية السلع أو مجموعات السلع المتشابهة في المنشأة التجارية. فمثلا المشروبات الغازية مثل البيبسي والكوكا كولا وما شابه قد تشكل مجموعة سلع واحدة.

مثال رقم (٥):

فيما يلي التقرير الشهري لربحية مجموعات السلع لشهر آب سنة ٢٠٠٩ لدى منشأة القاسم التجارية:

البيان	الاجمالي	مجموعة السلع (٣)	مجموعة السلع (٢)	مجموعة السلع (١)
الايرادات - التكاليف:	١٧٠٠٠٠دينار	٥٠٠٠٠دينار	٧٥٠٠٠دينار	٤٥٠٠٠دينار
تكلفة المبيعات	١١٥٠٠٠	٣٧٠٠٠	٥٤٠٠٠	٢٤٠٠٠
تكاليف متفرقة	٣٩٠٠٠	١٢٠٠٠	١٢٠٠٠	١٥٠٠٠
اجمالي التكاليف	١٥٤٠٠٠ دينار	٤٩٠٠٠دينار	٦٦٠٠٠ دينار	٣٩٠٠٠ دينار
الربح التشغيلي	١٦٠٠٠دينار	١٠٠٠دينار	٩٠٠٠دينار	٦٠٠٠دينار
الربح التشغيلي÷ الايرادات	%٩.٤١	%٢	%١٢	%١٣.٣٣
الترتيب طبقا لنسب الربحية		٣	٢	١

ونظرا لعدم اقتناع كل من المدير المسؤول عن مجموعة السلع (٣) عن ترتيبه الثالث والأخير والمدير المسؤول عن مجموعة السلعة (٢) بترتيبه الثاني طبقا لنسب الربحية باستعمال الأسلوب التقليدي لتوزيع التكاليف التشغيلية المتفرقة على مجموعات السلع الثلاثة، فقد تم الطلب من المدير العام لمنشأة قاسم استعمال اسلوب الانشطة لتوزيع التكاليف المذكورة موضع الخلاف حيث تم الحصول على المعلومات التالية والمتعلقة بأنشطة المنشأة لشهر آب لسنة ٢٠٠٩.

النشاط	اساس توزيع التكاليف	حجم محرك التكلفة		
		مجموعة السلع (١)	مجموعة السلع (٢)	مجموعة السلع (٣)
الطلب	٢٥٠ دينار لكل طلب شراء	١٠	٢٠	١٠
التسليم	٢٠٠دينار لكل تسليم	٣٥	٢٠	١٥
ترتيب الرفوف	١٥دينار للساعة	٣٠	١٤٠	٣٠
مساعدة الزبائن	٠.٠٥دينار لكل عنصر مباع	١٤٠٠٠٠	٧٠٠٠٠	٣٠٠٠٠

المطلوب:

ترتيب ربحية مجموعات السلع طبقا لنظام التكلفة المبني على الأنشطة.

إجابة مثال رقم (٥):

فيما يلي التقرير الشهري لربحية مجموعات السلع لشهر آب لسنة ٢٠٠٩ لدى منشأة القاسم التجارية باستعمال نظام التكلفة المبني على الأنشطة:

مجموعة السلع (١)	مجموعة السلع (٢)	مجموعة السلع (٣)	الاجمالي	البيان
٤٥٠٠٠دينار	٧٥٠٠٠دينار	٥٠٠٠٠دينار	١٧٠٠٠٠دينار	الايرادات - التكاليف:
٢٤٠٠٠	٥٤٠٠٠	٣٧٠٠٠	١١٥٠٠٠	تكلفة المبيعات
٢٥٠٠	٥٠٠٠	٢٥٠٠	١٠٠٠٠	الطلب
٧٠٠٠	٤٠٠٠	٣٠٠٠	١٤٠٠٠	التسليم
٤٥٠	٢١٠٠	٤٥٠	٣٠٠٠	ترتيب الرفوف
٧٠٠٠	٣٥٠٠	١٥٠٠	١٢٠٠٠	مساعدة الزبائن
٤٠٩٥٠	٦٨٦٠٠	٤٤٤٥٠	١٥٤٠٠٠	مجموع التكاليف
٤٠٥٠	٦٤٠٠	٥٥٥٠	١٦٠٠٠	الربح التشغيلي
%٩	%٨.٥٣	%١١.١	%٩.٤١	الربح التشغيلي÷ الايرادات
٢	٣	١		الترتيب طبقا لنسب الربحية

يتضح من التحليل السابق باستعمال نظام التكلفة المبني على الأنشطة أن الترتيب الأول طبقا لنسب الربحية هو لمجموعة السلع (٣) وأن الترتيب الثاني هو لمجموعة السلع (١) في حين أن الترتيب الثالث والأخير هو لمجموعة السلع (٢).

وفيما يلي مقارنة بين الترتيب طبقا لنسب الربحية باستعمال الاسلوب التقليدي والترتيب باستعمال اسلوب التكلفة المبني على الأنشطة.

مجموعة السلع (١)	مجموعة السلع (٢)	مجموعة السلع (٣)	البيان
١	٢	٣	**ترتيب الربحية طبقا لاسلوب التكلفة التقليدي**
٢	٣	١	**ترتيب الربحية طبقا لأسلوب الأنشطة**

يتضح من المقارنة السابقة أن ترتيب الربحية لمجموعات السلع المختلفة طبقا لأسلوب التكلفة التقليدي يختلف تماما عن ترتيب الربحية طبقا لاسلوب التكلفة المبني على الأنشطة، وحيث ان ترتيب الربحية طبقا لاسلوب الانشطة هو الأكثر دقة فإنه يمكن اتخاذ القرار بالتركيز على مجموعة السلع (٣) ومحاولة التوسع بها بسبب أنها الأكثر ربحية. في حين ان القرار الخاطئ بالاستناد إلى اسلوب التكلفة التقليدي سيكون بتقليص فعاليات مجموعة السلع (٣) بدلا من محاولة التوسع بها.

٥- أنظمة التكاليف المبنية على الأنشطة في المنشآت الصناعية

Activity – Based Costing Systems in Manufacturing Organizations

تتشابه أنظمة التكاليف المبنية على الأنشطة مع أنظمة التكاليف التقليدية في محاسبة كل من المواد المباشرة والأجور المباشرة في حين تختلف فيما يتعلق بمحاسبة التكاليف غير المباشرة في المنشآت الصناعية.

يتم توزيع التكاليف غير المباشرة على المنتجات المختلفة في نظام التكاليف التقليدي إما على اساس الأجور المباشرة او على أساس عدد ساعات تشغيل الالات لصناعة المنتجات. والافتراض هنا ان التكاليف غير المباشرة تزداد بزيادة حجم الوحدات المنتجة. وهناك بعض الحالات التي لا يوجد بها علاقة بين التكاليف غير المباشرة وعدد الوحدات المنتجة.

اما في الانظمة المبنية على الأنشطة فإنه يتم احتساب التكاليف غير المباشرة للمنتج بتجميع تكلفة الأنشطة المتعلقة بإنتاج ذلك المنتج. وتبحث هذه الأنظمة على ما يسمى بمحركات التكلفة Cost Drivers المتعلقة بالأنشطة الخاصة لإنتاج المنتجات. فمثلا قد يكون عدد ساعات إعداد الالات للعمل هو محرك التكلفة لنشاط إعداد الالات للعمل، كما قد يكون عدد العاملين بالمصنع هو محرك التكلفة لنشاط الإشراف على عمال المصنع... وهكذا.

وللحصول على تكاليف دقيقة في الأنظمة المبنية على الأنشطة يجب تحقق الشرطين التاليين:

١- أن كافة التكاليف غير المباشرة المتعلقة بالنشاط يجب ان تكون متأثرة بمحرك التكلفة المستعمل لتوزيع التكاليف على المنتجات.

٢- أن كافة التكاليف غير المباشرة المتعلقة بالنشاط يجب ان تتجاوب بالتناسب مع مستوى نشاط محرك التكلفة.

إن وجود ارتباط ضئيل او عدم وجود ارتباط بين تغيرات محرك التكلفة والتكاليف غير المباشرة سوف يؤدي بشكل محتوم إلى عدم دقة بيانات التكاليف الخاصة بالمنتجات.

ومن الجدير بالذكر أنه يمكن استعمال نظام التكاليف المبني على الأنشطة مع نظام الأوامر الإنتاجية أو مع نظام تكاليف المراحل الإنتاجية. وإن الفائدة الأساسية من استعمال نظام التكاليف المبني على الأنشطة هو الحصول على تكاليف دقيقة للمنتجات مما يؤدي إلى التركيز عليها ومراقبة التكاليف العالية منها ومحاولة تخفيضها. وعليه فإن على مدير المنشأة أن يدرك أهمية الأنشطة في تحديد ربحية المنشأة.

وإذا كانت المنشأة تستعمل أحد أنظمة التكاليف التقليدية وترغب في تصميم وتنفيذ نظام تكاليف جديد مبني على الأنشطة فإن هناك بعض المؤشرات التي تشير إلى الحاجة لنظام تكاليف جديد، ومن هذه المؤشرات ما يلي:

١- عدم ثقة مدراء خطوط الانتاج بتكاليف المنتجات الصادرة عن قسم المحاسبة.

٢- عدم رغبة مدير التسويق باستعمال تكاليف المنتجات المبينة في التقارير المختلفة، في اتخاذ قرارات تسعير تلك المنتجات.

٣- الزيادة في المبيعات مع الانخفاض في الأرباح.

٤- المعدلات العالية للتكاليف غير المباشرة والتي تزداد باستمرار.

٥- وجود العديد من المنتجات.

٦- الأجور المباشرة تشكل نسبة ضئيلة من التكاليف الكلية.

٧- صعوبة تفسير ربحية قطاعات المنتجات المختلفة.

٨- اقتراح مدير الانتاج بالتخلص من احد قطاعات الانتاج التي تبدو مربحة.

٩- الربحية العالية للمنتجات المعقدة والتي يصعب إنتاجها مع عدم تسعيرها بأعلى من السعر العادي.

١٠- عدم بيع المنافسين لبعض المنتجات التي تشير التقارير المالية بأنها ذات ربحية عالية.

ويوضح المثال التالي رقم (٦) مقارنة بين نظام التكاليف التقليدي ونظام التكاليف المبني على الأنشطة في المنشآت الصناعية.

مثال رقم (٦):

تنتج شركة الصناعات الوطنية نوعين من المنتجات هما (أ) و (ب).

وتنتج الشركة سنويا ٥٠٠٠٠ وحدة من المنتج (أ) و ١٠٠٠٠ وحدة من المنتج (ب). وتتطلب وحدة المنتج (أ) ساعتين من العمل المباشر في حين تتطلب وحدة المنتج (ب) ساعة واحدة من العمل المباشر للإتمام. علما بأن المجموع المتوقع للتكاليف غير المباشرة يعادل ٨٨٠٠٠٠ دينار سنويا.

فإذا علمت بأن تكلفة المواد المباشرة للوحدة من المنتج (أ) هو ٥٠ دينار، في حين انها تعادل ٣٠ دينار للوحدة من المنتج (ب). أما تكلفة ساعة العمل المباشر فهي تعادل ١٠ دنانير للساعة.

ونظرا لعدم اقتناع مدير المنشأة بتكلفة كل من المنتجين الصادرة عن التقارير المحاسبية باستعمال نظام التكاليف التقليدي، فإنه يرغب باستعمال نظام التكاليف المبني على الأنشطة لمعرفة تكلفة الوحدة من المنتجين حيث تم تجميع المعلومات التالية:

النشاط	محرك التكلفة	المجموع المتوقع للتكاليف غير المباشرة	المجموع المتوقع لاستعمال محرك التكلفة	معدل التكاليف غير المباشرة
اعداد الالات للتشغيل	عدد مرات تشغيل الالات	٢٠٠٠٠٠دينار	١٠٠٠	٢٠٠دينار
تشغيل الالات	عدد ساعات تشغيل الالات	٥٠٠٠٠٠	٥٠٠٠٠	١٠
فحص المنتجات	عدد مرات فحص المنتجات	١٨٠٠٠٠	٢٠٠٠	٩٠

كما تبين المعلومات التالية المتعلقة بالعدد المتوقع لاستعمال محرك التكلفة لكل من المنتجين:

محرك التكلفة	المنتج (أ)	المنتج (ب)	مجموع الاستعمال
عدد مرات تشغيل الالات	٤٠٠	٦٠٠	١٠٠٠
عدد ساعات تشغيل الالات	٣٠٠٠٠	٢٠٠٠٠	٥٠٠٠٠
عدد مرات فحص المنتجات	٥٠٠	١٥٠٠	٢٠٠٠

المطلوب:

عمل مقارنة بين تكلفة انتاج الوحدة لكل من المنتجين (أ) و (ب) باستعمال نظام التكاليف التقليدي ونظام التكاليف المبني على الأنشطة في شركة الصناعات الوطنية.

إجابة مثال رقم (٦):

مجموع عدد ساعات العمل المباشر للمنتجين =

عدد ساعات العمل المباشر للمنتج (أ) + عدد ساعات العمل المباشر للمنتج (ب)

= (٥٠٠٠٠ × ٢) + (١٠٠٠٠ × ١)

= ١٠٠٠٠٠ + ١٠٠٠٠

= ١١٠٠٠٠ ساعة

معدل التكاليف غير المباشرة لكل ساعة عمل مباشر $=$ $\dfrac{\text{المجموع المتوقع للتكاليف غير المباشرة السنوية}}{\text{مجموع عدد ساعات العمل المباشر للمنتجين}}$

$$= \frac{٨٨٠٠٠٠}{١١٠٠٠٠}$$

$$= ٨ \text{ دنانير}$$

وبناء عليه فإنه يمكن احتساب تكلفة الوحدة لكل من المنتجين باستعمال نظام التكاليف التقليدي كما هو مبين في جدول رقم (١) التالي.

جدول رقم (١)
تكلفة الوحدة لكل من المنتجين (أ) و (ب) باستعمال نظام التكاليف التقليدي

التكاليف الصناعية	المنتج (ب)	المنتج (أ)
المواد المباشرة	٣٠ دينار	٥٠ دينار
الأجور المباشرة (١٠×٢؛ ١٠×١)	١٠	٢٠
التكاليف غير المباشرة (٨×٢؛ ٨×١)	٨	١٦
مجموع تكلفة الوحدة	٤٨ دينار	٨٦ دينار

ويوضح جدول رقم (٢) التالي احتساب التكاليف غير المباشرة للوحدة لكل من المنتجين (أ) و (ب) باستعمال نظام التكاليف المبني على الأنشطة.

جدول رقم (٢)

التكاليف غير المباشرة للوحدة لكل من المنتجين (أ) و (ب) باستعمال نظام التكاليف المبني على الأنشطة

النشاط	المنتج أ		المنتج ب		مجموع التكاليف
	العدد	التكاليف	العدد	التكاليف	
إعداد الالات للتشغيل (٢٠٠ دينار)	٤٠٠	٨٠٠٠٠دينار	٦٠٠	١٢٠٠٠٠دينار	٢٠٠٠٠٠دينار
تشغيل الالات (١٠دنانير)	٣٠٠٠٠	٣٠٠٠٠٠	٢٠٠٠٠	٢٠٠٠٠٠	٥٠٠٠٠٠
فحص المنتجات (٩٠دينار)	٥٠٠	٤٥٠٠٠	١٥٠٠	١٣٥٠٠٠	١٨٠٠٠٠
مجموع التكاليف المخصصة		٤٢٥٠٠٠دينار		٤٥٥٠٠٠دينار	٨٨٠٠٠٠دينار
عدد الوحدات المنتجة		٥٠٠٠٠		١٠٠٠٠	
التكاليف غير المباشرة للوحدة		٨.٥دينار		٤٥.٥دينار	

وبهذا يمكن عمل مقارنة بين تكاليف الوحدة لكل من المنتجين باستعمال نظامي التكاليف التقليدي والأنشطة كما هو مبين في الجدول رقم (٣) التالي:

جدول رقم (٣)

مقارنة بين تكلفة الوحدة للمنتجين (أ) و (ب) باستعمال نظامي التكاليف التقليدي والأنشطة

نظام التكاليف التقليدي		نظام تكاليف الانشطة		التكاليف الصناعية
المنتج (أ)	المنتج (ب)	المنتج (أ)	المنتج (ب)	
٥٠دينار	٣٠ دينار	٥٠دينار	٣٠دينار	المواد المباشرة
٢٠	١٠	٢٠	١٠	الاجور المباشرة
١٦	٨	٨.٥	٤٥.٥	التكاليف غير المباشرة
٨٦دينار	٤٨دينار	٧٨.٥دينار	٨٥.٥دينار	مجموع تكلفة الوحدة

يبين جدول رقم (٣) ان تكلفة الوحدة لكل من المنتجين (أ) و (ب) باستعمال نظام التكاليف التقليدي تبدو مشوهة. فمثلا تكلفة الوحدة من المنتج (أ) هي مضخمة بمبلغ ٧.٥ دينار للوحدة (٨٦ دينار – ٧٨.٥ دينار)، في حين ان تكلفة الوحدة من المنتج (ب) هي مخفضة بمبلغ ٣٧.٥دينار للوحدة (٨٥.٥دينار – ٤٨دينار). وتعزى الفروقات في تكاليف الوحدة بالكامل إلى كيفية تخصيص التكاليف غير المباشرة، حيث ان تكاليف الوحدة من المواد المباشرة والأجور المباشرة هي متساوية في نظامي التكاليف التقليدي والأنشطة. النتيجة المحتملة لهذه الفروقات هي انعكاساتها على تسعير المنتجات (أ) و (ب)، فيبدو أن شركة الصناعات الوطنية كانت تسعر المنتج (أ) بأكثر من اللازم وبالتالي هناك احتمال خسارة جزء من حصتها بالسوق للمنافسين نتيجة ارتفاع اسعار المنتج (أ). في حين يبدو أن الشركة كانت تسعر المنتج (ب) بأقل مما يجب مما يؤدي إلى تخفيض ارباحها نتيجة التسعير المنخفض وغير المناسب للمنتج (ب).

وباختصار فإنه يتم اتخاذ الخطوات التالية لتطبيق نظام التكاليف المبني على الأنشطة:

١- تحديد الأنشطة الرئيسة المتعلقة بإنتاج المنتجات بالمنشأة.
٢- تجميع التكاليف غير المباشرة لكل نشاط رئيس بالمنشأة.
٣- تحديد محركات التكلفة التي تقيس بدقة مساهمة كل نشاط في المنتج النهائي.
٤- تخصيص التكاليف غير المباشرة لكل نشاط للمنتجات المختلفة باستعمال محركات التكلفة.

٦- مزايا وعيوب استعمال نظام التكاليف المبني على الأنشطة

إن لاستعمال نظام التكاليف المبني على الانشطة مزايا عديدة أهمها:

١- التوصل إلى تكاليف دقيقة للمنتجات. وبشكل عام نستطيع القول أن تكاليف المنتجات الناتجة عن نظام الأنشطة هي اكثر دقة عن تكاليف المنتجات الناتجة عن نظام التكاليف التقليدي.

٢- التحسن في رقابة التكاليف غير المباشرة، فمعرفة الأنشطة المتعلقة بالتكاليف غير المباشرة يؤدي إلى تحديد المسؤولية عن تلك التكاليف وبالتالي اخضاعها إلى رقابة اكثر فاعلية بسبب معرفة الجهة المسؤولة عنها.

٣- اتخاذ قرارات إدارية أفضل. فالتحديد الدقيق لتكاليف المنتجات يؤدي إلى المساهمة في اتخاذ قرارات تسعير المنتجات بشكل افضل للتوصل إلى مستوى الربح المنشود. هذا بالإضافة إلى أن المعلومات الدقيقة عن تكاليف المنتجات تساعد في اتخاذ القرارات الإدارية بالتوقف عن انتاج منتج معين أو التوسع في إنتاجه أو المقارنة بين تصنيع جزء أساسي من منتج معين أو شرائه من الخارج.

أما أهم عيوب استعمال نظام التكاليف المبني على الأنشطة فتتلخص بالتالي:

١- التكاليف العالية المتعلقة بالحصول على بيانات تكاليف الأنشطة المختلفة للمنشأة. فتحديد الأنشطة الرئيسة للمنشأة والتعرف على محركات التكلفة المتعلقة بهذه الأنشطة وتخصيص التكاليف غير المباشرة لكل منتج من المنتجات، كل ذلك يتطلب تكاليف عالية يجب مقارنتها بالمزايا المتعلقة من استعمال نظام التكاليف المبني على الأنشطة. فإذا كانت التكاليف العالية لاستعمال نظام الانشطة تفوق المزايا المتوخاة من استعمال النظام المذكور فإنه يجب التخلي عن تطبيق نظام الأنشطة، وبالمقابل إذا كانت تكاليف استعمال نظام الأنشطة ضئيلة إذا ما قورنت بالمزايا المتوخاة من استعماله فإنه عندئذ يفضل استعمال نظام التكاليف المبني على الأنشطة.

٢- ان استعمال نظام التكاليف المبني على الأنشطة لا يقضي على مشكلة التخصيص العشوائي للتكاليف غير المباشرة. فمثلا قد يكون هناك صعوبة في توزيع بعض التكاليف غير المباشرة الصناعية بدقة على الأنشطة المختلفة نظراً لصعوبة تحديد محرك التكلفة المتعلق ببعض الأنشطة مما يؤدي إلى عدم دقة تكاليف المنتجات نتيجة للتوزيع العشوائي لبعض التكاليف غير المباشرة كإهتلاك مباني المصنع أو التأمين على مباني المصنع أو الضريبة السنوية المدفوعة على مباني المصنع وما شابه.

٧. الخلاصة

إن الاتجاه الحديث لكثير من المنشآت الخدمية والتجارية والصناعية هو استعمال نظام التكاليف المبني على الأنشطة لما يتميز به من التوصل إلى تكاليف دقيقة للمنتجات وتحسين الرقابة على التكاليف غير المباشرة واتخاذ القرارات الإدارية المناسبة كتسعير المنتجات والاستمرار أو التوقف عن انتاج منتجات معينة.

وبـالرغم مـن وجـود المزايـا المختلفـة لاستعمال نظـام التكـاليف المبنـي عـلى الأنشـطة كبـديل لاستعمال نظام التكاليف التقليدي إلا أنه يوجد بعض العيوب لاستعمال نظام الأنشطة، ومن هذه العيوب ارتفاع التكاليف المتعلقة بتطبيق النظام المذكور وعدم القضاء على مشكلة التخصيص العشوائي للتكاليف غير المباشرة.

ومن الجدير بالذكر أن مزايا استعمال نظام التكاليف المبني عـلى الأنشـطة بشـكل عـام تفـوق عادة العيوب التي تحد من استعماله، إلا أنه لا يجب على كافة المنشآت تطبيق النظام المذكور وخاصة إذا كانت عيوب استعمال النظام المذكور تفوق المزايا المتوخاة من استعماله. وهناك بعض المؤشرات التي تشير إلى الحاجة لاستعمال نظام تكاليف جديد بدل نظام التكاليف التقليدي المستعمل بالشركة ومن هذه المؤشرات عدم الثقة بتكاليف المنتجات طبقا للنظام التقليدي وصعوبة تفسير ربحية قطاعات المنتجات المختلفة والزيادة في المبيعات مع الانخفاض في الأرباح وغيرها.

المصطلحات

Activities	أنشطة
Activity Based Costing Systems	أنظمة التكاليف المبنية على الأنشطة
Administrative Activities	أنشطة إدارية
Cost Driver	محرك التكلفة
Direct Costs	تكاليف مباشرة
Indirect (Overhead) Costs	تكاليف غير مباشرة
Input Activities	أنشطة المدخلات
Manufacturing Organizations	منشآت صناعية
Merchandising Organizations	منشآت تجارية
Output Activities	انشطة المخرجات
Processing Activities	أنشطة العمليات
Service Organizations	منشآت خدمية
Traditional Costing Systems	أنظمة التكاليف التقليدية

أسئلة وتمارين

١- ما المقصود بكلمة أنشطة؟

٢- ما هي الأنواع الرئيسة للأنشطة؟

٣- ما المقصود بمفهوم محرك التكلفة؟

٤- قارن بين نظام التكاليف المبني على الأنشطة ونظام التكاليف التقليدي.

٥- ما هي المؤشرات التي تشير إلى الحاجة لاستعمال نظام تكاليف مبني على الأنشطة.

٦- ما هي مزايا استعمال نظام التكاليف المبني على الأنشطة؟

٧- ما هي عيوب استعمال نظام التكاليف المبني على الأنشطة؟

٨- ناقش العبارة التالية: "تتجه المنشآت في العصر الحديث إلى استعمال نظام التكاليف المبني على الأنشطة، وبالتالي يجب على كافة المنشآت استعمال النظام المذكور".

٩- تنتج الشركة الأهلية للصناعة منتجين (أ) و (ب). وخلال شهر كانون ثاني تم إنتاج ٥٠ وحدة من المنتج (أ) و ٣٠٠ وحدة من المنتج (ب). وقد بلغت التكاليف غير المباشرة ٨١٠٠٠ دينار، وقد أظهر تحليل التكاليف غير المباشرة الأنشطة التالية:

النشاط	محرك التكلفة	مجموع التكاليف
١- مناولة المواد	عدد طلبات المواد	٣٠٠٠٠ دينار
٢- اعداد الالات للعمل	عدد مرات اعداد الالات للعمل	٢٧٠٠٠
٣- فحص الجودة	عدد الفحوصات	٢٤٠٠٠

وقد بلغ حجم محرك التكلفة لكل منتج كما يلي:

محرك التكلفة	المنتج (أ)	المنتج (ب)	المجموع
عدد طلبات المواد	٤٠٠	٦٠٠	١٠٠٠
عدد مرات اعداد الالات للعمل	١٥٠	٣٠٠	٤٥٠
عدد الفحوصات	٢٠٠	٤٠٠	٦٠٠

المطلوب:

(١) احتساب معدل التكاليف غير المباشرة لكل نشاط.

(٢) تخصيص التكاليف غير المباشرة لشهر كانون ثاني لكل من المنتجين باستعمال نظام التكاليف المبني على الأنشطة.

١٠- تنتج شركة الصناعة الحديثة نوعين من المنتجات هما (أ) و (ب) والتي تباع الوحدة منهما بسعر ١٢٠٠ دينار و ١٥٠٠ دينار على التوالي. وقد كانت تكلفة الانتاج لكل وحدة في سنة ٢٠٠٩ كما يلي:

المنتج (أ)	المنتج (ب)	البيان
٤٢٠ دينار	٧٠٠دينار	مواد مباشرة
٨٠	١٠٠	اجور مباشرة (٢٠دينار للساعة)
١٦٠	٢٠٠	تكاليف غير مباشرة (٤٠دينار لكل ساعة عمل مباشر)
—	—	
٦٦٠ دينار	١٠٠٠دينار	مجموع التكاليف للوحدة

وقد تم انتاج ١٠٠٠٠ وحدة من المنتج (أ) و ٣٠٠٠٠ وحدة من المنتج (ب) خلال سنة ٢٠٠٩.

ونظرا لربحية المنتج (أ) الأعلى من ربحية المنتج (ب) فإن المدير يرغب بزيادة إنتاج المنتج (أ) والتخفيف أو التخلص من المنتج (ب). ولكن قبل اتخاذه القرار النهائي بشأن ذلك فقد طلب من المراقب المالي تجميع المعلومات (المالية وغير المالية) المتعلقة بالتكاليف غير المباشرة وتحليلها طبقا لنظام التكاليف المبني على الأنشطة، حيث تم تجميع المعلومات التالية:

معدل التكاليف غير المباشرة	حجم محرك التكلفة	مجموع التكاليف	محرك التكلفة	النشاط
٤٠دينار	٣٠٠٠٠	١٢٠٠٠٠٠	عدد الطلبات	طلبات الشراء
٦٠	١٥٠٠٠	٩٠٠٠٠٠	عدد مرات اعداد الالات	اعداد الالات للعمل
٣٠	١٦٠٠٠٠	٤٨٠٠٠٠٠	عدد ساعات الاستعمال	استعمال الالات
٢٠	٣٥٠٠٠	٧٠٠٠٠٠	عدد مرات الرقابة	رقابة الجودة

علما بأن حجم محرك التكلفة لكل من المنتجين كان كما يلي:

المنتج (ب)	المنتج (أ)	محرك التكلفة
١٠٠٠٠	٢٠٠٠٠	عدد طلبات الشراء
٥٠٠٠	١٠٠٠٠	عدد مرات اعداد الالات
١٠٠٠٠٠	٦٠٠٠٠	عدد ساعات استعمال الالات
١٠٠٠٠	٢٥٠٠٠	عدد مرات الرقابة

المطلوب

١) تخصيص مجموع التكاليف غير المباشرة لسنة ٢٠٠٩ على المنتجين (أ) و (ب) باستعمال نظام التكاليف المبني على الأنشطة.

٢) ما هي تكلفة الوحدة من المنتج (أ) باستعمال نظام التكاليف المبني على الأنشطة؟

٣) ما هي تكلفة الوحدة من المنتج (ب) باستعمال نظام التكاليف المبني على الأنشطة؟

١١- فيما يلي المعلومات المتعلقة بأنشطة شركة الازدهار:

حجم محرك التكلفة	تكاليف النشاط	النشاط
٥٠٠٠ساعة	٢٠٠٠٠٠دينار	الاستعلام عن الحسابات (ساعات)
٢٠٠٠٠٠خط	١٤٠٠٠٠	ترتيب الحسابات(خطوط)
٢٠٠٠٠حساب	٧٥٠٠٠	فحص الحسابات(حسابات)
٢٠٠٠رسالة	٢٥٠٠٠	المراسلات (رسائل)

علما بأن العديد من أقسام الشركة تستعمل الأنشطة المذكورة، ومن بين هذه الأقسام (أ) و (ب) وفيما يلي المعلومات المتعلقة بهما:

قسم (ب)	قسم (أ)	محرك التكلفة
٢٠٠٠ ساعة	١٠٠٠ ساعة	عدد ساعات الاستعلام عن الحسابات
١٠٠٠٠٠ خط	٢٠٠٠٠٠ خط	عدد خطوط ترتيب الحسابات
٤٠٠٠ حساب	٥٠٠٠ حساب	عدد الحسابات
٨٠٠ رسالة	٥٠٠ رسالة	عدد الرسائل

المطلوب:

(١) ما هو المبلغ الذي يجب تخصيصه للقسم (أ) من تكاليف نشاط الاستعلام عن الحسابات؟

(٢) ما هو المبلغ الذي يجب تخصيصه للقسم (ب) من تكاليف نشاط ترتيب الحسابات؟

(٣) ما هو المبلغ الذي يجب تخصيصه للقسم (أ) من تكاليف نشاط فحص الحسابات؟

(٤) ما هو المبلغ الذي يجب تخصيصه للقسم (ب) من تكاليف نشاط المراسلات؟

١٢- يعمل لدى مركز الاستشارات العالمي ٤٠ مستشار ويعطى كل منهم راتبا سنويا مقداره ٦٠٠٠ دينار. ويمضي المستشارون بمعدل ٥٠٠ ساعة لكل عميل. فإذا علمت بأن لدى الشركة مجموعة واحدة للتكاليف المباشرة وهي تكلفة المستشارين ويتم تحميلها للعملاء على اساس عدد الساعات التي يعملها المستشارون لدى العملاء كما ان هناك مجموعة واحدة اخرى للتكاليف غير المباشرة والتي تحمل طبقا لعدد ساعات المستشارين.

بافتراض أن الموازنة المتعلقة بالتكاليف غير المباشرة السنوية تعادل ١٥٠٠٠٠ دينار وان المركز يتوقع خدمة ٥٠ عميل خلال السنة القادمة.

المطلوب:

(١) احتساب معدل تكلفة الاجور المباشرة لكل ساعة.

(٢) احتساب معدل التكاليف غير المباشرة للساعة.

١٣- يعمل لدى شركة الخدمات المنزلية ٢٥ موظف. وتبلغ موازنة التكاليف الكلية للشركة ٢٥٠٠٠٠ دينار منها ١٠٠٠٠٠ دينار تكاليف غير مباشرة. كما تبلغ موازنة عدد ساعات العمل ٤٠٠٠٠ ساعة.

فإذا علمت أن التكاليف غير المباشرة الفعلية تعادل ١٢٠٠٠٠ دينار في حين بلغت ساعات العمل الفعلية ٤٥٠٠٠ ساعة.

المطلوب:

١- احتساب معدل التكاليف المباشرة التقديرية.

٢- احتساب معدل التكاليف غير المباشرة الفعلية.

١٤- فيما يلي التقرير الشهري لربحية مجموعات السلع لشهر أيلول سنة ٢٠٠٩ لدى منشأة الوليد التجارية:

البيان	الاجمالي	مجموعة السلع (٣)	مجموعة السلع (٢)	مجموعة السلع (١)
الايرادات	٢٤٠٠٠٠دينار	١٠٠٠٠٠دينار	٨٠٠٠٠دينار	٦٠٠٠٠دينار
-التكاليف				
تكلفة المبيعات	١٢٠٠٠٠	٥٠٠٠٠	٤٠٠٠٠	٣٠٠٠٠
تكاليف متفرقة	٤٧٠٠٠	٢٥٠٠٠	١٠٠٠٠	١٢٠٠٠
اجمالي التكاليف	١٦٧٠٠٠	٧٥٠٠٠	٥٠٠٠٠	٤٢٠٠٠
الربح التشغيلي	٧٣٠٠٠دينار	٢٥٠٠٠دينار	٣٠٠٠٠دينار	١٨٠٠٠دينار
نسبة الربح الى الايرادات	%٣٠.٤	%٢٥	%٣٧.٥	%٣٠
الترتيب طبقا لنسب الربحية		٣	١	٢

ونظرا لعدم اقتناع كل من المدير المسؤول عن مجموعة السلع (٣) عن ترتيبه الثالث والأخير، والمدير المسؤول عن مجموعة السلع (١) بترتيبه الثاني طبقا لنسب الربحية باستعمال الأسلوب التقليدي لتوزيع التكاليف التشغيلية المتفرقة على مجموعات السلع الثلاثة، فقد تم الطلب من المدير العام لمنشأة الوليد استعمال أسلوب الأنشطة لتوزيع التكاليف المذكورة حيث تم الحصول على المعلومات التالية والمتعلقة بأنشطة المنشأة لشهر أيلول سنة ٢٠٠٩ :

حجم محرك التكلفة			اساس توزيع التكاليف	النشاط
مجموعة السلع (٣)	مجموعة السلع (٢)	مجموعة السلع (١)		
٢٠	١٥	١٥	٢٠٠دينار لكل طلب شراء	الطلب
٣٠	٢٠	٣٠	١٥٠دينار لكل تسليم	التسليم
١٠٠	٢٠٠	١٠٠	١٠ دنانير للساعة	ترتيب الرفوف
١٠٠٠٠٠	٢٠٠٠٠٠	١٢٠٠٠٠	٠.٠٥دينار لكل عنصر مباع	مساعدة الزبائن

المطلوب:

ترتيب ربحية مجموعات السلع طبقا لنظام التكلفة المبني على الأنشطة.

١٥- تنتج شركة الصناعة الأهلية ثلاجات منزلية متطورة. وخلال شهر حزيران، بلغت موازنة قسم الانتاج الأول ٥٠٠٠ساعة الات، في حين بلغت موازنة قسم الانتاج الثاني ٢٥٠٠ساعة عمل مباشر، كما بلغت موازنة التكاليف غير المباشرة لقسمي الإنتاج الأول والثاني ٢٣٠٠٠دينار و ٢٥٠٠٠دينار على التوالي.

وفيما يلي التكاليف الفعلية لقسمي الإنتاج والمتعلقة بأمر التشغيل رقم ٢٠:

البيان	قسم الانتاج الثاني	قسم الانتاج الاول
مشتريات المواد المباشرة	٧١٠٠٠دينار	٤٤٠٠٠دينار
مواد مباشرة مستعملة	٥٤٠٠	١٣٠٠٠
أجور مباشرة	٢١٤٠٠	٢١٠٠٠
أجور غير مباشرة	٣٦٠٠	٤٤٠٠
مواد غير مباشرة مستعملة	١٩٠٠	٣٠٠٠
اهتلاك الالات	١٥٠٠	٦٥٠٠
كهرباء ومياه وتلفون	٥٠٠	٤٠٠

فإذا علمت أنه تم استعمال ٥٠٠ساعة الات في قسم الانتاج الاول و١٥٠ ساعة عمل مباشر في قسم الانتاج الثاني لتنفيذ أمر التشغيل رقم ٢٠.

وان الشركة تستعمل معدل التكاليف غير المباشرة التقديري للأقسام لتحميل الإنتاج بالتكاليف غير المباشرة.

المطلوب:

(١) احتساب معدل التكاليف غير المباشرة التقديري لقسم الانتاج الأول.
(٢) احتساب معدل التكاليف غير المباشرة التقديري لقسم الانتاج الثاني.
(٣) احتساب إجمالي تكاليف أمر التشغيل رقم ٢٠.

١٦- إن التكاليف المعرضة للتذبذب في الأجل القصير لأوامر التشغيل هي:

أ) التكاليف الفعلية   جـ) التكاليف غير المباشرة بالموازنة

ب) التكاليف بالموازنة   د) تكاليف الموازنة الطبيعية

١٧- بلغت التكاليف المباشرة لأمر تشغيل معين ١٤٠٠٠٠ دينار، بينما بلغت تكاليف التحويل ١٠٠٠٠٠ دينار، في حين ان التكاليف غير المباشرة تساوي ٩٠دينار لكل ساعة الات. ما هو مجموع تكلفة أمر التشغيل الذي يستعمل ٦٠٠ساعة الات؟

أ) ٥٤٠٠٠ دينار   جـ) ١٤٠٠٠٠ دينار

ب) ١٠٠٠٠٠دينار   د) ١٩٤٠٠٠ دينار

١٨- إن نظام التكاليف الذي يركز على الاحداث أو المهام كمحاور تكلفة رئيسة يسمى:

أ) نظام تكاليف مبني على الأنشطة   جـ) نظام تكاليف الأوامر

ب) نظام التكاليف المباشر   د) نظام تكاليف المراحل الانتاجية

١٩- فيما يلي المعلومات المتعلقة بكل شريك في شركة الكمال للمحاماة والمبنية على أساس التقديرات السنوية:

الراتب الأساسي   ٧٥٠٠٠دينار

مزايا ثانوية   ١٥٠٠٠دينار

ساعات العمل مع العملاء	١٥٠٠ساعة
الإجازات العادية والمرضية	٢٠٠ساعة
ساعات التطوير المهني	٣٠٠ساعة

بافتراض أن التكاليف المتعلقة بكل شريك هـي تكاليف مباشرة، إن معدل التكاليف المباشرة الذي يتم تحميله للعملاء هو:

أ) ٣٧.٥ دينار   جـ) ٥٢.٩٤ دينار

ب) ٤٥ دينار   د) ٦٠ دينار

٢٠- استعمل المعلومات الواردة في السؤال السابق رقم (١٩).

بافتراض ان تكاليف المزايا الثانوية هي تكاليف غير مباشرة، إن معدل التكاليف المباشرة الـذي يتم تحميله للعملاء هو:

أ) ٣٧.٥ دينار   جـ) ٥٢.٩٤ دينار

ب) ٤٥ دينار   د) ٦٠ دينار

٢١- إن استعمال عدة مجموعات للتكاليف غير المباشرة في المنشآت الخدمية والصناعية سوف يؤدي إلى :

أ) تخفيض تكاليف الأجور المباشرة.

ب) تخفيض تكاليف المواد المباشرة.

جـ) الحصول على معلومات أفضل لغايات قرارات التسعير.

د) تخفيض التكاليف المتعلقة بتجميع تكاليف المعلومات.

٢٢- أي من التالي يصف الفروقات الرئيسة بين الأنظمة التقليدية وأنظمة التكاليف المبنية على الأنشطة؟

	الانظمة التقليدية	الأنظمة المبنية على الأنشطة
(أ)	غالبية أسس التكاليف غير المباشرة هي غير مالية	غالبية اسس التكاليف غير المباشرة هي مالية
(ب)	عدة مجموعات كثيرة للتكاليف غير المباشرة	مجموعة واحدة او مجموعات قليلة للتكاليف غير المباشرة
(ج)	يلعب موظفو العمليات التشغيلية دورا بارزا في تصميم مجموعات التكاليف	لا يلعب موظفو العمليات التشغيلية دورا بارزا في تصميم مجموعات التكاليف
(د)	حجم التكاليف كبير	حجم التكاليف صغير

٢٣- استعملت كثير من المنشآت في الماضي أنظمة ربحية المنتجات والتي تتضمن مجموعة واحدة للتكاليف المباشرة ومجموعة أخرى للتكاليف غير المباشرة. وإن تغيير النظام التقليدي يتطلب من المنشأة أن:

أ) يكون لديها اكثر من مجموعة واحدة للتكاليف المباشرة.

ب) تحدد كيفية استعمال المنتجات للمصادر الموجودة بالمنشأة.

ج) يكون لديها اكثر من مجموعة واحدة لكل من التكاليف المباشرة والتكاليف غير المباشرة.

د) تغير من نظام ربحية المنتجات إلى نظام التكلفة المبني على الأنشطة.

٢٤- اصدر سعيد مسلم أمرين تشغيليين لشركة الصناعة الأهلية. الأمر التشغيلي الأول سوف يعطي ايرادات بقيمة ١٠٠٠دينار، في حين أن الأمر التشغيلي الثاني سوف يعطي ايرادات بقيمة ٢٠٠٠دينار. فإذا علمت أن التكاليف التشغيلية للأمرين هي ٨١٠ دينار و ١٦٥٠ دينار على التوالي.

إن نسبة الربح التشغيلي إلى الايرادات من أوامر سعيد مسلم للشركة هي:

أ) ٢٢%　　　　　جـ) ١٥%

ب) ١٨%　　　　　د) ١٠%

٢٥- يسمى معدل التعويض الذي يتسلمه الموظف بتاريخ الدفع:

أ) المعدل الفعلي للتكاليف التقديرية.

ب) المعدل الفعلي لتكاليف الأجور.

جـ) المعدل التقديري لتكاليف الأجور.

د) معدل تكاليف الأجور المباشرة.

الفصل السابع

تسعير المنتجات والخدمات

Pricing of Products and Services

يهدف هذا الفصل الى تعريف القارئ بما يلي:

١- العوامل المؤثرة على قرارات التسعير.

٢- المنهج الاقتصادي للتسعير.

٣- تسعير المنتجات العادية.

٤- التسعير على اساس التكلفة الكلية.

٥- التسعير على أساس التكلفة المتغيرة.

٦- التسعير على أساس العائد على الاستثمار.

٧- قرارات التسعير قصيرة الاجل.

٨- قرارات التسعير طويلة الأجل.

٩- استراتيجيات التسعير للمنتجات الجديدة.

الفصل السابع
تسعير المنتجات والخدمات
Pricing of Products and Services

١- مقدمة:

يعتبر قرار تسعير منتجات المنشأة وخدماتها أحد أهم القرارات الإدارية نظراً لتأثيره على ارباح المنشأة في الأمد القصير والطويل معا. فأسعار المنشأة تحدد إلى حد بعيد الكميات التي يرغب العملاء بشرائها من منتجات المنشأة. وعليه فإن سعر البيع والكميات المباعة هي التي تؤثر على ايرادات المنشأة وبالتالي أرباحها. وتعتبر التكاليف احد العوامل الرئيسة التي يعتمد عليها متخذ قرار التسعير في المنشأة، وبالاضافة الى التكاليف فإن هناك عدة عوامل يجب اخذها بعين الاعتبار عند اتخاذ قرار تسعير المنتجات والخدمات بالمنشأة. وتشمل هذه العوامل ظروف الطلب على المنتجات وطبيعة اذواق المستهلكين وطبيعة المنافسة في سوق المنتجات وعوامل قانونية وسياسية وبيئية، بالإضافة إلى عوامل أخرى.

ويوجد عدة طرق لتسعير المنتجات والخدمات ومن أهم هذه الطرق المنهج الاقتصادي للتسعير والتسعير على أساس التكاليف الكلية أو المتغيرة أو التسعير على أساس عائد الاستثمار ولكل طريقة مزاياها وعيوبها.

وتعتبر مشكلة تسعير المنتجات الجديدة هي الاكثر تحديا بسبب الغموض المتعلق بمدى تقبل المستهلكين للمنتجات الجديدة وطلبهم لها. ويمكن التخفيض من مستوى الغموض المذكور بعمل فحص لتسويق المنتجات قبل طرحها الفعلي في السوق واتباع الاستراتيجية المناسبة للتسعير.

وتجدر الإشارة الى أن جزءاً من المنشآت قد لا يواجه أية مشاكل في تسعير منتجاته وخدماته بسبب وجود منتجات وخدمات مشابهة ومنافسة في السوق. وبالتالي فإن المستهلكين لن يدفعوا اكثر من السعر للمنتجات والخدمات الموجودة والمنافسة، كما أنه لا يوجد أي مبرر لاي منشأة ان تخفض سعرها عن اسعار المنتجات المنافسة ما دام الطلب في الحدود المعقولة. وبالتالي فإن أي منشأة تدخل مثل هذا السوق سوف تطرح سعر معادل للأسعار الموجودة بالسوق للمنتجات المنافسة والبديلة، وتكون مشكلة المنشأة بهذه الحالة هي تحديد الكمية المنتجة.

وسوف يتم بهذا الفصل التعرض الى العوامل المؤثرة على قرارات التسعير والمناهج المختلفة للتسعير، وسيتم التركيز على التسعير على اساس التكلفة الكلية أو المتغيرة. كما سيتم التعرف على قرارات التسعير قصيرة وطويلة الاجل. وأخيراً سيتم اعطاء لمحة عن استراتيجيات التسعير للمنتجات الجديدة.

٢- العوامل المؤثرة على قرارات التسعير

Factors Influencing Pricing Decisions

يوجد عدة عوامل تؤثر على قرارات التسعير وأهم هذه العوامل هي العملاء والمنافسون والتكاليف والاعتبارات السياسية والقانونية والبيئية، وفيما يلي شرح لهذه العوامل بالتفصيل.

١- العملاء (Customers) : يعتبر تحديد السعر المناسب للسلعة من قبل ادارة المنشأة ذا أهمية بالغة لتسويق تلك السلعة. كما أن أية زيادة في اسعار تلك السلعة قد تؤدي إلى تحول العملاء الى شراء سلع بديلة من المنافسين. ومن هنا فإنه يجب على ادارة المنشأة أن تأخذ بعين الاعتبار طلب العملاء على السلعة والسعر المناسب من وجهة نظرهم لتلك السلعة وذلك من خلال دراسات السوق الدورية بالاستبانات التي يتم توزيعها على العملاء ومعرفة آرائهم بالسلعة وجودتها ومناسبة سعرها، وكذلك الحال بالتغذية العكسية التي يوفرها موظفو المبيعات عن السلعة. وباختصار فإننا نستطيع القول أنه يجب على ادارة المنشأة معرفة اذواق العملاء والمستهلكين للسلعة وتزويدهم بالسلعة التي يرغبونها وبالسعر المناسب من وجهة نظرهم.

٢- المنافسون (Competitors) : من المعلوم أن المنشأة ترغب ببيع كامل منتجاتها وبالسعر المناسب لها، ولكن وجود المنافسين سوف يؤثر على اتخاذ قرار التسعير لمنتجاتها. ففي الاسواق الرأسمالية هناك منافسة شديدة على بيع المنتجات للعملاء في تلك الاسواق فالمنافسة المحلية والاجنبية ترغب باستحواذ حصة من السوق وتسويق منتجاتها. ومن هنا فإن تحديد الادارة لسعر منتج معين يجب ان يأخذ بعين الاعتبار ردود فعل المنافسين، ويعتبر توقع ردود المنافسين ذا أهمية بالغة في استراتيجية التسعير للمنتجات. ويمكن جمع المعلومات عن الحالة المالية والتكنولوجية المتوفرة للمنافسين ومعرفة تكاليف وايرادات منتجاتهم، فهذه المعلومات تساعد على توقع ردود المنافسين لتسعير منتجات المنشأة. وفي حالات معينة قد تضطر المنشأة لتخفيض أسعار منتجاتها للحفاظ على حصتها بالسوق نتيجة لتخفيض المنافسين لأسعار منتجاتهم البديلة.

ويعتبر توقع ردود المنافسين على تصميم المنتجات وتسعيرها ذا أهمية بالغة لإدارة المنشأة مع وجود الصعوبات الكبيرة احيانا لتحديد ومعرفة تلك التوقعات. فيمكن اعتبار المنافسين أنفسهم وعملائهم وموظفيهم الحاليين والسابقين مصادر رئيسة لجمع المعلومات وتحديد استراتيجية التسعير. ويعتبر تحليل المنتجات إلى الاجزاء المختلفة مصدراً آخر لجمع المعلومات عن منتجات المنافسين. ففي عالمنا الحاضر نجد أن جزءاً من السيارات المنتجة لمنافسين مختلفين قد يتشابه في التصميم الخارجي مع الاختلاف في الجودة.

وعليه فإن على مدير المنشأة الأخذ بعين الاعتبار المنافسة المحلية والأجنبية في السوق عند اتخاذ قرارات التسعير للمنتجات.

٣- التكاليف (Costs) : يتم تسعير المنتجات بالمنشأة بحيث تفوق تكاليف انتاجها. ويختلف دور التكاليف في التأثير على الأسعار باختلاف نوعية المنتجات او الخدمات. فبعض المنتجات ذات المنافسة الشديدة مثل السكر والأرز والقمح واللحوم هي متشابهة بطبيعتها ويتم تحديد أسعارها طبقاً لقوى السوق من عرض وطلب، وبالتالي فإن على المنشأة المنتجة أن تتبع سعر السوق لتسعير مثل تلك المنتجات. فكلما انخفضت التكاليف عن سعر السوق كلما أدى ذلك الى زيادة ارباح المنشأة، وبهذه الحالة فلا تكون المشكلة بتحديد سعر المنتج، وإنما تكون بتحديد الكمية المنتجة التي يمكن بيعها بحيث تكون تكاليفها اقل من سعر السوق.

وفي بعض الحالات الأقل تنافساً فإنه يمكن للمنشأة أن تعتمد جزئياً على تكاليفها لتحديد اسعار منتجاتها، كما هو الحال في صناعة السيارات والثلاجات والتلفزيونات وما شابه، حيث يتم تسعير هذه المنتجات بإضافة نسبة معينة الى تكاليف المنتجات. ومما لا شك فيه بأن النسبة المضافة تتأثر بعوامل المنافسة في السوق.

وفي بعض الحالات فإن حكومات الدول المختلفة قد تتدخل في تحديد أسعار بعض المنافع العامة كالمياه والكهرباء وما شابه. حيث يتم تحديد الاسعار في مثل هذه الحالات بالاعتماد على تكاليف المنتجات، بحيث تشكل تكاليف المنتجات اساساً مهماً لتبرير عملية التسعير.

٤- عوامل سياسية وقانونية وبيئية Political, Legal and Environmental Factors

بالإضافة إلى تأثير عوامل السوق المتمثلة بالعملاء والمنافسين وعامل التكاليف على اسعار المنتجات المختلفة فإن هناك عوامل سياسية وقانونية وبيئية تؤثر على اسعار المنتجات والخدمات. فمثلاً إذا كانت بعض المنشآت تحقق ارباحاً كبيرة وغير عادلة فقد تتم عليها الضغوط السياسية لاقتطاع ضرائب أعلى من بقية المنشآت او التدخل في تحديد اسعار منتجاتها. ففي الأردن مثلاً يتم اقتطاع ضرائب بمعدل ٣٥% على ارباح البنوك التجارية وهي شركات مساهمة عامة باعتبار انها تحقق ارباحاً كبيرة نسبياً مقارنة ببقية الشركات المساهمة العامة الأخرى التي يتم اقتطاع ضرائب على أرباحها بمعدل ٢٥%. وأحيانا قد تتدخل الدولة عن طريق البنك المركزي بتحديد سعر للفائدة التي تأخذها البنوك التجارية على منحها قروضاً لعملائها.

وفي مجال العوامل القانونية فإنه يجب على مدير المنشأة ان يتقيد بالقوانين المعمول بها عند تسويقه لمنتجات منشأته. فلا يجوز مثلا التمييز بين عملائه عند تحديد اسعار المنتجات وكذلك الحال لا يجوز اتفاق المنشآت الكبيرة والمهمة أن تتواطأ لتحديد اسعار منتجاتها بشكل مرتفع.

أما في مجال العوامل البيئية فإن كثيراً من الدول تتطلب ان تكون المنتجات لها تاثير ايجابي على البيئة أو ان يكون انتاجها له أقل تأثير سلبي ممكن على البيئة. فمثلاً في صناعة الفوسفات تتطلب العوامل البيئية من المنشأة التخفيض ما أمكن من تأثير الغبار المتناثر من صناعة الفوسفات على البيئة المحيطة وذلك بوضع فلاتر لتصفية الغبار المتناثر وليكون تأثيره على البيئة بأقل ضرر ممكن.

وأخيراً فإن صورة المنشأة وانطباعها في اذهان الجمهور قد يؤثر على تحديد اسعار منتجاتها. فالشركة التي لها سمعة جيدة بانتاج المنتجات ذات الجودة العالية قد تضع سعراً عالياً لمنتجها الجديد لتحافظ على سمعتها لدى الجمهور، في حين انه قد يكون هناك منتجاً بديلاً للمنتج الجديد وبسعر اقل كثيراً من سعر المنتج الجديد لدى الشركة ذات السمعة الجيدة لمنتجاتها.

٣- المنهج الاقتصادي للتسعير The Economic Framework for Pricing

طبقاً لنظرية الاقتصاد الجزئي فإن أفضل سعر للمنتج هو السعر الذي يؤدي الى تحقيق أقصى ربح ممكن للمنشأة، حيث يقاس ربح المنشأة بالفرق بين اجمالي الايرادات وإجمالي التكاليف. ويمكن التوصل الى الربح الأقصى للمنشاة بانتاج تلك الكمية التي يتساوى عندها الايراد الحدي Marginal Revenue من بيع المنتج مع التكلفة الحدية Marginal Cost لذلك المنتج. ويقاس الايراد الحدي بمقدار الزيادة في الايراد الكلي نتيجة بيع وحدة إضافية من المنتج، في حين ان التكلفة الحدية تقاس بمقدار الزيادة في التكاليف الكلية الناتجة عن إنتاج وبيع وحدة إضافية من المنتج.

ويعتمد المنهج الاقتصادي للتسعير على الافتراضات التالية:

١- أنه لا يمكن بيع عدد غير محدود من وحدات المنتج بنفس السعر، حيث الافتراض هنا أنه في نقطة معينة سوف يتم تخفيض السعر لزيادة حجم المبيعات. وبالتالي فإنه يتم تمثيل خط إجمالي الايرادات بمنحنى بدلاً من خط مستقيم، حيث يبدأ هذا المنحنى من نقطة الأصل ويزداد بمعدل متناقص طبقاً لزيادة حجم المبيعات كما هو موضح في الشكل رقم (٧-١) وكلما انخفض السعر اكثر فاكثر فإن الزيادة في اجمالي الايرادات سوف تستمر في الهبوط.

٢- ان التكاليف لانتاج وحدة إضافية من المنتج هي غير ثابتة وبالتالي فإن اجمالي التكاليف سوف تزداد بمعدلات غير ثابتة، وطالما أن معدل الزيادة في اجمالي التكاليف هو أقل من معدل الزيادة في إجمالي الايرادات، فإن المنشأة سوف تزيد من ارباحها بانتاج وبيع وحدات اكثر من المنتج. وعند نقطة معينة فإن معدل الزيادة في اجمالي التكاليف سوف يعادل معدل الزيادة في اجمالي الايرادات، وعند تلك النقطة فانه لا فائدة من الاستمرار بانتاج وبيع وحدات اكثر حيث ان الربح لن يزيد ولن يتأثر. وبالتالي فإن تلك النقطة والمشار اليها بالنقطة $ك_١$ في الشكل رقم (٧-١) تمثل الحجم الأفضل من الانتاج والبيع للمنشأة والتي عندها تكون المنشأة قد وصلت الى الحد الأقصى الذي يمكن تحقيقه من الأرباح.

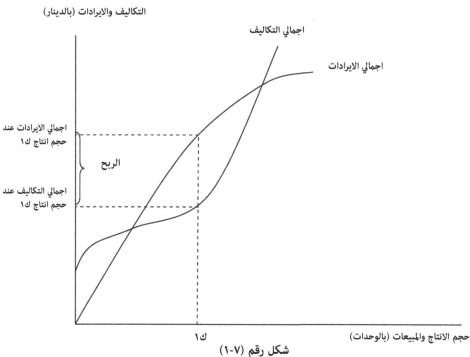

التكاليف والايرادات (بالدينار)

اجمالي التكاليف

اجمالي الايرادات

اجمالي الايرادات عند حجم انتاج ك١

الربح

اجمالي التكاليف عند حجم انتاج ك١

حجم الانتاج والمبيعات (بالوحدات)

ك١

شكل رقم (٧-١)

العلاقة بين حجم الانتاج والمبيعات من جهة واجمالي التكاليف والايرادات من جهة اخرى

كما يمكن تمثيل العلاقة بين حجم الانتاج والمبيعات من جهة وسعر بيع الوحدة من جهـة أخـرى وبيان خطوط الطلب على السلعة والايراد الحدي والتكلفة الحدية في الشكل رقـم (٧-٢) حيـث يتبـين أن نقطة التقاطع بين خط الايراد الحدي وخط التكلفة الحدية تمثل الكميـة المفضلـة للانتـاج والبيـع والمشـار إليها بالرمز (ك١) وهي نفس الكمية التي تم التوصل إليها في الشكل رقم (٧-١) في حين أن السعر الأفضـل والذي عنده يمكن تحقيق الحد الاقصى من الارباح للمنشأة والمشار اليـه بـالرمز (ع١) يمكـن التوصـل اليـه بتقاطع الكمية المفضلة (ك١) مع خط الطلب على السلعة كما هو مبين في الشكل رقم (٧-٢).

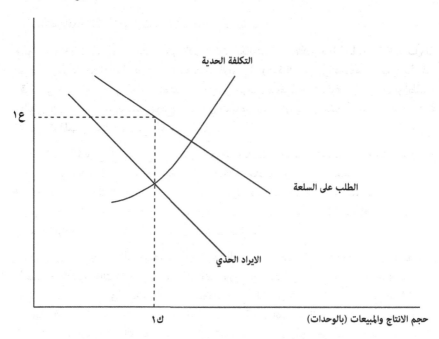

سعر بيع الوحدة (بالدينار)

التكلفة الحدية

١ع

الطلب على السلعة

الايراد الحدي

حجم الانتاج والمبيعات (بالوحدات)

ك١

شكل رقم (٧-٢)
العلاقة بين حجم الانتاج والمبيعات من جهة وسعر بيع الوحدة من جهة أخرى لبيان خطوط الايراد
الحدي والتكلفة الحدية والطلب على السلعة

وبالرغم من فائدة المنهج الاقتصادي للتسعير في معرفة العلاقة بـين اجـمالي التكـاليف واجـمالي الايرادات والطلب على السلعة لبيان السـعر الأفضـل لتحقيـق اقصى ـ ربـح للمنشـأة إلا أن الـمنهج المـذكور يواجه عدة عيوب عند محاولة تطبيقه من الناحية العملية وسوف يتم بيان هذه العيوب في الجزء التالي.

٣-١ عيوب المنهج الاقتصادي للتسعير

Limitations of the Economic Model for Pricing

يواجه المنهج الاقتصادي للتسعير عدة عيوب أهمها ما يلي:

١- عدم توفر المعلومات الكاملة والدقيقة عن الايرادات والتكاليف التي يمكن تحليلها بدقة للتوصل إلى السعر المناسب. حيث أن المعلومات المتعلقة بالايرادات والتكاليف هي معلومات تقريبية غير دقيقة الى حد بعيد ولكنها كافية للتوصل الى نموذج تقريبي لمنحنيات التكاليف والايرادات والطلب. وبالتالي فإن الاعتماد عليها لبناء نموذج اقتصادي للتسعير يجب ان يكون مشوباً بالحذر لعدم دقة المعلومات المتوفرة لبناء النموذج السليم للتسعير.

٢- امكانية تطبيق النموذج الاقتصادي للتسعير فقط في حالات الاحتكار والمنافسة الاحتكارية وعدم امكانية تطبيق النموذج في أية حالة بين تلك الحالتين المتطرفتين حيث يتصف السوق في معظم الحالات باحتكار القلة الذي يكون فيه عادة عدد قليل من المنشآت الكبيرة المتنافسة مباشرة مع بعضها البعض فلا يتيح النموذج الاقتصادي للتسعير المجال للمنشأة لاتخاذ الاجراءات المضادة المناسبة لقرارات التسعير المتخذة من قبل المنشآت المنافسة.

٣- التركيز على سعر المنتج فقط لتسويقه، علماً بأن هناك عدة عوامل لا يأخذها النموذج الاقتصادي للتسعير في الاعتبار والتي تؤثر على تسويق المنتج وزيادة عدد الوحدات المباعة منه. ومن هذه العوامل تصميم المنتج والدعاية والاعلان لتسويق المنتج واختيار قنوات توزيع المنتج فمثلاً عدم الدعاية والاعلان لمنتج معين قد يحد من إمكانية تسويقه وزيادة مبيعاته، وكذلك الحال عدم وجود القنوات المناسبة والكافية لتوزيع المنتج في الوقت المناسب قد يرد أيضا من امكانية تسويق المنتج وزيادة مبيعاته.

٤- افتراض ان المنشأة ترغب في تحديد سعر المنتج لتحقيق الحد الأقصى من الأرباح قد يؤدي إلى عزوف العملاء عن شراء منتج المنشأة بحجة انها تحاول تحقيق أقصى قدر من الارباح. وبالتالي فإن كثيراً من المنشآت في العصر الحالي تحاول تحقيق الارباح المعقولة لاستثماراتها بتحديد الأسعار المناسبة لتحقيق تلك الارباح والمحافظة على عملائها وزيادتهم ما أمكن، بدلاً من محاولة تحقيق أقصى ارباح ممكنة مع خسارة عملائها على المدى البعيد.

وبالرغم من وجود هذه العيوب المذكورة للمنهج الاقتصادي للتسعير إلا أن مزايا المنهج المذكور تتمثل في تزويد المنشأة بنموذج عام يمكن الاستفادة منه في تسعير المنتج وبالتالي فهو يعد نقطة الانطلاق لاتخاذ قرار التسعير المناسب للمنتج.

٤- تسعير المنتجات العادية Pricing Ordinary Products

تختلف قرارات تسعير المنتجات العادية والتي تباع يوميا وبشكل روتيني عن قرارات تسعير المنتجات والأوامر الخاصة التي يمكن بها استعمال الطاقة العاطلة عن العمل. وسوف يتم في هذا الجزء توضيح كيفية تسعير المنتجات العادية الروتينية في حين سيتم لاحقاً توضيح كيفية تسعير المنتجات الجديدة والأوامر الخاصة.

٤-١ منهج التسعير بناء على التكاليف Cost-Based Approach to Pricing

تعتبر التكاليف عاملاً مهماً في تسعير المنتجات والخدمات التي تقدم للعملاء وحيث أن ربحية المنشأة تعتمد على العلاقة بين ايراداتها وتكاليفها، فإن المنشأة تحاول ما أمكن ان تغطي على الأقل تكاليفها عند اتخاذ قرار التسعير. وقد سبق بيان أن هناك عوامل أخرى خلاف التكاليف تؤثر على قرار التسعير، ومن أهمها ردود فعل العملاء والمنافسين وعوامل سياسية وقانونية وبيئية. إلا أن توفر المعلومات عن التكاليف مقارنة بالعوامل الاخرى قد يؤدي من الناحية العملية إلى الارتكاز عليها اكثر من غيرها عند اتخاذ قرار التسعير. وتتجه المنشأة عادة الى تغطية التكاليف في الأجل الطويل على الأقل حتى تستطيع الاستمرار في نشاطها.

ويتضح دور التكاليف عند تحديد السعر على أساس التكاليف مضافاً إليها هامشاً معيناً للربح Cost- Plus Pricing كما هو الحال في التعاقدات الحكومية وغيرها. ولكن تبرز في هذه الحالة مشكلة تحديد التكاليف التي يجب ان يضاف إليها هامش الربح، فهل هي التكاليف الاجمالية ام التكاليف المتغيرة أم ماذا؟ وكذلك الحال تبرز مشكلة تحديد هامش الربح وسيتم فيما يلي شرح للحالات المختلفة لمنهج التسعير بناء على التكاليف مع إعطاء امثلة لتلك الحالات.

٤-١-١ التسعير على أساس التكلفة الكلية

Full-Absorption Cost Pricing

طبقاً لمنهج التسعير على أساس التكلفة الكلية فإنه يتم تعريف التكلفة الكلية على أنها تكلفة انتاج أو تصنيع وحدة واحدة من المنتج. وبالتالي فإن التكاليف البيعية والإدارية للمنتج لا تدخل من ضمن مفهوم التكلفة الكلية في منهج التسعير موضوع البحث ولكن هامش الربح الذي يتم تحديده في منهج التسعير على أساس التكلفة الكلية يجب ان يغطي التكاليف البيعية والادارية بالاضافة الى تحقيق الربح المنشود للمنشأة.

ويوضح المثال رقم (١) التالي تطبيقاً لحالة التسعير على أساس التكلفة الكلية.

مثال رقم (١):

فيما يلي المعلومات المتعلقة بتكاليف المنتج (أ) في الشركة الصناعية لسنة ٢٠٠٩:

تكلفة الوحدة	البيان
٢٠ دينار	مواد مباشرة
١٥	اجور مباشرة
١٠	تكاليف صناعية متغيرة غير مباشرة
٢٥	تكاليف صناعية ثابتة غير مباشرة (على أساس طاقة إنتاجية ٢٠٠٠٠ وحدة)
٨	مصاريف بيعية وإدارية متغيرة
٥	مصاريف بيعية وإدارية ثابتة (على أساس طاقة انتاجية ٢٠٠٠٠ وحدة)

المطلوب:

١- تحديد التكلفة الكلية لانتاج الوحدة من المنتج (أ) .

٢- تحديد سعر بيع الوحدة من المنتج (أ) بافتراض أن النسبة المضافة الى التكلفة الكلية تعادل ٦٠% من تكلفة الانتاج.

٣- عمل قائمة الدخل للشركة الصناعية لسنة ٢٠٠٩ بافتراض أنه تم انتاج وبيع ٢٠٠٠٠ وحدة وان ارباح الشركة غير خاضعة للضريبة.

إجابة مثال رقم (١):

(١) **تكلفة الوحدة**

٢٠ دينار	مواد مباشرة
١٥	اجور مباشرة
	تكاليف صناعية غير مباشرة
	١٠ متغيرة
	٢٥ ثابتة
٣٥	
٧٠ دينار	التكلفة الكلية لإنتاج الوحدة من المنتج (أ)

(٢) سعر بيع الوحدة من المنتج (أ) = التكلفة الكلية لإنتاج الوحدة + (٦٠% × التكلفة الكلية لانتاج الوحدة)

= التكلفة الكلية لانتاج الوحدة (١ + ٠.٦)

= ١.٦ التكلفة الكلية لانتاج الوحدة

= ١.٦ (٧٠)

= ١١٢ دينار

(٣) قائمة الدخل للشركة الصناعية عن السنة المنتهية في ٢٠٠٩/١٢/٣١

٢٢٤٠٠٠٠ دينار	مبيعات (٢٠٠٠٠ وحدة × ١١٢ دينار)
١٤٠٠٠٠٠	- تكلفة المبيعات (٢٠٠٠٠ وحدة × ٧٠ دينار)
٨٤٠٠٠٠	مجمل الربح
	- مصاريف بيعية وادارية
	١٦٠٠٠٠ متغيرة (٢٠٠٠٠ وحدة × ٨ دينار)
	١٠٠٠٠٠ ثابتة (٢٠٠٠٠ وحدة × ٥ دينار)
٢٦٠٠٠٠	
٥٨٠٠٠٠ دينار	صافي الربح

ملاحظات على إجابة مثال رقم (١):

١- أن التكلفة الكلية لإنتاج الوحدة من المنتج لا تتضمن المصاريف البيعية والإدارية.

٢- أن النسبة المضافة للتكلفة تغطي المصاريف البيعية والإدارية حتى تستطيع الشركة الاستمرار في نشاطها على المدى البعيد.

٣- ان تحديد النسبة المضافة للتكلفة يتم من خبرات المنشأة لتغطية كافة التكاليف الإنتاجية والبيعية والإدارية بالاضافة الى تحقيق الربح المنشود الذي تسعى إليه المنشأة.

وتجدر الإشارة إلى ان بعض الشركات قد تخضع للضرائب وترغب في تحقيق ربح معين بعد الضرائب وبالتالي فإنها تسعى لتسعير منتجاتها وتضيف هامش ربح للتكلفة لتحقيق صافي الربح المنشود ويوضح المثال التالي رقم (٢) الحالة المذكورة.

مثال رقم (٢):

بافتراض المعلومات الواردة في مثال رقم (١) وان الطاقة الانتاجية للشركة هي ٢٠٠٠٠ وحدة ويمكن بيعها بالسعر الذي ترغب به الشركة في حدود المنافسة الموجودة. فإذا علمت بأن ارباح الشركة تخضع لضريبة بمعدل ٤٠% وان الشركة ترغب بتحقيق صافي ربح يعادل ٤٣٢٠٠٠ دينار.

المطلوب:

١- تحديد سعر بيع الوحدة من المنتج (أ) لتحقيق صافي الربح المنشود.

٢- تحديد النسبة المضافة إلى التكلفة الكلية لتحقيق صافي الربح المنشود.

إجابة مثال رقم (٢):

(١) بافتراض أن الربح قبل الضريبة يعادل (س) دينار

∴ صافي الربح المنشود = الربح قبل الضريبة - الضريبة

٤٣٢٠٠٠ = س - ٠,٤ س

٤٣٢٠٠٠ = ٠.٦ س

∴ س = ٤٣٢٠٠٠ / ٠.٦ = ٧٢٠٠٠٠ دينار

∴ الربح قبل الضريبة يعادل ٧٢٠٠٠٠ دينار.

وبافتراض ان سعر بيع الوحدة من المنتج (أ) يعادل (ع) دينار.

الربح قبل الضريبة = ايراد المبيعات المستهدف – تكاليف المبيعات – مصاريف بيعية وتسويقية

$٧٢٠٠٠٠ = ٢٠٠٠٠ × ع – (٢٠٠٠٠ × ٧٠) – (٢٠٠٠٠ × ١٣)$

$∴ ٢٠٠٠٠ ع = ٧٢٠٠٠٠ + ١٤٠٠٠٠٠ + ٢٦٠٠٠٠$

$= ٢٣٨٠٠٠٠$

$∴ ع = \dfrac{٢٣٨٠٠٠٠}{٢٠٠٠٠} = ١١٩$ دينار

∴ سعر بيع الوحدة من المنتج (أ) يعادل ١١٩ دينار .

(٢) بافتراض ان النسبة المضافة للتكلفة الكلية لتحقيق صافي الربح المنشود تعادل (ن)

سعر بيع الوحدة من المنتج (أ) = التكلفة الكلية لإنتاج الوحدة × (١+ النسبة المضافة للتكلفة الكلية)

$١١٩ = ٧٠ (١ + ن)$

$١ + ن = \dfrac{١١٩}{٧٠}$

$١ + ن = ١.٧$

$∴ ن = ٠.٧$ أو ٧٠%

∴ النسبة المضافة للتكلفة الكلية لتحقيق صافي الربح المنشود تعادل ٧٠% .

ويمكن التحقق من صحة الاجابة على البندين (١) و (٢) في المثال رقم (٢) بإعادة تصوير قائمـة الدخل للشركة للتوصل الى صافي الربح المستهدف والبالغ ٤٣٢٠٠٠ دينار كما يلي:

قائمة الدخل للشركة الصناعية عن السنة المنتهية في ٢٠٠٩/١٢/٣١

٢٣٨٠٠٠٠ دينار	مبيعات (٢٠٠٠٠ وحدة × ١١٩ دينار)
١٤٠٠٠٠٠	- تكلفة المبيعات (٢٠٠٠٠ وحدة × ٧٠ دينار)
٩٨٠٠٠٠	مجمل الربح
	- مصاريف بيعية وإدارية
١٦٠٠٠٠	متغيرة (٢٠٠٠٠ وحدة × ٨ دينار)
١٠٠٠٠٠	ثابتة (٢٠٠٠٠ وحدة × ٥ دينار)
٢٦٠٠٠٠	
٧٢٠٠٠٠ دينار	الربح قبل الضريبة
٢٨٨٠٠٠	- الضريبة (٤٠%)
٤٣٢٠٠٠ دينار	صافي الربح

وتجدر الإشارة إلى أن منهج التسعير على اساس التكلفة الكلية يتمتع بعدة مزايا أهمها ما يلي:

١- الاخذ بعين الاعتبار التكاليف الثابتة في التسعير والتي يجب تغطيتها على المدى الطويل.

٢- سهولة احتساب السعر المستهدف للمنتج أو المنتجات باستعمال منهج التسعير على اساس التكلفة الكلية.

٣- سهولة الدفاع عن السعر وتبريره أمام الاطراف المختلفة الخارجية.

٤- محاولة تشجيع ثبات الأسعار على المدى الطويل وبالتالي الاعتماد على ذلك في التخطيط طويل الأجل.

٥- التغلب على مشكلة الغموض المتعلقة بالطلب على المنتجات واتخاذ القرارات السليمة طبقاً لعلاقة الطلب مع الأسعار وإن اتباع منهج التسعير على أساس التكلفة الكلية سوف يحد من مغامرة بعض المدراء في قبول اسعار غير ملائمة لمنتجاتهم.

٦- المنافع المتأتية من اتباع منهج التسعير على أساس التكلفة الكلية هي اكثر من التكاليف المتعلقة بإتباع المنهج المذكور. فإذا كان لدى شركة معينة مئات من اصناف المنتجات فمن غير المجدي من الناحية الاقتصادية عمل فحوصات للمنافع والتكاليف المتعلقة بإنتاج وبيع عدد معين من الوحدات لكل منتج على حده.

أما محددات استعمال منهج التسعير على أساس التكلفة الكلية فتتمثل في النقاط التالية:

١- تجاهل العلاقة بين سعر بيع المنتجات وعدد الوحدات التي يمكن بيعها بالسوق. فعند وجود المنافسة الشديدة والطلب القليل على المنتجات فإن المنشأة لن تستطيع بيع الكمية من المنتجات المخطط لها والتي كانت ترغب بيعها بالسعر المستهدف.

٢- اتباع منهج التسعير على أساس التكلفة الكلية يخلق ما يسمى بالمشكلة المستديرة. فمدير المنشأة يعتمد على التكلفة الكلية للوحدة لتسعير منتجاته وهذه التكلفة الكلية تختلف باختلاف الحجم المنتج والمباع، علماً بأن الحجم المباع يعتمد على الأسعار، وعليه فالأسعار تكون مرتفعة اذا قل الحجم المنتج والمعروض للبيع والعكس بالعكس.

٣- تأثر التكاليف وبالتالي الاسعار المبنية عليها بالممارسات والأعراف المحاسبية المتبعة. فمثلاً كيف يتم توزيع راتب مدير الشركة التي يكون لديها منتجات كثيرة؟ وعليه فإن طريقة التوزيع للراتب المذكور سوف تؤثر على تكلفة المنتجات وبالتالي على تسعيرها.

٤-١-٢ التسعير على أساس التكلفة المتغيرة   Variable Costing Pricing

قد تركز بعض الشركات على سلوك التكاليف لتسعير منتجاتها بدلاً من التركيز على وظائف التكاليف (إنتاجية وغير انتاجية). ومن هنا فقد تلجأ هذه الشركات إلى التسعير على أساس التكلفة المتغيرة بحيث يدخل ضمن مفهوم التكلفة المتغيرة كافة التكاليف المتغيرة سواء كانت إنتاجية (مواد مباشرة واجور مباشرة وتكاليف صناعية غير مباشرة) أم بيعية وتسويقيه. وعليه فإنه قد يشار إلى هذا المنهج بالتسعير على أساس عائد المساهمةContribution Approach to Pricing.

وقد يكون من الملائم استعمال منهج التسعير على أساس التكلفة المتغيرة في الحالات التالية:

١- عند وجود طاقة انتاجية غير مستغلة: فإذا كان لدى منشأة معينة طاقة لانتاج ١٠٠٠٠٠ وحدة ولكنها تنتج عادة ٨٠٠٠٠ وحدة وتبيعها بالسعر العادي لأنها لا تستطيع تسويق كمية اكبر من الكمية المنتجة عادة بالسعر العادي فلا يوجد أي ضرر على المنشأة بأن تنتج ٢٠٠٠٠ وحدة إضافة ضمن الطاقة الانتاجية وتبيعها بسعر يقل عن التكلفة الكلية ولكنه يزيد على التكلفة

المتغيرة باعتبار أن ذلك سوف يؤدي الى تغطية التكلفة المتغيرة بالإضافة الى تغطية جـزء مـن التكلفـة الثابتة وبالتالي سوف يزيد من ارباح المنشأة في النهاية.

٢- عند وجود أحوال اقتصادية سيئة: فإذا انخفض الطلب فجأة على منتجات المنشـأة فقـد تجـبر المنشـأة على تخفيض أسعارها لكي تستطيع الاستمرار في نشاطها. وبالتالي فإن استعمال مـنهج التسعير علـى أساس التكلفة المتغيرة قد يساعدها في مواجهة الظروف الاقتصادية الصعبة، حيث ان أيـة مسـاهمة لتغطية التكاليف الثابتة هي أفضل من توقف عمليات المنشأة وعدم تغطية أي جزء مـن التكاليـف الثابتة على الإطلاق.

٣- عند وجود المنافسة الشديدة على بعض الطلبيات والعطاءات التي تتطلب التنفيـذ بأقل سـعر متـاح: فإذا كانت المنافسة شديدة على منتجات الشركة فيجب عليها اعطاء أقل سعر ممكن يكفي لتغطيـة التكاليف المتغيرة وجزءاً من التكاليف الثابتة، ففي حالة العطاءات مثلاً فإنها ترسو علـى أقـل سـعر معروض. ولذلك فإن الشركة التي تـدخل العطاءات بسـعر يغطـي علـى الأقـل التكاليـف المتغيرة بالاضافة الى جزء من التكاليف الثابتة فسوف ترسو عليها هـذه العطاءات اكـثر مـن الشركـات التـي تعتمد في تسعيرها على أساس التكلفة الكلية. فعند وجود المنافسة الشديدة فان أي مبلغ يساهم في تغطية التكاليف الثابتة عن طريق البيع بالتسعير على أساس التكلفة المتغيرة هـو أفضل بكـثير مـن عدم البيع والتشبث بالتسعير على اساس التكلفة الكلية.

ويتصف التسعير على أساس التكلفة المتغيرة بالمزايا التالية:

١- يوفر منهج التسعير على أساس التكلفة المتغيرة معلومات تفصيلية اكثر من منهج التسعير علـى أسـاس التكلفة الكلية، فالمنهج الأول يوفر معلومات عن سلوك التكاليف المتغيرة والثابتة بصـورة منفصـلة، ويمكن استعماله كأداة لتطوير نماذج أسعار مختلفة بسبب حساسيته للعلاقة ما بين التكلفة والحجم والربح.

٢- يمكن التوصل إلى السعر المستهدف بسهولة في حالة منهج التسعير على أساس التكلفة المتغيرة كـما هـو الحال في حالة منهج التسعير على أساس التكلفة الكلية.

٣- يوفر منهج التسعير على أساس التكلفة المتغيرة تفهماً أوضح لتخفيض الأسعار علـى بعـض الطلبيـات في الأمد القصير مقارنة بالأمد البعيد.

ومن الجدير بالذكر ان التسعير على أساس التكلفة المتغيرة لا يعني على الإطلاق بأن الشركة التي تستعمل المنهج المذكور لن تحقق الارباح، بل إن تحقيق الأرباح مرتبط بمقدار النسبة المضافة إلى التكلفة المتغيرة. ويوضح المثال رقم (٣) التالي كيفية التسعير على اساس التكلفة المتغيرة مع تحقيق ارباح للمنشأة التي تتبع المنهج المذكور.

مثال رقم (٣):

فيما يلي المعلومات المتعلقة بتكاليف المنتج (أ) في الشركة الصناعية لسنة ٢٠٠٩:

تكلفة الوحدة	البيان
٢٠ دينار	مواد مباشرة
١٥	اجور مباشرة
١٠	تكاليف صناعية متغيرة غير مباشرة
٢٥	تكاليف صناعية ثابتة غير مباشرة (على اساس طاقة انتاجية ٢٠٠٠٠ وحدة)
٨	مصاريف بيعية وإدارية متغيرة
٥	مصاريف بيعية وإدارية ثابتة (على أساس طاقة انتاجية ٢٠٠٠٠ وحدة)

المطلوب:

١- تحديد التكلفة المتغيرة للوحدة من المنتج (أ).

٢- تحديد سعر بيع الوحدة من المنتج (أ) بـافتراض ان الشركة تتبع مـنهج التسعير على أسـاس التكلفـة المتغيرة وأن النسبة المضافة للتكلفة المتغيرة هي ١١١%.

٣- عمل قائمة الدخل للشركة الصناعية لسنة ٢٠٠٩ بافتراض أنه تـم انتاج وبيـع ٢٠٠٠٠ وحـدة وأن ارباح الشركة غير خاضعة للضريبة.

إجابة مثال رقم (٣)

(١) احتساب التكلفة المتغيرة للوحدة من المنتج (أ):

٢٠ دينار	مواد مباشرة
١٥	أجور مباشرة
١٠	تكاليف صناعية متغيرة غير مباشرة
٨	مصاريف بيعية وادارية متغيرة
٥٣ دينار	مجموع التكلفة المتغيرة للوحدة من المنتج (أ)

(٢) سعر بيع الوحدة من المنتج (أ) = التكلفة المتغيرة للوحدة + (١١١% × التكلفة المتغيرة للوحدة)
= التكلفة المتغيرة للوحدة (١ + ١.١١)
= ٢.١١ التكلفة المتغيرة للوحدة
= ٢.١١ (٥٣)
= ١١٢ دينار

(٣) قائمة الدخل للشركة الصناعية عن السنة المنتهية في ٢٠٠٩/١٢/٣١

مبيعات (٢٠٠٠٠ وحدة × ١١٢ دينار)	٢٢٤٠٠٠٠ دينار
- مصاريف متغيرة (٢٠٠٠٠ وحدة × ٥٣ دينار)	١٠٦٠٠٠٠
عائد المساهمة	١١٨٠٠٠٠
- مصاريف ثابتة:	
٥٠٠٠٠٠ صناعية غير مباشرة (٢٠٠٠٠وحدة × ٢٥ دينار)	
١٠٠٠٠٠ بيعية وإدارية (٢٠٠٠٠ وحدة × ٥ دينار)	
	٦٠٠٠٠٠
صافي الربح	٥٨٠٠٠٠ دينار

ملاحظات على إجابة مثال رقم (٣):

١- تم التركيز على التكلفة المتغيرة للوحدة والتي تحتوي على المصاريف البيعية والادارية لغايات التسعير.

٢- ان التسعير على أساس التكلفة المتغيرة قد يؤدي الى تحقيق الربح كما هو الحال بالتسعير على أساس التكلفة الكلية.

٣- ان النسبة المضافة الى التكلفة المتغيرة للتوصل إلى سعر بيع الوحدة المستهدف تكون عادة أعلى من النسبة المضافة الى التكلفة الكلية.

٤- انه يجب معرفة سلوك كافة التكاليف وتقسيمها الى نوعين تكاليف ثابتة وأخرى متغيرة حتى نستطيع استعمال منهج التسعير على أساس التكلفة المتغيرة.

ومن الجدير بالذكر أن هناك بعض الانتقادات على منهج التسعير على اساس التكلفة المتغيرة وأهم هذه الانتقادات ما يلي:

١- إن الاعتماد فقط على التكلفة المتغيرة للتسعير قد يؤدي الى وضع اسعار منخفضة مما يؤدي الى عدم تغطية كافة التكاليف على المدى الطويل وعدم تحقيق ارباح وبالتالي قد يؤدي الى الإفلاس.

٢- ان تقسيم سلوك التكاليف الى نوعين فقط ثابتة ومتغيرة قد لا يكون دائما واضحاً، وبالتالي فإن الاعتماد على معلومات غير واضحة قد يؤدي الى اتخاذ قرار تسعير خاطئ مما قد يؤثر على استمرار نشاط المنشأة في المستقبل.

وبالإضافة الى التسعير على أساس التكلفة الكلية أو المتغيرة فإن هناك انواع من التكاليف يمكن استعمالها كأسس للتسعير، فقد يكون التسعير على أساس تكاليف التحويل (اجور مباشرة + تكاليف صناعية غير مباشرة) كما قد يكون التسعير على أساس كافة التكاليف الانتاجية وغير الانتاجية معا.

واذا رغبت المنشأة أن تستمر في نشاطها على المدى الطويل فإنه يجب عليها أن تسترد كافة تكاليفها بالإضافة الى تحقيق عائد ملائم للمالكين على استثماراتهم بالمنشأة. وعليه فإن التسعير على المدى الطويل يجب ان يستند إلى التكاليف، إلا ان الاسعار المستندة الى التكاليف تواجه بشكل عام الانتقادات التالية:

١- تجاهل العلاقة بين السعر والكمية المطلوبة في السوق حيث أن التسعير العادي لا يأخذ بالاعتبار نوعية الطلب على السلعة في السوق، فقد لا يكون بإمكان المنشأة ان تبيع الكمية التي ترغبها بالسعر المستهدف في حالة الانكماش الاقتصادي.

٢- خلق مشكلة دائرية في التسعير على أساس التكاليف: فالتسعير مرتبط بالتكاليف والتكاليف مرتبطة بحجم الانتاج والبيع، وحجم البيع مرتبط بالأسعار المطروحة بالأسواق.

٣- عدم عدالة توزيع التكاليف المشتركة على المنتجات المختلفة في المنشأة سوف يؤدي الى الاستناد الى تكاليف غير عادلة وبالتالي سوف يؤدي الى اتخاذ قرارات تسعير غير صحيحة، فمثلاً كيف يتم توزيع راتب حارس المصنع أو راتب المدير العام للمصنع على المنتجات المختلفة لغايات حصر تكاليف تلك المنتجات؟

٤- اتخاذ قرارات خاطئة في الأجل القصير بالاعتماد على التسعير على أساس التكاليف. فمثلاً قد يرفض مدير المنشأة تنفيذ طلبية خاصة بسعر أقل من التكلفة الكلية بحجة أن السعر غير ملائم، في الوقت الذي تكون فيه هناك طاقة معطلة وأن السعر المعروض هو اعلى من التكلفة المتغيرة. والصحيح في مثل هذه الحالة ان يقبل مدير المنشأة بالسعر المعروض بسبب أنه يساهم في تغطية جزء من التكاليف الثابتة، في حين ان رفض تنفيذ الطلبية سوف يحرم المنشأة من تلك المساهمة في تغطية جزء من التكاليف الثابتة.

٤-٢ التسعير على أساس العائد على الاستثمار

Return on Investment Pricing

ترغب كثير من المنشآت في تحقيق عائد معين على استثمارها ولذلك فهي تلجأ إلى اتباع منهج التسعير على أساس العائد على الاستثمار. ويهدف هذا المنهج إلى الربط بين تحديد مقدار الإضافة Markup إلى التكاليف وبين الأصول المستثمرة في انتاج المنتجات للتوصل إلى السعر الذي يحقق العائد المطلوب على الاستثمار. ويمكن تحديد نسبة الإضافة المطلوبة لتحقيق عائد معين على الاستثمار بافتراض استعمال التسعير على اساس التكلفة الكلية من خلال تطبيق المعادلة رقم (١) التالية:

$$\text{نسبة الإضافة} = \frac{\text{العائد المطلوب على الاستثمار + المصاريف البيعية والإدارية}}{\text{حجم الانتاج والبيع} \times \text{تكلفة انتاج الوحدة}} \quad \text{......(١)}$$

ولتوضيح كيفية تطبيق المعادلة رقم (١) السابقة وتحديد السعر المناسب لتحقيق العائد المطلوب على الاستثمار فإننا نورد المثال رقم (٤) التالي.

مثال رقم (٤):

فيما يلي المعلومات المتعلقة بالمنتج (أ) في شركة الصناعة الوطنية لسنة ٢٠٠٩:

٢٠٠٠٠ وحدة	حجم الانتاج والبيع خلال السنة
١٠٠٠٠٠٠ دينار	الاستثمار المطلوب في الاصول
٥٠ دينار	تكلفة إنتاج الوحدة
٥٠٠٠٠٠ دينار	مصاريف بيعية وإدارية

فإذا علمت بأن الشركة ترغب بتحقيق عائد على استثمارها بمعدل ٣٠% وأنها تستعمل اساس تكلفة الانتاج الكلية للتسعير.

المطلوب:
١- تحديد نسبة الاضافة لتكاليف الانتاج.
٢- تحديد سعر بيع الوحدة المناسب لتحقيق العائد على الاستثمار.
٣- عمل قائمة الدخل لسنة ٢٠٠٩.

إجابة مثال رقم (٤):

(١) نسبة الإضافة = $\dfrac{\text{العائد المطلوب على الاستثمار + المصاريف البيعية والإدارية}}{\text{حجم الانتاج والبيع × تكلفة انتاج الوحدة}}$

نسبة الإضافة = $\dfrac{(٣٠\% \times ١٠٠٠٠٠٠) + ٥٠٠٠٠٠}{٢٠٠٠٠ \times ٥٠}$

$= \dfrac{٥٠٠٠٠٠ + ٣٠٠٠٠٠}{١٠٠٠٠٠٠}$

$= \dfrac{٨٠٠٠٠٠}{١٠٠٠٠٠٠} = ٨٠ \%$

(٢) سعر بيع الوحدة = تكلفة انتاج الوحدة + قيمة الإضافة
$= ٥٠ + (٨٠\% \times ٥٠)$
$= ٥٠ + ٤٠$
$= ٩٠$ دينار

(٣) <u>قائمة الدخل لشركة الصناعة الوطنية عن السنة المنتهية في ٢٠٠٩/١٢/٣١</u>

١٨٠٠٠٠٠ دينار	مبيعات (٢٠٠٠٠ وحدة × ٩٠ دينار)	
<u>١٠٠٠٠٠٠</u>	- تكلفة المبيعات (٢٠٠٠٠ وحدة × ٥٠ دينار)	
٨٠٠٠٠٠	مجمل الربح	
<u>٥٠٠٠٠٠</u>	- مصاريف بيعية وإدارية	
٣٠٠٠٠٠ دينار	صافي الربح	

ونستطيع احتساب نسبة العائد على الاستثمار من قائمة الدخل للتأكد من تحقيق العائد المرغوب فيه كما يلي:

$$\text{العائد على الاستثمار} = \frac{\text{صافي الربح}}{\text{الاستثمار المطلوب في الأصول}}$$

$$= \frac{٣٠٠٠٠٠}{١٠٠٠٠٠٠} = ٣٠\%$$

أما تحديد نسبة الإضافة المطلوبة لتحقيق عائد معين على الاستثمار بافتراض التسعير على اساس التكلفة المتغيرة فيتم من خلال تطبيق المعادلة رقم (٢) التالية:

$$\text{نسبة الاضافة} = \frac{\text{العائد المطلوب على الاستثمار + التكاليف الثابتة}}{\text{حجم الانتاج والبيع × التكلفة المتغيرة للوحدة}} \quad ...... \quad (٢)$$

ولتوضيح كيفية تطبيق المعادلة رقم (٢) المذكورة وتحديد السعر المناسب لتحقيق العائد المطلوب على الاستثمار فإننا نورد المثال رقم (٥) التالي.

مثال رقم (٥):

فيما يلي المعلومات المتعلقة بالمنتج (أ) في شركة الصناعة الوطنية لسنة ٢٠٠٩:

٢٠٠٠٠ وحدة	حجم الإنتاج والبيع خلال السنة
١٠٠٠٠٠٠ دينار	الاستثمار المطلوب في الأصول
١٢ دينار للوحدة	مواد مباشرة
٨ دنانير للوحدة	اجور مباشرة
٩ دنانير للوحدة	تكاليف صناعية متغيرة غير مباشرة
٤٢٠٠٠٠ دينار	تكاليف صناعية ثابتة غير مباشرة
١١ دينار للوحدة	مصاريف بيعية وإدارية متغيرة
٢٨٠٠٠٠ دينار	مصاريف بيعية وإدارية ثابتة

فإذا علمت بأن الشركة ترغب بتحقيق عائد على استثمارها بمعدل ٣٠% وأنها تستعمل أساس التكلفة المتغيرة للتسعير.

المطلوب:

١- احتساب التكلفة المتغيرة للوحدة من المنتج (أ).

٢- تحديد نسبة الإضافة للتكلفة المتغيرة.

٣- تحديد سعر بيع الوحدة المناسب لتحقيق العائد المطلوب على الاستثمار.

٤- عمل قائمة الدخل لشركة الصناعة الوطنية لسنة ٢٠٠٩.

إجابة مثال رقم (٥):

(١) احتساب التكلفة المتغيرة للوحدة من المنتج (أ) :

تكلفة الوحدة	البيان
١٢ دينار	مواد مباشرة
٨	اجور مباشرة
٩	تكاليف صناعية متغيرة غير مباشرة
١١	مصاريف بيعية وإدارية متغيرة
٤٠ دينار	إجمالي التكلفة المتغيرة للوحدة من المنتج (أ)

(٢) نسبة الإضافة = العائد المطلوب على الاستثمار + التكاليف الثابتة ÷ حجم الإنتاج والبيع × التكلفة المتغيرة للوحدة

= (٣٠% × ١٠٠٠٠٠٠) + (٤٢٠٠٠٠ + ٢٨٠٠٠٠) ÷ ٢٠٠٠٠ × ٤٠

$$= \frac{٣٠٠٠٠٠ + ٧٠٠٠٠٠}{٨٠٠٠٠٠}$$

$$= \frac{١٠٠٠٠٠٠}{٨٠٠٠٠٠} = ١٢٥\%$$

(٣) سعر بيع الوحدة من المنتج (أ) = التكلفة المتغيرة للوحدة + قيمة الإضافة

= ٤٠ + ١٢٥% (٤٠)

= ٤٠ + ٥٠

= ٩٠ دينار

(٤) قائمة الدخل لشركة الصناعة الوطنية عن السنة المنتهية في ٢٠٠٩/١٢/٣١:

مبيعات (٢٠٠٠٠ وحدة × ٩٠ دينار)	١٨٠٠٠٠٠ دينار
- مصاريف متغيرة (٢٠٠٠٠ وحدة × ٤٠ دينار)	٨٠٠٠٠٠
عائد المساهمة	١٠٠٠٠٠٠
- مصاريف ثابتة :	
٤٢٠٠٠٠ صناعية غير مباشرة	
٢٨٠٠٠٠ بيعية وادارية	
	٧٠٠٠٠٠
صافي الربح	٣٠٠٠٠٠

ونستطيع احتساب نسبة العائد على الاستثمار من قائمة الدخل للتأكد من تحقيق العائد المطلوب على الاستثمار كما يلي:

$$\text{العائد على الاستثمار} = \frac{\text{صافي الربح}}{\text{الاستثمار المطلوب في الأصول}}$$

$$= \frac{٣٠٠٠٠٠}{١٠٠٠٠٠٠} = ٣٠\%$$

٥- قرارات التسعير قصيرة الأجل Short - term Pricing Decisions

تختلف المعلومات والبيانات التي تؤخذ بعين الاعتبار عند اتخاذ قرارات التسعير باختلاف المدى الذي تغطيه تلك القرارات، وتكون هذه القرارات اما قصيرة الأجل أو طويلة الاجل. وسوف يتم التركيز في البداية على قرارات التسعير قصيرة الأجل، في حين سيتم معالجة قرارات التسعير طويلة الأجل لاحقاً.

وتغطي قرارات التسعير قصيرة الأجل العديد من الحالات التي تتطلب اتخاذ قرارات سريعة وعاجلة، وكمثال على ذلك الأوامر الخاصة Special Orders. فأحياناً كثيرة يطلب العملاء من الشركات المحتملة لتنفيذ أوامرهم الخاصة تزويدهم بالسعر التقديري قبل البدء في التنفيذ. وهذه الحالة لا تشكل علاقة طويلة الاجل بين العميل والشركة المنفذة للأمر الخاص.

ويعتمد قرار التسعير في حالة الأوامر الخاصة على وجود طاقة فائضة لدى الشركة لتنفيذ تلك الأوامر أو عدم وجود تلك الطاقة الفائضة مما يستدعي العمل الإضافي. وسوف نعالج الحالة الأولى (وجود طاقة فائضة) في مثال رقم (٦) في حين سوف يتم معالجة الحالة الثانية (عدم وجود طاقة فائضة) في مثال رقم (٧).

مثال رقم (٦):

طلب سعيد من شركة الصناعة الوطنية اعطاؤه سعر لتنفيذ امر خاص، وقد كانت الشركة تنفذ مثل هذا الأمر بإضافة ٣٠% على كافة التكاليف المتعلقة بذلك كالتالي:

١٥٠٠٠ دينار	مواد مباشرة
١٠٠٠٠	اجور مباشرة
٥٠٠٠	تكاليف انشطة اخرى مساندة
٣٠٠٠٠ دينار	مجموع التكاليف للأمر المماثل

وبالتالي يكون تسعير الامر المماثل في الاحوال العادية معادلاً لمبلغ ٣٩٠٠٠ دينار (١.٣ × ٣٠٠٠٠).

وإذا افترضنا بأنه يوجد لدى الشركة طاقة فائضة يمكن بموجبها تنفيذ الأمر الخاص للعميل سعيد بالتكاليف التالية:

١٥٠٠٠ دينار	مواد مباشرة
١٠٠٠٠ دينار	اجور مباشرة
٢٠٠٠	تكاليف انشطة اخرى مساندة
٢٧٠٠٠ دينار	مجموع التكاليف الإضافية

المطلوب:

تحديد اقل سعر يمكن أن تعرضه شركة الصناعة الوطنية لتنفيذ الأمر الخاص بالعميل سعيد في حالة وجود طاقة فائضة لدى الشركة.

إجابة مثال رقم (٦)

حيث ان مجموع التكاليف الإضافية لتنفيذ الأمر الخاص بالعميل سعيد يعادل ٢٧٠٠٠ دينار في حالة وجود طاقة فائضة لدى شركة الصناعية الوطنية، فعلى الاقل يجب على الشركة أن تعطي سعيد عرضاً بسعر ٢٧٠٠٠ دينار لتنفيذ أمره الخاص، وبهذه الحالة فإن الشركة سوف تغطي كافة تكاليفها ولكنها لـن تحقق اية ارباح من تنفيذ ذلك الأمر الخاص لسعيد.

وفي الحياة العملية فإن الشركة سوف تزيد من سـعرها لتغطـي كافـة التكـاليف وتحقـق بعـض الأرباح، ولذلك فإن الشركة سوف تعرض سعراً اعلى من مبلغ ٢٧٠٠٠ دينار ويعتمد مقدار المبلغ الاضـافي في السعر على عدة عوامل أهمها ظروف المنافسة والطلب على السلعة التي تنتجها الشركة.

باختصار نستطيع القول بأنه في حالة وجود طاقة فائضة لدى الشركة الصناعية فإن الحـد الادنى للسعر الذي يمكن أن تعرضه الشركة ويكون مقبولاً لها هو ان يغطي على الأقل مجموع التكاليف الإضافية التي ستحدثها الشركة من أجل تنفيذ الأمر الخاص للعميل. ولذلك فإن الشركة لـن تقبـل بـأي حـال مـن الأحوال تنفيذ الأمر الخاص بالعميل سعيد في مثالنا بأقل مـن مبلغ ٢٧٠٠٠ دينـار والـذي يمثل مجمـوع التكاليف الاضافية لتنفيذ الأمر المذكور.

مثال رقم (٧):

استعمل المعلومات الواردة في مثال رقم (٦) السابق، مـع الافتراض بأنه لا يوجد لـدى الشركة طاقة فائضة وبالتالي فإن مدير الشركة سوف يستدعي جزءاً مـن المـوظفين للعمـل الإضافي لتنفيـذ الأمـر الخاص بالعميل سعيد. وبهذه الحالة فإن تكاليف تنفيذ أمر العميل سعيد سوف تكون كالتالي:

١٥٠٠٠ دينار	مواد مباشرة
١٠٠٠٠	اجور مباشرة
٢٠٠٠	تكاليف انشطة اخرى مساندة
٣٥٠٠	تكاليف اشراف واجور اضافية
١٥٠٠	تكاليف متفرقة اضافية
٣٢٠٠٠ دينار	مجموع التكاليف الاضافية

المطلوب:

تحديد أقل سعر يمكن ان تعرضه شركة الصناعة الوطنية لتنفيذ الأمر الخاص بالعميل سعيد في حالة عدم وجود طاقة فائضة مما يستدعي بعض الموظفين للعمل الاضافي لتنفيذ الأمر الخاص المذكور.

إجابة مثال رقم (٧):

إن اقل سعر يمكن أن تقبله شركة الصناعية الوطنية لتنفيذ الأمر الخاص بالعميل سعيد هو ذلك السعر الذي يغطي مجموع التكاليف الإضافية لتنفيذ ذلك الأمر الخاص. وحيث ان مجموع التكاليف الإضافية لتنفيذ الأمر الخاص هو ٣٢٠٠٠ دينار في مثالنا، فإن الحد الأدنى للسعر المقبول في هذه الحالة هو ٣٢٠٠٠ دينار علماً بأن السعر الفعلي للشركة سوف يعتمد على النسبة الإضافية التي ترغب الشركة بإضافتها على التكاليف الإضافية للأوامر الخاصة.

باختصار فإننا نستطيع القول بأن الحد الأدنى للسعر المقبول لتنفيذ الأوامر الخاصة في شركة معينة هو ذلك السعر الذي يغطي كافة التكاليف الاضافية المتعلقة بتنفيذ تلك الأوامر الخاصة سواء كان هناك طاقة فائضة لدى الشركة أم لا. وتجدر الإشارة الى انه في حالة عدم وجود طاقة فائضة فإن ذلك يتطلب من الشركة الحصول على طاقة إضافية لتنفيذ الأوامر الخاصة، مما يستدعي ان يكون هناك تكاليف إضافية اكثر من حالة وجود طاقة فائضة يجب اخذها بالاعتبار قبل اتخاذ قرار قبول أو رفض تنفيذ الأوامر الخاصة.

نستنتج مما سبق أن التكاليف الإضافية Incremental Costs لتنفيذ الأوامر الخاصة هي التكاليف الملائمة لاتخاذ قرارات التسعير قصيرة الأجل، فيجب على الشركة تحديد تلك التكاليف الإضافية بدقة، طبقاً لوجود الطاقة الفائضة أم لا، ليتم اتخاذ قرارات التسعير السليمة في الأجل القصير.

٦- قرارات التسعير طويلة الأجل Long – term Pricing Decisions

مما لا شك فيه أن قرارات التسعير طويلة الأجل يجب أن تغطي التكاليف الكلية للمنشأة في الأجل الطويل لتتمكن من الاستمرار في نشاطها. وعليه فإن معظم المنشآت تعتمد على معلومات التكاليف الكلية عند اتخاذها قرارات التسعير طويلة الأجل. وعادة يتم إضافة نسبة معينة أو مبلغ معين على التكاليف الكلية للتوصل إلى السعر المستهدف لتحقيق ارباح المنشأة المنشودة والعوائد المناسبة لاستثمارتها.

وقد سبق شرح التسعير على أساس التكلفة الكلية وبيان مزاياه، وفيما يلي المثال رقم (٨) يوضح كيفية اتخاذ قرار التسعير طويل الاجل بالاعتماد على معلومات التكاليف الكلية.

مثال رقم (٨):

يرغب قاسم متعهد البناء بشراء ١٠٠ باب عادي للمبنى الجديد الذي تم بناؤه حديثاً، وقد اتصل مع شركة صناعة الاثاث لشراء تلك الابواب باعتباره يتعامل مع الشركة لمدة طويلة. وفيما يلي المعلومات المتعلقة بتكاليف صناعة الابواب العادية:

تكلفة الباب الواحد	البيان
٤٠ دينار	مواد مباشرة
٥٥	أجور مباشرة
٦٠	تكاليف متغيرة غير مباشرة
٤٥	تكاليف ثابتة غير مباشرة (على اساس طاقة انتاجية ١٠٠٠٠ باب)

فاذا افترضنا بأن الشركة تحدد سعر بيع الأبواب العادية باستعمال نسبة مضافة إلى التكلفة الكلية تعادل ٥٠% من تكلفة الانتاج.

المطلوب:

تحديد سعر بيع الباب الواحد في الأجل الطويل لاتمام بيع الصفقة لقاسم.

إجابة مثال رقم (٨):

تكلفة الباب الواحد = مواد مباشرة + اجور مباشرة + تكاليف غير مباشرة

= ٤٠ + ٥٥ + (٦٠ + ٤٥)

= ٢٠٠ دينار

سعر بيع الباب الواحد = التكلفة الكلية للانتاج + ٥٠% من تكلفة الانتاج

= ٢٠٠ + ٥٠% (٢٠٠)

= ٢٠٠ + ١٠٠

= ٣٠٠ دينار

طبقا لسياسة الشركة في التسعير طويل الأجل فإنها ترغب ببيع الباب الواحد بسعر ٣٠٠ دينار لقاسم وبالتالي فإن اجمالي سعر صفقة قاسم يعادل ٣٠٠٠٠ دينار (١٠٠ باب × ٣٠٠ دينار).

وتجدر الاشارة الى ان ظروف الطلب على سلعة معينة سوف تتذبذب في الغالب، وبالتالي فإن الاسعار سوف تتقلب تبعاً لظروف الطلب. فمثلاً عندما يكون الطلب قليلاً على سلعة معينة فإن المنشأة تلجأ إلى تخفيض السعر على تلك السلعة لحث العملاء على الشراء وبالتالي زيادة مبيعاتها من تلك السلعة. ولذلك نرى بين الحين والآخر ان بعض المنشآت تلجأ الى البيع بخصم وإعطاء أسعار تشجيعية لزيادة مبيعاتها من السلع المختلفة.

أما عندما يكون الطلب عالياً على سلعة معينة فلا حاجة لتخفيض اسعار تلك السلعة وخاصة في حالة عدم وجود منافسة للسلعة، وقد تلجأ المنشأة الى زيادة سعر السلعة ما أمكن. فمثلاً اسعار تذاكر الطيران بين عمان وشيكاغو تكون أعلى في الصيف من الشتاء بسبب الطلب على السفر في الصيف اكثر.

باختصار نستطيع القول بأن سعر السلعة المستند إلى التكاليف يمكن تعديله تبعاً للطلب على السلعة وشدة المنافسة التي تواجهها السلعة من الآخرين.

٧- استراتيجيات التسعير للمنتجات الجديدة
Pricing Strategies for New Products

هناك نوعين من استراتيجيات التسعير يمكن ان يتبعها من يضع السعر للمنتجات الجديدة وتعرف الاستراتيجية الأولى باستراتيجية الاختراق للتسعير Penetration Pricing Strategy ، بينما تعرف الاستراتيجية الثانية باستراتيجية التصفح للتسعير Skimming Pricing Strategy .

وتتعلق استراتيجية الاختراق للتسعير بوضع اسعار منخفضة مبدئياً للحصول على حصة سريعة من السوق نتيجة إقبال العملاء على الاسعار المنخفضة عادة في حالة وجود سلع منافسة بنفس الجودة. وتتطلب هذه الاستراتيجية التضحية بالأرباح القصيرة الأجل في سبيل الحصول على حصة من السوق في الأجل الطويل.

اما استراتيجية التصفح للتسعير فتتعلق بوضع أسعار مرتفعة مبدئياً لتعظيم الارباح قصيرة الأجل للمنتجات الجديدة، ومن ثم تخفيض هذه الأسعار لاحقاً للتجاوب مع السوق والمنافسة.

وتعتمد نوعية الاستراتيجية التي تتبعها المنشأة على أهداف المنشأة وماذا ترغب بتحقيقه وعلى تقدير ماهية الاستراتيجية التي لها فرصة أكبر للنجاح.

فالمنشآت التي تعمل في مجال التقنية العالية تتبع عادة استراتيجية التصفح لتسعير منتجاتها الجديدة حيث تضع أسعاراً عالية في البداية وتبقيها على ذلك لحين انتاج الشركات المنافسة منتجات تضاهي وتنافس تلك المنتجات الجديدة وعندها تبدأ بتخفيض اسعارها. فكثير من المستهلكين يرغبون بشراء سلع بأسعار مرتفعة إذا كانت تمتاز بأحدث الابتكارات.

أما المنشآت التي تعمل في مجال منتجات التنظيف المنزلية فتلجأ عادة إلى اتباع سياسة اختراق السوق للتسعير بحيث تخفض أسعارها في البداية لتكسب حصة مناسبة في السوق نظراً لوجود المنافسة الكبيرة في المجال المذكور فهي ترغب بداية ان يتعرف المستهلكين على المنتجات الجديدة وميزاتها مقارنة مع المنتجات المنافسة، وبعدها وحين التأكد من تذوق المستهلكين لمنتجاتها وتمسكهم بها فإنها تبدأ برفع الاسعار تدريجياً لتوازي اسعار المنتجات المنافسة.

ومن الجدير بالذكر أن تسعير المنتجات الجديدة Pricing New Products تشكل المشكلة الأكثر تحدياً نظراً للغموض والشك المتعلق بإمكانية تقبل العملاء للأسعار المعروضة لهذه المنتجات الجديدة. فإذا كان لا يوجد سلعة في السوق مشابهة للمنتج الجديد فسيكون الطلب على هذا المنتج الجديد غير مؤكد وفيه غموض كبير. أما اذا كان المنتج الجديد يشابه منتجات موجودة وتباع في السوق فعلاً فيبقى الشك في مدى امكانية إحلال المنتج الجديد بالمنتجات المنافسة الموجودة بالسوق.

ولتخفيض مستوى الشكوك أياً كانت حول المنتج الجديد فإن المنشأة قد تلجأ الى فحص تسويق المنتجات Test Marketing of Products لتجميع معلومات لاتخاذ قرار التسعير المناسب. ويقضي الفحص المذكور بعرض المنتج الجديد في مناطق مختلفة مختلفة بأسعار مختلفة. ومن خلال دراسة علاقة حجم الطلب مع السعر فإنه يتم اختيار السعر المقبول الذي يؤدي الى تعظيم الارباح أو الذي يخدم أغراض وأهداف المنشأة على المدى البعيد. وبهذا فإنه يمكن تجنب أية اخطاء في التسعير إذا وجدت وإبقائها على مستوى منخفض بمنطقة معينة ومحاولة معالجتها عند اتخاذ قرار التسعير النهائي وطرح المنتج الجديد للسوق في كافة المناطق.

وأخيراً فإنه يمكن القول بأن اللجوء الى فحص تسويق المنتجات الجديدة واتباع السياسة المناسبة لتسعيرها سوف يؤدي الى اتخاذ القرارات المناسبة لتسعير هذه المنتجات وتحقيق اهداف المنشأة على المدى القصير والطويل معاً.

المصطلحات

Cost – plus Pricing	التسعير على أساس التكلفة مضافاً إليها هامشاً معيناً
Full- absorption Costing Pricing	التسعير على أساس تكلفة الانتاج الكلية
Incremental Costs	التكاليف الإضافية
Long-term Pricing Decisions	قرارات التسعير طويلة الأجل
Marginal Cost	التكلفة الحدية
Marginal Revenue	الايراد الحدي
Markup Rate	معدل هامش الاضافة
Penetration Pricing Strategy	استراتيجية الاختراق للتسعير
Pricing Decision	قرار التسعير
Return on Investment Pricing	التسعير على أساس العائد على الاستثمار
Short-term Pricing Decisions	قرارات التسعير قصيرة الأجل
Skimming Pricing Strategy	استراتيجية التصفح للتسعير
Special Orders	الأوامر (الطلبيات) الخاصة
Test Marketing of Products	فحص تسويق المنتجات
Variable Costing Pricing	التسعير على أساس التكلفة المتغيرة

أسئلة وتمارين

١- ما هي العوامل المؤثرة على قرارات التسعير؟

٢- اشرح المنهج الاقتصادي للتسعير.

٣- عدد عيوب المنهج الاقتصادي للتسعير.

٤- ما المقصود بمفهوم التسعير على أساس التكلفة مضافاً إليها هامشاً معيناً؟

٥- ما هي الفروقات بين التسعير على أساس التكلفة الكلية والتسعير على أساس التكلفة المتغيرة؟

٦- حدد مزايا ومحددات منهج التسعير على أساس التكلفة الكلية.

٧- ما المقصود بالأوامر الخاصة؟

٨- ما هي الانتقادات الموجهة الى منهج التسعير على أساس التكاليف؟

٩- ما هي التكاليف الملائمة لاتخاذ قرارات التسعير قصيرة الأجل؟

١٠- ما هي التكاليف الملائمة لاتخاذ قرارات التسعير طويلة الأجل؟

١١- اشرح انواع الاستراتيجيات المتعلقة بتسعير المنتجات الجديدة.

١٢- ما المقصود بفحص تسويق المنتجات؟

١٣- ما هي الفروقات بين استراتيجية الاختراق للتسعير واستراتيجية التصفح للتسعير؟

١٤- فيما يلي المعلومات المتعلقة بتكاليف المنتج (س) في شركة الصناعات الوطنية لسنة ٢٠٠٩:

تكلفة الوحدة من المنتج (س)	البيان
٣٠ دينار	مواد مباشرة
٢٥	اجور مباشرة
٢٠	تكاليف صناعية متغيرة غير مباشرة
٣٥	تكاليف صناعية ثابتة غير مباشرة (على اساس طاقة انتاجية ١٠٠٠٠ وحدة)
١٨	مصاريف بيعية وادارية متغيرة
١٥	مصاريف بيعية وإدارية ثابتة (على اساس طاقة انتاجية ١٠٠٠٠ وحدة)

المطلوب:

١- تحديد تكلفة الإنتاج الكلية للوحدة من المنتج (س).

٢- تحديد سعر بيع الوحدة من المنتج (س) بافتراض أن النسبة المضافة لتكلفة الانتاج الكلية تعادل ٥٠% من تكلفة الانتاج.

٣- عمل قائمة الدخل لشركة الصناعات الوطنية لسنة ٢٠٠٩ بافتراض أنه تم انتاج وبيع ١٠٠٠٠ وحدة من المنتج (س)، وان أرباح الشركة غير خاضعة للضريبة.

١٥- بافتراض المعلومات الواردة في السؤال السابق رقم (١٤) وأن الطاقة الانتاجية للشركة هي ١٠٠٠٠ وحدة حيث يمكن بيعها بالسعر الذي تحدده الشركة في حدود المنافسة الموجودة. فإذا علمت بأن ارباح الشركة تخضع لضريبة بمعدل ٢٥% وان الشركة ترغب بتحقيق صافي ربح يعادل ٤٥٠٠٠٠ دينار.

المطلوب:

١- تحديد سعر بيع الوحدة من المنتج (س) لتحقيق صافي الربح المنشود.

٢- تحديد النسبة المضافة إلى تكلفة الإنتاج الكلية لتحقيق صافي الربح المنشود.

٣- عمل قائمة الدخل لشركة الصناعات الوطنية لسنة ٢٠٠٩.

١٦- فيما يلي المعلومات المتعلقة بتكاليف المنتج (ص) في شركة الصناعة الأهلية لسنة ٢٠٠٩:

تكلفة الوحدة من المنتج (ص)	البيان
٤٠	مواد مباشرة
٣٠	اجور مباشرة
٢٠	تكاليف صناعية متغيرة غير مباشرة
٥٠	تكاليف صناعية ثابتة غير مباشرة (على أساس طاقة انتاجية ١٥٠٠٠ وحدة)
٢٥	مصاريف بيعية وإدارية متغيرة
١٥	مصاريف بيعية وإدارية ثابتة (على أساس طاقة انتاجية ١٥٠٠٠ وحدة)

المطلوب:

١- تحديد التكلفة المتغيرة للوحدة من المنتج (ص).

٢- تحديد سعر بيع الوحدة من المنتج (ص) بافتراض أن الشركة تتبع منهج التسعير على أساس التكلفة المتغيرة وأن النسبة المضافة للتكلفة المتغيرة هي ١٢٠%.

٣- عمل قائمة الدخل لشركة الصناعة الأهلية لسنة ٢٠٠٩ بافتراض أنه تم انتاج وبيع ١٥٠٠٠ وحدة وأن ارباح الشركة غير خاضعة للضريبة.

١٧- فيما يلي المعلومات المتعلقة بالمنتج (ع) في شركة الازدهار الصناعية لسنة ٢٠٠٩:

٢٥٠٠٠ وحدة	حجم الانتاج والبيع خلال السنة
٣٠٠٠٠٠٠ دينار	الاستثمار المطلوب في الأصول
١٠٠ دينار	تكلفة إنتاج الوحدة
٦٠٠٠٠٠ دينار	مصاريف بيعية وإدارية

فإذا علمت بأن الشركة ترغب بتحقيق عائد على استثمارها بمعدل ٣٠% وأنها تقوم بتسعير منتجاتها على أساس تكلفة الانتاج الكلية.

المطلوب:

١- تحديد نسبة الاضافة لتكاليف الانتاج.

٢- تحديد سعر بيع الوحدة المناسب لتحقيق العائد على الاستثمار.

٣- عمل قائمة الدخل لشركة الازدهار الصناعية لسنة ٢٠٠٩.

١٨- فيما يلي المعلومات المتعلقة بالمنتج (م) في شركة السعادة الصناعية لسنة ٢٠٠٩:

٣٠٠٠٠ وحدة	حجم الإنتاج والبيع خلال السنة
٣٠٠٠٠٠٠ دينار	الاستثمار المطلوب في الأصول
١٥ دينار للوحدة	مواد مباشرة
١٠ دنانير للوحدة	أجور مباشرة
١٣ دينار للوحدة	تكاليف صناعية متغيرة غير مباشرة
٦٠٠٠٠٠ دينار	تكاليف صناعية ثابتة غير مباشرة
١٢ دينار للوحدة	مصاريف بيعية وإدارية متغيرة
٣٠٠٠٠٠ دينار	مصاريف بيعية وإدارية ثابتة

فإذا علمت بأن الشركة ترغب بتحقيق عائد على استثمارها بمعدل ٣٠% وأنها تستعمل أساس التكلفة المتغيرة للتسعير.

المطلوب:

١- احتساب التكلفة المتغيرة للوحدة من المنتج (م).

٢- تحديد نسبة الإضافة للتكلفة المتغيرة.

٣- تحديد سعر بيع الوحدة من المنتج (م) المناسب لتحقيق العائد المطلوب على الاستثمار.

٤- عمل قائمة الدخل لشركة السعادة الصناعية لسنة ٢٠٠٩.

١٩- طلب سالم من شركة الصناعات الهندسية اعطاؤه سعر لتنفيذ أمر خاص، وقد كانت الشركة تنفذ مثل هذا الأمر بالاحوال العادية باضافة ٤٠% على كافة التكاليف المتعلقة بذلك الأمر والتي كانت كالتالي:

٢٥٠٠٠ دينار	مواد مباشرة
٢٠٠٠٠ دينار	اجور مباشرة
١٥٠٠٠ دينار	تكاليف انشطة اخرى مساندة
٦٠٠٠٠ دينار	مجموع التكاليف للأمر المماثل

فإذا علمت بأنه يوجد لدى الشركة طاقة فائضة يمكن بموجبها تنفيذ الأمر الخاص لسالم وقد تم تقدير تكاليف الأمر الخاص كالتالي:

٢٥٠٠٠ دينار	مواد مباشرة
٢٠٠٠٠	اجور مباشرة
٥٠٠٠	تكاليف انشطة اخرى مساندة
٥٠٠٠٠ دينار	مجموع تكاليف تنفيذ الأمر الخاص

المطلوب:
تحديد اقل سعر يمكن ان تقبل به شركة الصناعات الهندسية لتنفيذ الأمر الخاص بالعميل سالم في حالة وجود طاقة فائضة لدى الشركة.

٢٠- استعمل المعلومات الواردة في السؤال السابق رقم (١٩) مع الافتراض بأنه لا يوجد طاقة فائضة لدى الشركة وان مدير الشركة سوف يستدعي الموظفين للعمل الاضافي لتنفيذ الامر الخاص بالعميل سالم وبهذه الحالة فقد تم تقدير تكاليف تنفيذ امر العمل سالم كما يلي:

٢٥٠٠٠ دينار	مواد مباشرة
٢٠٠٠٠	اجور مباشرة
٥٠٠٠	تكاليف انشطة اخرى مساندة
٧٥٠٠	تكاليف اشراف واجور اضافية
٢٥٠٠	تكاليف متفرقة إضافية

المطلوب:
تحديد أقل سعر يمكن أن تعرضه شركة الصناعات الهندسية لتنفيذ الأمر الخاص بالعميل سالم في حالة عدم وجود طاقة فائضة لدى الشركة.

٢١- يرغب عمر متعهد البناء بشراء ٢٠٠ باب عادي للمباني الجديدة التي تم بناؤها حديثا، وقد اتصل مع الشركة الحديثة لصناعة الأبواب لشراء تلك الأبواب باعتباره يتعامل مع الشركة لمدة طويلة. وفيما يلي المعلومات المتعلقة بتكاليف صناعة الأبواب العادية:

تكلفة الباب الواحد	البيان
٥٠ دينار	مواد مباشرة
٧٠	أجور مباشرة
٨٠	تكاليف متغيرة غير مباشرة
٤٠	تكاليف ثابتة غير مباشرة (على اساس طاقة انتاجية ٢٠٠٠٠ باب)

فإذا افترضنا بأن الشركة تحدد سعر بيع الأبواب العادية باستعمال نسبة مضافة إلى تكلفة الانتاج الكلية تعادل ٥٠% من تكلفة الانتاج.
المطلوب:
تحديد سعر بيع الباب الواحد في الأجل الطويل لإتمام بيع الصفقة للعميل عمر.

٢٢- ترغب احدى الشركات الصناعية بتحديد سعر بيع لأحد منتجاتها وفيما يلي معلومات التكاليف المتعلقة بذلك المنتج:

التكلفة للوحدة	التكلفة الاجمالية	البيان
٦ دنانير		مواد مباشرة
١٥		اجور مباشرة
٤		تكاليف متغيرة غير مباشرة
١٠	٤٠٠٠٠٠ دينار	تكاليف ثابتة غير مباشرة
٥		مصاريف بيعية وادارية متغيرة
٨	٣٢٠٠٠٠	مصاريف بيعية وادارية ثابتة

علماً بأن التكاليف المذكورة مبنية على أساس حجم انتاج وبيع ٤٠٠٠٠ وحدة في كل فترة. وأن الشركة لهدف التسعير تستعمل منهج التكاليف مضافاً إليها نسبة ٨٠% من تكاليف الانتاج الكلية أو نسبة ١١٠% من التكاليف المتغيرة.

المطلوب:

١- احتساب سعر بيع الوحدة من المنتج، بافتراض ان الشركة تستعمل تكلفة الانتاج الكلية كأساس للتسعير.

٢- احتساب سعر بيع الوحدة من المنتج بافتراض أن الشركة تستعمل التكاليف المتغيرة كأساس للتسعير.

٢٣- ترغب شركة الرازي بطرح منتج جديد في السوق وقد جمعت الشركة المعلومات التالية بهدف تحديد سعر البيع لمنتجها الجديد:

٢٠٠٠٠ وحدة	عدد الوحدات التي ستنتج وتباع سنويا
٢٠ دينار	تكلفة انتاج الوحدة
٦٠٠٠٠ دينار	المصاريف البيعية والإدارية المقدرة سنوياً
٨٠٠٠٠٠ دينار	الاستثمار المطلوب المقدر
١٥%	العائد على الاستثمار المرغوب به

فإذا علمت بأن الشركة تستعمل طريقة تكاليف الانتاج الكلية مضافاً إليها هامشاً معيناً لغايات التسعير.

المطلوب:

١- احتساب نسبة الإضافة التي يجب ان تستعملها الشركة لتحقيق العائد على الاستثمار المرغوب به.

٢- احتساب سعر البيع المستهدف للوحدة.

٢٤- ترغب الشركة الحديثة للصناعة الوطنية بانتاج وبيع منتج جديد. وفيما يلي التكاليف المتوقعة والمعلومات الأخرى المتعلقة بذلك المنتج:

١٠٠٠٠ وحدة	حجم المبيعات السنوية بالوحدات
٢٠ دينار	مواد مباشرة للوحدة
١٠	أجور مباشرة للوحدة
٥	تكاليف متغيرة غير مباشرة للوحدة
١٠٠٠٠٠	تكاليف ثابتة غير مباشرة إجمالية
٤	مصاريف بيعية وإدارية متغيرة للوحدة
٢٠٠٠٠٠	مصاريف بيعية وإدارية ثابتة إجمالية

ولتحديد سعر بيع الوحدة من المنتج الجديد فإنه يتم عادة إضافة نسبة ٨٠% على التكاليف المتغيرة.

المطلوب:

١- احتساب سعر البيع المستهدف للوحدة من المنتج الجديد باستعمال طريقة التكاليف المتغيرة.

٢- بافتراض أن الشركة تستعمل طريقة التكاليف المتغيرة كأساس للتسعير، وأنها ترغب بأن تحقق ما نسبته ٢٠% على الأقل كعائد على الاستثمار، وأنها تتطلب استثمار يعادل ٩٠٠٠٠٠ دينار في الالات وغيرها من الاصول لانتاج المنتج الجديد. ما هي نسبة الإضافة التي يجب أن تستعملها الشركة من أجل تحقيق العائد على الاستثمار المرغوب به؟

٢٥- ترغب الشركة الأهلية بطرح منتج جديد للسوق. ويعتمد سعر بيع المنتج الجديد على حجم الوحدات التي يمكن بيعها وفيما يلي المعلومات المتعلقة بهذا المنتج الجديد:

١٥ دينار	تكاليف الانتاج المتغيرة للوحدة
٥	مصاريف بيعية وإدارية متغيرة للوحدة
٤٠٠٠٠٠ دينار	تكاليف الانتاج الثابتة الإجمالية
٦٠٠٠٠٠	مصاريف بيعية وإدارية ثابتة إجمالية
٨٠%	نسبة الإضافة المرغوب بها

فإذا علمت بأن الشركة تستعمل طريقة تكلفة الانتاج الكلية للتسعير.

المطلوب:

١- احتساب سعر البيع المستهدف للوحدة بافتراض ان الشركة تستطيع إنتاج وبيع ٢٠٠٠٠ وحدة كل فترة.

٢- احتساب سعر البيع المستهدف للوحدة بافتراض أن الشركة تستطيع إنتاج وبيع ٤٠٠٠٠ وحدة كل فترة.

٢٦- تنتج شركة الصناعات الالكترونية المنتج (أ) وهي تعمل الآن بطاقتها الانتاجية الكاملة وقد رغب أسعد بالتعاقد مع الشركة على شراء ١٠٠٠ وحدة من المنتج (أ) فإذا علمت بأن التكاليف التقديرية للتعاقد كانت كما يلي:

١٨٠٠٠ دينار	تكاليف صناعية متغيرة
١٧٠٠٠	تكاليف صناعية ثابتة
٩٠٠٠	تكاليف خاصة بالتصميم
٦٠٠٠	تكاليف نقل
٥٠٠٠	تكاليف إدارية خاصة
٥٥٠٠٠ دينار	مجموع التكاليف
٥٥ دينار (٥٥٠٠٠ ÷ ١٠٠٠)	التكلفة للوحدة

فإذا علمت بأنه في حالة رغبة الشركة بالتعاقد مع أسعد فإنها سوف تضيع فرصة بيع عادية لعدد ١٠٠٠ وحدة التي كانت ستباع بسعر ٨٠ دينار للوحدة والتكلفة المتغيرة لها ٤٠ دينار للوحدة وتكلفتها الثابتة ٢٠ دينار للوحدة.

المطلوب:

١- ما هو ادنى سعر بيع للوحدة من المنتج (أ) يمكن أن تقبله الشركة بدون التضحية بأية أرباح؟

٢- بافتراض أن أسعد يرغب بأن تكون سعر الوحدة ٧٨ دينار أو أقل. هل يجب على الشركة قبول أو رفض عرض اسعد؟

الفصل الثامن

الرقابة الإدارية في ظل اللامركزية
Managerial Control In Decentralized Operations

يهدف هذا الفصل إلى تعريف القارئ بما يلي:

١- تركيب المنشأة من ناحية اتخاذ القرارات المختلفة.

٢- مزايا اللامركزية وعيوبها.

٣- أنواع الوحدات اللامركزية.

٤- طرق تقييم انجاز مراكز الاستثمار.

٥- ماهية الأسعار التحويلية.

٦- أنواع الأسعار التحويلية.

الفصل الثامن
الرقابة الإدارية في ظل اللامركزية
Managerial Control In Decentralized Operations

١- مقدمة

مع اتساع وكبر حجم المنشآت المختلفة فإن مهام إدارة تلك المنشآت تصبح أكثر صعوبة، حيث لا يستطيع مجلس الإدارة أو المدير العام للمنشأة اتخاذ كافة القرارات الإدارية الضرورية لإدارتها. وعليه يتم تفويض جزء من المسؤوليات والسلطات للمستويات الإدارية الأدنى. وهذا ما يعرف باللامركزية حيث يعتبر كل مدير لقسم معين مسؤولاً عن أداء قسمه مع اعطائه الحرية اللازمة لاتخاذ القرارات الإدارية المتعلقة بقسمه.

وتلعب المحاسبة دوراً فاعلاً في تقييم أداء الأقسام والمراكز المختلفة التي تتصف باللامركزية. فعمل الموازنات وتحليل الانحرافات التي تم شرحها في الفصل الرابع والخامس يعتبر جزءاً من الوسائل لتقييم الأداء في الأقسام والمراكز المختلفة. وسوف يتم في هذا الفصل التعرض إلى تركيب المنشأة من ناحية اتخاذ القرارات المختلفة والتعرف على مزايا اللامركزية وعيوبها بالإضافة الى طرق تقييم انجاز مراكز الاستثمار.

كما سيتم التعرض إلى الاسعار التحويلية في المنشآت اللامركزية حيث تتمتع الأقسام والمراكز المختلفة في تلك المنشآت بحرية اتخاذ القرارات ومن بينها قرار شراء المنتجات أو الخدمات من مراكز داخل المنشأة أو خارجها، وأيضا بيع المنتجات أو تقديم الخدمات لمراكز أخرى سواء كانت داخل المنشأة أو خارجها. وتمثل الأسعار التحويلية تلك الأسعار أو التكاليف المتعلقة بالبضاعة أو الخدمات التي يتم تحويلها أو تقديمها بين الأقسام المختلفة للمنشأة الواحدة. وتعتبر الأسعار التحويلية ذات أهمية بالغة في اتخاذ القرارات باعتبارها ايراد من وجهة نظر القسم البائع وتكلفة من وجهة نظر القسم المشتري. كما أن الأسعار التحويلية تستعمل كعنصر من عناصر تكلفة المنتجات وتقييم انجاز الاقسام المختلفة. وعليه فمن الضروري معرفة ماهية الأسعار التحويلية وأنواعها المختلفة وكيفية احتسابها بالإضافة الى معرفة مزايا وعيوب الطرق المتعددة للأسعار التحويلية وتفهم القضايا السلوكية والدوافع والتأثيرات المتعلقة بتلك الطرق.

٢- تركيب المنشأة Organizational Structure

تنقسم المنشآت من حيث اتخاذ القرارات الى نوعين رئيسيين هما منشآت مركزية ومنشآت لامركزية. حيث يتم اتخاذ القرارات في المنشآت المركزية من قبل الإدارة العليا وعلى الإدارات الوسطى والدنيا تنفيذ تلك القرارات. وتعتبر الشرطة العسكرية من الأمثلة الواضحة على المنشآت المركزية. في حين أنه يتم في المنشآت اللامركزية اتخاذ القرارات من قبل الأقسام المختلفة لتلك المنشآت.

تقع كثير من المنشآت في الواقع العملي بين المركزية المطلقة واللامركزية المطلقة. حيث يتم اتخاذ القرارات الحاسمة عادة من قبل الادارة العليا، في حين ان الأقسام المختلفة للمنشأة تقوم باتخاذ القرارات اليومية الروتينية.

ونظراً لأن معظم المنشآت في عالمنا المعاصر تتصف باللامركزية فإنه سوف يتم التركيز في هذا الفصل على المنشآت اللامركزية التي يقوم رئيس كل قسم فيها بإدارة قسمه ويعتبر بذلك مسؤولاً عن أداء القسم الذي يديره.

٢-١ مزايا اللامركزية Advantages of Decentralization

كلما كبر حجم المنشأة وتعقدت عملياتها كلما كانت هناك مزايا اكثر متعلقة باللامركزية. وتتضمن مزايا اللامركزية ما يلي:

١- السرعة في الاستجابة للتغيرات: عندما تتغير الظروف المحيطة بالمدير المحلي فإنه يستطيع الاستجابة لهذه التغيرات بشكل أسرع مما لو كان القرار بيد الإدارة العليا فقط، حيث في حالة المركزية يتم التأخير في اتخاذ القرار المناسب من الإدارة العليا التي تحتاج بداية إلى تحويل المعلومات لها عن التغيرات ومن ثم اعطاء التعليمات للمدير المحلي بما يجب عمله نتيجة التغيرات وفي هذا تأخير في الاستجابة للتغيرات.

٢- الاستعمال الأمثل لوقت الإدارة العليا: يجب أن تتم المحافظة على وقت الإدارة العليا لاتخاذ القرارات الاستراتيجية الهامة. ففي الحالات التي يتم فيها اتخاذ القرار من المدير المحلي باعتبار أن لديه الخبرة الكافية والمعلومات المتعلقة بمجتمعه المحلي فهو بذلك يوفر وقت الإدارة العليا للقرارات البالغة الأهمية.

٣- تخفيض المشاكل الى حجم يمكن التعامل معه: مما لاشك فيه أن هناك حدوداً معينة وقدرة محدودة للمدراء على حل المشاكل بالرغم من استعمال الحاسوب

الذي يسهل عملية اتخاذ القرارات بتحليل المعلومات وعمل التوصيات والاستنتاجات. فبعض المشاكل هي معقدة كثيراً ليتم حلها عن طريق الإدارة العليا فقط، وبتقسيم هذه المشاكل المعقدة والكبيرة إلى أجزاء صغيرة يمكن التعامل معها عن طريق المستويات الإدارية المختلفة، فإن اللامركزية بهذه الحالة تخفض المشاكل المعقدة وتفتتها بحيث يمكن التغلب والسيطرة عليها.

٤- تدريب وتقييم وتحفيز المدراء المحليين: تتيح اللامركزية للمدراء التدريب على ممارسة اتخاذ القرارات في موقع العمل وتستطيع الادارة العليا تقييم المدراء المحليين من خلال ملاحظة نتائج قراراتهم وبالتالي الحكم على مدى إمكانية تقدمهم. وإن ممارسة اتخاذ القرارات الصغيرة والسهلة من قبل المدراء المحليين سوف يعطيهم الخبرة والتعلم لاتخاذ القرارات الكبيرة والصعبة. وإن المدير المحلي سوف يكون مقتنعاً ومتحفزاً أكثر لتنفيذ قرار اتخذه بنفسه لمعرفة نتائجه، مما لو كان منفذاً فقط لقرار تم اتخاذه من قبل الادارة العليا.

٢-٢ عيوب اللامركزية Disadvantages of Decentralization

بالرغم من مزايا اللامركزية العديدة إلا أن هناك بعض العيوب المتعلقة بها ومن أهم هذه العيوب ما يلي:

١- اتخاذ قرارات غير منسجمة مع تفضيل الإدارة العليا: حيث أن اللامركزية تتيح المجال للمدراء المحليين لاتخاذ القرارات في موقع عملهم، فقد يكون جزء من هذه القرارات غير منسجم مع ما تفضله الإدارة العليا ومع أهداف المنشأة بشكل عام.

٢- التكاليف العالية لمراقبة أنشطة المدراء المحليين: تنفق المنشآت اللامركزية وتتكلف الأموال الكثيرة من أجل مراقبة أنشطة المدراء المحليين للتحقق من صحة اتخاذ قراراتهم.

٣- وجود صعوبة اكثر في تنسيق العمليات المتداخلة بين الأقسام المختلفة حيث يرغب كل رئيس قسم باتخاذ قرارات لصالح قسمه بالدرجة الأولى وبالتالي يكون هناك صعوبة اكثر في التوفيق بين المصالح المختلفة للأقسام المختلفة من خلال العمليات المتداخلة بين الأقسام.

وتجدر الإشارة إلى أنه يجب المفاضلة بين التكاليف والمنافع المتعلقة باللامركزية في منشأة معينة واتخاذ القرار المناسب بالمستوى الأمثل للامركزية. ويمكن الافتراض هنا بأن المنشآت التي تتميز بالمركزية العالية يكون فيها عيوب

اللامركزية اكثر من فوائدها، والعكس صحيح في حالة المنشآت التي تتصف باللامركزية العالية.

تتصف المنشآت التي تتميز بالمركزية العالية باحدى أو جميع الصفات التالية:
١- ان المنشأة هي كبيرة ومعقدة أو منتشرة جغرافياً بصورة واسعة.
٢- ان هناك عدد كبير من المنتجات المختلفة التي تنتجها المنشأة.
٣- ان عملاء وموردي المنشأة منتشرين جغرافيا.
٤- ان هناك حاجة لاتخاذ القرارات في الوقت المناسب في بعض المواقع البعيدة من المنشأة.
٥- أن هناك الرغبة في اتخاذ القرارات بحرية لدى المستويات الدنيا في المنشأة.

ويكمن التحدي الأساسي في المنشآت اللامركزية في إيجاد الطريقة المناسبة لتقييم إنجاز كل قسم ورئيسه. وسيتم لاحقاً في هذا الفصل التعرض إلى بعض الطرق الشائعة الاستعمال لتقييم انجاز الأقسام المختلفة.

٣- أنواع الوحدات اللامركزية Types of Decentralized Units

يوجد بشكل عام أربعة أنواع رئيسه للوحدات اللامركزية وهي مراكز التكلفة ومراكز الإيراد ومراكز الربح ومراكز الاستثمار. ويمكن تعريف المركز بأنه وحدة مسؤولية في المنشأة كالقسم أو ما شابه. وفيما يلي شرح موجز لأنواع المراكز المذكورة.

مراكز التكلفة Cost Centers : وهي أقسام المنشأة التي يكون فيها مدير المركز مسؤولاً عن حدوث التكاليف واستعمالها المناسب. ويمكن تقسيم مراكز التكلفة إلى نوعين رئيسيين هما مراكز تكلفة معيارية Standard Cost Centers ومراكز تكلفة استنسابية Discretionary Cost Centers .

وفي مراكز التكلفة المعيارية تكون العلاقة بين المدخلات والمخرجات معروفة جيداً فالأقسام الصناعية التي تنتج منتجات طبقاً لنظام التكلفة المعيارية هي في الغالب مراكز تكلفة معيارية، حيث العلاقة بين المدخلات كالمواد المباشرة أو الاجور المباشرة وبين وحدة الانتاج يمكن تحديدها بشكل جيد. ففي صناعة الأثاث مثلاً يمكن تحديد كمية الأخشاب التي يجب استعمالها لانتاج باب واحد من قياس

معين. ويمكن وجود التكلفة المعيارية في المنشآت الخدمية، فالبنوك مثلاً تحدد الوقت اللازم لإنجاز صرف الشيك للعميل. وكذلك الحال فإن العيادات والمستشفيات تحدد للطبيب الوقت الذي يجب أن يقضيه في معاينة كل مريض.

أما في مراكز التكلفة الاستنسابية فلا يوجد علاقة محددة تماماً بين المدخلات والمخرجات ومن الأمثلة على هذا النوع من المراكز قسم الدعاية والاعلان وقسم البحث والتطوير في منشأة معينة. فيمكن مثلاً توقع نتائج ايجابية كزيادة حجم المبيعات بسبب الإنفاق على الدعاية والاعلان، ولكن لا يوجد علاقة محددة تماماً بين مبلغ الانفاق على الدعاية والاعلان وبين حجم المبيعات الناتج عن تلك الحملة من الدعاية والإعلان. فالغرض هنا ليس التخفيض من الإنفاق بينما الغرض هو استعمال اموال الموازنة بأفضل فاعلية ممكنة. فأموال الموازنة لقسم معين تمثل اعلى قدر من الأموال التي يمكن أن ينفقها ذلك القسم. وتقاس الفاعلية بمقدار الانجاز، فمثلاً فاعلية قسم البحث والتطوير تقاس بالمنتجات الجديدة التي تم اختراعها واكتشافها بالأموال الموجودة والمتاحة للإنفاق في ذلك القسم. وعادة تكون هناك عقوبات على الإنفاق الذي يزيد على ما هو محدد بالموازنة.

اما المجموعة الثانية من المراكز الرئيسة فتسمى بمراكز الايراد Revenue Centers وهي المراكز التي تكون مسؤولة بالدرجة الأولى عن توليد الايرادات. ويعتبر قسم المبيعات من الأمثلة الشائعة على مراكز الايراد. وهدف مدير المركز عادة هو تعظيم الايرادات في ظل بعض القيود المتعلقة بتكاليف عمليات المركز.

وتسمى المجموعة الثالثة من المراكز الرئيسة بمراكز الربح Profit Centers حيث يكون مدير المركز مسؤولاً عن أرباح ذلك المركز أو القسم المسؤول عن إدارته. ومن الأمثلة على ذلك مدراء الفروع الذين يكونوا مسؤولين عن كافة تكاليف وايرادات فروعهم أو بعبارة أخرى مسؤولين عن أرباح فروعهم عن طريق محاولة زيادة الايرادات والسيطرة على التكاليف والرقابة عليها ومحاولة تخفيضها. ويمكن تقييم مراكز الربح بمقارنة الارباح الفعلية لهذه المراكز مع الارباح المخطط لها، ويتم تحليل انحرافات الارباح ومعرفة اسبابها لتعزيز قرار التقييم.

وأخيراً تسمى المجموعة الرابعة من المراكز الرئيسة بمراكز الاستثمار Investment Centers حيث يكون مدير المركز مسؤولاً عن الأرباح الخاصة بمركزه بالإضافة إلى الاستثمارات بالأصول في المركز. ويمتلك مدير المركز عادة

صلاحيات وأموال كبيرة تتيح له إمكانية اتخاذ قرارات الموازنة الرأسمالية. فمثلاً مدير مركز تكلفة في منشأة معينة قد لا يستطيع شراء أصول تكاليفها اكثر من خمسة الاف دينار بدون موافقة الجهات العليا، بينما يكون لدى مدير مركز الاستثمار صلاحية شراء الأصول بتكلفة قد تصل الى نصف مليون دينار بدون موافقة الإدارة العليا للمنشأة، ويتم تقييم أداء مراكز الاستثمار عن طريق قياس العائد على الاستثمارات الذي يحققه المركز. ويربط هذا المقياس بين الاستثمارات من ناحية وبين الأرباح من ناحية أخرى والتي تعكس العلاقة بين الايرادات والتكاليف الخاصة بالمركز.

ومن الملاحظ أن تفويض السلطات في مراكز الاستثمار هو اكبر تفويض ممنوح لمدراء المراكز مقارنة بمراكز التكلفة أو الايراد أو الربح. وعليه فإنه سيتم التركيز على طرق قياس وتقييم إنجاز مراكز الاستثمار.

٤- طرق تقييم انجاز مراكز الاستثمار

Approaches for Evaluating Performance of Investment Centers

لقد تم في الفصل الرابع من هذا الكتاب قياس إنجاز مراكز التكلفة حيث تم شرح كيفية تحديد الانحرافات المختلفة للمواد المباشرة والأجور المباشرة والتكاليف الصناعية غير المباشرة ومعرفة أسبابها وكيفية معالجتها. أما بالنسبة لمراكز الإيراد فيمكن قياس انجازها بعمل المعايير والموازنات اللازمة للإيرادات ومن ثم مقارنة هذه المعايير والموازنات مع النتائج الفعلية للايرادات والتقصي ـ عن أسباب الانحرافات ومحاولة معالجتها.

وكذلك الحال بالنسبة لمراكز الربحية فإنه يمكن وضع معايير وموازنات لعناصر المصروفات والايرادات وبالتالي الأرباح باعتبارها تعادل الفرق بين اجمالي الايرادات واجمالي المصروفات، ومن ثم مقارنة أداء مدير مركز الربحية الفعلي مع المعايير والموازنات لمعرفة الإنحرافات وأسبابها ومحاولة معالجتها.

أما بالنسبة لمراكز الاستثمار فيتم قياس انجازها بعدة طرق أهمها طريقة العائد على الاستثمار وطريقة الربح المتبقي وسيتم فيما يلي شرح مفصل لهتين الطريقتين.

٤-١ طريقة العائد على الاستثمار Return on Investment Approach

يعتبر مدراء مراكز الاستثمار مسؤولين عن الأرباح والاستثمار في الأصول المتعلقة بتلك المراكز ويتم تقييم مدراء مراكز الاستثمار بناء على قدرتهم على توليد عائد مقبول على الاستثمار من أجل تبرير ذلك الاستثمار في مراكزهم.

ويتم احتساب العائد على الاستثمار كما هو موضح في المعادلة رقم (١) التالية:

$$\text{العائد على الاستثمار} = \frac{\text{الربح التشغيلي}}{\text{اصول مركز الاستثمار}} \quad \text{........ (١)}$$

ويمكن إعادة كتابة المعادلة رقم (١) كما هو موضح في المعادلة رقم (٢) التالية:

$$\text{العائد على الاستثمار} = \frac{\text{الربح التشغيلي}}{\text{المبيعات}} \times \frac{\text{المبيعات}}{\text{اصول مركز الاستثمار}} \quad \text{........ (٢)}$$

ويشير الجزء الأول (الربح التشغيلي/ المبيعات) من المعادلة المذكورة رقم (٢) إلى قدرة مركز الاستثمار على مراقبة التكاليف عند مستوى معين من الايرادات. فكلما انخفضت التكاليف المطلوبة للحصول على الايرادات كلما ارتفع هامش الربح. وبعبارة أخرى يقيس هذا الجزء نسبة ما ينتجه دينار المبيعات من ارباح تشغيلية في مركز الاستثمار. فكلما كانت هذه النسبة أعلى كلما كان انجاز المركز أفضل. ويسمى الجزء الأول أحياناً بنسبة هامش الربح.

أما الجزء الثاني (المبيعات/ أصول مركز الاستثمار) من المعادلة رقم (٢) فيشير إلى مدى كفاءة مركز الاستثمار في استعمال أصوله لتوليد المبيعات. ويسمى الجزء الثاني بمعدل دوران الأصول. وكلما ارتفع هذا المعدل كلما علت كفاءة المركز في استعمال اصوله لتوليد المبيعات.

ويمكن توضيح كيفية تقييم إنجاز مراكز الاستثمار باستعمال طريقة العائد على الاستثمار عن طريق المثال رقم (١) التالي.

مثال رقم (١):

يوجد لدى شركة السعادة مركزين للاستثمار خلال سنة ٢٠٠٩. وقد بلغ الربح التشغيلي في المركز الأول للاستثمار في تلك السنة مائتي الف دينار في حين بلغ الربح التشغيلي في المركز الثاني مليوني دينار. فإذا علمت بأن الأصول المستثمرة في المركز الأول بلغت خمسمائة الف دينار في حين بلغت الاصول المستثمرة في المركز الثاني عشرين مليون دينار.

المطلوب:

من هو مركز الاستثمار الأفضل إنجازاً باستعمال طريقة العائد على الاستثمار؟

إجابة مثال رقم (١):

مركز الاستثمار الأول	مركز الاستثمار الثاني	
٢٠٠٠٠٠ دينار	٢٠٠٠٠٠٠ دينار	الربح التشغيلي (١)
٥٠٠٠٠٠	٢٠٠٠٠٠٠٠	مبلغ الاستثمار (٢)
%٤٠	%١٠	العائد على الاستثمار (١) ÷ (٢)

يتضح من التحليل السابق أن العائد على الاستثمار في مركز الاستثمار الأول يساوي ٤٠% هو أعلى وبالتالي أفضل من العائد على الاستثمار في مركز الاستثمار الثاني والذي يبلغ ١٠%. وعليه فإن إنجاز مركز الاستثمار الأول بالاستناد إلى العائد على الاستثمار هو أفضل من انجاز مركز الاستثمار الثاني.

ويتضح أيضاً من التحليل السابق في إجابة مثال رقم (١) أن العائد على الاستثمار يعطي تقييماً للأداء مغايراً لمقياس الربح التشغيلي المجرد. حيث من المتوقع ان مبلغ الاستثمار الأعلى سوف يعطي ربحاً تشغيلياً أكثر ولا يعني ذلك بأنه أفضل أداء. ويعتبر مقياس العائد على الاستثمار للتمييز بين مراكز الاستثمار المختلفة أفضل من مقياس الربح التشغيلي بسبب أن العائد على الاستثمار يأخذ بالاعتبار كل من الربح التشغيلي ومبلغ الاستثمار الذي أدى بدوره إلى تحقيق ذلك الربح التشغيلي، في حين ان مقياس الربح التشغيلي يأخذ بالاعتبار فقط مقدار الربح التشغيلي دون النظر إلى مبلغ الاستثمار الذي أدى الى تحقيق ذلك الربح التشغيلي.

ولمعرفة كيفية الاستفادة من تحليل مكونات وعناصر معادلة العائد على الاستثمار رقم (٢) فإننا نورد المثال رقم (٢) التالي.

مثال رقم (٢):

فيما يلي المعلومات المتعلقة بأحد مراكز الاستثمار في شركة الازدهار:

المبيعات	الربح التشغيلي	مبلغ الاستثمار	السنة
٥٠٠٠٠٠ دينار	٥٠٠٠٠ دينار	٢٥٠٠٠٠ دينار	٢٠٠٧
٨٠٠٠٠٠	٦٤٠٠٠	٤٠٠٠٠٠	٢٠٠٨
١٠٠٠٠٠٠	١٠٠٠٠٠	٦٢٥٠٠٠	٢٠٠٩

المطلوب:

١- احتساب نسبة هامش الربح أو (الربح التشغيلي ÷ المبيعات)

٢- احتساب معدل دوران الأصول أو (المبيعات ÷ مبلغ الاستثمار)

٣- احتساب العائد على الاستثمار.

٤- التعليق على النتائج السابقة ومكونات العائد على الاستثمار.

إجابة مثال رقم (٢):

جدول رقم (١)

احتساب نسبة هامش الربح ومعدل دوران الاصول والعائد على الاستثمار

(١) (الربح التشغيلي/ المبيعات) أو نسبة هامش الربح	×	(٢) (المبيعات/ المبلغ المستثمر) أو معدل دوران الأصول	=	(٣) العائد على الاستثمار	السنة
%١٠	×	٢	=	%٢٠	٢٠٠٧
%٨	×	٢	=	%١٦	٢٠٠٨
%١٠	×	١,٦	=	%١٦	٢٠٠٩

يمثل جدول رقم (١) السابق كيفية احتساب كل من نسبة هامش الربح ومعدل دوران الأصول والعائد على الاستثمار لكل سنة من السنوات ٢٠٠٧ و ٢٠٠٨ و ٢٠٠٩ لمركز الاستثمار في شركة الازدهار.

تبين نسبة هامش الربح مدى قدرة مدير مركز الاستثمار على استخدام عناصر التكاليف المختلفة من مواد مباشرة وأجور مباشرة وتكاليف غير مباشرة للحصول على إيراد المبيعات أو ايراد الخدمات. حيث تشير النسبة المذكورة إلى مقدار الجزء من خيار الايرادات الذي يزيد عن التكاليف التي حدثت خلال المدة وغالبا يتم استعمال النسبة المذكورة لتقييم كفاءة إنتاج وبيع المنتجات أو تقديم الخدمات.

ويلاحظ من الجدول رقم (١) أن نسبة هامش الربح لمركز الاستثمار قد انخفضت مـن ١٠% في سنة ٢٠٠٧ الى ٨% في سنة ٢٠٠٨، وحيث أن معدل دوران الأصول لكل من السنتين المذكورتين قد بقي ثابتاً على المقدار ٢ فقد تسبب ذلك في انخفاض معدل العائد على الاستثمار مـن ٢٠% في سـنة ٢٠٠٧ الى ١٦% في سنة ٢٠٠٨. ويشير ذلك الى عدم القدرة على ضبط التكاليف أو إلى عدم القدرة على رفع سعر البيع مـع ارتفاع التكاليف أو كلاهما معاً مما تسبب في انخفاض العائد على الاستثمار.

ويوضح معدل دوران الأصول مقدار الإيراد الناتج عن استثمار كل دينار في الاصول. ويتبين مـن جدول رقم (١) أن نسبة هامش الربح لمركز الاستثمار قد ازدادت من ٨% في سنة ٢٠٠٨ الى ١٠% في سنة ٢٠٠٩ بينما انخفض معدل دوران الأصول مـن ٢ في سنة ٢٠٠٨ الى ١.٦ في سـنة ٢٠٠٩ مـما أدى الى بقـاء العائد على الاستثمار ثابتاً ويعادل ١٦% خلال السنتين المذكورتين.

يتضح مما سبق أنه يمكن تغير العائد على الاستثمار بتغيير مكوناته مجتمعه أو منفـرده، كـما يمكن بقاء العائد على الاستثمار ثابتاً خـلال بعض السنوات بالرغم مـن التغيـر في مكوناته وأخيـراً فإن انخفاض معدل دوران الأصول بشكل واضح قد يشير إلى عـدم الاستغلال الأمثل لطاقة مركز الاستثمار وبالتالي يجب تحويل جزء من استثمارات المركز لأغراض أخرى خلاف الاغراض المستثمر بها. وبشكل عام فإن التغير الهام في نسبة هامش الربح أو في معدل دوران الاصول خلال فترتين قد يعطي مؤشراً الى الحاجة لإجراء عمل تصحيحي.

وتجدر الاشارة الى أنه لاستعمال العائد على الاستثمار كمقياس فعال لانجاز مركز الاستثمار، فإنه يجب على الادارة تحديد المعدل المرغوب به لهذا العائد لكل فترة. وتحدد الادارة عادة الحد الأدنى المقبـول للعائد على الاستثمار خلال فترة معينة مع الأخذ بعين الاعتبار خصائص المركز مـن حيـث مـدى خطورته وقيمة الاستثمار المطلوب وما شابه.

٤-٢ طريقة الربح المتبقي   Residual Income Approach

إن الانتقاد الرئيس لطريقة العائد على الاستثمار هو ميل المدراء الى عدم قبول فرص استثمارية يكون معدل العائد عليها اكبر من معدل الحد الأدنى المقبول للعائد على الاستثمار ولكنه أقـل مـن معدل العائد الحالي على الاستثمار. ويتضح ذلك من المثال رقم (٣) التالي.

مثال رقم (٣):

يوجد لدى مركز استثمار في الشركة الحديثة مبلغ مستثمر بقيمة مليوني دينار ويعطي ارباحاً سنوية قيمتها ٤٨٠٠٠٠ دينار. ويوجد لدى مدير المركز فرصة استثمارية جديدة بمبلغ مليون دينار تعطي ارباحاً سنوية قيمتها ٢١٠٠٠٠ دينار ولمدة خمس سنوات حيث يتم استعادة كامل الاستثمار في نهاية السنة الخامسة. فإذا علمت بأن الحد الادنى المقبول لعائد الاستثمار هو معدل ١٥%.

المطلوب:

ابداء رأيك في مدى قبول مدير مركز الاستثمار للفرصة الاستثمارية الجديدة بالاستناد إلى طريقة العائد على الاستثمار للمركز.

إجابة مثال رقم (٣):

معدل العائد الحالي على الاستثمار = $\frac{480000}{2000000}$ = ٢٤%

معدل العائد على الاستثمار للفرصة الجديدة = $\frac{210000}{1000000}$ = ٢١%

وحيث أن الحد الادنى المقبول للعائد على الاستثمار هو ١٥% وأن معدل العائد على الاستثمار للفرصة الجديدة يعادل ٢١% وهو أعلى من الحد الأدنى المقبول للعائد على الاستثمار، فمن المفروض قبول الفرصة الاستثمارية الجديدة. ولكن في حالة قبول الفرصة الاستثمارية الجديدة فانه سوف يتم تخفيض معدل العائد على الاستثمار الى ٢٣% كما هو موضح فيما يلي:

معدل العائد الكلي على الاستثمار للمركز عند قبول الفرصة الاستثمارية الجديدة = $\frac{480000 + 210000}{2000000 + 1000000}$

= $\frac{690000}{3000000}$

= ٢٣%

يتضح من التحليل السابق أن معدل العائد الكلي على الاستثمار للمركز عند قبول الفرصة الاستثمارية الجديدة يعادل ٢٣% وهذا أقل من معدل العائد الحالي على الاستثمار بدون الفرصة الجديدة والذي يساوي ٢٤%. ولذلك فقد يميل مدير مركز الاستثمار الى رفض استثمار الفرصة الجديدة بسبب انخفاض معدل العائد على الاستثمار، بالرغم من أن معدل العائد على الاستثمار للفرصة الجديدة والذي يعادل ٢١% هو أعلى من الحد الادنى المقبول للعائد على الاستثمار والذي يساوي ١٥%.

قد تلجأ بعض الشركات الى استعمال طريقة الربح المتبقي بدلاً من طريقة العائد على الاستثمار لتفادي عدم قبول الاستثمار في فرص استثمار جديدة يكون فيها العائد على الاستثمار للفرصة الجديدة أعلى من الحد الادنى المقبول. وبذلك يتم تلاشي عيوب طريقة العائد على الاستثمار.

ويتم احتساب الربح المتبقي كما هو موضح في المعادلة رقم (٣) التالية:

الربح المتبقي = الربح التشغيلي لمركز الاستثمار - (الحد الادنى للعائد على الاستثمار × مبلغ الاستثمار) ... (٣)

فإذا كانت المنشأة تشجع مراكز الاستثمار على تعظيم الربح المتبقي فإنه من المتوقع وجود الدوافع القوية لمدراء مراكز الاستثمار لقبول كافة المشاريع والفرص الاستثمارية التي يفوق العائد فيها معدل العائد الادنى المقبول. ويوضح مثال رقم (٤) التالي طريقة الربح المتبقي.

مثال رقم (٤):

إفترض كافة المعلومات الواردة في مثال رقم (٣) السابق .

المطلوب:

ابداء رأيك في مدى قبول مدير مركز الاستثمار للفرصة الاستثمارية الجديدة بالاستناد الى طريقة الربح المتبقي.

إجابة مثال رقم (٤):

الربح المتبقي قبل الفرصة الاستثمارية الجديدة = ٤٨٠٠٠٠ - (١٥%× ٢٠٠٠٠٠٠)

= ٤٨٠٠٠٠ - ٣٠٠٠٠٠

= ١٨٠٠٠٠ دينار

الربح المتبقي من الفرصة الاستثمارية الجديدة = ٢١٠٠٠٠ - (١٥% × ١٠٠٠٠٠٠)
= ٢١٠٠٠٠ - ١٥٠٠٠٠
= ٦٠٠٠٠ دينار

∴ الربح المتبقي بعد الفرصة الاستثمارية الجديدة = ١٨٠٠٠٠ + ٦٠٠٠٠
= ٢٤٠٠٠٠ دينار

كما يمكن استنتاج الربح المتبقي بعد الفرصة الاستثمارية الجديدة كما يلي:
الربح المتبقي = (٤٨٠٠٠٠ + ٢١٠٠٠٠) - ٠.١٥ × (٢٠٠٠٠٠٠ + ١٠٠٠٠٠٠)
= ٦٩٠٠٠٠ - (٠.١٥ × ٣٠٠٠٠٠٠)
= ٦٩٠٠٠٠ - ٤٥٠٠٠٠
= ٢٤٠٠٠٠ دينار

يتضح من التحليل السابق أن الربح المتبقي قد ازداد نتيجة الفرصة الاستثمارية الجديدة بمقدار ٦٠٠٠٠ دينار، وعليه واستنادا لطريقة الربح المتبقي فإن مدير مركز الاستثمار سوف يقبل الفرصة الاستثمارية الجديدة باعتبارها تمثل تحسناً لإنجازه. بينما في حالة استعمال طريقة العائد على الاستثمار فإن مدير المركز يميل إلى عدم قبول الفرصة الاستثمارية الجديدة بسبب تخفيضها لإنجازه حيث بلغ معدل العائد الحالي على الاستثمار ٢٤% بدون الفرصة الاستثمارية الجديدة، في حين ينخفض معدل العائد على الاستثمار للمركز إلى ٢٣% في حالة قبول الفرصة الاستثمارية الجديدة كما تبين في إجابة مثال رقم (٣).

وبشكل عام فإن المدراء يأخذون في الاعتبار قصور طريقة العائد على الاستثمار عند وجود فرصة استثمارية جديدة تخفض من العائد الكلي على الاستثمار للمركز. وقد يلجأ بعض المدراء إلى استعمال الطريقتين (العائد على الاستثمار والربح المتبقي) معاً للحكم على مدى قبول الفرصة الاستثمارية الجديدة. وتجدر الاشارة الى أن رغبة العديد من المراكز الاستثمارية باستعمال طريقة العائد على الاستثمار تنبع من إمكانية مقارنة العائد على الاستثمار والمعبر عنه كنسبة مئوية مع تكلفة راس المال ومعدل الفائدة على الودائع وما شابه.

وتفضل طريقة الربح المتبقي على طريقة العائد على الاستثمار للأسباب التالية:

١- تشجيع الإدارة العليا للشركة على تحديد عائد مختلف لكل مركز استثمار على حده بحيث يناسب الظروف الخاصة للمركز.
٢- تشجيع الإدارة العليا للشركة على تحديد عائد مختلف على مجموعات الأصول المختلفة في كل مركز. فمثلاً قد يتم تحديد عائد على الأصول طويلة الأجل مختلف عن العائد على الأصول قصيرة الأجل.
٣- تشجيع مدير كل مركز استثمار على تحقق عائد اعلى للاستثمار للشركة ككل.

ومن الجدير بالذكر أنه عند وجود عدة مراكز أو أقسام في منشأة معينة فقد يبيع احد الأقسام منتجاته لقسم آخر، وفي هذه الحالة قد تتدخل إدارة المنشأة في تحديد اسعار التحويل بين قسم وآخر مما يؤثر بالتالي على ايرادات وتكاليف تلك الاقسام حيث تعتبر الاسعار التحويلية بمثابة ايرادات للقسم البائع، بينما تعتبر بمثابة تكاليف على القسم المشتري. وتؤثر الأسعار التحويلية بين الأقسام المختلفة على كثير من القرارات الادارية المختلفة. وإن الأسعار التحويلية المثالية هي التي تؤدي إلى أفضل قرار للشراء من وجهة نظر القسم المشتري كما تؤدي الى أفضل قرار بيع من وجهة نظر القسم البائع. هذا بالاضافة إلى ان قرار الاسعار التحويلية يجب أن يكون أفضل قرار لصالح المنشأة ككل.

وسوف يتم شرح الاسعار التحويلية بين الأقسام المختلفة للمنشأة في الجزء التالي.

٥- الاسعار التحويلية Transfer Pricing

تتمتع مراكز الاستثمار بحرية اتخاذ القرارات المختلفة ومن بينها شراء منتجات أو خدمات من مراكز اخرى داخل المنشأة أو خارجها. وكذلك بيع المنتجات أو تقديم الخدمات لمراكز اخرى سواء أكانت داخل المنشأة أو خارجها، وهنا يجب تحديد اسعار تحويل هذه المنتجات أو الخدمات بين المراكز المختلفة داخل المنشأة.

وعادة يتم اتخاذ التكلفة أو سعر السوق كأساس لتحديد سعر التحويل فالمنشآت التي تستند إلى التكلفة لاستعمال سعر التحويل، إما أن تستعمل التكلفة الكلية أو التكلفة المتغيرة كأساس لتحديد سعر التحويل، ولكن الأغلبية الساحقة من المنشآت التي تستند الى التكلفة لتحديد سعر التحويل تستعمل التكلفة الكلية.

أما المنشآت التي تستند الى سعر السوق لتحديد سعر التحويل فهي الاكثر شيوعاً. وللاحتفاظ بفلسفة اللامركزية في المنشآت فقد تعطي مدراء المراكز أو

الأقسام المختلفة حرية المفاوضة مع بعضهم البعض لتحديد سعر التحويل المقبول لكل منهم.

وهناك عدة أنواع من الأسعار التحويلية الشائعة الاستعمال وهي:
١- سعر السوق.
٢- سعر السوق التفاوضي.
٣- سعر التحويل بالاستناد الى التكلفة الكلية أو المتغيرة.
٤- سعر التحويل المزدوج.
وسوف يتم فيما يلي شرح لهذه الأنواع من الاسعار التحويلية بالتفصيل.

١-٥ سعر السوق   Market Price

يعتبر سعر السوق بشكل عام أفضل اساس لتحديد سعر التحويل في حالة وجود سوق للسلعة فيه منافسة حرة وأسعار معلومة للسلع والمنتجات المشابهة. وفي هذه الحالة يستطيع كل من القسم البائع والمشتري التعامل في بيع وشراء السلعة بسعر السوق بأي عدد من الوحدات. حيث لا يوجد فرق بين تعامل القسمين معاً أو تعاملهما مع جهات خارجية. ويعتبر هذا التعامل مقبولاً من وجهة نظر الإدارة العليا للشركة طالما أن القسم البائع يعمل ضمن طاقته الانتاجية العادية.

وتجدر الإشارة الى أن وجود مثل تلك الأسواق هو نادر الحدوث حيث عادة توجد فروقات ولو ضئيلة بين المنتجات المختلفة للمنشآت المختلفة بالنسبة لمواصفات تلك المنتجات وتكاليفها وجودتها وما شابه. وان مجرد تعامل قسمين في منشأة واحدة من حيث بيع وشراء سلع بينهما قد يشير إلى وجود منافع بينهما اكبر من المنافع الموجودة بالتعامل مع الاسواق الخارجية. فمثلاً في تعامل قسمين مع بعضهما البعض في منشأة واحدة سيكون من السهل تسليم البضاعة في الوقت المحدد هذا بالإضافة إلى إمكانية التأكد من الجودة. وكذلك الحال التوفير في تكاليف المفاوضات أو الغاؤها كلياً في حالة التعامل الداخلي في المنشأة الواحدة. ويجب على الإدارة العليا بالمنشأة أن تشجع التعامل الداخلي بين الاقسام المختلفة لوجود المنافع بذلك للمنشأة ككل. وتكون سياسة الإدارة العليا عادة الطلب من أقسامها التعامل مع بعضها البعض، وفي حالة أن قسماً يرغب بالتعامل مع الجهات الخارجية بدلاً من الأقسام الداخلية فعليه تبرير ذلك مع بيان المنافع من التعامل مع تلك الجهات الخارجية.

وقد يكون أحياناً من الصعوبة معرفة سعر السوق للسلعة وذلك عند عدم وجود سوق منافس، إضافة الى عدم وجود سلع مشابهة في السوق فبهذه الحالة يصبح وضع سعر تحويلي بين الاقسام المختلفة فيه صعوبة كبيرة.

٥-٢ سعر السوق التفاوضي Negotiated Market Price

من المعلوم أنه يجب ان تكون هناك الحرية لمراكز الاستثمار المختلفة لبيع منتجاتها أو شراء ما تحتاج إليه من المنتجات. وعليه فإن تفاوض مدير المركز الأول مع مدير المركز الثاني سوف يؤدي إلى منافع لكليهما وبالتالي سوف يكون اكثر حماساً لتنفيذ الاتفاقات المعقودة بينهما بعد الاتفاق على الاسعار التحويلية للمنتجات المتبادلة بينها.

ويتم الاعتماد على سعر السوق مبدئياً في عملية التفاوض، وفي النهاية يتم التوصل إلى سعر التحويل المستند إلى سعر السوق وقد تطول عملية التفاوض مما يؤدي إلى استهلاك وقت مدير المركز. كما أنه في حالة وجود أسعار خارجية أقل من الاسعار الداخلية التحويلية فقد يلجأ مدير المركز المشتري إلى عملية الشراء من خارج المنشأة للتخفيض من تكاليف مركزه وبالتالي لزيادة أرباحه. وفي هذه الحالة يقل حجم المبيعات للمركز البائع وتقل أرباحه بالمقابل، مما قد يؤدي الى وجود طاقة فائضة لدى المركز، الأمر الذي يؤثر على المنشأة ككل. وفي المدى الطويل، فقد يلجأ المركز البائع الى تخفيض أسعار منتجاته لعدم الوقوع في خسائر فادحة بسبب وجود الطاقة غير المستغلة. وإذا حدث ذلك فمن الأفضل التوصل إلى سعر السوق بعد التفاوض بدلاً من فرض سعر السوق بحد ذاته على كل من المركز البائع والمشتري، حيث يكون هذا الفرض من قبل الادارة العليا للمنشأة.

٥-٣ سعر التحويل المبني على التكلفة Transfer Price Based on Cost

عندما يعتمد سعر التحويل على التكلفة فإن السؤال الذي يتبادر للذهن هو ما المقصود بمفهوم التكلفة هنا؟ وللإجابة على هذا السؤال نقول بأن التكلفة الكلية أو التكلفة المتغيرة هي الاكثر شيوعاً بالاستعمال كأساس لتحديد سعر التحويل.

عند عدم وجود مقاييس لأسعار السوق للمنتج الذي يتم تحويله من قسم إلى آخر في نفس المنشأة، فإنه عادة يتم استعمال تكلفة الانتاج الكلية كأساس لتحديد سعر التحويل. وهناك عدة مزايا لاتخاذ مثل هذا الاجراء، منها أولاً ان تكلفة الانتاج الكلية معلومة لدى المنشأة وبالتالي تحديدها لقسم معين في المنشأة يتم بالرجوع الى السجلات المحاسبية الخاصة بذلك القسم. وثانياً ان اتخاذ الاجراء المذكور يسمح

للقسم البائع بتغطية كافة تكاليفه وبالتالي يعطيه دافعا لبيع البضاعة وتحويلها داخلياً لقسم آخر بـنفس المنشأة. وثالثاً أن اتخاذ تكلفة الانتاج الكلية كأساس لتحديد سعر التحويل قد يكون اكثر عدالة من اتخـاذ التكلفة المتغيرة فقط بسبب أن تكاليف المنتج المحول بين الأقسام المختلفـة قـد يتطلب بعض التكاليف الهامة التي يتم تصنيفها كتكاليف ثابتة غير مباشرة .

ومن الجدير بالذكر أن استعمال تكاليف الانتاج الكلية كأسـاس لتحديد سعر التحويـل بين الاقسام المختلفة في المنشأة الواحدة قد لا يؤدي الى تعظيم الربح للمنشأة. هذا بالإضافة إلى ان التكاليف الفعلية لقسم معين لن يتم معرفتها الا بعد انتهاء الانتاج في ذلك القسم، وبالتالي فإن القسم المشتري لـن يستطيع التخطيط السليم بسبب اعتماده على معلومات غير موثوقة. وأيضا من عيوب استعمال تكاليف الانتاج الكلية كأساس لتحديد سعر التحويل هو عدم وجود أي دافع للقسم البائع لمراقبة وضبط تكاليفه. وبالتالي فإن عدم الكفاءة الموجودة بالقسم البائع سوف يتم تمريرها للقسم المشتري. وبهذا تكون التوصية العامة هي بعدم استعمال التكاليف الفعلية واستعمال التكاليف المعيارية بدلاً منها كأساس لتحديد سعر التحويل بين الأقسام المختلفة في المنشأة الواحدة.

بالإضافة الى استعمال تكلفة الانتاج الكلية كأساس لتحديد سعر التحويل بين الأقسام المختلفة في المنشأة الواحدة، فإنه يمكن استعمال التكلفة المتغيرة كأساس لتحديد سعر التحويل. فعند وجود طاقة غير مستغلة لدى قسم معين فإن استغلال تلك الطاقة الفائضة يؤدي الى المساهمة في تزويد الأقسام الأخرى بمتطلباتها من الإنتاج بسعر معقول لكل من القسم البائع والقسم المشتري.

بالرغم من كون التكاليف المتغيرة مفيدة في اتخاذ كثير من القرارات الإدارية، إلا أن هناك بعض المحددات المتعلقة باستعمالها كاساس لتحديد سعر التحويل بين الاقسام المختلفة. ومن هذه المحددات أن التكلفة المتغيرة للوحدة هي ثابتة فقط في المدى الملائم للانتاج، وعليه فقد يكون مـن الصعوبة تحديد مبلغ التكلفة المتغيرة للوحدة الذي يجب الاستناد اليه واستعماله كأساس لتحديد سعر التحويل. وبالإضافة إلى ذلك فإنه إذا كان هناك بدائل أخرى للقسم البائـع للمنتج كبيعه في السوق الخارجي أو استعمال الطاقة الفائضة لانتاج منتجات اخرى، فإن التكلفة المتغيرة في هذه الحالة تمثل جزءاً من التضحية لتحويل المنتج لقسم آخر في المنشأة وقد يكون من المربح اكثر للمنشأة بيع المنتج في السوق الخارجي للآخرين.

وأخيراً فقد يكون هناك صعوبة في تقييم إنجاز مدراء الأقسام التي يتم بها تحويل المنتجات من وإلى الأقسام الاخرى، فمثلاً بالنسبة للقسم البائع الذي يغطي فقط التكاليف المتغيرة للمنتج عند تحويله لقسم آخر فقد يؤدي ذلك إلى خسائر فادحة للقسم البائع بسبب ان ايراداته لا تغطي التكاليف الثابتة. اما بالنسبة للقسم المشتري والذي يتم تحويل المنتج إليه بالتكاليف المتغيرة فقط، فإنه عند بيع المنتج للآخرين خارج المنشأة فسوف يحقق أرباحاً ضخمة بسبب ارتفاع ايراداته وقلة تكاليفه المتمثلة فقط بالتكاليف المتغيرة التي سوف يدفعها للقسم البائع في البداية لهذا المنتج. وعليه فإن تقييم إنجاز مدراء الأقسام سوف يكون في غاية الصعوبة، كما أنه يوجد صعوبة في مقارنة انجاز مدراء الاقسام الذين يتعاملون مع الاقسام الاخرى داخل المنشأة بانجاز مدراء الاقسام الذين يتعاملون مع خارج المنشأة.

نورد مثال رقم (٥) التالي لتوضيح سعر التحويل المستند إلى التكاليف المتغيرة.

مثال رقم (٥):

يوجد قسمان لدى شركة النجاح الصناعية هما قسم الانتاج وقسم التسويق. فإذا علمت بأن قسم الإنتاج الذي ينتج المنتج (أ) يبيعه الى قسم التسويق وإلى الشركات الخارجية. وفيما يلي المعلومات المتعلقة بقسم الانتاج لشهر آب سنة ٢٠٠٢ علماً بأنه يعمل بأقل من طاقته الانتاجية:

٣٦ دينار	سعر بيع الوحدة من المنتج (أ) للشركات الخارجية
٢٧ دينار	التكلفة المتغيرة لانتاج وحدة من المنتج (أ)
٥٠٠٠٠ دينار	التكاليف الثابتة الشهرية

أما قسم التسويق الذي يعمل أيضا بأقل من طاقته فقد تم تجميع المعلومات التالية المتعلقة به:

٥٠ دينار	سعر البيع للوحدة من المنتج (أ)
١٠% من سعر البيع	التكلفة المتغيرة لتسويق الوحدة من المنتج (أ)

وقد قرر قسم التسويق تخفيض سعر البيع للمنتج (أ) علماً بأن التكاليف المتغيرة هي فقط المتعلقة باتخاذ هذا القرار.

المطلوب:

١- ما هو الحد الادنى لسعر بيع الوحدة من المنتج (أ) الذي يمكّن قسم التسويق من تغطية كافة التكاليف المتغيرة الانتاجية والتسويقية للشركة؟

٢- ما هو سعر التحويل المناسب لهذا القرار؟

٣- ما هو تأثير تحديد سعر التحويل بمبلغ ٣٦ دينار للوحدة من المنتج (أ) على الحـد الادنى لسـعر بيـع الوحدة الذي حدده مدير قسم التسويق؟

إجابة مثال رقم (٥):

(١) نفترض بأن الحد الادنى لسعر بيع الوحدة من المنتج (أ) الذي يمكن قسم التسـويق مـن تغطيتـه كافـة التكاليف المتغيرة الإنتاجية والتسويقية للشركة هو س.

$$س = ٢٧ + ١٠\% \ س$$

$$٩٠\% \ س = ٢٧$$

$$س = \frac{٢٧}{٠.٩} = ٣٠ \ دينار$$

وبذلك سيكون الحد الادنى لسعر بيع الوحدة من المنتج (أ) والذي يمكن أن تقبله الشركة هو ٣٠ دينار. وعليه فإن هذه المعلومات يجب ان يعرفها مـدير قسـم التسـويق والـذي لا يجـب أن يضـع سـعراً للوحدة من المنتج (أ) بأقل من ٣٠ دينار.

(٢) إن سعر التحويل المناسب لاتخاذ القرار في البند السابق هو ٢٧ دينار للوحدة من المنتج (أ).

(٣) نفترض أنه في حالة كون سعر التحويل مساوياً ٣٦ دينار فإن مدير قسم التسويق سـوف يضـع الحـد الادنى لسعر بيع الوحدة من المنتج (أ) مساوياً ص وعليه فإنه يمكن حـل المعادلـة التاليـة للتوصـل للحد الادنى لسعر بيع الوحدة من المنتج (أ)

$$ص = ٣٦ + ٠.١٠ \ ص$$

$$٠.٩ \ ص = ٣٦$$

$$ص = \frac{٣٦}{٠.٩} = ٤٠ \ دينار$$

وعليه فإن مدير قسم التسويق سوف يضع سعر الوحدة من المنتج (أ) اكثر مـن ٤٠ دينار. وفي الواقع أن أي سعر اعلى من ٣٠ دينار سوف يؤدي الى مساهمة إيجابية في تغطية التكاليف الثابتة وتحقيق الأرباح من انتاج وبيع المنتج (أ).

نلاحظ في المثال السابق رقم (٥) أن قسم الانتاج كان يعمل بأقـل مـن طاقتـه الانتاجيـة. ونـورد فيما يلي المثال رقم (٦) بافتراض أن قسم الانتاج كان يعمل بكامل طاقته الإنتاجيـة لتوضيح الفروقـات في الاجابة.

مثال رقم (٦):

افترض المعلومات الواردة في مثال رقم (٥) مـا عـدا أن قسـم الانتـاج كـان يعمـل بكامـل طاقتـه الانتاجية.

المطلوب:

١- تحديد تكاليف الفرصة الضائعة للوحدة من المنتج (أ) في حالة التحويل الداخلي.

٢- ما هو سعر التحويـل المناسب للوحـدة مـن المنـتج (أ) لتغطيـة التكـاليف المتغيـرة الانتاجيـة للشركة بالإضافة الى التكاليف الفرصة الضائعة؟

٣- ما هو الحد الادنى لسعر بيع الوحدة في حالة تحديد سعر التحويل بمبلغ ٣٦ دينار للوحـدة مـن المنتج (أ)؟

إجابة مثال رقم (٦):

(١) عند عمل قسم الإنتاج بكامل طاقته الإنتاجية مع قدرته على البيع الخـارجي، فإنـه في حالـة التحويـل الداخلي فإن الشركة ستفقد عائد المساهمة لكل وحدة تمثل تكاليف الفرصة الضائعة للوحدة.

تكاليف الفرصة الضائعة للوحدة من المنتج (أ) = ٣٦-٢٧= ٩ دنانير

(٢) في حالة قدرة قسم الانتاج على بيع كامل إنتاجه للخارج ومع ذلك رغب بالتحويل الداخلي فإنه يمكن احتساب سعر التحويل المناسب للوحـدة مـن المنتج (أ) لتغطيـة التكـاليف المتغيـرة الانتاجيـة للشركة بالاضافة الى تكاليف الفرصة الضائعة كما يلي:

سعر التحويل المناسب = التكاليف الانتاجية المتغيرة للوحدة + تكاليف الفرصة الضائعة للوحدة

= ٢٧ + ٩

= ٣٦ دينار للوحدة

(٣) نفترض بأن الحد الأدنى لسعر بيع الوحدة من المنتج (أ) يعادل (س)، وعند عمل قسـم الانتـاج بكامـل طاقته فإنه يمكن تكوين المعادلة التالية:

س = ٣٦ + ١٠% (س)

٠.٩س = ٣٦

$$ س = \frac{٣٦}{٠.٩} = ٤٠ \text{ دينار} $$

وبهذا يتضح أن الحد الادنى لسعر بيع الوحدة من المنتج (أ) هـو ٤٠ دينـار وذلـك في حالـة تحديـد سـعر تحويل الوحدة من المنتج (أ) بمبلغ ٣٦ دينار,

٤-٥ سعر التحويل المزدوج Dual Transfer Pricing

نظراً لوجود بعض العيوب عـلى كافـة أسـعار التحويـل المنفـردة فقـد تلجـأ بعـض المنشـآت إلى استعمال سعر تحويل مزدوج بحيث تستعمل سعرين مختلفين لتسجيل عملية التحويل بين أي قسـمين في المنشأة الواحدة. وبموجب هذا الأسلوب فإن سعر البيع الخارجي يسجل في دفاتر القسم البائع للمنـتج، في حين تستعمل التكلفة المتغيرة لتسجيل عملية التحويل في دفـاتر القسـم المشـتري للمنـتج. وان اتبـاع هـذا الاجراء سوف يعطي دافعاً ايجابياً للقسم البائع بحيث يتيح له إحداث الارباح عند اجراء عملية التحويـل. وتعتبر التكلفة المتغيرة أفضل قيمة يمكن الاستناد اليها في اتخاذ قرارات القسم المشتري. وفي حالة ان يكـون سعر التحويل اكثر من التكلفة المتغيرة فـإن هنـاك احـتمال ان يشـتري مـدير القسـم المشـتري مـن خـارج المنشأة وذلك بسبب ان السعر الداخلي للتحويل قد يكون اعلى من السعر الخارجي، وبهذا العمل فسوف يكون هناك طاقة فائضة لدى القسم البائع. فيجب على القسـم المشـتري ان يشـتري مـا يحتـاج إليـه مـن داخل المنشأة في حالة كون هناك طاقة فائضة لدى القسم البائع طالما أن التكلفـة المتغـيرة هـي أقـل مـن السعر الخارجي.

إن استعمال التكلفة المتغيرة بحد ذاتها كسعر تحويل لن يعطي دافعاً وحافزاً جيداً لمدير القسم البائع أن يبيع للقسم المشتري، حيث ان ذلك لن يؤدي إلى زيادة ارباح القسم البـائع. وإن اسـتعمال سـعر التحويل المزدوج سوف يعطي حافزاً قوياً للقسم البائع بأن يبيع داخلياً بسعر بديل للسعر الخـارجي مثـل التكلفة المتغيرة مضافاً إليها نسبة معينة أو التكلفة الكلية مضافاً إليها نسبة معينة، مع بقاء سعر التحويل من وجهة نظر القسم المشتري يمثل التكلفة المتغيرة فقط. وبهذا فإن الحافز الأساسي للقسـم البـائع للبيـع داخلياً يكون الزيادة في الأرباح، في حين أن الدافع الرئيسي للقسم المشتري للشراء داخليـاً هـو كـون سـعر التحويل الداخلي أقل من سعر الشراء من الخارج. وعليـه فـإن الهـدف الرئيسيـ لاسـتعمال سـعر التحويـل المزدوج هو لحفز كل من القسم البائع والقسم المشتري لاتخاذ القرارات المناسـبة والمتناسـقة مـع مصـالح المنشأة ككل.

وتجدر الإشارة إلى أنه باسـتعمال طريقـة سـعر التحويـل المـزدوج لا يمكـن التوصـل الى الاربـاح الاجمالية للمنشأة بمجرد بيع وإضافة ارباح الأقسام المختلفة في المنشأة الى بعضها البعض وانما يجب حذف الارباح المشتركة بين القسم البائع

والقسم المشتري في المنشأة مما قد يشكل مأخذا على استعمال سعر التحويل المزدوج.

ونورد المثال رقم (٧) التالي لتوضيح اسلوب سعر التحويل المزدوج وطبيعة مشكلة الارباح المشتركة بين القسم البائع والقسم المشتري في المنشأة.

مثال رقم (٧):

يوجد لدى شركة الصناعات الوطنية قسمان هما القسم الأول وهو القسم المشتري الذي تسلم أمراً من أحد العملاء لتوريد كمية ٥٠٠٠ وحدة من المنتج (أ) بسعر ٤٠ دينار للوحدة. ولتنفيذ الأمر المذكور فإنه يجب على القسم الأول شراء ٥٠٠٠ قطعة من القطع اللازمة لانتاج المنتج (أ) والتي يمكن شراؤها اما من القسم الثاني وهو القسم البائع أو من خارج الشركة.

وبالإضافة الى ذلك فإن القسم الأول يجب أن يتكبد تكاليف متغيرة قيمتها ١٥ دينار للوحدة لانتاج المنتج (أ). فإذا علمت بان التكلفة المتغيرة للقسم الثاني تعادل ٨ دنانير لكل قطعة من القطع اللازمة لانتاج المنتج (أ) وان هناك طاقة فائضة لانتاج القطع المطلوبة للقسم الأول. وأن الشركة تستعمل أسلوب سعر التحويل المزدوج حيث تسمح للقسم البائع بأن يبيع منتجه بسعر التكلفة المتغيرة بالإضافة إلى نسبة إضافية ٥٠% من التكلفة المتغيرة.

بافتراض أن عملية تحويل القطع اللازمة لإنتاج المنتج (أ) قد تمت من خلال القسمين الاول والثاني بالشركة.

المطلوب:

١- عمل قائمة الدخل الجزئية لكل من القسم الأول والثاني بشركة الصناعات الوطنية لاحتساب عائد المساهمة.

٢- احتساب عائد المساهمة الكلي لشركة الصناعات الوطنية.

٣- التعليق على مزايا وعيوب أسلوب سعر التحويل المزدوج من خلال الاجابة على المثال.

إجابة مثال رقم (٧):

سعر التحويل من وجهة نظر القسم الأول= ٨ دنانير لكل قطعة من القطع اللازمة لانتاج المنتج (أ)

سعر التحويل من وجهة نظر القسم الثاني = ٨ + ٥٠% (٨)

= ٨ + ٤

= ١٢ دينار

قائمة الدخل الجزئية للقسم الأول

٢٠٠٠٠٠ دينار		مبيعات (٥٠٠٠ وحدة × ٤٠ دينار)
		- تكاليف متغيرة :
	٤٠٠٠٠	تكلفة القطع من القسم الثاني (٥٠٠٠ قطعة × ٨ دنانير)
	٧٥٠٠٠	تكاليف متغيرة اخرى في القسم الأول (٥٠٠٠ وحدة × ١٥ دينار)
١١٥٠٠٠		إجمالي التكاليف المتغيرة
٨٥٠٠٠ دينار		إجمالي عائد المساهمة

قائمة الدخل الجزئية للقسم الثاني

٦٠٠٠٠ دينار	مبيعات (٥٠٠٠ قطعة × ١٢ دينار)
٤٠٠٠٠	- التكاليف المتغيرة (٥٠٠٠ قطعة × ٨ دنانير)
٢٠٠٠٠ دينار	إجمالي عائد المساهمة

بالرجوع الى التحليل السابق والوارد في قوائم الدخل الجزئية نستنتج أن اجمالي عائد المساهمة للقسم الأول يساوي ٨٥٠٠٠ دينار بينما إجمالي عائد المساهمة للقسم الثاني يعادل ٢٠٠٠٠ دينار.

(٢) يبدو للوهلة الأولى أن إجمالي عائد المساهمة للشركة يعادل اجمالي عائد المساهمة للقسمين الاول والثاني والبالغ ١٠٥٠٠٠ دينار (٨٥٠٠٠ دينار + ٢٠٠٠٠ دينار) ولكن هذا غير صحيح، ويمكن احتساب عائد المساهمة الكلي الصحيح للشركة كما يلي:

عائد المساهمة الكلي لشركة الصناعات الوطنية = عدد وحدات المنتج (أ) × (سعر بيع الوحدة – اجمالي التكاليف المتغيرة للوحدة في القسم الأول والثاني)

عائد المساهمة الكلي لشركة الصناعات الوطنية = ٥٠٠٠ وحدة × [٤٠-(٨+١٥)]

= ٥٠٠٠ × (٤٠-٢٣)

= ٥٠٠٠ × ١٧

= ٨٥٠٠٠ دينار

يتبين أن عائد المساهمة الكلي الصحيح لشركة الصناعات الوطنية هو ٨٥٠٠٠ دينار، وهذا يعادل إجمالي عائد المساهمة للقسم الأول في الشركة لوحده. وأن عائد المساهمة المتعلق بالقسم الثاني في الشركة والبالغ ٢٠٠٠٠ دينار والمبين في قائمة الدخل الجزئية للقسم الثاني قد حدثت بسبب السماح للقسم الثاني ببيع القطع اللازمة لإنتاج المنتج (أ) في القسم الأول بسعر أعلى من التكاليف المتغيرة للقسم الثاني بنسبة ٥٠% منها. وبالتالي فإن هذه النسبة الإضافية قد شكلت عائد المساهمة للقسم الثاني البالغ ٢٠٠٠٠ دينار [(٥٠% × ٨ دنانير) × ٥٠٠٠] قطعة وهذا لا يشكل مصدراً خارجياً للدخل، فهو يعتبر مصدراً داخلياً بسبب عملية التحويل الداخلي بسعر أعلى من التكاليف المتغيرة. ولذلك فقد تم حذف عائد المساهمة البالغ ٢٠٠٠٠ دينار والذي كان سببه عملية التحويل الداخلي، للتوصل إلى عائد المساهمة الكلي الصحيح لشركة الصناعات الوطنية.

وبعبارة أخرى فإنه يمكن استخراج قيمة عائد المساهمة الكلي الصحيح للشركة في حالة وجود تحويلات داخلية باستعمال المعادلة التالية:

عائد المساهمة الكلي لشركة الصناعات الوطنية = مجموع عائد المساهمة للقسمين الأول والثاني - عائد المساهمة للعمليات الداخلية

= (٨٥٠٠٠ + ٢٠٠٠٠) - ٢٠٠٠٠

= ١٠٥٠٠٠ - ٢٠٠٠٠

= ٨٥٠٠٠ دينار

(٣) يتضح من خلال الإجابة على المثال ان القسم الأول وهو القسم المشتري قد اعتمد على التكلفة المتغيرة للقطعة المنتجة في القسم الثاني وهو القسم البائع، وهي تلك القطعة اللازمة لانتاج المنتج النهائي (أ) وذلك لاتخاذ القرار إما بالشراء الداخلي أو الخارجي. وحيث ان هناك طاقة غير مستغلة في القسم الثاني فقد تم اتخاذ القرار بشراء القطعة من القسم الثاني طالما ان التكلفة المتغيرة للقطعة المنتجة في القسم الثاني هي اقل من السعر الخارجي لها. كما أن السماح للقسم الثاني ببيع القطعة للقسم الأول بسعر يعادل التكلفة المتغيرة للقطعة المنتجة في القسم الثاني بالإضافة إلى نسبة إضافية ٥٠% من التكلفة المتغيرة، قد اعطى حافزاً قوياً للقسم الثاني ببيع منتجاته للقسم الأول بسبب مساهمة السعر المحدد في تغطية التكاليف الثابتة وتحقيق الأرباح. وبالتالي فإن اتباع أسلوب سعر التحويل المزدوج سوف يؤدي إلى المزايا المذكورة لكل من القسم المشتري والقسم البائع. هذا بالاضافة إلى ان استعمال الاسلوب المذكور

يساعد في تحقيق التناسق بين اهداف كل من الأقسام المختلفة وأهداف المنشأة ككل Goal Congruence
.

وتجدر الإشارة إلى أن استعمال اسلوب سعر التحويل المزدوج سوف يؤدي إلى ارباح ناتجة عـن عمليات داخلية بين الأقسام المختلفة للمنشأة، وسوف يتم الغاء الارباح المتداخلـة بـين الأقسـام المختلفـة عند عمل قوائم مالية للمنشأة باعتبارها وحدة اقتصادية واحدة وذلك للتوصل إلى الـربح العـام للمنشـأة. ويعتبر ذلك احد العيوب التي يجب أخذها بالاعتبار عند عمـل القـوائم الماليـة للمنشـأة التي تسـتعمل أسلوب سعر التحويل المزدوج، حيث يجب متابعة وضبط كافة ارباح العمليـات المتداخلـة بـين الأقسـام المختلفة وحذفها.

والسؤال الأخير الذي يتبادر للذهن هو هل هناك أسلوب سعر تحويل مفضل؟ للإجابة على هذا السؤال نقول بأنه لا يوجد بشكل عام أسلوب سعر تحويل موحد مفضل في كافة الحالات، حيث يجب أن تكون منافع ذلك الاسلوب المستخدم اكثر من التكاليف المتعلقـة باستخدامه، هذا بالإضـافة إلى أن ذلـك الأسلوب سوف يعمل بشكل جيد ومعقول. وإن الاسلوب المناسب يعتمد على نوع السوق الذي تعمل بـه الشركة وعلى أهداف الإدارة. وتسعى الإدارة العليا عادة إلى اختيار الاسلوب المناسب الذي يحقـق اهـداف الشركة بشكل عام دون تشويه استقلالية مدراء الأقسام المختلفة في الشركة.

المصطلحات

Cost Centers	مراكز التكلفة
Decentralization	اللامركزية
Dual Transfer Pricing	سعر التحويل المزدوج
Goal Congruence	تناسق الأهداف
Investment Centers	مراكز الاستثمار
Market Price	سعر السوق
Negotiated Market Price	سعر السوق التفاوضي
Profit Centers	مراكز الربح
Residual Income	الربح المتبقي
Return on Investment	العائد على الاستثمار
Revenue Centers	مراكز الإيراد
Transfer Price Based on Cost	سعر التحويل المبني على التكلفة
Transfer Pricing	الاسعار التحويلية

أسئلة وتمارين

١- ما المقصود باللامركزية ؟

٢- ما هي مزايا اللامركزية وعيوبها؟

٣- عدّد انواع الوحدات اللامركزية.

٤- اشرح باختصار طرق تقييم انجاز مراكز الاستثمار.

٥- ما المقصود بالأسعار التحويلية؟

٦- اشرح باختصار الأنواع المختلفة للأسعار التحويلية.

٧- ما هي العيوب المتعلقة باستعمال الربح المتبقي كطريقة لتقييم الانجاز؟

٨- ما هي مزايا طريقة العائد على الاستثمار لتقييم الانجاز؟

٩- ما هي اهداف الاسعار التحويلية في المنشآت اللامركزية؟

١٠- لماذا تعتبر الاسعار التحويلية المستندة إلى سعر السوق اكثر تفضيلاً مـن الأنواع الأخرى في كثير مـن الأحيان؟

١١- ما هي عيوب الأسعار التحويلية التفاوضية؟

١٢- لماذا توجد الأسعار التحويلية حتى في المنشآت المركزية؟

١٣- يوجد لدى شركة أبو الهول مركزين للاستثمار خلال سنة ٢٠٠٩ . وقد بلغ الـربح التشغيلي في المركز الأول للاستثمار في تلك السنة ١٥٠٠٠٠ دينار، في حـين بلـغ الـربح التشغيلي للمركز الثاني ٤٠٠٠٠٠ دينار. فإذا علمت بأن الأصول المستثمرة في المركز الأول بلغت ٣٠٠٠٠٠ دينار، بينما بلغت الأصول المستثمرة في المركز الثاني مليون دينار.

المطلوب:

ما هو مركز الاستثمار الأفضل إنجازاً باستعمال طريقة العائد على الاستثمار؟

١٤- فيما يلي المعلومات المتعلقة بأحد مراكز الاستثمار في الشركة الأهلية:

المبيعات	الربح التشغيلي	مبلغ الاستثمار	السنة
٣٠٠٠٠٠ دينار	٣٠٠٠٠ دينار	١٥٠٠٠٠ دينار	٢٠٠٧
٦٠٠٠٠٠	٥٠٠٠٠	٤٠٠٠٠٠	٢٠٠٨
٩٠٠٠٠٠	٨١٠٠٠	٥٠٠٠٠٠	٢٠٠٩

المطلوب:

١- احتساب نسبة هامش الربح أو (الربح التشغيلي ÷ المبيعات) .

٢- احتساب معدل دوران الأصول أو (المبيعات ÷ مبلغ الاستثمار) .

٣- احتساب العائد على الاستثمار.

١٥- يوجد لدى مركز استثمار في الشركة الوطنية مبلغ مستثمر بقيمة مليون دينار ويعطي أرباحاً سنوية قيمتها ٢٥٠٠٠٠ دينار. ويوجد لدى مدير المركز فرصة استثمارية جديدة بمبلغ نصف مليون دينار وسوف تعطي ارباحاً سنوية قيمتها ١٠٠٠٠٠ دينار ولمدة خمس سنوات حيث سيتم استعادة كامل مبلغ الاستثمار في نهاية السنة الخامسة. فإذا علمت بأن الحد الأدنى المقبول لمعدل العائد على الاستثمار هو ١٦%.

المطلوب:

ابداء رأيك في مدى قبول مدير مركز الاستثمار للفرصة الاستثمارية الجديدة:

١- بالاستناد إلى طريقة العائد على الاستثمار للمركز.

٢- بالاستناد إلى طريقة الربح المتبقي.

١٦- يوجد قسمان لدى شركة سحاب الصناعية هما قسم الإنتاج وقسم التسويق. فإذا علمت بأن قسم الانتاج الذي ينتج المنتج (س) يبيعه إلى قسم التسويق وإلى الشركات الخارجية الأخرى. وفيما يلي المعلومات المتعلقة بقسم الانتاج لشهر أيلول سنة ٢٠٠٩، علماً بأنه يعمل بأقل من طاقته الانتاجية:

٥٠ دينار	سعر بيع الوحدة من المنتج (س) للشركات الخارجية الأخرى
٣٥	التكلفة المتغيرة لإنتاج الوحدة من المنتج (س)
٧٠٠٠٠	التكاليف الثابتة الشهرية

أما قسم التسويق الذي يعمل أيضاً بأقل من طاقته فقد تم تجميع المعلومات التالية الخاصة به:

سعر بيع الوحدة من المنتج (س)	٧٠ دينار
التكلفة المتغيرة لتسويق الوحدة من المنتج (س)	١٠% من سعر البيع

وقد قرر قسم التسويق تخفيض سعر بيع المنتج (س)، علماً بأن التكلفة المتغيرة هي فقط المتعلقة باتخاذ القرار المذكور.

المطلوب:

١- ما هو الحد الأدنى لسعر بيع الوحدة مـن المنتج (س) الـذي يمكن قسم التسويق مـن تغطيـة كافة التكاليف المتغيرة الإنتاجية والتسويقية للشركة؟

٢- ما هو سعر التحويل المناسب لاتخاذ القرار المذكور؟

٣- ما هو تأثير تحديد سعر التحويل بمبلغ ٥٠ دينار للوحدة من المنتج (س) على الحد الأدنى لسعر بيع الوحدة الذي حدده مدير قسم التسويق؟

١٧- باستعمال المعلومات الموجودة في السؤال السابق رقم (١٦) وبافتراض أن قسم الإنتاج كان يعمل بكامل طاقته الإنتاجية.

المطلوب:

١- تحديد تكاليف الفرصة الضائعة للوحدة من المنتج (س) في حالة التحويل الداخلي.

٢- ما هو سعر التحويل المناسب للوحدة مـن المنتج (س) لتغطيـة التكاليف المتغيرة الانتاجية للشركة بالإضافة إلى تكاليف الفرصة الضائعة؟

٣- ما هو الحد الأدنى لسعر بيع الوحدة من المنتج (س) في حالة تحديـد سعر التحويل بمبلغ ٥٠ دينار للوحدة؟

١٨- يوجد لدى الشركة الصناعية العالمية قسمان هما القسم الأول وهو القسم المشتري الـذي تسـلم امـراً من احد العملاء لتوريد ٨٠٠٠ وحدة من المنتج (ص) بسعر ٥٠ دينار للوحدة. ولتنفيذ الأمر المذكور فإنه يجب على القسم الأول شراء ٨٠٠٠ قطعة من القطع اللازمة لإنتـاج المنتج (ص) والتي يمكـن شراؤها إما من القسم الثاني وهو القسم البائع أو من خارج الشركة.

وبالإضافة إلى ذلك فإن القسم الأول يجب أن يتكبد تكاليف متغيرة قيمتها ٢٠ دينار للوحدة لإنتاج المنتج (ص). فإذا علمت بأن التكلفة المتغيرة للقسم الثاني تعادل ١٤ دينار لكل قطعة مـن القطع اللازمة لإنتاج المنتج (ص)، وأن هناك طاقة غير مستغلة ويمكـن استعمالها لإنتاج القطع المطلوبـة للقسم الأول. وبالإضافة الى ذلك فإن الشركة تستعمل أسلوب سعر التحويل المزدوج، حيث

تسمح للقسم البائع بأن يبيع منتجه بسعر التكلفة المتغيرة مضافاً إليها نسبة ٥٠% من التكلفة المتغيرة.

بافتراض أن عملية التحويل لإنتاج المنتج (ص) قد تمت من خلال قسمي الشركة.

المطلوب:

١- عمل قائمة الدخل الجزئية لكل من القسمين الأول والثاني بالشركة لاحتساب عائد المساهمة.

٢- احتساب عائد المساهمة الكلي للشركة الصناعية العالمية.

٣- التعليق على مزايا وعيوب اسلوب سعر التحويل المزدوج من خلال الإجابة على البندين السابقين (١) و (٢).

١٩- يوجد لدى أحد أقسام شركة الزهور أصول قيمتها ١٥٠٠٠٠٠ دينار وقد بلغت ارباح ذلك القسم خلال السنة الماضية ٢٧٥٠٠٠ دينار. فإذا علمت أن تكلفة رأس المال لشركة الزهور تعادل ١٥%.

المطلوب:

١- احتساب معدل العائد على الاستثمار للقسم المذكور.

٢- احتساب الربح المتبقي للقسم المذكور.

٢٠- فيما يلي المعلومات المتعلقة بقسمين لدى الشركة العربية:

البيان	القسم الثاني	القسم الأول
الربح التشغيلي	٦٠٠٠٠ دينار	٤٠٠٠٠٠ دينار
قيمة الاستثمار	١٥٠٠٠٠	١٦٠٠٠٠٠

فإذا علمت بأن تكلفة رأس المال للشركة تعادل ٢٠%.

المطلوب:

١- ما هو القسم الأفضل انجازاً ولماذا؟

٢- هل تقييمك يختلف فيما لو كان تكلفة رأس المال للشركة ٢٥%؟

٢١- يوجد لدى شركة الصناعات اليدوية قسمان هما (أ) و (ب) ويشتري القسم (أ) دائما ما يلزمه من الوحدات من القسم (ب) بسعر ٧٥ دينار للوحدة. وبسبب تخطيط القسم (ب) لرفع سعر المنتج إلى ١٠٠ دينار للوحدة، فإن القسم (أ) يرغب بشراء الوحدات اللازمة من خارج الشركة بسعر ٧٥ دينار للوحدة.

وفيما يلي التكاليف المتعلقة بالقسم (ب):

٧٠ دينار	التكلفة المتغيرة للوحدة
١٥٠٠٠ دينار	التكاليف السنوية الثابتة
١٠٠٠ وحدة	الانتاج السنوي الذي يتم تزويده للقسم (أ)

المطلوب:

في حالة شراء القسم (أ) الوحدات اللازمة من خارج الشركة فإنه سوف يصبح هناك طاقة عاطلة عن العمل لدى القسم (ب).

ما هي النتيجة إذا فرضت الادارة العليا للشركة سعر تحويل بمقدار ١٠٠ دينار للوحدة بين القسمين (أ) و (ب)؟

٢٢- يوجد لدى شركة العربي مركزان هما مركز الجامعة ومركز الضاحية. وفيما يلي نتائج العمليات لكل من المركزين لسنة ٢٠٠٩:

مركز الجامعة	مركز الضاحية	البيان
٥٠٠٠٠ دينار	١٠٠٠٠٠ دينار	مبيعات
٤٣٠٠٠	٦٥٠٠٠	اجمالي التكاليف
٦٠٠٠	٤٠٠٠٠	اصول متداولة
٣٨٠٠٠	١١٠٠٠٠	اصول طويلة الاجل (بالصافي)
١٠%	١٥%	الحد الأدنى لمعدل العائد المرغوب به

المطلوب:

١- احتساب المعدلات التالية لكل مركز:
أ- معدل العائد على المبيعات
ب- معدل دوران الأصول.
جـ- معدل العائد على الاستثمار.

٢- احتساب الربح المتبقي لكل مركز كما يلي:
أ- قيمة الربح المتبقي بالدينار.
ب- نسبة الربح المتبقي الى الاستثمار.

٢٣- يوجد هناك قسمان في شركة العلالي. القسم الأول وينتج المنتج (أ) حيث يمكن بيعه للقسم الثاني الذي ينتج المنتج (ب) أو بيعه للخارج بسعر ٢٠٠ دينار للوحدة. أما المنتج (ب) فيتم بيعه للخارج بمبلغ ٩٥٠ دينار للوحدة. وفيما يلي نتائج العمليات لكل من القسمين لسنة ٢٠٠٩:

القسم الأول	القسم الثاني	البيان
٩٠٠٠	٠	مبيعات بين القسمين (بالوحدات)
١١٠٠٠	١٥٠٠	مبيعات للأسواق الخارجية (بالوحدات)
٤٠٠٠٠٠ دينار	٣٨٠٠٠٠٠	مواد مباشرة
١٢٠٠٠٠	١٠٠٠٠٠٠	أجور مباشرة
٢٥٠٠٠٠	١٠٠٠٠٠	تكاليف صناعية غير مباشرة متغيرة
٧٥٠٠٠٠	١٠٠٠٠٠٠	تكاليف صناعية غير مباشرة ثابتة
٣٠٠٠٠	٥٠٠٠٠	مصاريف تسويقية وإدارية متغيرة
١٥٠٠٠	١٢٠٠٠٠	مصاريف تسويقية وإدارية ثابتة
٢٠٠٠٠	١٣٠٠٠٠	توزيع تكاليف الادارة العليا

المطلوب:

عمل قائمة الدخل لكل قسم على حدة بافتراض الحالات التالية:

١- تمت المبيعات بين الاقسام على أساس سعر السوق.

٢- تمت المبيعات بين الأقسام على أساس تكلفة الانتاج الكلية.

٣- تمت المبيعات بين الأقسام على أساس التكلفة المتغيرة.

٢٤- فيما يلي بعض المعلومات المتعلقة بأربعة اقسام مختلفة في الشركة:

القسم الأول	القسم الثاني	القسم الثالث	القسم الرابع	البيان
؟	٥٠٠٠٠٠ دينار	؟	٣٠٠٠٠٠ دينار	صافي الربح
١٥٠٠٠٠٠ دينار	؟	٢٠٠٠٠٠٠ دينار	٣٠٠٠٠٠٠ دينار	قيمة الاستثمار
؟	%٢٠	%١٢.٥	؟	العائد على الاستثمار
%٦	%١٨	؟	؟	الحد الادنى لمعدل العائد
١٥٠٠٠ دينار	؟	(٥٠٠٠٠) دينار	٠	الربح المتبقي

المطلوب:

استخراج المعلومات المجهولة والمشار إليها بعلامة استفهام.

٢٥- يبيع القسم الأول داخلياً المنتج (أ) الى القسم الثاني والذي بدوره يستعمل المنتج (أ) لانتاج المنتج (ب) وبيعه بسعر ٥ دنانير لكل كغم. فإذا علمت أن تكاليف القسم الأول هي ٠.٧٥٠ دينار لكل كغم، في حين أن القسم الثاني يحدث لديه تكاليف اضافية بمبلغ ٢.٥٠٠ دينار لكل كغم.
بافتراض أن سعر التحويل يبلغ ١.٢٥٠ دينار لكل كغم يحول من القسم الأول للقسم الثاني.

إن الربح التشغيلي للقسم الأول لكل كغم هو:

أ) ٠.٥٠٠ دينار   ج) ١.٢٥٠ دينار

ب) ٠.٨٧٥ دينار   د) ١.٦٢٥ دينار

٢٦- استعمل المعلومات الواردة في التمرين السابق رقم (٢٥)

إن الربح التشغيلي للقسم الثاني لكل كغم هو:

أ) ٠.٥٠٠ دينار   ج) ١.٢٥٠ دينار

ب) ٠.٨٧٥ دينار   د) ١.٦٢٥ دينار

٢٧- يوجد لدى شركة البترول الدولية قسمان هما قسم الانتاج وقسم التنقية. وإن المنتج الرئيسي ـ للشركة هو البترول النظيف. وفيما يلي التكاليف المتعلقة بكل قسم:

قسم الانتاج	قسم التنقية	البيان
٦ دنانير	٣٠ دينار	تكاليف متغيرة لكل جالون من البترول
٤ دنانير	٢٤ دينار	تكاليف ثابتة لكل جالون من البترول

ويستطيع قسم الانتاج ان يبيع البترول للآخرين بسعر ٢٤ دينار للجالون. فإذا علمت أن قسم التنقية يعمل بطاقة ٨٠٠٠٠ برميل يوميا، باستعمال البترول من قسم الانتاج والبترول الذي يتم شراؤه من الآخرين خارج الشركة. علماً بأن قسم التنقية يشتري ٥٠٠٠٠ برميل من البترول من قسم الانتاج و٣٠٠٠٠ برميل من خارج الشركة بسعر ٤٠ دينار للبرميل.

بافتراض أن سعر تحويل البرميل من البترول من قسم الانتاج إلى قسم التنقية هو ١٧٥% من التكلفة المتغيرة .

إن سعر تحويل البرميل من البترول من قسم الانتاج الى قسم التنقية هو:

أ) ١٠.٥ دينار   ج) ١٧.٥ دينار

ب) ١٢ دينار   د) ٢٤.٥ دينار

٢٨- استعمل المعلومات الواردة في التمرين السابق رقم (٢٧).

بافتراض أن سعر تحويل البرميل من البترول من قسم الانتاج الى قسم التنقية يعادل ١٢٠% من التكلفة الكلية.

إن سعر تحويل البرميل من البترول من قسم الانتاج إلى قسم التنقية هو:

أ) ١٦.٨ دينار   ج) ٩.٥ دينار

ب) ١٢ دينار   د) ٧.٢ دينار

٢٩- استعمل المعلومات الواردة في التمرين رقم (٢٧).

بافتراض ان سعر تحويل البرميل من البترول من قسم الانتاج الى قسم التنقيـة يعـادل سـعر السـوق، وعليه فإن سعر تحويل البرميل داخليا هو:

أ) ٢٤ دينار   جـ) ٣٦ دينار

ب) ٣٢ دينار   د) ٤٠ دينار

٣٠- استعمل المعلومات الواردة في التمرين رقم (٢٧) .

إن الربح التشغيلي لقسم الإنتاج والمتعلـق بانتـاج وبيـع ٢٠٠ برميـل مـن البـترول باسـتعمال سـعر التحويل الذي يعادل ١٧٥% من التكاليف المتغيرة هو:

أ) ١٥٠٠ دينار   جـ) ١٠٠ دينار

ب) ٨٨٠ دينار   د) (١٠٠) دينار

الفصل التاسع

توزيع التكاليف

Cost Allocation

أهداف الفصل التعليمية:

بعد دراستك لهذا الفصل يجب أن تكون قادراً على:

١. التمييز بين مراكز التكاليف.

٢. معرفة أسباب توزيع تكاليف مراكز الخدمات والتكاليف المشتركة.

٣. معرفة طرق توزيع تكاليف مراكز الخدمات وكيفية تطبيق واستعمال هذه الطرق.

٤. معرفة ماهية التكاليف المشتركة.

٥. معرفة طرق توزيع التكاليف المشتركة وكيفية تطبيق واستعمال هذه الطرق والمقارنة بينها.

٦. معرفة ماهية المنتجات الثانوية وطرق محاسبتها.

الفصل التاسع
توزيع التكاليف
Cost Allocation

١- مقدمة:

يمكن تقسيم المراكز الموجودة في المنشآت المختلفة إلى نوعين من المراكز وهي مراكز تشغيلية أو إنتاجية Operating centers ومراكز خدمات Service centers. وتشمل المراكز التشغيلية كافة الأقسام والوحدات لدى المنشأة التي يتم بها تنفيذ الأهداف الرئيسة للمنشأة. ومن الأمثلة على المراكز التشغيلية قسم العمليات الجراحية في المستشفيات، والأقسام الأكاديمية المختلفة في الجامعات، وقسم التصنيع والتجميع في المنشآت الصناعية. أما مراكز الخدمات فهي تقدم خدمات لتسهيل عمليات المراكز التشغيلية. ومن الأمثلة على مراكز الخدمات قسم المحاسبة وقسم التدقيق الداخلي وقسم الأشعة في المستشفى وقسم الكفتيريا وما شابه. ومع أن تكاليف مراكز الخدمات لا تدخل مباشرة في الأنشطة التشغيلية أو الإنتاجية للمنشأة، إلا أن هذه التكاليف تعتبر بشكل عام جزءاً من التكاليف المتعلقة بالمنتج النهائي أو الخدمة المقدمة للغير. ويعني ذلك أنه يجب توزيع تكاليف مراكز الخدمات على المراكز التشغيلية المختلفة التي تستفيد من خدماتها.

ومن الجدير بالذكر أنه نتيجة لبعض العمليات التصنيعية فإنه قد ينتج عنها عدة منتجات معاً، وتسمى التكاليف المتعلقة بهذه العمليات التصنيعية بالتكاليف المشتركة Common (Joint) costs، ومن الأمثلة على ذلك عمليات تكرير البترول التي ينتج عنها البنزين والسولار وبقية مشتقات البترول. ويجب توزيع التكاليف المشتركة على المنتجات الرئيسة الناتجة وذلك لتقدير التكاليف الكلية المتعلقة بهذه المنتجات كل على حده.

إن توزيع تكاليف مراكز الخدمات والتكاليف المشتركة بشكل عام له عدة فوائد أهمها تحديد تكلفة المنتجات بغرض تسعيرها وإظهارها في القوائم المالية، بالإضافة إلى تنبيه متخذي القرارات المختلفة بوجود مثل هذه التكاليف التي يجب أخذها بالاعتبار عند اتخاذ قراراتهم، وأخيراً الوفاء بمتطلبات قانونية، فمثلاً الشركات التي تتعامل مع الجهات الحكومية بعقود معينة وبشرط التكلفة مضافاً إليها نسبة معينة، فإن كثيراً من القوانين تتطلب توزيع تكاليف مراكز الخدمات على

المنتجات الرئيسية أو الخدمات المقدمة حتى يمكن التوصل في النهاية إلى قيمة مقبولة لقيمة العقد لكلا الطرفين، الشركة من جهة والمصلحة الحكومية من جهة ثانية.

وسوف يتم التركيز على تكاليف مراكز الخدمات أولاً ومن ثم التركيز على التكاليف المشتركة لاحقاً.

٢- مراكز التكاليف Cost Centers

تعتمد مراكز التكاليف من حيث تصنيفها وعددها على حجم المنشأة بشكل عام. فالمنشأة الصغيرة مثلاً يكون لديها عدد قليل من مراكز التكاليف بينما المنشأة كبيرة الحجم يكون لديها عدد كبير من مراكز التكاليف.

يمكن تقسيم مراكز التكاليف في المنشأة إلى نوعين رئيسين هما مراكز الإنتاج ومراكز الخدمات. وتتصف مراكز الإنتاج بأنها متعلقة مباشرة بإنتاج السلعة أو تسويق الخدمة. فمثلاً يعتبر قسم التجميع في شركة صناعية بمثابة مركز إنتاج، وكذلك الحال يعتبر قسم الملابس النسائية بمثابة مركز إنتاج في شركة تجارية لبيع الملابس، كما تعتبر وحدة العناية المركزة بمثابة مركز إنتاج في المستشفى. أما النوع الآخر من مراكز التكاليف فتسمى بمراكز الخدمات. وتقوم هذه المراكز عادة بتقديم خدمات للمراكز الإنتاجية تساعدها على القيام بنشاطها الإنتاجي. فعلى سبيل المثال، يعتبر قسم صيانة الآلات في مصنع معين بمثابة مركز خدمات، وكذلك الحال يعتبر قسم المحاسبة في المستشفى بمثابة مركز خدمات، كما يعتبر قسم إدخال المعلومات وتحليلها في منشأة تجارية بمثابة مركز خدمات.

تسمى أحياناً مراكز الخدمات بمراكز التكاليف المتوسطة بينما تدعى مراكز الإنتاج بمراكز التكاليف النهائية.

ومن الجدير بالذكر أن مراكز الخدمات يمكنها تقديم خدماتها لمراكز الإنتاج أو لمراكز خدمات أخرى بإمكانها استعمال الخدمات المقدمة لها.

٣- أسباب توزيع تكاليف مراكز الخدمات
Reasons for Cost Allocation of Service Centers

هناك عدة أسباب لتوزيع تكاليف مراكز الخدمات على مراكز الإنتاج المختلفة أو على المراكز الأخرى المستعملة للخدمة المقدمة من مراكز الخدمات وأهم هذه الأسباب ما يلي:

١- تنبيه مستعملي الخدمات بأن هناك تكاليف مرتبطة باستعمال هـذه الخدمات المقدمـة لهـم وبالتـالي أخذها بالاعتبار عند تحديد تكلفة المنتج النهائي. ولتوضيح هذه النقطة فإننا نورد المثال رقم (١) التالي.

مثال (١):

تنتج شركة صناعية منتجين هما (أ) و (ب) لدى مراكز الإنتاج الأول والثاني على التوالي. وبافتراض أن التكاليف المباشرة لمراكز الإنتاج تبلغ ٣٠٠٠٠ دينار للمركز الأول و ٢٠٠٠٠ دينار للمركز الثاني، وأن هناك مركزاً للخدمات تبلغ تكاليفه ١٠٠٠٠ دينار ويقـدم خدماتـه لمراكـز الإنتاج. وإذا افترضنا أيضاً أن هـذه التكاليف توزع على مركزي الإنتاج بنسبة ٨٠% للمركز الأول و ٢٠% للمركز الثاني. علماً بأنه تم إنتـاج ٢٠٠٠ وحدة من المنتج (أ) و ٥٠٠٠ وحدة من المنتج (ب).

المطلوب:

احتساب التكلفة الكلية للوحدة من كل من المنتجين.

إجابة مثال (١):

إجمالي تكلفة مركز الإنتاج = التكاليف المباشرة للمركز + التكاليف الموزعة من مركز الخدمات

إجمالي تكلفة مركز الإنتاج الأول = ٣٠٠٠٠ + ٨٠% (١٠٠٠٠)

= ٣٠٠٠٠ + ٨٠٠٠

= ٣٨٠٠٠ دينار

وحيث أنه تم إنتاج ٢٠٠٠ وحدة من المنتج (أ) لدى مركز الإنتاج الأول، لذا فإن:

$$\text{تكلفة الوحدة من المنتج (أ)} = \frac{٣٨٠٠٠}{٢٠٠٠} = ١٩ \text{ دينار.}$$

إجمالي تكلفة مركز الإنتاج الثاني = ٢٠٠٠٠ + ٢٠% (١٠٠٠٠)

= ٢٠٠٠٠ + ٢٠٠٠

= ٢٢٠٠٠ دينار

$$\text{تكلفة الوحدة من المنتج (ب)} = \frac{٢٢٠٠٠}{٥٠٠٠} = ٤٫٤ \text{ دينار.}$$

٢- قياس الدخل بعداله وقياس تكلفة البضاعة وإظهارها بالميزانية لمستعملي القوائم المالية. حيث تكلفة البضاعة المباعة تدخل في قياس الدخل وإن تحديد هذه التكلفة بصورة عادلة يتطلب تحميلها بنصيبها من تكاليف مراكز الخدمات، وكذلك الحال في قياس البضاعة المتبقية بالمخازن في نهاية المدة بصورة عادلة وإظهارها بالميزانية بتلك القيمة العادلة مما يعطي مصداقية وثقة كبيرة بالقوائم المالية بشكل عام.

٣- الوفاء بمتطلبات قانونية. حيث تتطلب بعض القوانين توزيع تكاليف مراكز الخدمات على مراكز الإنتاج والمراكز الأخرى المستعملة لتلك الخدمات. فعندما يكون هناك عقود بين شركة معينة وجهة حكومية أو أية جهة أخرى فإنه حتى تستطيع الشركة تغطية كافة تكاليفها بالإضافة إلى نسبة معينة من الأرباح ولإمكانية التوصل إلى قيمة مقبولة لقيمة العقد لكلا الطرفين فإنه يجب توزيع تكاليف مراكز الخدمات على المراكز الانتاجية.

٤- التزويد بالمعلومات لاتخاذ القرارات المناسبة. فعند اتخاذ قرار تسعير المنتجات يجب توزيع تكاليف مراكز الخدمات على المراكز الإنتاجية للتوصل إلى تكلفة المنتجات الكلية وبالتالي اتخاذ قرار تسعيرها بحيث تغطي كافة التكاليف على المدى البعيد بالإضافة إلى نسبة ربح مقبولة للشركة المنتجة.

٤. طرق توزيع تكاليف مراكز الخدمات
Service Center Cost Allocation Methods

يوجد ثلاثة طرق شائعة الاستعمال لتوزيع تكاليف مراكز الخدمات على مراكز الإنتاج، وهذه الطرق هي الطريقة المباشرة Direct Method، وطريقة التوزيع التنازلي Step-Down Method، وطريقة التوزيع التبادلي Reciprocal Method. وسوف يتم شرح هذه الطرق بالتفصيل.

٤ - ١ الطريقة المباشرة للتوزيع Direct Allocation Method
تعتبر الطريقة المباشرة للتوزيع من أكثر الطرق الشائعة الاستعمال لتوزيع تكاليف مراكز الخدمات وذلك نظراً لسهولتها. وبموجب هذه الطريقة فإنه يتم توزيع تكاليف مراكز الخدمات مباشرة على مراكز الإنتاج المستفيدة من

تلك الخدمات على أساس نسبة استفادة مراكز الإنتاج من الخدمات التي تؤديها مراكز الخدمات، ويتم تجاهل استفادة مراكز الخدمات من خدمات بعضها البعض. وباختصار نستطيع القول بأن توزيع تكاليف مراكز الخدمات يتم فقط على مراكز الإنتاج المستفيدة من تلك الخدمات مع تجاهل الخدمات المقدمة لمراكز الخدمات الأخرى. ويوضح المثال رقم (٢) التالي كيفية تطبيق الطريقة المباشرة للتوزيع.

مثال رقم (٢)

يوجد لدى شركة الصناعة الأهلية قسمان للخدمات وهما قسم شؤون الموظفين وقسم الصيانة. كما يوجد لدى الشركة قسمان للانتاج وهما قسم الإنتاج الأول وقسم الإنتاج الثاني. وقد بلغت تكاليف قسم الصيانة ٢٠٠٠٠ دينار وتوزع على أساس عدد الساعات المعيارية المستعملة. بينما بلغت تكاليف قسم شؤون الموظفين ٤٠٠٠٠ دينار وتوزع على أساس عدد الموظفين. في حين بلغت تكاليف قسم الإنتاج الأول ٨٠٠٠٠ دينار وتكاليف قسم الإنتاج الثاني ١٢٠٠٠٠ دينار.

وفيما يلي البيانات المتعلقة بالساعات المعيارية وعدد الموظفين لمراكز التكاليف المذكورة:

البيان	قسم الصيانة	قسم شؤون الموظفين	قسم الإنتاج الثاني	قسم الإنتاج الأول
عدد الساعات المعيارية المستعملة	١٠٠	١٠٠	٨٠	١٢٠
عدد الموظفين	١٠	٢٠	٦٠	٢٠

المطلوب:

توزيع تكاليف قسمي شؤون الموظفين والصيانة باستعمال الطريقة المباشرة للتوزيع.

إجابة مثال رقم (٢):

أولاً: توزيع تكاليف قسم شؤون الموظفين على أقسام الإنتاج طبقاً للطريقة المباشرة:

١.نصيب قسم الإنتاج الأول من تكاليف قسم شؤون الموظفين = ٤٠٠٠٠ × $\frac{٢٠}{٨٠}$

= ١٠٠٠٠ دينار

٢.نصيب قسم الإنتاج الثاني من تكاليف قسم شؤون الموظفين = ٤٠٠٠٠ × $\frac{٦٠}{٨٠}$

= ٣٠٠٠٠ دينار

ثانياً: توزيع تكاليف قسم الصيانة على أقسام الإنتاج طبقاً للطريقة المباشرة:

١- نصيب قسم الإنتاج الأول من تكاليف قسم الصيانة =٢٠٠٠٠ × ———
$$\frac{١٢٠}{٢٠٠}$$

= ١٢٠٠٠ دينار

٢- نصيب قسم الإنتاج الثاني من تكاليف قسم الصيانة =٢٠٠٠٠ × ———
$$\frac{٨٠}{٢٠٠}$$

= ٨٠٠٠ دينار

ويمكن تلخيص البيانات السابقة في كشف التوزيع التالي:

كشف توزيع التكاليف بالطريقة المباشرة

البيان	مراكز الخدمات		مراكز الإنتاج	
	شؤون الموظفين	الصيانة	الأول	الثاني
إجمالي التكلفة المباشرة	٤٠٠٠٠	٢٠٠٠٠	٨٠٠٠٠	١٢٠٠٠٠
توزيع تكلفة شؤون الموظفين	(٤٠٠٠٠)		١٠٠٠٠	٣٠٠٠٠
توزيع تكلفة الصيانة		(٢٠٠٠٠)	١٢٠٠٠	٨٠٠٠
	صفر	صفر	١٠٢٠٠٠	١٥٨٠٠٠

من الملاحظ أنه عند توزيع تكاليف قسم شؤون الموظفين على أقسام الإنتاج طبقاً للطريقة المباشرة فقد تم استعمال أساس التوزيع عدد الموظفين في قسمي الإنتاج الأول والثاني فقط وهو (٢٠ + ٦٠ = ٨٠) موظف. وكذلك الحال عند توزيع تكاليف قسم الصيانة على أقسام الإنتاج طبقاً للطريقة المباشرة فقط تم استعمال أساس التوزيع عدد الساعات المعيارية المستعملة في قسمي الإنتاج الأول والثاني فقط وهي (١٢٠ + ٨٠) = ٢٠٠ ساعة.

٤ - ٢ طريقة التوزيع التنازلي   Step-Down Allocation Method

يتم بموجب هذه الطريقة الاعتراف الجزئي بتبادل الخدمات فيما بين مراكز الخدمات، حيث يتم في البداية ترتيب مراكز الخدمات وفقاً لمعيار معين، وتوزع تكاليف مركز الخدمة ذات الترتيب الأول على كافة المراكز المستفيدة من خدماته سواء كانت مراكز إنتاج أو مراكز خدمات أخرى، وبعد ذلك يتم توزيع تكاليف مركز الخدمة ذات الترتيب الثاني على كافة مراكز الإنتاج المستفيدة من الخدمة

ومراكز الخدمات الأخرى المستفيدة عدا مركز الخدمات ذات الترتيب الأول حيث يتم استبعاده من عملية توزيع التكاليف المتعلقة بمركز الخدمة الثاني. ويتم اتباع هذا الإجراء حتى يتم توزيع تكاليف مركز الخدمة ذات الترتيب الأخير على مراكز الإنتاج.

ومن الجدير بالذكر أنه يمكن اتباع أحد الأسلوبين التاليين لتحديد ترتيب مراكز الخدمات. الأسلوب الأول حيث يتم ترتيب مراكز الخدمات طبقاً لنسبة الخدمة المقدمة لمراكز الخدمات الأخرى، فمثلاً إذا كان لدينا مركزين للخدمات ومركزين للإنتاج، وكل مركز خدمات يقدم خدماته للمركز الآخر ولمركزي الإنتاج. وبإفتراض أن أحد مراكز الخدمات (أ) يقدم خدماته بالنسب التالية: ٢٠% لمركز الخدمات الآخر (ب) و ٣٥% لمركز الإنتاج الأول و ٤٥% لمركز الإنتاج الثاني. بينما مركز الخدمات الآخر (ب) يقدم خدماته بالنسب التالية:
١٥% لمركز الخدمات (أ) و ٧٥% لمركز الإنتاج الأول و ١٠% لمركز الإنتاج الثاني.

وطبقاً للمثال المذكور فإننا نستطيع إعطاء الترتيب الأول لمركز الخدمات (أ) حيث أنه يقدم ٢٠% من خدماته لمركز الخدمات الآخر (ب)، ونعطي الترتيب الثاني لمركز الخدمات (ب) حيث يقدم ١٥% من خدماته لمركز الخدمات (أ)، وقد أعطي الترتيب الأول لمركز الخدمات (أ) لأنه يقدم ٢٠% من خدماته لمركز الخدمات (ب) وهي أعلى من النسبة ١٥% التي يقدمها مركز الخدمات (ب) لمركز الخدمات (أ). ومن هنا فإنه يتم في البداية توزيع تكاليف مركز الخدمات ذات الترتيب الأول وهو في المثال المذكور مركز الخدمات (أ) ثم يليه توزيع تكاليف مركز الخدمات (ب).

أما الأسلوب الثاني لتحديد ترتيب مراكز الخدمات فيتم بناءً على القيمة بالدينار للخدمة المقدمة لمراكز الخدمات الأخرى حيث يأخذ مركز الخدمة الترتيب الأول إذا كان يقدم خدمة لمراكز الخدمات الأخرى تعادل بالدينار قيمة أعلى لما يتسلمه من تلك الأقسام أو المراكز. فإذا افترضنا أنه يوجد مركزين للخدمات في شركة معينة هما (أ) و (ب) وأن تكاليف المركز (أ) تعادل ٣٠٠٠٠٠ دينار ويقدم خدماته لمركز الخدمات (ب) بنسبة ٢٠% ولمراكز الإنتاج بنسبة ٨٠%، فإننا نستطيع القول بأن المركز (أ) يقدم خدمات للمركز (ب) بما يعادل ٦٠٠٠٠ دينار (٢٠% × ٣٠٠٠٠٠).

وإذا افترضنا أيضاً بأن تكاليف مركز الخدمات (ب) تعادل ١٠٠٠٠٠ دينار وأنه يقدم خدماته لمركز الخدمات (أ) بنسبة ١٥% ولمراكز الإنتاج بنسبة ٨٥%. فهنا نستطيع القول بأن المركز (ب) يقدم خدمات للمركز (أ) بما يعادل ١٥٠٠٠ دينار (١٥% × ١٠٠٠٠٠)، وبالتالي فإنه يعطى الترتيب الأول لمركز الخدمات (أ) حيث أنه يقدم خدمات للمركز (ب) بما يعادل ٦٠٠٠٠ دينار وهي أعلى من قيمة الخدمات التي يقدمها المركز (ب) للمركز (أ) والتي تعادل ١٥٠٠٠ دينار، بينما يعطى مركز الخدمات (ب) الترتيب الثاني. ومن هنا يتم توزيع تكاليف مركز الخدمات (أ) أولاً على مراكز الإنتاج ومركز الخدمات (ب)، ثم يليه توزيع تكاليف مركز الخدمات (ب) على مراكز الإنتاج.

ونورد فيما يلي مثال رقم (٣) لتوضيح طريقة التوزيع التنازلي لتكاليف مراكز الخدمات.

مثال رقم (٣):

يوجد لدى شركة معينة مركزان للخدمات وهما (أ) و (ب) وثلاثة مراكز للإنتاج وهي (س) و(ص) و(ع). وفيما يلي التكاليف التقديرية والمعلومات الأخرى المتعلقة بالمراكز المختلفة.

مراكز الخدمات			مراكز الإنتاج			
البيان	ب	أ	ع	ص	س	الإجمالي
تكاليف تقديرية	١٠٠٠٠دينار	٥٠٠٠دينار	١٥٠٠٠دينار	٤٠٠٠٠دينار	٢٠٠٠٠دينار	٩٠٠٠٠دينار
مركز خدمات (ب) (ساعات)	-	٢٠٠	٨٠٠	٤٠٠	٦٠٠	٢٠٠٠
مركز خدمات (أ) (بالمتر المربع)	١٠٠	-	٢٠٠	٣٠٠	٤٠٠	١٠٠٠

المطلوب:

توزيع تكاليف مراكز الخدمات باستعمال طريقة التوزيع التنازلي (الترتيب الأول لمركز الخدمات (ب)).

إجابة مثال رقم (٣):

أولاً: توزيع تكاليف مركز الخدمات (ب):

نصيب مركز الخدمات (أ) = $\frac{٢٠٠}{٢٠٠٠}$ × ١٠٠٠٠ = ١٠٠٠ دينار.

$$\text{نصيب مركز الإنتاج (س)} = \frac{٦٠٠}{٢٠٠٠} \times ١٠٠٠٠ = ٣٠٠٠ \text{ دينار.}$$

$$\text{نصيب مركز الإنتاج (ص)} = \frac{٤٠٠}{٢٠٠٠} \times ١٠٠٠٠ = ٢٠٠٠ \text{ دينار.}$$

$$\text{نصيب مركز الإنتاج (ع)} = \frac{٨٠٠}{٢٠٠٠} \times ١٠٠٠٠ = ٤٠٠٠ \text{ دينار.}$$

وبذلك يكون إجمالي تكلفة مركز الخدمات (أ) = ٥٠٠٠ + ١٠٠٠ = ٦٠٠٠ دينار.

ثانياً: توزيع تكاليف مركز الخدمات (أ) الإجمالية:

$$\text{نصيب مركز الإنتاج (س)} = \frac{٤٠٠}{٩٠٠} \times ٦٠٠٠ = ٢٦٦٧ \text{ دينار.}$$

$$\text{نصيب مركز الإنتاج (ص)} = \frac{٣٠٠}{٩٠٠} \times ٦٠٠٠ = ٢٠٠٠ \text{ دينار.}$$

$$\text{نصيب مركز الخدمات (ع)} = \frac{٢٠٠}{٩٠٠} \times ٦٠٠٠ = ١٣٣٣ \text{ دينار.}$$

يتضح مما سبق أنه تم استبعاد توزيع تكاليف مركز الخدمات (أ) على مركز الخدمات (ب) طبقاً لطريقة التوزيع التنازلي وذلك بسبب احتلال مركز الخدمات (ب) للترتيب الأول في عملية توزيع التكاليف.

ويمكن تلخيص البيانات السابقة في كشف التوزيع التالي:

كشف توزيع التكاليف - طريقة التوزيع التنازلي

البيان	مراكز الخدمات		مراكز الإنتاج		
	أ	ب	س	ص	ع
إجمالي التكلفة التقديرية المباشرة	٥٠٠٠	١٠٠٠٠	٢٠٠٠٠	٤٠٠٠٠	١٥٠٠٠
توزيع تكاليف المركز (ب)	١٠٠٠	(١٠٠٠٠)	٣٠٠٠	٢٠٠٠	٤٠٠٠
الإجمالي	٦٠٠٠	صفر	٢٣٠٠٠	٤٢٠٠٠	١٩٠٠٠
توزيع تكاليف المركز (أ)	(٦٠٠٠)		٢٦٦٧	٢٠٠٠	١٣٣٣
الإجمالي النهائي	صفر	صفر	٢٥٦٦٧	٤٤٠٠٠	٢٠٣٣٣

٤ - ٣ طريقة التوزيع التبادلي Reciprocal Allocation Method

يتم بموجب هذه الطريقة توزيع تكاليف مراكز الخدمات على كافة المراكز المستفيدة من تلك الخدمات بما فيها الخدمات التي تتلقى خدمات من مراكز خدمات أخرى، وبمعنى آخر أنه يتم بموجب هذه الطريقة الاعتراف الكلي بحقيقة التبادل للخدمات فيما بين جميع مراكز الخدمات بالإضافة لمراكز الإنتاج. ولهذا فإن عملية توزيع تكاليف مراكز الخدمات تتطلب اللجوء إلى نماذج رياضية خاصة بها وقد يتطلب حلها اللجوء إلى طريقة المصفوفات Matrix Method أو طريقة السمبلكس Simplex Method وأحياناً يتم اللجوء إلى الحاسب الآلي وخاصة إذا كان هناك عدد كبير من مراكز الخدمات التي تستفيد من خدمات بعضها البعض وذلك بالإضافة إلى مراكز الإنتاج الكثيرة، ويكون ذلك عادة في المنشآت كبيرة الحجم التي تنتج عشرات المنتجات.

ويوضح المثال التالي رقم (٤) كيفية تطبيق طريقة التوزيع التبادلي.

مثال رقم (٤):

يوجد لدى شركة الصناعة الوطنية مركزان للخدمات هما (أ) و (ب) ومركزان للإنتاج هما (س) و(ص). وفيما يلي التكاليف التقديرية والمعلومات الأخرى المتعلقة بالمراكز المختلفة:

البيان	مراكز الخدمات		مراكز الإنتاج		
	ب	أ	ص	س	الإجمالي
تكاليف تقديرية	٨٠٠٠	٤٠٠٠	١٨٠٠٠	٣٠٠٠٠	٦٠٠٠٠
مركز خدمات (ب) (ساعات عمل)	–	٢٠٠	٣٠٠	٥٠٠	١٠٠٠
نسبة مئوية		%٢٠	%٣٠	%٥٠	%١٠٠
مركز خدمات (أ) (ساعات كمبيوتر)	١٥٠	–	٩٠٠	٤٥٠	١٥٠٠
نسبة مئوية	%١٠		%٦٠	%٣٠	%١٠٠

المطلوب:

توزيع تكاليف مراكز الخدمات باستعمال طريقة التوزيع التبادلي.

إجابة مثال رقم (٤):

حيث أن مركز الخدمة (أ) يستفيد من مركز الخدمة (ب) والعكس صحيح. وبافتراض أن التكلفة الإجمالية لمركز الخدمة (أ) = أ، والتكلفة الإجمالية لمركز الخدمة (ب) = ب وبالتالي فإنه يمكن تكوين المعادلات التالية:

أ = ٤٠٠٠ + ٠.٢ ب   ....(١)

ب = ٨٠٠٠ + ٠.١ أ   ....(٢)

بالتعويض عن قيمة أ في المعادلة رقم (٢) ينتج:

ب = ٨٠٠٠ + ٠.١ (٤٠٠٠ + ٠.٢ ب)

ب = ٨٠٠٠ + ٤٠٠ + ٠.٠٢ ب

٠.٩٨ ب = ٨٤٠٠

$$ب = \frac{٨٤٠٠}{٠.٩٨} = ٨٥٧١ \text{ دينار}$$

بالتعويض عن قيمة ب في المعادلة رقم (١) ينتج:

أ = ٤٠٠٠ + ٠.٢ (٨٥٧١) = ٥٧١٤ دينار

توزيع التكلفة الإجمالية لمركز الخدمات (أ) والبالغة ٥٧١٤ دينار:

نصيب مركز الخدمات (ب) = ١٠% × ٥٧١٤ = ٥٧١ دينار.

نصيب مركز الإنتاج (س) = ٣٠% × ٥٧١٤ = ١٧١٤ دينار.

نصيب مركز الإنتاج (ص) = ٦٠% × ٥٧١٤ = ٣٤٢٩ دينار.

الإجمالي ٥٧١٤ دينار

توزيع التكلفة الإجمالية لمركز الخدمات (ب) والبالغة ٨٥٧١ دينار:

نصيب مركز الخدمات (أ) = ٢٠% × ٨٥٧١ = ١٧١٤ دينار.

نصيب مركز الإنتاج (س) = ٥٠% × ٨٥٧١ = ٤٢٨٦ دينار.

نصيب مركز الإنتاج (ص) = ٣٠% × ٨٥٧١ = ٢٥٧١ دينار.

الإجمالي ٨٥٧١ دينار

ويمكن تلخيص البيانات السابقة في كشف التوزيع التالي:

كشف توزيع التكاليف – طريقة التوزيع التبادلي

الإجمالي	مراكز الإنتاج		مراكز الخدمات		البيان
	ص	س	ب	أ	
٦٠٠٠٠	١٨٠٠٠	٣٠٠٠٠	٨٠٠٠	٤٠٠٠	إجمالي التكاليف التقديرية قبل التوزيع
	٣٤٢٩	١٧١٤	٥٧١	(٥٧١٤)	توزيع تكلفة مركز (أ)
	٢٥٧١	٤٢٨٦	(٨٥٧١)	١٧١٤	توزيع تكلفة مركز (ب)
٦٠٠٠٠	٢٤٠٠٠	٣٦٠٠٠	صفر	صفر	الإجمالي

٥. التكاليف المشتركة Common (Joint) Costs

جرى التركيز فيما سبق على توزيع تكاليف مراكز الخدمات على مراكز الإنتاج، وسيتم فيما يلي شرح كيفية توزيع التكاليف المشتركة وهي التكاليف المتعلقة بعملية معينة والتي ينتج عنها عدة منتجات معاً، فمثلاً عند تكرير البترول الخام فإنه يتم إنتاج البنزين والسولار وغيرها من المنتجات معاً. وبالتالي نستطيع القول بأن التكاليف المتعلقة بعملية تكرير البترول الخام لإنتاج عدة منتجات معاً هي تكاليف مشتركة ويجب توزيعها على المنتجات المتعددة لعدة أسباب أهمها احتساب تكلفة كل منتج على حده ومن ثم اتخاذ قرار تسعير المنتجات من أجل تغطية التكاليف بالإضافة إلى تحقيق الربح للمنشأة.

٦. طرق توزيع التكاليف المشتركة

Joint Costs Allocation Methods

يوجد طريقتان رئيستان لتوزيع التكاليف المشتركة على المنتجات المتعددة وهما:

(١) توزيع التكاليف المشتركة بناءً على قياس مادي كالوزن أو الحجم وما شابه.

(٢) توزيع التكاليف المشتركة بناءً على معلومات متعلقة بالسوق، كالإيرادات مثلاً. وهناك ثلاثة طرق يمكن استعمالها وتندرج تحت هذه الطريقة، وهذه الطرق هي:

(أ) طريقة قيمة المبيعات عند نقطة الانفصال

Sales value at split-off point method

(ب) طريقة صافي القيمة التحصيلية المقدرة

Estimated net realizable value (NRV) method

(ج) طريقة نسبة مجمل الربح الثابتة

Constant Gross-Margin Percentage NRV method

وسيتم فيما يلي شرح كافة الطرق المتعلقة بتوزيع التكاليف المشتركة بالتفصيل.

٦ - ١ توزيع التكاليف المشتركة بناءً على قياس مادي

Physical Measure Method

يتم استعمال طريقة القياس المادي عندما تكون أسعار المنتجات النهائية متقلبة كثيراً، أو عندما تحتاج المنتجات الأولية عند نقطة الانفصال إلى سلسلة من العمليات للوصول إلى المنتجات النهائية القابلة للتسويق، أو عندما تعتمد أسعار المنتجات على تكلفتها كما هو الحال في العقود المبرمة بين الشركة المنتجة والجهات الأخرى التي تشتري منتجات الشركة بأسعار مبنية على تكاليف تلك المنتجات، كأن يتم الاتفاق مثلاً على أن يكون سعر المنتج ١٢٥% من قيمة تكلفة المنتج.

يتم توزيع التكاليف المشتركة بناءً على قياس مادي الذي قد يكون وزناً أو حجماً أو أي قياس مادي آخر. وطالما أن القياس المادي يعكس القيمة الاقتصادية المناسبة فإن استعمال هذه الطريقة يكون مبنياً على أساس معقول ومنطقي لتوزيع التكاليف المشتركة بين المنتجات المتعددة. ومن الجدير بالذكر أن ليس كل قياس مادي يعكس قيمة اقتصادية مناسبة، فمثلاً في صناعة المجوهرات فإن للذهب قيمة مرتفعة نسبياً إذا ما قورن بالنحاس. فاستعمال طريقة القياس المادي المعتمدة على الوزن في هذه الحالة لن يعكس المقابلة بين التكاليف والقيمة الاقتصادية للمنتجات. وأحياناً ليس بالسهولة توحيد قياس المنتجات بنفس وحدة القياس كما هو الحال عند استخراج بترول وغاز معاً.

ونورد فيما يلي مثال رقم (٥) لتوضيح عملية توزيع التكاليف المشتركة باستعمال طريقة القياس المادي.

مثال رقم (٥):

تشتري شركة صناعية ٨٢٠٠ جالون من مواد أولية مباشرة لتصنيع وإنتاج المنتجين (أ) و(ب). فإذا علمت أن تكلفة شراء ٨٢٠٠ جالون من المواد الأولية المباشرة ومعالجتها حتى الوصول إلى نقطة الانفصال لإعطاء ما مجموعه ٨٠٠٠ جالون جيد وفقدان ٢٠٠ جالون نتيجة للتبخر بلغت ما يعادل ٨٠٠٠٠ دينار،

وتنقسم الجالونات الجيدة إلى ٣٠٠٠ جالون من المنتج (أ) و٥٠٠٠ جالون من المنتج (ب).

المطلوب:

توزيع التكاليف المشتركة على المنتجات (أ) و(ب) باستعمال طريقة القياس المادي، مع رسم الشكل المناسب لهذه الطريقة وبيان نقطة الانفصال.

إجابة مثال رقم (٥):

شكل توزيع التكاليف المشتركة طبقاً للقياس المادي

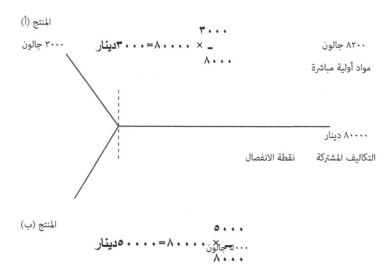

٣٠٠٠ جالون
٣٠٠٠
ـــــ × ٨٠٠٠٠=٣٠٠٠٠دينار
٨٠٠٠
٨٠٠٠٠ دينار
٥٠٠٠ جالون
٥٠٠٠
ـــــ × ٨٠٠٠٠=٥٠٠٠٠دينار
٨٠٠٠

جدول توزيع التكاليف المشتركة على المنتجات باستعمال طريقة القياس المادي:

المنتج (أ)	المنتج (ب)	المجموع	البيان
٣٠٠٠	٥٠٠٠	٨٠٠٠	عدد الجالونات
%٣٧.٥	%٦٢.٥	%١٠٠	النسبة المئوية
٣٠٠٠٠ دينار	٥٠٠٠٠	٨٠٠٠٠ دينار	توزيع التكاليف المشتركة
١٠ دنانير	١٠ دنانير		تكلفة الجالون الواحد

يلاحظ من جدول توزيع التكاليف المشتركة على المنتجات (أ) و(ب) باستعمال طريقة القياس المادي أن النسبة المئوية للمنتج (أ) تعادل ٣٧.٥% (٣٠٠٠ ÷ ٨٠٠٠) كما أن النسبة المئوية للمنتج (ب) تعادل ٦٢.٥% (٥٠٠٠ ÷ ٨٠٠٠)، وبالتالي يكون نصيب المنتج (أ) من التكاليف المشتركة ٣٠٠٠٠ دينار (٣٧.٥ % × ٨٠٠٠٠) بينما يكون نصيب المنتج (ب) من التكاليف المشتركة ٥٠٠٠٠ دينار (٦٢.٥% × ٨٠٠٠٠).

كما يلاحظ أيضاً أن تكلفة الجالون لكل من المنتجين (أ) و(ب) تعادل ١٠ دنانير، ويمكن احتسابها بالنسبة للمنتج (أ) كما يلي (٣٠٠٠٠/٣٠٠٠) بينما تحتسب بالنسبة للمنتج (ب) كما يلي (٥٠٠٠٠ ÷ ٥٠٠٠). وبالتالي يمكن الاستنتاج بأن تكلفة الجالون الواحد لكل من المنتجين متساوية وهي في مثالنا تعادل ١٠ دنانير للجالون.

وتتميز طريقة القياس المادي لتوزيع التكاليف المشتركة على المنتجات المتعددة بأنها سهلة التطبيق.

٦ - ٢ طريقة قيمة المبيعات عند نقطة الانفصال

Sales Value at Split -off method

يتم توزيع التكاليف المشتركة على المنتجات بموجب طريقة قيمة المبيعات عند نقطة الانفصال Split-off Point على أساس نسبة قيمة المبيعات المحتملة للمنتج عند نقطة الانفصال إلى إجمالي قيمة المبيعات المحتملة لكافة المنتجات. وباستعمال هذه النسبة المستخرجة لكل منتج فإنه يمكن توزيع التكاليف المشتركة على المنتجات. ومن الضروري ملاحظة أن هذه الطريقة تستعمل قيمة المبيعات أو القيمة البيعية للمنتجات بغض النظر أنه تم بيعها فعلاً خلال الفترة أم لم يتم بيعها بالكامل. وبالتالي فإنه من مزايا هذه الطريقة أنه يتم توزيع التكاليف المشتركة على المنتجات المختلفة طبقاً لنسبة مساهمة هذه المنتجات في الإيرادات، هذا بالإضافة إلى سهولة تطبيق ومنطقية هذه الطريقة. ومن الجدير بالذكر أنه ليس بالإمكان استعمال هذه الطريقة دائماً وذلك بسبب تعذر وجود أسعار بيع بعض المنتجات عند نقطة الانفصال مباشرة مما يوجب إجراء عمليات تصنيع بعد نقطة الانفصال.

وسنوضح في المثال التالي رقم (٦) كيفية توزيع التكاليف المشتركة على المنتجات المتعددة طبقاً لطريقة قيمة المبيعات عند نقطة الانفصال.

مثال رقم (٦):

تشتري شركة صناعية ٨٢٠٠ جالون من مواد أولية مباشرة لتصنيع وإنتاج المنتجين (أ) و(ب). فإذا علمت أن تكلفة شراء ٨٢٠٠ جالون من المواد الأولية المباشرة ومعالجتها حتى الوصول إلى نقطة الانفصال لإعطاء ما مجموعه ٨٠٠٠ جالون جيد وفقدان ٢٠٠ جالون نتيجة للتبخر بلغت ما يعادل ٨٠٠٠٠ دينار.

وتنقسم الجالونات الجيدة إلى ٣٠٠٠ جالون من المنتج (أ) و٥٠٠٠ جالون من المنتج (ب)، علماً بأن سعر البيع للجالون من المنتج (أ) يعادل ٢٥ دينار، بينما سعر البيع للجالون من المنتج (ب) يعادل ١٠ دنانير.

المطلوب:

توزيع التكاليف المشتركة على المنتجات (أ) و(ب) باستعمال طريقة قيمة المبيعات عند نقطة الانفصال، مع رسم الشكل المناسب لهذه الطريقة.

إجابة مثال رقم (٦):

شكل توزيع التكاليف المشتركة طبقاً لقيمة المبيعات عند نقطة الانفصال

٧٥٠٠٠ / ١٢٥٠٠٠ × ٨٠٠٠٠=٤٨٠٠٠ دينار

٥٠٠٠٠ / ١٢٥٠٠٠ × ٨٠٠٠٠=٣٢٠٠٠دينار

٥٠٠٠×١٠ = ٥٠٠٠٠ دينار

٥٠٠٠ جالون

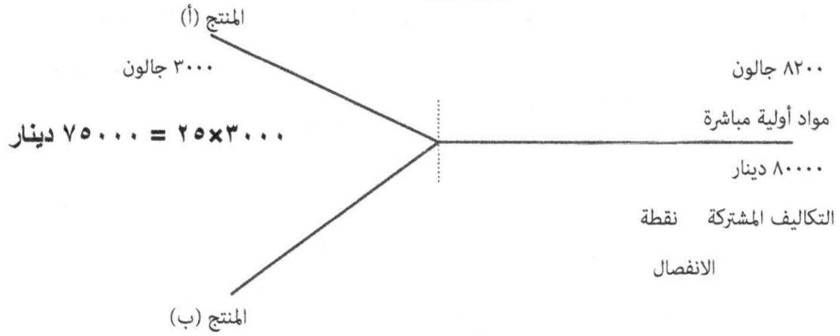

جدول توزيع التكاليف المشتركة طبقاً لقيمة المبيعات عند نقطة الانفصال

المنتج (أ)	المنتج (ب)	المجموع	البيان
٧٥٠٠٠دينار	٥٠٠٠٠	١٢٥٠٠٠دينار	القيمة البيعية للانتاج عند نقطة الانفصال
٦٠%	٤٠%	١٠٠%	النسبة المئوية
٤٨٠٠٠ دينار	٣٢٠٠٠	٨٠٠٠٠ دينار	توزيع التكاليف المشتركة
١٦ دنانير	٦.٤ دنانير		تكلفة الجالون الواحد

يلاحظ من جدول توزيع التكاليف المشتركة طبقاً لقيمة المبيعات عند نقطة الانفصال أن القيمة البيعية للمنتج (أ) عند نقطة الانفصال تعادل ٧٥٠٠٠ دينار (٣٠٠٠ جالون × ٢٥ دينار)، في حين تبلغ القيمة البيعية للمنتج (ب) عند نقطة الانفصال ٥٠٠٠٠ دينار (٥٠٠٠ جالون × ١٠ دنانير)، وبالتالي يكون إجمالي القيمة البيعية للمنتجات عند نقطة الانفصال تساوي ١٢٥٠٠٠ دينار (٧٥٠٠٠ + ٥٠٠٠٠). ومن هنا نستنتج أن النسبة المئوية للقيمة البيعية للمنتج (أ) تعادل ٦٠% (٧٥٠٠٠ ÷ ١٢٥٠٠٠) وللمنتج (ب) تعادل ٤٠% (٥٠٠٠٠ ÷ ١٢٥٠٠٠)، وأن نصيب المنتج (أ) من توزيع التكاليف المشتركة يكون ٤٨٠٠٠ دينار (٦٠% × ٨٠٠٠٠) ونصيب المنتج (ب) يكون ٣٢٠٠٠ دينار (٤٠% × ٨٠٠٠٠ دينار).

أما فيما يتعلق بتكلفة الجالون الواحد نتيجة لتوزيع التكاليف المشتركة فيكون للمنتج (أ) ١٦ دينار (٤٨٠٠٠ دينار ÷ ٣٠٠٠ جالون) ويكون للمنتج (ب) ٦.٤ دينار (٣٢٠٠٠ دينار ÷ ٥٠٠٠ جالون).

وحيث أن التكاليف المشتركة تتعلق بإجمالي الإنتاج فإن طريقة قيمة المبيعات للمنتجات عند نقطة الانفصال تستعمل القيمة البيعية للمنتجات كافة سواءً بيعت خلال الفترة أم لا. ويلاحظ أيضاً أن تكلفة الوحدة من كل منتج مختلفة عن الآخر وليس كما هو الحال بطريقة القياس المادي والتي تؤدي إلى تساوي تكلفة الوحدة من المنتجات المختلفة.

٦ - ٣ طريقة صافي القيمة التحصيلية المقدرة

Estimated net realizable value method

من المعلوم أنه لا يمكن بيع كافة المنتجات عند نقطة الانفصال مباشرة بسبب عدم وجود أسعار لها في السوق مما يؤدي بالمنشأة إلى اللجوء لعمليات تصنيع بعد نقطة الانفصال حتى يمكن بيع وتسويق مثل هذه المنتجات. وفي هذه

الحالة يتم اللجوء إلى طريقة صافي القيمة التحصيلية المقدرة، حيث أن صافي القيمة التحصيلية المقدرة هو عبارة عن القيمة البيعية للمنتج عند أول نقطة يمكن بيعه وتسويقه فيها مطروحاً منها كافة تكاليف التصنيع بعد نقطة الانفصال، علماً بأن تكاليف الصنع بعد نقطة الانفصال Separable costs تكون عادة خاصة بتكاليف منتج معين ويجب أن يتحملها ذلك المنتج.

ومن الجدير بالذكر أن تطبيق طريقة صافي القيمة التحصيلية المقدرة يصبح صعباً إلى حد ما عند وجود عدة نقاط انفصال وعدة منتجات بعد كل نقطة انفصال مع وجود تكاليف صنع مختلفة بعد كل نقطة انفصال وقبل التوصل إلى المنتجات الرئيسة التي يمكن بيعها بسعر معقول في السوق.

وسوف نوضح في المثال التالي رقم (٧) كيفية توزيع التكاليف المشتركة على المنتجات المتعددة باستعمال طريقة صافي القيمة التحصيلية المقدرة.

مثال رقم (٧):

تستعمل شركة صناعية مواد أولية مباشرة لتصنيع أربع منتجات وهي (أ) و(ب) و(ج) و(د). فإذا علمت أن تكاليف المواد المباشرة ومعالجتها حتى نقطة الانفصال للمنتجات تعادل ١٢٠٠٠٠ دينار، كما أن كافة المنتجات بحاجة إلى عمليات تصنيع بعد نقطة الانفصال قبل أن يتم بيعها بالسوق.

بافتراض أن تكاليف عمليات التصنيع بعد نقطة الانفصال بالإضافة إلى عدد الوحدات المنتجة من كل منتج وأسعار البيع لوحدات الإنتاج كانت كما يلي:

المنتج	تكاليف عمليات التصنيع بعد نقطة الانفصال	سعر بيع الوحدة	عدد الوحدات المنتجة
أ	٢٠٠٠ دينار	٣ دنانير	١٠٠٠٠
ب	٨٠٠٠٠ دينار	٥ دنانير	٢٠٠٠٠
ج	١٠٠٠٠ دينار	٦ دنانير	٣٠٠٠٠
د	٩٠٠٠٠ دينار	١٠ دنانير	٤٠٠٠٠

المطلوب:

توزيع التكاليف المشتركة على المنتجات الأربعة باستعمال طريقة صافي القيمة التحصيلية المقدرة، مع رسم الشكل المناسب لتدفق التكاليف طبقاً لهذه الطريقة.

إجابة مثال رقم (٧)

شكل تدفق التكاليف طبقاً لطريقة صافي القيمة التحصيلية المقدرة

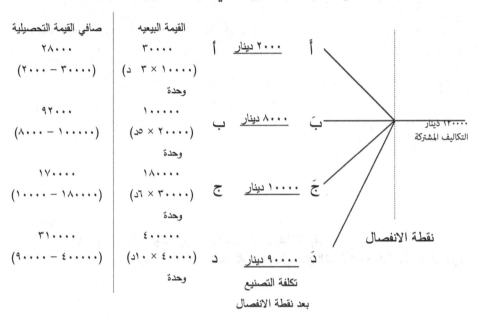

صافي القيمة التحصيلية
القيمة البيعيه
٢٨٠٠٠
(٣٠٠٠٠ - ٢٠٠٠)
٣٠٠٠٠
(١٠٠٠٠ × ٣ د)
وحدة
أ
٢٠٠٠ دينار
أَ
٩٢٠٠٠
(١٠٠٠٠٠ - ٨٠٠٠)
١٠٠٠٠٠
(٢٠٠٠٠ × ٥د)
وحدة
ب
٨٠٠٠ دينار
بَ
١٢٠٠٠٠ دينار
التكاليف المشتركة
١٧٠٠٠٠
(١٨٠٠٠٠ - ١٠٠٠٠)
١٨٠٠٠٠
(٣٠٠٠٠ × ٦د)
وحدة
ج
١٠٠٠٠ دينار
جَ
نقطة الانفصال
٣١٠٠٠٠
(٤٠٠٠٠٠ - ٩٠٠٠٠)
٤٠٠٠٠٠
(٤٠٠٠٠ × ١٠د)
وحدة
د
٩٠٠٠٠ دينار
دَ
تكلفة التصنيع
بعد نقطة الانفصال

جدول توزيع التكاليف المشتركة طبقاً لطريقة صافي القيمة التحصيلية المقدرة

(١)	(٢)	(٣)=(١)×(٢)	(٤)	(٥)=(٣)-(٤)	(٦)	
عدد الوحدات المنتجة	سعر بيع الوحدة	القيمة البيعية للمنتج النهائي	تكاليف التصنيع بعد نقطة الانفصال	صافي القيمة التحصيلية المقدرة	نصيب المنتج من التكاليف المشتركة*	المنتج
١٠٠٠٠	٣	٣٠٠٠٠	٢٠٠٠	٢٨٠٠٠	٥٦٠٠	أ
٢٠٠٠٠	٥	١٠٠٠٠٠	٨٠٠٠	٩٢٠٠٠	١٨٤٠٠	ب
٣٠٠٠٠	٦	١٨٠٠٠٠	١٠٠٠٠	١٧٠٠٠٠	٣٤٠٠٠	ج
٤٠٠٠٠	١٠	٤٠٠٠٠٠	٩٠٠٠٠	٣١٠٠٠٠	٦٢٠٠٠	د
				٦٠٠٠٠٠	١٢٠٠٠٠	

* يتم استخراج نصيب المنتج من التكاليف المشتركة كما يلي:

$$\text{نصيب المنتج أ} = \frac{٢٨٠٠٠}{٦٠٠٠٠٠} \times ١٢٠٠٠٠ = ٥٦٠٠ \text{ دينار.}$$

$$\text{نصيب المنتج ب} = \frac{٩٢٠٠٠}{٦٠٠٠٠٠} \times ١٢٠٠٠٠ = ١٨٤٠٠ \text{ دينار.}$$

$$\text{نصيب المنتج ج} = \frac{١٧٠٠٠٠}{٦٠٠٠٠٠} \times ١٢٠٠٠٠ = ٣٤٠٠٠ \text{ دينار.}$$

$$\text{نصيب المنتج د} = \frac{٣١٠٠٠٠}{٦٠٠٠٠٠} \times ١٢٠٠٠٠ = ٦٢٠٠٠ \text{ دينار.}$$

هذا ومن الممكن التوصل إلى نفس النتيجة بالطريقة التالية:
يتم أولاً احتساب نسبة التكاليف المشتركة إلى إجمالي صافي القيمة التحصيلية المقدرة كما يلي:

$$\frac{\text{التكاليف المشتركة}}{\text{إجمالي صافي القيمة التحصيلية المقدرة}} = \frac{١٢٠٠٠٠}{٦٠٠٠٠٠} = ٠.٢$$

ثم يتم ضرب هذه النسبة بصافي القيمة التحصيلية المقدرة للمنتج وذلك للتوصل إلى نصيب المنتج من التكاليف المشتركة. فمثلاً:
نصيب المنتج أ من التكاليف المشتركة = ٢٨٠٠٠ × ٠.٢ = ٥٦٠٠ دينار
نصيب المنتج ب من التكاليف المشتركة = ٩٢٠٠٠ × ٠.٢ = ١٨٤٠٠ دينار ... وهكذا.

ومن الجدير بالذكر أنه قد ينتج بعد نقطة الانفصال منتجات وسيطة مختلفة تماماً عـن المنتجات النهائية، وقد تم الإشارة إلى تلك المنتجات الوسيطة بـالأحرف (أ) و(بَ) و(جَ) و(دَ) لتصبح بعـد تصنيعها النهائي (أ) و(ب) و(ج) و(د) على التوالي.

٦ - ٤ طريقة نسبة مجمل الربح الثابتة

Constant Gross-Margin Percentage Method

يتم توزيع التكاليف المشتركة بموجب طريقة نسبة مجمل الربح الثابتة بحيـث تكون نسبة مجمل الربح للمنشأة تعادل نسبة مجمل الربح لكل منتج من منتجات تلك المنشأة على حـده. والافتراض بهذه الطريقة أن كافة المنتجات لها نفس نسبة التكاليف إلى المبيعات.

يتم بموجب هذه الطريقة أولاً احتساب نسبة مجمل الربح إلى المبيعات للمنشأة ككل، ثـم يتم تطبيق هذه النسبة على كل منتج على حده لاحتساب مجمل الربـح المتعلـق بـذلك المنتج، وبعدها يتم طرح مجمل الربح للمنتج من قيمة المبيعات المتوقعة لذلك المنتج للتوصل إلى إجمـالي التكـاليف. وأخيـراً يتم طرح التكاليف المنفصلة المتوقعـة لـذلك المنتج مـن إجمـالي التكـاليف للتوصـل إلى توزيـع التكـاليف المشتركة.

ويوضح المثال التالي رقم (٨) كيفية احتساب توزيع التكـاليف المشـتركة بموجـب طريقـة نسبة مجمل الربح الثابتة.

مثال رقم (٨):

تستعمل شركة صناعية مواد أولية مباشرة لتصنيع المنتجين (أ) و(ب). فـإذا علمـت أن تكـاليف المواد المباشرة ومعالجتها حتى نقطة الانفصال للمنتجات تعادل ٢٠٠٠٠ دينار، كما أن المنتجين بحاجـة إلى عمليات تصنيع بعد نقطة الانفصال قبل أن يتم بيعها بالسوق.

بافتراض أن تكاليف عمليات التصنيع بعد نقطة الانفصال بالإضـافة إلى عـدد الوحدات المنتجـة وأسعار بيع وحدات الإنتاج كانت كما يلي:

المنتج	تكاليف عمليات التصنيع بعد نقطة الانفصال	سعر بيع الوحدة	عدد الوحدات المنتجة
أ	٦٥٠٠ دينار	٤ دنانير	٥٠٠٠
ب	١١٠٠٠ دينار	٥ دنانير	٦٠٠٠

المطلوب:

توزيع التكاليف المشتركة على المنتجين باستعمال طريقة نسبة مجمل الربح الثابتة.

إجابة مثال رقم (٨):

توزيع التكاليف المشتركة باستعمال طريقة نسبة مجمل الربح الثابتة

البيان	الإجمالي	المنتج ب	المنتج أ
الخطوة الأولى:			
القيمة البيعية المتوقعة للإنتاج			
[(٥×٦٠٠٠)+(٤×٥٠٠٠)]	٥٠٠٠٠ دينار		
اطرح: التكاليف المشتركة والتكاليف بعد نقطة الانفصال			
(٢٠٠٠٠ + ٦٥٠٠ + ١١٠٠٠)			
مجمل الربح	٣٧٥٠٠		
نسبة مجمل الربح (٥٠٠٠٠÷١٢٥٠٠)	١٢٥٠٠ دينار		
	%٢٥		
الخطوة الثانية:			
القيمة البيعية المتوقعة للإنتاج			
[المنتج أ (٤×٥٠٠٠)، المنتج ب(٥×٦٠٠٠)]	٥٠٠٠٠ دينار	٣٠٠٠٠ دينار	٢٠٠٠٠ دينار
أطرح: مجمل الربح باستعمال نسبة مجمل الربح الإجمالية		٧٥٠٠	٥٠٠٠
(%٢٥)	١٢٥٠٠	٢٢٥٠٠	١٥٠٠٠
تكلفة المبيعات	٣٧٥٠٠		
الخطوة الثالثة:			
اطرح: التكاليف بعد نقطة الانفصال التكاليف المشتركة	١٧٥٠٠	١١٠٠٠	٦٥٠٠
موزعة.	٢٠٠٠٠	١١٥٠٠	٨٥٠٠ دينار

يلاحظ من إجابة مثال رقم (٨) أنه لغايات توزيع التكاليف المشتركة باستعمال طريقـة نسـبة مجمل الربح الثابتة فإنه يتم ذلك عن طريق ثلاثة خطوات. الخطوة الأولى ويتم فيها احتسـاب نسـبة مجمل الربح لكافة المنتجات مجتمعة. أما الخطوة الثانية فيتم فيها احتساب مجمل الربح لكل منتج علـى حده وذلك بتطبيق نسبة مجمل الربح الإجمالية التي تم احتسابها في الخطوة الأولى، ويـتم طـرح مجمـل الربح للمنتج من القيمة البيعية المتوقعة له للتوصل إلى تكلفة المبيعات والتي هي مكونـة مـن التكـاليف المشتركة والتكاليف بعد نقطة الانفصال. أما الخطوة الثالثة والأخيرة فيتم فيها طرح التكـاليف بعـد نقطـة الانفصال من تكاليف المبيعات للتوصل إلى توزيع التكاليف المشتركة على المنتجات المختلفة.

٧- مقارنة بين طرق توزيع التكاليف المشتركة على المنتجات:

حيث أن التكاليف المشتركة تتعلق بأكثر من منتج ولا يوجد علاقة سببيه بين المنتجات والتكاليف المشتركة فلا نستطيع القول بأن ذلك الجزء من التكاليف المشتركة قد كان سببه المنتج الأول أو الثاني أو ما شابه. ومن هنا يتم اللجوء إلى مزايا الطرق المختلفة لتوزيع التكاليف المشتركة على المنتجات، ويبدو أن المزايا الخاصة بالطرق المعتمدة والمبنية على معلومات متعلقة بالسوق هي أفضل من الطريقة المعتمدة على القياس المادي. فمن أهم المزايا المتعلقة بالطرق المبنية على معلومات السوق وجود عامل مشترك لاحتساب النسبة الخاصة بكل منتج فمثلاً قيمة المبيعات لكل منتج عند نقطة الانفصال تمثل العامل المشترك الذي يمكن استعماله لاحتساب النسبة الخاصة بكل منتج للتوصل إلى نصيب المنتج من التكاليف المشتركة، بينما في حالة الطريقة المعتمدة على القياس المادي فقد لا يوجد القياس المادي الموحد للمنتجات المختلفة، فمثلاً قد يكون أحد المنتجات سائلاً والآخر صلباً والثالث غازاً فالسؤال هنا ما هو العامل المشترك في هذه الحالة حيث لا يوجد قياس مادي موحد. بالإضافة إلى ذلك، فإنه في كثير من الأحيان قد لا يمثل القياس المادي القيمة الإقتصادية العادلة للمنتجات.

يمكن الاستنتاج أن الطرق المعتمدة على المعلومات المتعلقة بالسوق هي أفضل إلى حد ما من الطريقة المعتمدة على القياس المادي، وذلك نظراً لوجود المزايا الكثيرة التي تتمتع بها تلك الطرق المعتمدة على المعلومات المتعلقة بالسوق ومن هذه المزايا السهولة ووجود العامل المشترك وغيرها من المزايا التي تفوق مزايا الطريقة المعتمدة على القياس المادي.

ومن الجدير بالذكر أن بعض المنشآت ترفض توزيع التكاليف المشتركة على المنتجات المختلفة بحجة أن كل طريقة من طرق توزيع التكاليف المشتركة لها عيوبها الخاصة بها، وبالتالي تلجأ هذه المنشآت إلى إظهار البضاعة بصافي القيمة التحصيلية المقدرة ويعني ذلك الاعتراف بالأرباح قبل عملية البيع الفعلي للبضاعة. أو قد تلجأ هذه المنشآت التي ترفض توزيع التكاليف المشتركة على المنتجات إلى إظهار البضاعة بصافي القيمة التحصيلية المقدرة مطروحاً منه هامش الربح العادي.

وأخيراً تجدر الإشارة إلى أنه بالرغم من وجود فوائد لعملية توزيع التكاليف المشتركة على المنتجات إلا أنه لا علاقة للتكاليف المشتركة باتخاذ القرار ببيع السلعة أو البضاعة عند نقطة الانفصال أو الاستمرار في تصنيع هذه البضاعة بعد

نقطة الانفصال للتوصل إلى بضاعة أخرى قد تكون أفضل من البضاعة عند نقطة الانفصال، والسبب في عدم وجود العلاقة بين التكاليف المشتركة واتخاذ القرار ببيع السلعة أو الاستمرار في تصنيعها هو أن هذه التكاليف المشتركة لا تختلف طبقاً للبدائل المختلفة. وإنما يجب أن يكون المعيار في هذه الحالة هو المفاضلة بين الإيرادات الإضافية والتكاليف الإضافية بعد نقطة الانفصال، فإذا كانت الايرادات الإضافية بعد نقطة الانفصال أكبر من التكاليف الإضافية بعد نقطة الانفصال فإنه يجب اتخاذ القرار في هذه الحالة بالاستمرار في تصنيع السلعة. أما إذا كانت الإيرادات الإضافية بعد نقطة الانفصال أقل من التكاليف الإضافية بعد نقطة الانفصال فإنه يجب في هذه الحالة بيع السلعة عند نقطة الانفصال، وذلك لأن المنشأة في هذه الحالة تخفض من أرباحها في حالة الاستمرار بتصنيع السلعة بعد نقطة الانفصال.

٨- محاسبة المنتجات الثانوية   Accounting for Byproducts

يقصد بالمنتجات الثانوية تلك المنتجات التي تنتج عرضياً من تصنيع وإنتاج المنتج أو المنتجات الرئيسة. وعادة لا تتوجه أنشطة التصنيع إلى إنتاج المنتجات الثانوية، وفي بعض الحالات تكون المنتجات الثانوية غير مرغوب بها. وتتميز المنتجات الثانوية بأن سعر بيع الوحدة منها منخفضاً إذا ما قورن بسعر بيع الوحدة من المنتج أو المنتجات الرئيسة. وإن تصنيف المنتجات إلى رئيسة وفرعية قد يختلف من منشأة إلى أخرى ومن سنة إلى أخرى. ويعتبر هذا التصنيف ذات أهمية للتوصل إلى تكلفة الوحدة من المنتج في حالة وجود عدة منتجات مختلفة والذي ينعكس بدوره على تكلفة المنتجات المتعددة من أجل عملية الإفصاح الخارجي والداخلي.

وحيث أن إنتاج المنتجات الثانوية يتم عرضياً فإنه لا حاجة لتوزيع التكاليف المشتركة قبل نقطة الانفصال على المنتجات الثانوية، فعمليات التصنيع لم تكن موجهة بشكل مباشر إلى تصنيع تلك المنتجات الثانوية. أما تكاليف التصنيع المتعلقة بالمنتجات الثانوية والتي تحدث بعد نقطة الانفصال فإنه يجب تحميلها على المنتجات الثانوية ليتم تخفيضها من إيراد تلك المنتجات للتوصل إلى صافي إيراد المنتجات الثانوية.

وهناك عدة طرق لمحاسبة المنتجات الثانوية، وتنصب هذه الطرق على كيفية الإجابة على السؤالين التاليين:

١- متى يتم الاعتراف بالمنتجات الثانوية؟

والإجابة على هذا السؤال الأول هي أنه يتم الاعتراف بالمنتجات الثانوية إما عند إنتاجها أو عند بيعها.

٢- كيف يتم إظهار إيراد المنتجات الثانوية في قائمة الدخل؟

والإجابة على السؤال الثاني هي أنه يتم إظهار إيراد المنتجات الثانوية في قائمة الدخل إما ضمن الإيرادات الأخرى أو كعنصر يتم تخفيضه من تكلفة المنتجات الرئيسة.

ونستنتج من الإجابة على السؤالين السابقين أن هناك أربع طرق لمحاسبة المنتجات الثانوية وهذه الطرق هي:

١- الاعتراف بالمنتجات الثانوية عند الإنتاج وإظهار إيرادات المنتجات الثانوية ضمن الايرادات أخرى.
٢- الاعتراف بالمنتجات الثانوية عند الإنتاج وإظهار إيرادات المنتجات الثانوية كتخفيض من تكلفة المنتجات الرئيسية.
٣- الاعتراف بالمنتجات الثانوية عند البيع وإظهار إيرادات المنتجات الثانوية ضمن الإيرادات الأخرى.
٤- الاعتراف بالمنتجات الثانوية عند البيع وإظهار إيرادات المنتجات الثانوية كتخفيض من تكلفة المنتجات الرئيسة.

وسوف يتم إيضاح الطرق المذكورة لمحاسبة المنتجات الثانوية عن طريق مثال رقم (٩) التالي.

مثال رقم (٩):

تستعمل شركة صناعية مواد أولية مباشرة لتصنيع المنتجين (أ) و(ب). فإذا علمت أن المنتج (أ) هو المنتج الرئيسي والمنتج (ب) هو المنتج الثانوي. وأن تكاليف المواد المباشرة ومعالجتها حتى نقطة الانفصال للمنتجات تبلغ ٥٠٠٠٠ دينار، وأنه لا توجد أية تكاليف بعد نقطة الانفصال حيث أن المنتجين هما كاملا التصنيع عند نقطة الانفصال، كما أنه لا توجد أية بضاعة متعلقة بالمنتجين في بداية المدة.

وإليك المعلومات المتعلقة بالإنتاج والمبيعات خلال مدة معينة:

البيـان	سعر بيع الوحدة	عدد الوحدات المباعة	عدد الوحدات المنتجة
المنتج (أ) الرئيسي	١٠ دنانير	٩٠٠٠	١٠٠٠٠
المنتج (ب) الثانوي	١ دينار	١٠٠٠	١٥٠٠

المطلوب:

١- بيان مجمل الربح المتعلقة بالشركة الصناعية باستعمال الطرق الأربعة لمحاسبة المنتجات الثانوية.

٢- ما هي قيمة البضاعة التي ستظهر في الميزانية في نهاية المدة والمتعلقة بالمنتج الرئيسي والمنتج الثانوي.

إجابة مثال رقم (٩):

١- احتساب مجمل الربح بالطرق الأربعة لمحاسبة المنتجات الثانوية:

طرق محاسبة المنتجات الثانوية				
١	**٢**	**٣**	**٤**	**البيان**
عند الإنتاج	عند الإنتاج	عند البيع	عند البيع	نقطة الاعتراف بالمنتجات الثانوية
عنصر إيراد	تخفيض من التكلفة	عنصر إيراد	تخفيض من التكلفة	إظهار إيراد المنتجات الثانوية في قائمة الدخل
				الإيرادات:
٩٠٠٠٠	٩٠٠٠٠	٩٠٠٠٠	٩٠٠٠٠	المنتج الرئيسي (٩٠٠٠ × ١٠)
١٠٠٠	–	١٠٠٠	–	المنتج الثانوي (١٠٠٠ × ١)
٩١٠٠٠	٩٠٠٠٠	٩١٠٠٠	٩٠٠٠٠	إجمالي الإيرادات
				تكلفة المبيعات:
٥٠٠٠٠	٥٠٠٠٠	٥٠٠٠٠	٥٠٠٠٠	إجمالي تكلفة الصنع
–	١٠٠٠	–	١٠٠٠	يطرح: إيراد المنتج الثانوي
٥٠٠٠٠	٤٩٠٠٠	٥٠٠٠٠	٤٩٠٠٠	صافي تكلفة الصنع
٥٠٠٠	٤٩٠٠	٥٠٠٠	٤٩٠٠	يطرح: بضاعة آخر المدة للمنتج الرئيسي (١٠٠٠/١٠٠٠٠ × صافي تكلفة الصنع)
٥٠٠	٥٠٠	–	–	يطرح: بضاعة آخر المدة للمنتج الثانوي (٥٠٠ × ١)
٤٤٥٠٠	٤٣٦٠٠	٤٥٠٠٠	٤٤١٠٠	تكلفة المبيعات
٤٦٥٠٠	٤٦٤٠٠	٤٦٠٠٠	٤٥٩٠٠	مجمل الربح
%٥١.١٠	%٥١.٥٦	%٥٠.٥٥	%٥١	نسبة مجمل الربح إلى الإيرادات

٢- قيمة البضاعة في نهاية المدة بالميزانية:

باستعمال أرقام طرق محاسبة المنتجات الثانوية المشار إليها في إجابة المطلوب (١) السابق وملاحظة الجزء الخاص باحتساب تكلفة المبيعات في إجابة المطلوب السابق نستخلص ما يلي:

طرق محاسبة المنتجات الثانوية (كما هي في إجابة المطلوب الأول)				
تكلفة بضاعة آخر المدة	٤	٣	٢	١
المنتج الرئيسي	٤٩٠٠	٥٠٠٠	٤٩٠٠	٥٠٠٠
المنتج الثانوي	صفر	صفر	٥٠٠	٥٠٠

يلاحظ بطرق محاسبة المنتجات الثانوية رقم (٣) ورقم (٤) المذكورة أعلاه أنه لا يوجد بضاعة آخر المدة للمنتج الثانوي حيث لا يتم الاعتراف بالمنتج الثانوي إلا عند نقطة البيع.

المصطلحات

Accounting for Byproducts	محاسبة المنتجات الثانوية
Common (Joint) costs	تكاليف مشتركة
Constant Gross-Margin Percentage Method	طريقة نسبة مجمل الربح الثابتة
Cost Allocation	توزيع التكاليف
Cost Centers	مراكز التكاليف
Direct Allocation Method	الطريقة المباشرة للتوزيع
Estimated Net Realizable Value Method	طريقة صافي القيمة التحصيلية المقدرة
Joint Costs Allocation Methods	طرق توزيع التكاليف المشتركة
Operating centers	مراكز تشغيلية
Physical Measure Method	طريقة القياس المادي
Reciprocal Allocation Method	طريقة التوزيع التبادلي
Sales Value at Split-off Method	طريقة قيمة المبيعات عند نقطة الانفصال
Service Centers	مراكز الخدمات
Split-off Point	نقطة الانفصال
Step-Down Allocation Method	طريقة التوزيع التنازلي

أسئلة وتمارين

١- ما هي أنواع مراكز التكاليف مع إعطاء أمثلة من المنشآت التجارية والخدمية والصناعية؟

٢- ما هي أسباب توزيع تكاليف مراكز الخدمات؟

٣- عدّد طرق توزع تكاليف مراكز الخدمات.

٤- ما المقصود بالتكاليف المشتركة؟

٥- ما هي طرق توزيع التكاليف المشتركة؟

٦- قارن بين طرق توزيع التكاليف المشتركة.

٧- ما المقصود بالمنتجات الثانوية؟

٨- ما هي الطرق المتعلقة بمحاسبة المنتجات الثانوية؟

٩- كيف تميز بين المنتج الرئيسي والمنتج الثانوي؟

١٠- ما المقصود بنقطة الانفصال في حالة إنتاج عدة منتجات؟

١١- يوجد لدى شركة الصناعات الوطنية قسمان للإنتاج وقسمان للخدمات بحيث أن قسمي الخدمات تؤدي خدمات لقسمي الإنتاج.

وخلال شهر تموز فقد بلغت تكاليف القسم الأول للخدمات ١١٦٠٠ دينار، بينما بلغت تكاليف القسم الثاني للخدمات ١٧٤٠٠ دينار. وتوزع هذه التكاليف على قسمي الإنتاج في الشركة. بحيث توزع تكاليف القسم الأول للخدمات على أساس عدد الموظفين، بينما توزع تكاليف القسم الثاني للخدمات على أساس مساحة القسم بالمتر المربع.

وفيما يلي البيانات المتعلقة بعدد الموظفين ومساحة القسم بالمتر المربع لمراكز التكاليف المذكورة.

البيان	قسم الخدمات الثاني	قسم الخدمات الأول	قسم الإنتاج الثاني	قسم الإنتاج الأول
عدد الموظفين	١٥	٣	٣٠	٣٠
مساحة القسم بالمتر المربع	٨٠٠	٦٠٠	٦٠٠	٢٤٠٠

المطلوب:

توزيع تكاليف قسمي الخدمات على قسمي الإنتاج باستعمال الطريقة المباشرة للتوزيع.

١٢- استعمل المعلومات الواردة في التمرين رقم (١١).

المطلوب:

توزيع تكاليف قسمي الخدمات على قسمي الإنتاج باستعمال طريقة التوزيع التنازلي (الترتيب الأول لقسم الخدمات الثاني).

١٣- استعمل المعلومات الواردة في التمرين رقم (١١).

المطلوب:

توزيع تكاليف قسمي الخدمات على قسمي الإنتاج باستعمال طريقة التوزيع التبادلي.

١٤- يوجد لدى شركة الصناعات العصرية قسمان للإنتاج وقسمان للخدمات. وخلال شهر أيلول فقد قدم القسم الأول للخدمات ما يعادل ٢٠٠٠ ساعة خدمات منها ٩٩٥ ساعة للقسم الأول للإنتاج و ٧٥٠ ساعة للقسم الثاني للإنتاج و٢٢٥ ساعة للقسم الثاني للخدمات. وفي نفس الشهر فقد قدم القسم الثاني للخدمات ما يعادل ٢٧٠٠ ساعة خدمة للقسم الأول للإنتاج و١٨٠٠ ساعة للقسم الثاني للإنتاج و٥٠٠ ساعة للقسم الأول للخدمات.

فإذا علمت أن تكاليف القسم الأول للخدمات ٥٠٠٠٠ دينار خلال شهر أيلول بينما بلغت تكاليف القسم الثاني للخدمات ١٠٥٠٠٠ دينار. وبافتراض أن تكاليف أقسام الخدمات توزع على أساس ساعات الخدمة المقدمة.

المطلوب:

توزيع تكاليف قسمي الخدمات باستعمال طريقة التوزيع التبادلي (الترتيب الأول لقسم الخدمات الثاني).

١٥- تعمل إحدى الشركات الصناعية ولديها قسمين للخدمات وقسمين للإنتاج. ويتم توزيع تكاليف القسم الأول للخدمات على أساس المساحة التي يشغلها كل قسم بينما يتم توزيع تكاليف القسم الثاني للخدمات على أساس ساعات العمل التي يعملها الموظفون لدى كل قسم. وفيما يلي المعلومات التي ظهرت بسجلات الشركة والمتعلقة بإحدى الفترات المالية:

البيان	قسم الخدمات الثاني	قسم الخدمات الأول	قسم الإنتاج الثاني	قسم الإنتاج الأول
المساحة بالمتر المربع	١٠٠	ــ	١٠٠	٣٠٠
ساعات العمل	ــ	١٠٠	١٠٠	٤٠٠
تكاليف أقسام الخدمات	١٢٠٠٠ دينار	٢٠٠٠٠ دينار		

المطلوب:

توزيع تكاليف أقسام الخدمات على أقسام الإنتاج باستعمال الطريقة المباشرة للتوزيع.

١٦- استعمل المعلومات الواردة في التمرين رقم (١٥).

المطلوب:

توزيع تكاليف أقسام الخدمات باستعمال طريقة التوزيع التنازلي.

١٧- استعمل المعلومات الواردة في التمرين رقم (١٥).

المطلوب:

توزيع تكاليف أقسام الخدمات باستعمال طريقة التوزيع التبادلي.

١٨- بالرجوع إلى إجابات التمارين (١٥) و(١٦) و(١٧)، ما هي الطريقة المفضلة لتوزيع تكاليف أقسام الخدمات؟ ولماذا؟

١٩- تنتج إحدى الشركات الصناعية المنتجين (أ) و(ب)، حيث يتم إنتاج هذين المنتجين باستعمال نفس المواد المباشرة، وبعد نقطة الانفصال يتم تصنيع كل من المنتجين بإجراء عمليات تصنيع إضافية منفصلة.

وفيما يلي بعض المعلومات الإضافية:

البيان	الإجمالي	المنتج (ب)	المنتج (أ)
القيمة البيعية النهائية	١٥٠٠٠ دينار	٦٠٠٠ دينار	٩٠٠٠ دينار
التكاليف المشتركة لغاية نقطة الانفصال	٦٦٠٠	؟	؟
تكاليف التصنيع بعد نقطة الانفصال	٦٠٠٠	٣٠٠٠	٣٠٠٠

المطلوب:

توزيع التكاليف المشتركة على المنتجين (أ) و(ب) باستعمال طريقة صافي القيمة التحصيلية المقدرة.

٢٠- تنتج شركة صناعية باستعمال نفس المواد المباشرة منتجين رئيسين هما (أ) و(ب) ومنتج فرعي (ج) عند نقطة الانفصال. فإذا علمت أن التكاليف المشتركة والمتعلقة بالمواد المباشرة ومعالجتها حتى نقطة الانفصال تبلغ ١٢٠٠٠٠ دينار، كما تبلغ عدد الوحدات المنتجة من المنتج (أ) ١٠٠٠٠ وحدة بينما تبلغ عدد الوحدات المنتجة من المنتج (ب) ٢٠٠٠٠ وحدة. أما القيمة البيعية للمنتج الفرعي أو الثانوي (ج) فتبلغ ٣٠٠٠ دينار، وتستعمل الشركة القيمة البيعية للمنتج الفرعي لتخفيض التكاليف المشتركة قبل التوزيع.

المطلوب:

توزيع التكاليف المشتركة باستعمال طريقة القياس المادي.

٢١- تنتج الشركة الأهلية للصناعة باستعمال نفس المواد المباشرة ثلاثة منتجات رئيسة هي (أ) و(ب) و(ج) عند نقطة الانفصال. فإذا علمت أن التكاليف المشتركة والمتعلقة بالمواد المباشرة وتصنيعها حتى نقطة الانفصال تبلغ ٦٣٠٠٠ دينار. وفيما يلي بعض المعلومات المتعلقة بالمنتجات لفترة معينة:

عدد الوحدات المنتجة	سعر بيع الوحدة بالدينار	المنتج
٤٠٠٠	٥	أ
٥٠٠٠	٦	ب
٥٠٠٠	٨	ج

المطلوب:

توزيع التكاليف المشتركة باستعمال طريقة القياس المادي.

٢٢- استعمل المعلومات الواردة في التمرين رقم (٢١).

المطلوب:

توزيع التكاليف المشتركة باستعمال طريقة قيمة المبيعات عند نقطة الانفصال.

٢٣- تنتج شركة السعادة للصناعة الوطنية ثلاثة منتجات رئيسة وهي (أ) و(ب) و(ج). فإذا علمت أن التكاليف المشتركة والمتعلقة بالمواد المباشرة وتصنيعها حتى نقطة الانفصال تبلغ ٥٠٠٠٠ دينار.

وفيما يلي بعض المعلومات الإضافية المتعلقة بالمنتجات لفترة معينة:

القيمة البيعية المتوقعة للمنتج	تكاليف تصنيع إضافية بعد نقطة الانفصال	المنتج
٣٠٠٠٠ دينار	٢٠٠٠ دينار	أ
٤٠٠٠٠	٦٠٠٠	ب
٥٠٠٠٠	١٠٠٠٠	ج

المطلوب:

توزيع التكاليف المشتركة على المنتجات الثلاثة باستعمال طريقة صافي القيمة التحصيلية المقدرة.

٢٤- تنتج الشركة الصناعية الحديثة ثلاثة منتجات رئيسة وهي (أ) و(ب) و(ج) باستعمال نفس المواد المباشرة. وتوزع الشركة التكاليف المشتركة باستعمال طريقة قيمة المبيعات عند نقطة الانفصال.

وفيما يلي بعض المعلومات الإضافية المتعلقة بالمنتجات:

المنتج				
أ	ب	ج	الإجمالي	البيان
٨٠٠٠	٤٠٠٠	٢٠٠٠	١٤٠٠٠	عدد الوحدات المنتجة
٧٢٠٠٠	؟	؟	١٢٠٠٠٠	تكاليف مشتركة
؟	؟	٣٠٠٠٠	٢٠٠٠٠٠	القيمة البيعية عند نقطة الانفصال
١٤٠٠٠	١٠٠٠٠	٦٠٠٠	٣٠٠٠٠	تكاليف إضافية بعد نقطة الانفصال
١٤٠٠٠٠	٦٠٠٠٠	٤٠٠٠٠	٢٤٠٠٠٠	القيمة البيعية بعد التصنيع الإضافي

المطلوب:

احتساب القيم المجهولة في الجدول والمشار إليها بعلامة استفهام.

٢٥- تنتج الشركة العصرية للصناعة منتجين رئيسيين وهما (أ) و(ب) ومنتج ثانوي (ج) عند نقطة الانفصال. وتعامل الشركة إيراد المبيعات للمنتج الثانوي كعنصر إيراد. وفيما يلي بعض المعلومات الإضافية المتعلقة بالمنتجات:

			المنتج	
البيان	الإجمالي	ج	ب	أ
عدد الوحدات المنتجة	٣٠٠٠٠	٦٠٠٠	٩٠٠٠	١٥٠٠٠
التكاليف مشتركة	٢٧٠٠٠٠ دينار	؟	؟	؟
القيمة البيعية عند نقطة الانفصال	٤٥٠٠٠٠ دينار	١٠٠٠٠	١٥٠٠٠٠	٢٩٠٠٠٠

بافتراض أن الشركة توزع التكاليف المشتركة باستعمال طريقة قيمة المبيعات عند نقطة الانفصال.

المطلوب:

توزيع التكاليف المشتركة على المنتجات باحتساب القيم المجهولة في الجدول والمشار إليها بعلامة استفهام.

٢٦- تستعمل شركة صناعية مواد أولية مباشرة وتصنعها لينتج منها المنتج الرئيسي (أ) والمنتج الثانوي (ب). فإذا علمت أن التكاليف المتعلقة بالمواد المباشرة وتصنيعها حتى الانفصال للمنتجات تعادل ٦٠٠٠٠ دينار، وأنه لا توجد بضاعة متعلقة بالمنتجين في بداية الفترة وأن المنتجين كاملا التصنيع عند نقطة الانفصال. وفيما يلي المعلومات المتعلقة بالمنتجين خلال مدة معينة:

البيان	سعر البيع للجالون	البيع (بالجالونات)	الإنتاج (بالجالونات)
المنتج الرئيسي (أ)	٣٠ دينار	١٨٠٠٠	٢٠٠٠٠
المنتج الثانوي (ب)	٤	٢٥٠٠	٣٠٠٠

المطلوب:

(١) بيان مجمل الربح المتعلق بالشركة الصناعية باستعمال الطرق الأربعة لمحاسبة المنتجات الثانوية.

(٢) ما هي قيمة البضاعة التي ستظهر بالميزانية في نهاية المدة والمتعلقة بالمنتج الرئيسي والمنتج الثانوي.

٢٧- تستعمل شركة صناعية مواد أولية مباشرة وتصنيعها لينتج عنها المنتج الرئيسي (أ) والمنتج الثانوي (ب). فإذا علمت أن إجمالي تكاليف الصنع خلال فترة معينة تبلغ ١١٠٠٠٠ دينار، حيث تم إنتاج وبيع ١٠٠٠٠ كغم من المنتج الرئيسي (أ) بالإضافة إلى إنتاج وبيع ٢٥٠٠ كغم من المنتج الثانوي (ب). وقد كان سعر البيع للكغم من المنتج الرئيسي (أ) ١٥ دينار بينما كان سعر البيع

للكغم من المنتج الثانوي (ب) ٢ دينار. علماً بأن لا يوجد بضاعة في بداية المدة أو نهاية المدة للمنتجين.

المطلوب:

عمل قائمة الدخل وبيان مجمل الربح بافتراض:

(١) أن المنتج الثانوي (ب) يظهر كعنصر إيراد عند البيع.

(٢) أن المنتج الثانوي (ب) يظهر كعنصر تخفيض من التكلفة عند الإنتاج.

٢٨- تنتج الشركة الأهلية للصناعة ثلاثة منتجات رئيسة وهي (أ) و(ب) و(ج). ويمكن أن تباع هذه المنتجات عند نقطة الانفصال حيث يتم إنتاجها باستعمال مواد مباشرة موحدة وبعملية تصنيع موحدة لهذه المواد حيث تنتج المنتجات الرئيسة الثلاثة. كما يمكن أن تتم عمليات تصنيع إضافية بعد نقطة الانفصال وتباع المنتجات بعد هذه العمليات الإضافية.

فإذا علمت أن التكاليف المشتركة للمنتجات الثلاثة لغاية نقطة الانفصال تبلغ ٥٠٠٠٠ دينار، ويتم توزيعها على المنتجات طبقاً لطريقة قيمة المبيعات عند نقطة الانفصال. وفيما يلي بعض المعلومات الإضافية:

المنتج (أ)	المنتج (ب)	المنتج (ج)	البيان
٢٠٠٠٠	١٥٠٠٠	١٥٠٠٠	عدد الوحدات المنتجة
٤٥٠٠٠ دينار	٧٥٠٠٠ دينار	٣٠٠٠٠ دينار	القيمة البيعية عند نقطة الانفصال
٢٠٠٠٠	٢٠٠٠٠	١٨٠٠٠	تكاليف إضافية بعد نقطة الانفصال
٦٠٠٠٠	٩٨٠٠٠	٦٢٠٠٠	القيمة البيعية النهائية

المطلوب:

ما هي المنتجات التي يجب أن تباع عند نقطة الانفصال مباشرة، وما هي المنتجات التي يجب تصنيعها بعد نقطة الانفصال لتعظيم أرباح الشركة؟

٢٩- تنتج الشركة الصناعية ثلاثة منتجات رئيسة هي (أ) و(ب) و(ج) باستعمال مواد مباشرة وتصنيعها حتى نقطة الانفصال. علماً بأن التكاليف المشتركة لغاية نقطة الانفصال تبلغ ١٠٠٠٠٠ دينار، حيث ينتج ١٠٠٠٠ وحدة من المنتج (أ) و ١٠٠٠٠ وحدة من المنتج (ب) و٢٠٠٠٠ وحدة من المنتج (ج). فإذا كان سعر البيع عند نقطة الانفصال للمنتج (أ) ٣ دنانير للوحدة، وللمنتج (ب) ٦ دنانير للوحدة، وللمنتج (ج) ٤.٥ دينار للوحدة.

المطلوب:

(١) احتساب صافي الربح لكل منتج وللشركة بشكل عام إذا تم البيع عند نقطة الانفصال وبافتراض أن توزيع التكاليف المشتركة يتم باستعمال طريقة قيمة المبيعات عند نقطة الانفصال.

(٢) بافتراض أن الشركة ترغب بعمليات تصنيع إضافية للمنتجين (أ) و(ج) بعد نقطة الانفصال. حيث تستطيع الشركة بيع المنتج (أ) بمبلغ ٥ دنانير للوحدة وذلك بعد تكلفة تصنيع إضافية مقدارها ١ دينار للوحدة، كما تستطيع الشركة بيع المنتج (ج) بمبلغ ٨ دنانير للوحدة وذلك بعد تكلفة تصنيع إضافية مقدارها ٣ دنانير للوحدة. احتسب صافي الربح لكل منتج وللشركة بشكل عام بافتراض أن توزيع التكاليف المشتركة يتم باستعمال طريقة صافي القيمة التحصيلية المقدرة.

(٣) ما هي المنتجات التي يجب بيعها عند نقطة الانفصال، وما هي المنتجات التي يجب تصنيعها بعد نقطة الانفصال؟

٣٠- لدى شركة الصناعات الوطنية ثلاثة مراكز خدمات ومركزين للإنتاج.

وفيما يلي ملخص للتكاليف والمعلومات الأخرى المتعلقة بكل مركز قبل توزيع تكاليف مراكز الخدمات للسنة المنتهية في ٩٨/١٢/٣١:

قسم الخدمات الأول	قسم الخدمات الثاني	قسم الخدمات الثالث	قسم الإنتاج الأول	قسم الإنتاج الثاني	البيان
صفر	٦٥٠٠٠	٩١٠٠٠	٣١٣٠٠٠٠	٩٥٠٠٠٠	تكاليف المواد المباشرة
٩٠٠٠٠	٨٢١٠٠	٨٧٠٠٠	١٩٥٠٠٠٠	٢٠٥٠٠٠٠	تكاليف الأجور المباشرة
٧٠٠٠٠	٥٦١٠٠	٦٢٠٠٠	١٦٥٠٠٠٠	١٨٥٠٠٠٠	تكاليف صناعية غير مباشرة
١٦٠٠٠٠	٢٠٣٢٠٠	٢٤٠٠٠٠	٦٧٣٠٠٠٠	٤٨٥٠٠٠٠	
٣١٠٠٠	٢٧٠٠٠	٤٢٠٠٠	٥٦٢٥٠٠	٤٣٧٥٠٠	ساعات عمل مباشر
١٢	٨	٢٠	٢٨٠	٢٠٠	عدد الموظفين
١٧٥	٢٠٠	٤٨٠	٨٨٠٠	٧٢٠٠	المساحة بالمتر المربع

فإذا علمت أن تكاليف أقسام الخدمات توزع كما يلي:

توزع تكاليف قسم الخدمات الأول طبقاً لساعات العمل المباشر، بينما توزع تكاليف قسم الخدمات الثاني طبقاً لمساحة القسم، وأخيراً توزع تكاليف قسم الخدمات الثالث طبقاً لعدد الموظفين.
قَرِّب الإجابة إلى أقرب دينار.

المطلوب:

بافتراض استعمال الطريقة المباشرة لتوزيع تكاليف أقسام الخدمات على أقسام الإنتاج. إن حصة قسم الإنتاج الأول من توزيع تكاليف قسم الخدمات الثاني تبلغ:

(أ) صفر.
(ب) ١١١٧٦٠ دينار.
(ج) ١٠٦٠٩١ دينار.
(د) ٩١٤٤٠ دينار.
(هـ) لا شيء مما ذكر.

٣١- استعمل المعلومات الواردة في التمرين رقم (٣٠).

المطلوب:

بافتراض استعمال الطريقة المباشرة لتوزيع تكاليف أقسام الخدمات على أقسام الإنتاج. إن حصة قسم الإنتاج الثاني من توزيع تكاليف قسم الخدمات الأول تبلغ:

(أ) صفر.
(ب) ٦٣٦٣٦ دينار.
(ج) ٧٠٠٠٠ دينار.
(د) ٩٠٠٠٠ دينار.
(هـ) لا شيء مما ذكر.

٣٢- استعمل المعلومات الواردة في التمرين رقم (٣٠).

المطلوب:

بافتراض استعمال طريقة التوزيع التنازلي لتوزيع تكاليف أقسام الخدمات على الأقسام الأخرى (مبتدءاً بقسم الخدمات الثالث، ثم قسم الخدمات الثاني). إن حصة قسم الخدمات الثاني من توزعي تكاليف قسم الخدمات الثالث تبلغ:

(أ) صفر.
(ب) ٩٦٠٠٠ دينار.

(ج) ٣٨٤٠ دينار.

(د) ٦١٢٤ دينار.

(هـ) لا شيء مما ذكر.

٣٣- استعمل المعلومات الواردة في التمرين رقم (٣٠).

المطلوب:

بافتراض استعمال طريقة التوزيع التنازلي لتوزيع تكاليف أقسام الخدمات على الأقسـام الأخـرى (مبتدءاً بقسم الخدمات الثالث، ثم قسم الخدمات الثاني). إن حصـة قسـم الخـدمات الثالـث مـن توزيـع تكاليف قسم الخدمات الثاني تبلغ:

(أ) صفر.

(ب) ٥٧٨٧ دينار.

(ج) ٥٨٥٦ دينار.

(د) ١٤٨٩١٠ دينار.

(هـ) لا شيء مما ذكر.

٣٤- تستعمل طريقة صافي القيمة التحصيلية المقدرة لغرض:

(أ) توزيع التكاليف بعد نقطة الانفصال.

(ب) تحديد التكاليف الملائمة.

(ج) تحديد نقطة التعادل بالدينار.

(د) توزيع التكاليف المشتركة.

٣٥- تستعمل طريقة صافي القيمة التحصيلية المقدرة لتوزيع:

	التكاليف المشتركة	التكاليف الإضافية بعد نقطة الانفصال
(أ)	نعم	نعم
(ب)	نعم	لا
(ج)	لا	نعم
(د)	لا	لا

٣٦- إن الطريقة المتعلقة بتوزيع التكاليف المشتركة والتي تؤدي إلى نفـس مجمـل الـربح لكافـة المنتجـات هي:

(أ) طريقة صافي القيمة التحصيلية المقدرة.

(ب) طريقة القياس المادي.

(ج) طريقة القيمة البيعية عند نقطة الانفصال.

(د) لا شيء مما ذُكِر.

٣٧- تستعمل شركة صناعية مواد مباشرة وتصنعها لينتج عنها عند نقطة الانفصال المنتج (أ) والمنتج (ب) ويتم بيعهما. وفيما يلي المعلومات المتعلقة بشهر آب:

المواد المباشرة التي تم تصنيعها : ١٠٠٠٠ جالون (تم فقدان ما مجموعه ٥٠٠ جالون بسبب التصنيع)

الإنتاج: المنتج (أ) : ٥٠٠٠ جالون.

المنتج (ب): ٤٥٠٠ جالون.

المبيعات: المنتج (أ): ٤٧٥٠ جالون بسعر البيع للجالون ١٥٠ دينار.

المنتج (ب): ٤٠٠٠ جالون بسعر البيع للجالون ١٠٠ دينار.

فإذا علمت أن التكاليف المشتركة لغاية نقطة الانفصال بلغت ٩٧٥٠٠٠ دينار وأن بضاعة اول المدة كانت ٥٠ جالون للمنتج (أ) و٢٥ جالون للمنتج (ب)، كما كانت بضاعة آخر المدة ٣٠٠ جالون للمنتج (أ) و٥٢٥ جالون للمنتج (ب). وأن تكلفة الوحدة لشهر تموز تعادل تكلفة الوحدة لشهر آب.

المطلوب:

ما هي نسبة مجمل الربح للمنتج (أ) باستعمال طريقة القياس المادي؟

(أ) ٣٢%

(ب) ٣٣%

(ج) ٣٥%

(د) ٣٨%

(هـ) لا شيء مما ذكر.

٣٨- استعمل المعلومات الواردة في التمرين رقم (٣٧).

المطلوب:

ما هو نصيب المنتج (ب) من التكاليف المشتركة بافتراض استعمال طريقة قيمة المبيعات عند نقطة الانفصال ؟

(أ) ٣٦٥٦٢٥ دينار.

(ب) ٤١٩٢٥٠ دينار.

(ج) ٤٥٨٢٥٠ دينار.

(د) ٦٠٩٣٧٥ دينار.

(هـ) لا شيء مما ذكر.

٣٩- استعمل المعلومات الواردة في التمرين رقم (٣٧).

المطلوب:

ما هي تكلفة الإنتاج للوحدة من المنتج (أ) باستعمال طريقة القياس المادي لتوزيع التكاليف المشتركة؟

(أ) ١٠٢.٣٣ دينار.

(ب) ١٠٢.٦٣ دينار.

(ج) ١١٤.٨ دينار.

(د) ١٢٠ دينار.

(هـ) لا شيء مما ذكر.

٤٠- استعمل المعلومات الواردة في التمرين رقم (٣٧).

المطلوب:

ما هو نصيب المنتجات (أ) و(ب) على التوالي من توزيع التكاليف المشتركة باستعمال طريقة القياس المادي؟

(أ) ٤٦١٨٥٨ دينار   و   ٥١٣١٤٢ دينار.

(ب) ٥١٣١٤٢ دينار   و   ٤٦١٨٥٨ دينار.

(ج) ٥٢٩٢٨٥ دينار   و   ٤٤٥٧١٥ دينار.

(د) ٥٣٠٠٠٠ دينار   و   ٤٧٠٠٠٠ دينار.

(هـ) لا شيء مما ذكر.

الفصل العاشر

استخدام المعلومات المحاسبية في اتخاذ القرارات الإدارية

Using Accounting Information for Managerial Decisions

يهدف هذا الفصل إلى تعريف القارئ بما يلي:

١- المعلومات وعملية اتخاذ القرارات.

٢- التكاليف والايرادات الملائمة لاتخاذ القرارات.

٣- كيفية اتخاذ قرار التصنيع أو الشراء.

٤- كيفية اتخاذ قرار البيع أو التصنيع الى حد أبعد.

٥- كيفية اتخاذ قرار إضافة او التخلص من احد خطوط الانتاج.

٦- كيفية تخصيص الموارد النادرة.

٧- كيفية اتخاذ قرار التخلص من البضاعة المتقادمة.

الفصل العاشر
استخدام المعلومات المحاسبية في اتخاذ القرارات الإدارية
Using Accounting Information for Managerial Decisions

١- مقدمة:

تعتبر عملية اتخاذ القرارات احدى الوظائف الرئيسة لادارة المنشأة، وتواجه الإدارة بعدة مشاكل وأمور كثيرة تحاول ايجاد الحلول المناسبة لها بعد دراستها وتحليلها وتقييمها جيدا. فمثلا يجب على الإدارة أن تقرر أي المنتجات يجب إنتاجها وبيعها في السوق وبأي كميات. وكذلك الحال هل الأفضل للمنشأة أن تصنع قطعة معينة لازمة للمنتج النهائي أم تشتريها من الخارج. وكيف يمكن تخصيص الموارد النادرة والمحدودة لدى المنشأة لانتاج المنتجات المختلفة. وما هي أفضل طريقة للتخلص من البضاعة المتقادمة الموجودة بحوزة المنشأة؟ وهكذا هناك العديد من القرارات الإدارية التي يجب اتخاذها بالسرعة الممكنة.

باختصار يمكن اعتبار عملية اتخاذ القرارات الادارية احدى المهام الصعبة والمعقدة التي يجب على الادارة ممارستها، وتزداد صعوبة اتخاذ القرار بزيادة البدائل المتاحة للمشكلة التي تواجه المنشأة. وتستخدم المعلومات المحاسبية كالتكاليف والايرادات وغيرها لاتخاذ القرارات الإدارية المختلفة ويجب على ادارة المنشأة ان تكون قادرة على تمييز وتحديد التكاليف والايرادات وكافة المعلومات المحاسبية الملائمة لاتخاذ القرارات.

وسوف يتم في هذا الفصل بيان أهمية المعلومات المحاسبية في اتخاذ القرارات الادارية المختلفة والتعرف على الخطوات اللازمة لاتخاذ القرارات المناسبة حيث سيتم التركيز على اتخاذ بعض القرارات الادارية القصيرة الأجل مثل قرار التصنيع أو الشراء، وقرار الإضافة او التخلص من أحد خطوط الانتاج، وقرار تخصيص الموارد النادرة وقرار التخلص من البضاعة المتقادمة.

وتجدر الإشارة الى أن بعض القرارات الادارية قصيرة الاجل قد تم معالجتها في الفصل السابع مثل قرار تسعير المنتجات والخدمات وقرار قبول الطلبيات الخاصة، وعليه فلن يتم التعرض اليها في هذا الفصل.

٢- المعلومات وعملية اتخاذ القرار
Information and the Decision Process

تعتبر المعلومات أساساً ضرورياً لاتخاذ القرارات، فعند نشوء مشكلة معينة تحتاج لاتخاذ قرار بشأنها فإنه يتم في البداية تجميع المعلومات الملائمة والمتعلقة بالمشكلة تحت البحث، حيث يتم تحليلها بتحديد البدائل المختلفة لحل المشكلة وتقييمها ومن ثم اختيار البديل الافضل من بينها واتخاذ القرار المناسب بشأن المشكلة.

وبناء على ما سبق فإنه يمكن تحديد الخطوات التالية اللازمة لاتخاذ القرار المناسب:

١- تجميع المعلومات اللازمة والملائمة لاتخاذ القرار المناسب.

٢- تحديد البدائل المختلفة وتحديد المنافع المترتبة على تلك البدائل ودراسة التوقعات المحتملة لتلك البدائل.

٣- اختيار البديل الأفضل بعد تقييم البدائل المختلفة وقياس المنافع ومقارنتها بالتكاليف المتعلقة بها.

٤- تنفيذ القرار باختيار البديل الأفضل والذي تم التوصل اليه في الخطوة السابقة.

٥- تقييم الأداء الناتج عن تنفيذ القرار.

ونورد المثال رقم (١) التالي لشرح الخطوات السابقة واللازمة لاتخاذ القرار المناسب.

مثال رقم (١):

تنتج شركة السعادة وتبيع ٦٠٠٠ وحدة من المنتج (أ) شهرياً. فاذا علمت بأن سعر بيع الوحدة من المنتج (أ) يعادل ٤٠ دينار في حين ان التكلفة المتغيرة للوحدة تبلغ ٢٦ دينار، وان اجمالي التكاليف الثابتة الشهرية للمنتج (أ) يبلغ ٦٠٠٠٠ دينار.

وترغب الشركة في التوسع باعمالها بانتاج وبيع ٧٠٠٠ وحدة من المنتج (أ) شهرياً، علماً بأن اجمالي التكاليف الثابتة الشهرية سوف يزيد بمبلغ ١٥٠٠٠ دينار بسبب هذا التوسع.

المطلوب:

عمل التحليل المناسب لاتخاذ القرار بشأن التوسع في الانتاج أو عدمه بالاستناد الى صافي الربح بافتراض أن الشركة لا تخضع للضريبة.

إجابة مثال رقم (١):

إن المعلومات اللازمة لاتخاذ قرار الشركة بشأن التوسع في إنتاجها أو عدمه ترتكز على ايرادات الشركة وتكاليفها، حيث يتم اخذ الفروقات بينها لاحتساب صافي الربح، ومن ثم يتم مقارنة صافي الربح في حالة عدم التوسع بصافي الربح في حالة التوسع، وبالتالي فإنه يتم اتخاذ القرار بالتوسع في الانتاج أو عدمه استناداً الى صافي الربح الأعلى في الحالتين المذكورتين باعتبارهما بديلين مختلفين يجب اختيار أحدهما.

ويمكن عمل التحليل بين البديلين المختلفين كما يلي:

البديل (١) عدم التوسع في الانتاج	البديل (٢) التوسع في الانتاج	البيان
٢٤٠٠٠٠ دينار	٢٨٠٠٠٠ دينار	المبيعات (٦٠٠٠×٤٠) (٧٠٠٠×٤٠)
١٥٦٠٠٠	١٨٢٠٠٠	- التكاليف المتغيرة (٦٠٠٠×٢٦) (٧٠٠٠×٢٦)
٦٠٠٠٠	٧٥٠٠٠	- التكاليف الثابتة
٢٤٠٠٠	٢٣٠٠٠	صافي الربح

يتضح من التحليل السابق ان صافي الربح في حالة عدم التوسع في الإنتاج يبلغ ٢٤٠٠٠ دينار، في حين ان صافي الربح في حالة التوسع في الانتاج يبلغ ٢٣٠٠٠ دينار.وبمقارنة صافي الربح في الحالتين المذكورتين، يتبين أن صافي الربح في حالة عدم التوسع في الانتاج هو أعلى منه في حالة التوسع بالانتاج.

فبالاستناد إلى صافي الربح كقاعدة لاتخاذ القرار فإن الشركة سوف تتخذ القرار بعدم التوسع في الإنتاج والبيع بسبب أن ذلك يؤدي إلى التوصل الى مبلغ صافي الربح الأعلى.

كما يمكن التوصل الى اتخاذ نفس القرار بعدم التوسع في الانتاج والبيع عن طريق تحليل الايرادات الإضافية والتكاليف الاضافية لمعرفة الارباح أو الخسائر الاضافية الناتجة عن عملية التوسع في الانتاج والبيع كما هو موضح فيما يلي:

حالة التوسع في الانتاج والبيع	
٤٠٠٠٠ دينار	مبيعات اضافية (١٠٠٠ وحدة×٤٠ دينار)
(٢٦٠٠٠)	- تكاليف متغيرة اضافية (١٠٠٠وحدة ×٢٦ دينار)
(١٥٠٠٠)	- تكاليف ثابتة اضافية
(١٠٠٠)	خسارة اضافية (تخفيض ارباح)

يشير تحليل المبيعات الاضافية والتكاليف الإضافية في حالة التوسع في الانتاج والبيع بان ذلك سوف يؤدي إلى تخفيض ارباح الشركة بما يعادل ١٠٠٠ دينار، مما يستدعي الى اتخاذ القرار بعدم التوسع في الانتاج والبيع. وهو نفس القرار الذي تم اتخاذه بالتحليل الاجمالي للمبيعات والتكاليف المتغيرة والثابتة كما هو موضح سابقاً بتحليل البديلين المختلفين بالتوسع او عدمه والذي ادى ايضا الى اتخاذ قرار عدم التوسع في الانتاج والبيع.

٣- المعلومات الملائمة Relevant Information

يقصد بالمعلومات الملائمة تلك المعلومات المتعلقة بالبدائل المختلفة والمتاحة لاتخاذ قرار معين بشأن موضوع معين. وفي المحاسبة فإن المعلومات الملائمة هي تلك المعلومات التي تختلف من بديل لآخر بحيث يتم تحديدها وتقييمها لاتخاذ القرار المناسب بشأنها. فقد يرغب مثلاً متخذ القرار بتعظيم الارباح، فعندئذ يختار البديل الذي يؤدي الى اكبر ربح ممكن وذلك بمقارنة التكاليف بالايرادات لكل بديل على حده، حيث يتم اخذ الفروقات بينها وتحديد البديل الذي يؤدي الى أعلى ربح. وهنا يجب التعرف على التكاليف الملائمة والايرادات الملائمة، وفيما يلي شرح لهذه المفاهيم.

٣-١ التكاليف الملائمة Relevant Costs

يقصد بالتكاليف الملائمة تلك التكاليف التي تتغير من بديل لآخر وعليه فإن التكاليف التي لا تتغير من بديل لآخر وتبقى ثابتة لا تعتبر ملائمة لاختيار البديل الملائم وبالتالي اتخاذ القرار المناسب.

ويعتبر تصنيف التكاليف الى تكاليف ثابتة وأخرى متغيرة مهما لغايات اتخاذ القرارات الادارية المختلفة. حيث تعرف التكاليف الثابتة بأنها تلك التكاليف التي لا تتغير تبعاً للتغير في حجم الانتاج بحدود المدى الملائم للطاقة الانتاجية ويمكن للتكاليف الثابتة أن تتغير في حالة تجاوز المدى الملائم في الانتاج، وحينها يكون ذلك التغير ملائماً لغاية اتخاذ القرار المناسب. اما التكاليف المتغيرة فيمكن تعريفها بأن تلك التكاليف التي تتغير طردياً طبقا للتغير في حجم الانتاج وبالتالي فهي تعتبر ملائمة لاتخاذ القرارات الادارية المختلفة.
وإن التكاليف التي لا تتغير من بديل لآخر يمكن اعتبارها بمثابة تكاليف غارقة لاتخاذ القرار موضوع البحث. وبذلك يمكن استبعاد تلك التكاليف من التحليل التفاضلي بين البدائل المختلفة.

نورد فيما يلي المثال رقم (٢) التالي لإيضاح عملية اتخاذ القرار المناسب في حالة وجود تكاليف ثابتة وأخرى متغيرة.

مثال رقم (٢):

يفتح احد المطاعم أبوابه للجمهور لوجبة الغذاء فقط، وفيما يلي العناصر المتعلقة بالمصروفات والايرادات الشهرية لذلك المطعم:

١٠٠٠٠ دينار	ايراد المبيعات
	<u>المصروفات التشغيلية</u>
٧٠٠٠ دينار	تكلفة البضاعة المباعة
٥٠٠	ايجار المحل
١٠٠	التأمين
٦٠٠	اجور العمال
١٠٠	الكهرباء والمياه والتلفون

ويرغب صاحب المطعم بفتح أبواب المطعم لوجبة العشاء ايضا بالاضافة الى وجبة الغذاء، ومن المتوقع ان تكون عناصر الايرادات والمصروفات بهذه الحالة كما يلي:

١٥٠٠٠ دينار	ايراد المبيعات
	<u>المصروفات التشغيلية</u>
١٠٥٠٠ دينار	تكلفة البضاعة المباعة
٥٠٠	ايجار المحل
١٠٠	التأمين
٩٠٠	اجور العمال
١٥٠	كهرباء ومياه وتلفون

المطلوب:

١- تحديد التكاليف الملائمة والتكاليف غير الملائمة لاتخاذ القرار بفتح المطعم لوجبة العشاء ام لا.

٢- اتخاذ القرار المناسب بفتح المطعم لوجبة العشاء أم لا.

إجابة مثال رقم (٢):

١- التكاليف الملائمة لاتخاذ القرار بفتح المطعم لوجبة العشاء ام لا هي تلك التكاليف التي تتغير من بديل لآخر. وبمقارنة التكاليف في حالة فتح المطعم لوجبة الغداء فقط مع التكاليف في حالة فتح المطعم لوجبتي الغذاء والعشاء، يتضح ان التكاليف التي تتغير طبقاً لهذه البدائل هي التكاليف التالية:

أ- تكلفة البضاعة المباعة.

ب- اجور العمال.

جـ- الكهرباء والمياه والتلفون.

وعليه تكون هذه التكاليف المذكورة هي تكاليف ملائمة لاتخاذ القرار بفتح المطعم لوجبة العشاء أم لا.

أما التكاليف التي لا تتغير تبعاً للبدائل المختلفة فتعتبر تكاليف غير ملائمة لاتخاذ القرار بفتح المطعم لوجبة العشاء ام لا، وهذه التكاليف هي:

أ- ايجار المحل

ب- التأمين

٢- لاتخاذ القرار المناسب بشأن فتح المطعم لوجبة العشاء أم لا فإنه يمكن اجراء التحليل التالي:

البيان	(١)-(٢) الفروقات	(٢) فتح المطعم لوجبة الغداء فقط	(١) فتح المطعم لوجبتي العشاء والغداء
ايراد المبيعات	٥٠٠٠ دينار	١٠٠٠٠ دينار	١٥٠٠٠ دينار
- المصروفات التشغيلية			
تكلفة البضاعة المباعة	٣٥٠٠ دينار	٧٠٠٠ دينار	١٠٥٠٠ دينار
ايجار المحل	-	٥٠٠	٥٠٠
التأمين	-	١٠٠	١٠٠
اجور العمال	٣٠٠	٦٠٠	٩٠٠
الكهرباء والمياه والتلفون	٥٠	١٠٠	١٥٠
مجموع المصروفات التشغيلية	٣٨٥٠ دينار	٨٣٠٠ دينار	١٢١٥٠ دينار
الربح التشغيلي	١١٥٠ دينار	١٧٠٠ دينار	٢٨٥٠ دينار

يلاحظ من التحليل السابق أن فتح المطعم لوجبتي العشاء والغذاء سوف يـؤدي الى ربح تشغيلي مقداره ٢٨٥٠ دينار، في حين أن فتح المطعم لوجبة الغداء فقط سـوف يعطـى ربحا تشغيلياً مقداره ١٧٠٠ دينار. وعليه فإن فـتح المطعـم لـوجبتي العشـاء والغـداء سـوف يزيد الربح التشغيلي بمبلغ ١١٥٠ دينار. لذلك فإن القرار المناسـب الـذي يجـب اتخـاذه هـو فتح المطعم لوجبة العشاء بالإضافة الى وجبة الغداء.

ويمكن التوصل الى اتخاذ نفس القرار المذكور بمقارنة الفروقـات بـين ايـراد المبيعـات مع الفروقات بين التكاليف الملائمة في كل مـن الحـالتين عنـد فـتح المطعـم لـوجبتي العشـاء والغداء معا وفتح المطعم عند وجبة الغداء فقط. حيث بلغت فروقات ايراد المبيعات ٥٠٠٠ دينار، بينما بلغت فروقات التكـاليف الملائمـة الاجماليـة ٣٨٥٠ دينـار. وكـما تـم توضـيحه في إجابة البند السابق فإن التكاليف الملائمة لاتخاذ القـرار موضـوع البحـث تتكـون مـن تكلفـة البضاعة المباعة واجور العمال والكهرباء والمياه والتلفون. وبما أن فروقات ايراد المبيعات هي اكبر من فروقات التكاليف الملائمة الاجمالية، فإن القـرار الأفضـل هـو فـتح المطعـم لـوجبتي العشاء والغداء معا.

٣-٢ الايرادات الملائمة Relevant Revenues

يقصد بالايرادات الملائمة تلك الايرادات التي تتغير من بديل لآخر وتجدر الاشارة إلى أن التوقعات المتعلقة بالايرادات مرتبطة عادة بتوقعـات الطلـب في السـوق. وبعبـارة أخـرى فإن توقعات الايرادات ترتبط بعدد الوحدات التي يتوقع بيعها عند سعر معين.

نورد فيما يلي المثال رقم (٣) التالي لتوضيح مفهوم الايرادات الملائمة.

مثال رقم (٣):

تبيع شركة الصناعات الوطنية ٥٠٠٠٠ وحدة من المنتج (أ) بسعر ١٠ دنانير للوحدة، ويفكر مدير الشركة باتخاذ أحد البدائل التالية:

١- زيادة الطاقة الانتاجية والبيعية للمنتج (أ) لتصبح ٦٠٠٠٠ وحـدة وتخفـيض سـعر البيـع ليصبح ٩ دنانير للوحدة.

٢- زيادة الطاقة الانتاجية والبيعية من المنتج (أ) لتصبح ٦٠٠٠٠ وحـدة مـع بقـاء سـعر بيـع الوحدة ١٠ دنانير وزيادة عمولة المبيعات.

٣- اضافة المنتج الجديد (ب) وبيع ١٠٠٠٠ وحدة منه بسعر ١٥ دينار للوحدة.

المطلوب:

ما هو البديل الذي يجب ان يتخذه مدير الشركة بالاستناد الى معيار ايراد المبيعات؟

إجابة مثال رقم (٣):

للتوصل الى البديل المناسب فإنه يمكن مقارنة ايرادات كل بديل من البدائل الثلاث بايرادات الحالة الاصلية كما يلي:

البيان	البديل الثالث	البديل الثاني	البديل الأول
عدد الوحدات المباعة من المنتج (أ)	٥٠٠٠٠	٦٠٠٠٠	٦٠٠٠٠
عدد الوحدات المباعة من المنتج (ب)	١٠٠٠٠	-	-
سعر بيع الوحدة من المنتج (أ)	١٠	١٠	٩
سعر بيع الوحدة من المنتج (ب)	١٥	-	-
ايراد المبيعات من المنتج (أ)	٥٠٠٠٠٠ دينار	٦٠٠٠٠٠ دينار	٥٤٠٠٠٠ دينار
ايراد المبيعات من المنتج (ب)	١٥٠٠٠٠	-	-
اجمالي ايراد المبيعات للبديل	٦٥٠٠٠٠ دينار	٦٠٠٠٠٠ دينار	٥٤٠٠٠٠ دينار
اجمالي ايراد المبيعات للحالة الاصلية	٥٠٠٠٠٠	٥٠٠٠٠٠	٥٠٠٠٠٠
فروقات ايراد المبيعات	١٥٠٠٠٠ دينار	١٠٠٠٠٠ دينار	٤٠٠٠٠ دينار

يتضح من التحليل السابق ان البديل الثالث يعطى أعلى فروقات ايراد مبيعات ومقدارها ١٥٠٠٠٠ دينار في حين ان فروقات ايراد المبيعات للبدائل الأول والثاني هي ٤٠٠٠٠ دينار و١٠٠٠٠٠ دينار على التوالي. وعليه فإن مدير الشركة يجب عليه اتخاذ البديل الثالث وهو إضافة ١٠٠٠٠ وحدة من المنتج الجديد (ب) الى ٥٠٠٠٠ وحدة من المنتج (أ) وبيعها معا.

وتجدر الاشارة الى ان بعض القرارات لا تتعلق بالايرادات الملائمة، وانما قد تكون متعلقة فقط بفروقات التكاليف الملائمة. ومثل هذه القرارات تتعلق بايجاد البديل الاكثر كفاءة وأقل التكاليف من بين البدائل المختلفة المطروحة. ومن الامثلة على هذه القرارات، قرار التصنيع أو الشراء وسوف يتم فيما يلي توضيح لكيفية اتخاذ قرار التصنيع أو الشراء وقرار البيع أو التصنيع الى حد أبعد، وقرار اضافة او التخلص من احد خطوط الانتاج، وقرار تخصيص الموارد النادرة وقرار التخلص من البضاعة المتقادمة.

٤- قرار التصنيع أو الشراء   Make – or-Buy Decision

تواجه العديد من المنشآت الصناعية اتخاذ قرار التصنيع الداخلي أو الشراء من الخارج. فالمنتج الذي يتكون من عدة قطع لانتاجه في منشأة معينة، يكون القرار لإدارة تلك المنشأة اما بتصنيع تلك القطع داخل المنشأة أو شراء تلك القطع أو جزء منها من الجهات الخارجية.

ويعتمد اتخاذ قرار التصنيع داخلياً أو الشراء من الخارج على عوامل متعلقة بالتكلفة عادة وعوامل اخرى غير كمية مثل مدى الاعتماد على الجهات الخارجية بتزويد المنشأة بما تحتاجه بشكل منتظم وعند الطلب ومدى الرقابة على جودة الاجزاء او المواد المشتراة من الخارج. ويعتبر قرار التصنيع داخليا او الشراء من الخارج بمثابة قرار استراتيجي يجب اتخاذه بعناية فائقة بسبب تأثيره البالغ على المنشأة من ناحية الاعتماد على نفسها او الاعتماد على الغير لتلبية حاجياتها.

ويتأثر عادة اتخاذ القرار المذكور بمدى وجود طاقة غير مستغلة بالمنشأة فقد تلجأ بعض المنشآت الى التصنيع الداخلي فقط في حالة عدم وجود فرصة أفضل لاستغلال الطاقات والموارد المتاحة.

ونورد المثال رقم (٤) التالي لتوضيح كيفية اتخاذ قرار التصنيع داخلياً او الشراء من الجهات الخارجية.

مثال رقم (٤) :

فيما يلي التكاليف المتعلقة بانتاج ١٠٠٠٠ وحدة من القطعة (ب) والتي يحتاجها المنتج (أ) لاتمام تصنيعه في شركة الصناعات الوطنية.

تكلفة الوحدة من القطعة (ب)	اجمالي تكاليف ١٠٠٠٠ قطعة (ب)	البيان
٣ دنانير	٣٠٠٠٠ دينار	مواد مباشرة
٤	٤٠٠٠٠	اجور مباشرة
١	١٠٠٠٠	تكاليف صناعية غير مباشرة متغيرة
٥	٥٠٠٠٠	تكاليف صناعية غير مباشرة ثابتة
١٣ دينار	١٣٠٠٠٠ دينار	مجموع التكاليف

وقد عرضت الشركة الدولية على شركة الصناعات الوطنية أن تبيعها نفس القطعة (ب) بسعر ١٢ دينار للقطعة.

فإذا علمت أن مبلغ ٢٠٠٠٠ دينار فقط من التكاليف الصناعية غير المباشرة الثابتة سوف يتم التخلص منها في حالة الشراء للقطع (ب) من الخارج بدلا من تصنيعها داخل الشركة وان الطاقة المستخدمة في تصنيع القطعة (ب) سوف تصبح عاطلة عن العمل وغير مستغلة في حالة الشراء من الخارج.

المطلوب:

ما هو القرار الذي يجب ان تتخذه شركة الصناعات الوطنية بخصوص تصنيع القطعة (ب) داخلياً او شراؤها من الشركة الدولية؟

إجابة مثال رقم (٤):

تجدر الاشارة الى أن التكاليف الملائمة لاتخاذ قرار التصنيع الداخلي أو الشراء من الخارج هي تلك التكاليف التي تتغير طبقاً للبديل. وعليه فإن التكاليف التي لا تتغير من بديل لآخر هي غير ملائمة لاتخاذ القرار موضوع البحث. وبالتالي فإن مبلغ ٢٠٠٠٠دينار فقط من التكاليف الصناعية غير المباشرة الثابتة والتي يمكن تجنبها هي ملائمة لاتخاذ قرار التصنيع او الشراء، بينما بقية التكاليف الصناعية غير المباشرة الثابتة والبالغة ٣٠٠٠٠ دينار (٥٠٠٠٠ – ٢٠٠٠٠) هي غير ملائمة لاتخاذ القرار المذكور بسبب بقائها في الحالتين سواء في التصنيع أو الشراء.

وبهذا يمكن عمل التحليل التالي لاتخاذ القرار المناسب بالتصنيع أو الشراء:

البيان	الشراء		التصنيع	
	اجمالي التكاليف	تكلفة قطعة (ب)	اجمالي التكاليف	تكلفة قطعة (ب)
مواد مباشرة			٣٠٠٠٠ دينار	٣ دنانير
اجور مباشرة			٤٠٠٠٠	٤
تكاليف صناعية غير مباشرة متغيرة			١٠٠٠٠	١
تكاليف صناعية غير مباشرة ثابتة			٢٠٠٠٠	٢
مجموع التكاليف الملائمة	١٢٠٠٠٠ دينار	١٢ دينار	١٠٠٠٠٠ دينار	١٠ دنانير

يتضح من التحليل السابق أن مجموع التكاليف الملائمة في حالة التصنيع تعادل ١٠٠٠٠٠ دينار، في حين أن مجموع التكاليف الملائمة في حالة الشراء تعادل ١٢٠٠٠٠ دينار. وحيث أن التكاليف الملائمة في حالة التصنيع والبالغة ١٠٠٠٠٠ دينار هي أقل من التكاليف الملائمة في حالة الشراء والبالغة ١٢٠٠٠٠ دينار فإن قرار شركة الصناعات الوطنية يجب ان يكون بتصنيع قطعة (ب) داخليا وليس الشراء من الخارج.

ومن الجدير بالذكر أن القرار المذكور والمتعلق بالتصنيع وليس الشراء هو صحيح فقط عند عدم استغلال الطاقة والموارد وبقائها عاطلة في حالة الشراء. اما اذا امكن استغلال الموارد في حالة وشراء كميات القطعة (ب) من الخارج فقد يختلف التحليل وبالتالي يتغير القرار ولتوضيح ذلك نورد المثال التالي رقم (٥).

مثال رقم (٥):
افترض المعلومات الواردة في المثال السابق رقم (٤) وأنه في حالة الشراء لكميات القطعة (ب) من الخارج فإنه يمكن استغلال الموارد المستخدمة في تصنيع القطعة (ب) باحدى الأسلوبين التاليين:
١- انتاج قطعة اخرى مطلوبة والمساهمة بالارباح بمقدار ٣٠٠٠٠ دينار
٢- تأجير الموارد والطاقة للغير بمبلغ ٢٥٠٠٠ دينار.
المطلوب:
ما هو القرار المناسب لشركة الصناعات الوطنية في ظل البدائل المذكورة.

إجابة مثال رقم (٥):
يوجد لدى شركة الصناعات الوطنية أربعة بدائل مختلفة والتي يمكن تحليلها لاتخاذ القرار المناسب كما يلي:

البيان	البديل الرابع الشراء مع انتاج قطعة اخرى	البديل الثالث الشراء مع تأجير الموارد الطاقة	البديل الثاني الشراء مع عدم استغلال الموارد	البديل الأول التصنيع
المساهمة بالارباح من انتاج القطع الاخرى	٣٠٠٠٠ دينار	-	-	-
ايراد التأجير	-	٢٥٠٠٠	-	-
تكاليف الحصول على قطع (ب)	(١٢٠٠٠٠)	(١٢٠٠٠٠)	(١٢٠٠٠٠)	(١٠٠٠٠٠)
صافي التكاليف الملائمة	(٩٠٠٠٠) دينار	(٩٥٠٠٠) دينار	(١٢٠٠٠٠) دينار	(١٠٠٠٠٠) دينار

يتبين من التحليل السابق أن أفضل بديل لدى الشركة هو البديل الرابع بشراء كميات القطعة (ب) من الخارج من إنتاج قطع أخرى بسبب حصوله على أفضل النتائج وهي اقل صافي تكاليف ملائمة بين البدائل الأربعة المذكورة.

وباختصار فإن قرار التصنيع او الشراء يرتكز على التكاليف الملائمة لكل حالة على حده. وبشكل عام فإن كافة المنشآت يجب ان تربط قرار التصنيع او الشراء بسياساتها الطويلة الأجل لاستعمال الطاقة والموارد المتاحة لها.

٥- قرار البيع أو التصنيع الى حد أبعد   Sell or Process Further Decision

عندما تنتج المنشأة الصناعية منتجاتها فإنه عادة تمر هذه المنتجات بمراحل مختلفة قبل الوصول الى المرحلة النهائية ليتم طرحها بالسوق طبقا لرغبة المستهلكين. وقد يمكن في بعض الحالات بيع المنتجات قبل الوصول الى المراحل النهائية، وفي هذه الحالة تواجه المنشأة اتخاذ قرار البيع بتلك المرحلة أو التصنيع الى حد ابعد كمرحلة متقدمة عن مرحلة البيع أو الوصول الى اتمام المنتج بشكله النهائي.

ولاتخاذ قرار البيع أو التصنيع الى حد أبعد فإن المنشأة تقارن الايرادات التفاضلية الناتجة عن التصنيع الى مرحلة أبعد مع التكاليف الاضافية للتصنيع المتعلق بالوصول للمرحلة الأبعد. ويدل وجود الارباح التفاضلية على ان التصنيع الى حد أبعد هو القرار الأفضل.

نورد المثال رقم (٦) التالي لتوضيح كيفية اتخاذ قرار البيع او التصنيع الى حد أبعد.

مثال رقم(٦):

تنتج شركة الصناعات الحديثة المنتج (أ) بعد مروره بخمسة مراحل انتاجية ولكن يمكن ان يباع المنتج بعد المرحلة الرابعة بسعر ١٥٠ دينار للوحدة، علما بان تكلفة الصنع حتى نهاية تلك المرحلة تعادل ١٠٠ دينار للوحدة. ويمكن للشركة بيع ٨٠٠٠ وحدة من المنتج (أ) بعد مروره بالمرحلة الخامسة والاخيرة والتي تكلف ٣٥ دينار للوحدة، ليباع المنتج (أ) بعدها بسعر ٢٠٠ دينار للوحدة.

المطلوب:
اتخاذ القرار ببيع المنتج (أ) بعد المرحلة الرابعة مباشرة او التصنيع للمرحلة الخامسة.

إجابة مثال رقم (٦):

يمكن عمل التحليل التالي لاتخاذ القرار ببيع المنتج (أ) بعد المرحلة الرابعة مباشرة او تصنيعه للمرحلة الخامسة:

١٦٠٠٠٠٠ دينار	الايراد عند بيع المنتج (أ) بعد التصنيع النهائي (٨٠٠٠وحدة×٢٠٠ دينار)
١٢٠٠٠٠٠دينار	الايراد عند بيع المنتج (أ) بعد المرحلة الرابعة (٨٠٠٠وحدة×١٥٠دينار)
٤٠٠٠٠٠ دينار	الايراد التفاضلي نتيجة للتصنيع الى مرحلة أبعد
٢٨٠٠٠٠	- التكاليف الاضافية للمرحلة الأبعد (٨٠٠٠وحدة× ٣٥دينار)
١٢٠٠٠٠ دينار	صافي المنفعة الناتجة عن التصنيع للمرحلة الأبعد

يتضح من التحليل السابق أن هناك منفعة تعادل ١٢٠٠٠٠ دينار اذا تم التصنيع للمرحلة الخامسة وبالتالي فإن القرار الأفضل للشركة هو عدم البيع بعد المرحلة الرابعة مباشرة وانما تصنيع المنتج (أ) للمرحلة الخامسة.

وقد تم افتراض ثلاثة افتراضات رئيسة في التحليل السابق. الافتراض الأول هو ان تكلفة الصنع لنهاية المرحلة الرابعة والبالغة ١٠٠ دينار للوحدة هي غير ملائمة لاتخاذ قرار البيع او التصنيع الى مرحلة أبعد وذلك بسبب أن تلك التكاليف هي واحدة ولا تتغير من بديل لآخر. اما الافتراض الثاني فهو انه يوجد طاقة غير مستغلة ويمكن استغلالها لاتمام تصنيع المنتج (أ) للمرحلة الخامسة والاخيرة دون التأثير على المنتجات الاخرى. وأخيراً الافتراض الثالث وهو أن تكلفة المرحلة الخامسة في التصنيع هي تكلفة متغيرة فقط ولا يوجد اية تكاليف ثابتة في هذه المرحلة الاخيرة.

وتجدر الإشارة الى أن الاخلال بأي من الافتراضات المذكورة سوف يؤدي الى تعديل تكلفة المرحلة الخامسة في مثالنا رقم (٦) ليعكس الحقائق المتعلقة بذلك الاخلال، مما قد يؤدي إلى اختلاف القرار.

واذا افترضنا أن شركة الصناعات الحديثة قد اتخذت القرار بتصنيع ٨٠٠٠ وحدة من المنتج (أ) للمرحلة الخامسة وبيعها بالسعر المخطط له، فإنه يمكن احتساب الارباح الناتجة عن ذلك كما يلي:

١٦٠٠٠٠٠ دينار	ايراد بيع المنتج (أ) بعد التصنيع النهائي (٨٠٠٠وحدة× ٢٠٠ دينار) يطرح: تكاليف تصنيع المنتج (أ): ٨٠٠٠٠٠ دينار تكاليف الاربعة مراحل الاولى (٨٠٠٠وحدة×١٠٠ دينار) ٢٨٠٠٠٠ دينار تكاليف المرحلة الخامسة والاخيرة للتصنيع (٨٠٠٠وحدة × ٣٥ دينار)
١٠٨٠٠٠٠	تكلفة التصنيع لكافة مراحل المنتج (أ)
٥٢٠٠٠٠ دينار	الربح الناتج عن تصنيع وبيع المنتج (أ) بعد المرحلة الخامسة والنهائية

٦- قرار إضافة أو التخلص من أحد خطوط الانتاج
Addition or Elimination of a Product line Decision

تعتبر القرارات المتعلقة بإضافة خطوط انتاج جديدة او التخلص من خطوط انتاج قديمة من اصعب القرارات التي يجب على مدير المنشأة اتخاذها. وهناك عدة عوامل كمية ونوعية يجب أن تؤخذ بالاعتبار قبل اتخاذ القرار النهائي باضافة او التخلص من أحد خطوط الانتاج. ويتوقف اتخاذ القرار النهائي على مدى التأثير على صافي الربح. ويجب في هذه الحالة عمل التحليل المناسب للتكاليف المتعلقة والملائمة لاتخاذ القرار موضوع البحث ولتوضيح عملية اتخاذ قرار الاضافة او التخلص من احد خطوط الانتاج فإننا نورد المثال رقم (٧) التالي.

مثال رقم (٧)

تقوم احدى المكتبات بالتركيز في مبيعاتها على ثلاثة أنواع من المنتجات وهي الكتب واللوازم والبضاعة الاخرى. وفيما يلي قائمة الدخل للمنتجات المذكورة عن السنة المنتهية في ٢٠٠٩/١٢/٣١ (المبالغ بالاف الدنانير)

الكتب	اللوازم	البضاعة الاخرى	الاجمالي	البيـان
٢٠٠	٨٠	١٢٠	٤٠٠	ايراد المبيعات
١٦٠	٤٥	٩٥	٣٠٠	- تكلفة المبيعات (جميعها متغيرة)
٤٠	٣٥	٢٥	١٠٠	مجمل الربح
				- التكاليف الثابتة:
٦	٦	٦	١٨	الايجار
١٦	١٠	١٤	٤٠	الرواتب
١٢	١٢	١٢	٣٦	تكاليف تسويقية وادارية اخرى
٦	٧	(٧)	٦	الربح (الخسارة) التشغيلية

وقد طلب مدير قسم اللوازم التخلص من قسم البضاعة الأخرى بسبب تحقيقه للخسارة. وأضاف بأن التخلص من قسم البضاعة الأخرى سوف يؤدي الى زيادة الربح التشغيلي للمكتبة من ٦٠٠٠ دينار الى ١٣٠٠٠ دينار، حيث ان ذلك القسم قد باع بضاعة بمبلغ ١٢٠٠٠٠ دينار في حين بلغت تكلفتها التشغيلية ١٢٧٠٠٠ دينار (٩٥٠٠٠ + ٦٠٠٠ + ١٤٠٠٠ + ١٢٠٠٠).

وقد طلب مدير عام المكتبة من المحاسب تقديم بيانات عن التكاليف التي يمكن تجنبها في حالة التخلص من قسم البضاعة الاخرى، حيث تم تجميع المعلومات التالية:

١- ان كافة تكاليف المبيعات هي تكاليف متغيرة لقسم البضاعة الأخرى ويمكن تجنبها.

٢- ان الرواتب البالغة ١٤٠٠٠ دينار والمتعلقة بقسم البضاعة الاخرى يمكن تجنبها.

٣- ان تكاليف الايجار لا يمكن تجنبها.

٤- انه يمكن توفير مبلغ ٦٠٠٠ دينار من التكاليف التسويقية والإدارية الاخرى.

المطلوب:
اتخاذ قرار بشأن التخلص من قسم البضاعة الأخرى أو الابقاء عليه في ضوء المعلومات السابقة.

إجابة مثال رقم (٧):

يمكن عمل الجدول التالي للمقارنة بين الوضع الراهن (الاستمرار في الاقسام الثلاثة) وبين التخلص من قسم البضاعة الاخرى:

جدول التحليل التفاضلي
(المبالغ بالاف الدنانير)

البديل (١) الوضع الراهن (الاستمرار في الاقسام الثلاثة)	البديل (٢) التخلص من قسم البضاعة الاخرى	الفروقات الزيادة او النقصان	البيان
٤٠٠	٢٨٠	١٢٠ نقصان	ايراد المبيعات
٣٠٠	٢٠٥	٩٥ نقصان	- تكلفة المبيعات (جميعها متغيرة)
١٠٠	٧٥	٢٥ نقصان	مجمل الربح
			- التكاليف الثابتة:
١٨	١٨	-	الايجار
٤٠	٢٦	١٤ نقصان	الرواتب
٣٦	٣٠	٦ نقصان	تكاليف تسويقية وادارية اخرى
٦	١	٥ نقصان	الربح التشغيلي

يتضح من جدول التحليل التفاضلي المبين أعلاه أن التخلص من قسم البضاعة الأخرى سوف يؤدي الى تخفيض الربح التشغيلي للمكتبة بمبلغ ٥٠٠٠ دينار وبالتالي فإنه يجب الاستمرار في تشغيل قسم البضاعة الاخرى.

إن طلب مدير قسم اللوازم التخلص من قسم البضاعة الأخرى كان بحجة تحقيق قسم البضاعة الاخرى للخسارة بافتراض أن التخلص من ذلك القسم سوف يؤدي الى التخلص من كافة التكاليف الثابتة والمتغيرة المتعلقة بذلك القسم. ومن الواضح ان هذا الافتراض غير صحيح وذلك بسبب ان جزءاً من التكاليف الثابتة لذلك القسم لا يمكن التخلص منها بمجرد التخلص من القسم كما أوضح تحليل المحاسب.

وتجدر الاشارة هنا الى أننا افترضنا في التحليل التفاضلي لاجابة مثال رقم (٧) انه لا يوجد استخدامات بديلة أخرى للموارد الانتاجية المستغلة في تسويق البضاعة الاخرى، أي بعبارة اخرى أن تكلفة الفرصة الضائعة للاستمرار في استخدام تلك الموارد في تسويق البضاعة الاخرى تساوي صفرا. ويتغير التحليل وبالتالي القرار في حالة وجود استخدامات بديلة للموارد المتعلقة بقسم البضاعة الاخرى كما يتضح من مثال رقم (٨) التالي.

مثال رقم (٨):

افترض المعلومات الواردة في مثال رقم (٧) السابق، وبالاضافة الى ذلك افترض بأنه يمكن استغلال مكان رفوف البضاعة الأخرى واستعمالها لزيادة بيع الكتب وقد تم تجميع المحاسب للمعلومات التالية التي تم تقديرها بافتراض استعمال الموارد لزيادة بيع الكتب لتحل محل البضاعة الاخرى:

	التخلص من قسم البضاعة الاخرى
١٢٠٠٠٠ دينار	نقص في الايرادات
١١٥٠٠٠	توفير تكاليف (٩٥٠٠٠ + ١٤٠٠٠ + ٦٠٠٠)
٥٠٠٠	نقص في الاباح
	زيادة بيع كتب إضافية
١٥٥٠٠٠	بيع كتب اضافية
١٢٠٠٠٠	- تكلفة بيع كتب اضافية (جميعها متغيرة)
٣٥٠٠٠	عائد المساهمة
	- تكاليف ثابتة إضافية:
١٤٠٠٠	رواتب
٤٠٠٠	تكاليف تسويقية وإدارية اخرى
١٧٠٠٠ دينار	الارباح المكتسبة نتيجة بيع كتب إضافية

المطلوب:

اتخاذ القرار المناسب في ضوء المعلومات السابقة وافتراض استغلال رفوف البضاعة الأخرى لزيادة بيع الكتب.

إجابة مثال رقم (٨):

يتضح من البيانات الموجودة بالمثال انه اذا تم التخلص من قسم البضاعة الأخرى مع استغلال الفرصة البديلة ببيع كتب إضافية فإن المكتبة سوف تحقق أرباحاً اضافية مقدارها ١٢٠٠٠ دينار (١٧٠٠٠ - ٥٠٠٠). ولاتخاذ القرار المناسب بخصوص البديل الملائم فإنه يمكن عمل مقارنة بين البدائل المختلفة والمتاحة لمتخذ القرار كما هو موضح بالجدول التالي .

مقارنة بين البدائل المختلفة والمتاحة لمدير المكتبة
(المبالغ بالاف الدنانير)

الوضع الراهن: ابقاء قسم البضاعة الاخرى	البديل (١) التخلص من قسم البضاعة الاخرى مع عدم استغلال الموارد	البديل (٢) التخلص من قسم البضاعة الاخرى مع زيادة بيع الكتب	البيان
٤٠٠	٢٨٠	٤٣٥ (٢٨٠+١٥٥)	ايراد المبيعات
٣٠٠	٢٠٥	٣٢٥ (٢٠٥+١٢٠)	- تكلفة المبيعات (جميعها متغيرة)
١٠٠	٧٥	١١٠	عائد المساهمة
			- التكاليف الثابتة:
١٨	١٨	١٨	الايجار
٤٠	٢٦	٤٠ (٢٦+١٤)	الرواتب
٣٦	٣٠	٣٤ (٣٠+٤)	التكاليف التسويقية والادارية
٦	١	١٨	الربح التشغيلي
	الأسوأ	الأفضل	

يتضح من الجدول المبين أعلاه ان افضل قرار هو التخلص من قسم البضاعة الاخرى مع زيادة بيع الكتب، بينما أسوا خيار هو التخلص من قسم البضاعة الأخرى مع عدم استغلال الموارد لزيادة بيع الكتب الاضافية.

٧- قرار تخصيص الموارد النادرة

Utilization of Scarce Resources Decision

تسعى المنشأة عادة الى الاستخدام الأفضل للموارد المتاحة لها لتحقيق أهدافها المنشودة. وحيث ان الموارد المتاحة للاستخدام هي محدودة بشكل عام وقد تكون نادرة، فتواجه المنشأة عندئذ اتخاذ قرار تخصيص تلك الموارد المحدودة والنادرة. فالمنشأة التجارية مثلا يوجد لديها مساحة لعرض بضاعتها فهي تواجه مشكلة كم من المساحة تحتاج لعرض كل نوع من انواع البضاعة الموجودة لديها؟ وكذلك الحال المنشأة الصناعية التي يوجد لديها عدد ساعات محدودة لتشغيل الالات فهي تواجه السؤال التالي: ما هي عدد ساعات تشغيل الالات التي يجب توجيهها لصناعة كل نوع من انواع المنتجات التي تنتجها المنشأة.

ولغرض التوصل الى افضل استخدام للعناصر النادرة فإنه يمكن تطبيق اسلوب عائد المساهمة لكل وحدة من وحدات العنصر النادر، حيث بذلك يمكن تعظيم اجمالي عائد المساهمة للمنشأة.

نورد المثال رقم (٩) لتوضيح كيفية تطبيق اسلوب عائد المساهمة لوحدة العنصر ـ النادر.

مثال رقم (٩):

تنتج الشركة الصناعية المنتجين (أ) و (ب) وفيما يلي المعلومات المتعلقـة بـالايرادات والتكاليف لكل من المنتجين:

البيان	المنتج (ب)	المنتج (أ)
سعر بيع الوحدة	٦٠ دينار	٥٠ دينار
التكاليف المتغيرة للوحدة	٣٦	٢٥
عدد ساعات تشغيل الالات المطلوبة لانتاج الوحدة	٣	٥

فإذا علمت ان طاقة المصنع تعادل ٥٠٠٠٠ ساعة تشغيلية للالات.

المطلوب:

في حالة الطلب الشديد على منتجات الشركة أي من الاوامـر المتعلقـة بالمنتجـات (أ) او (ب) يجب ان تقبلها الشركة؟

إجابة مثال رقم (٩):

البيان	المنتج (ب)	المنتج (أ)
سعر بيع الوحدة	٦٠ دينار	٥٠ دينار
- التكاليف المتغيرة للوحدة	٣٦	٢٥
عائد المساهمة للوحدة	٢٤ دينار	٢٥ دينار
نسبة عائد المساهمة الى سعر بيع الوحدة	٤٠%	٥٠%

يتضح للوهلة الأولى ان الشركة يجب ان تتجه الى انتاج المنتج (أ) باعتباره يعطي عائد مساهمة للوحدة يعادل ٢٥ دينار بالمقارنة مع المنتج (ب) الذي يعطي عائد مساهمة للوحدة ٢٤ دينار هذا بالاضافة الى أن نسبة عائد المساهمة الى سعر بيع الوحدة تعادل ٥٠% للمنتج (أ) في حين انها تعادل فقط ٤٠% للمنتج (ب).

قد يبدو التحليل السابق صحيحاً في ظل عـدم وجود قيود على انتاج كـل مـن المنتجين (أ) و (ب) ولكن في حالة وجود موارد نادرة كعدد ساعات تشغيل الالات في الشركة، فيجب ان يكون القرار لصالح انتاج المنتج الذي يعطي اعلى عائد للمساهمة لكل ساعة تشغيلية للالات وبذلك يكون التحليل كما يلي:

البيان	المنتج (ب)	المنتج (أ)
عائد المساهمة للوحدة	٢٤ دينار	٢٥ دينار
عدد ساعات تشغيل الالات المطلوبة لانتاج الوحدة	٣	٥
عائد المساهمة لكل ساعة الات تشغيلية	٨ دنانير	٥ دنانير
اجمالي عائد المساهمة (أ=٥٠٠٠٠×٥) (ب=٥٠٠٠٠×٨)	٤٠٠٠٠٠ دينار	٢٥٠٠٠٠ دينار

يتضح من الجدول السابق ان المنتج (ب) يعطي اجمالي عائد مساهمة يعادل ٤٠٠٠٠٠ دينار وهو أعلى من اجمالي عائد المساهمة للمنتج (أ) والذي يعادل ٢٥٠٠٠٠ دينار في ظل ندرة الساعات التشغيلية للآلات. وعليه فإن اتجاه الشركة سيكون بقبول الأوامر المتعلقة بالمنتج (ب) طالما أن السوق يستوعب ما يطرح فيه من المنتج (ب).

نستنتج مما سبق ان عائد المساهمة للوحدة من المنتج هو غير كافٍ لوحده لاتخاذ قرار الانتاج والبيع في ظل ندرة الموارد، وعليه فإنه يجب الأخذ بعين الاعتبار عائد المساهمة لكل وحدة من وحدات العنصر النادر ليكون اتخاذ القرار بالانتاج والبيع سليما بحيث يؤدي إلى التوصل لأقصى ربح ممكن للمنشأة في ظل الموارد النادرة.

وتجدر الاشارة إلى ان المنشأة قد تعمل في ظل عدة قيود للموارد النادرة فكيف يمكن في هذه الحالة التوصل الى القرار السليم لتخصيص الموارد النادرة الموجودة بالمنشأة؟ وما هو المزيج الصحيح الذي يجب إنتاجه من المنتجات المختلفة؟ وللإجابة على هذه الأسئلة فإنه يمكن استعمال عدة اساليب للتحليل ويبين المثال رقم (١٠) التالي كيفية استعمال احد هذه الاساليب لمعرفة المزيج الصحيح من المنتجات المختلفة في ظل عدة قيود للموارد النادرة.

مثال رقم (١٠):

تنتج مصفاة البترول الاردنية ثلاثة انواع من المنتجات بعد تكرير البترول الخام، وهذه المنتجات هي البنزين والديزل والكاز وتعتمد كميات المنتجات على نوع البترول الخام. وتراجع الشركة حالياً حاجاتها للشهر المقبل لتحديد مزيج المنتجات والحصول على البترول الخام المناسب لتلك الحاجات وفيما يلي المعلومات المتعلقة بمنتجات المصفاة الثلاثة:

البيان	الكاز	الديزل	البنزين
سعر بيع البرميل الواحد	٢٥ دينار	٤٦ دينار	٤٨ دينار
التكاليف المتغيرة للبرميل الواحد	٢٠	٤٠	٤٠
عدد ساعات التكرير لكل برميل	١	$\frac{٣}{٤}$	$\frac{١}{٢}$

فإذا علمت بأنه يوجد لدى الشركة طاقة تشغيلية لتكرير البترول تعادل ٣٠٠٠٠ ساعة بتكلفة ٢٠٠٠٠٠ دينار. وأنه يوجد عقد مع الشركة لتكرير ٥٠٠٠ برميل كاز شهريا وان هناك قيد على عملية تكرير البنزين بما يعادل ٢٤٠٠٠ برميل شهرياً، كما ان هناك طلب على الديزل بما لا يزيد عن ١٦٠٠٠ برميل شهريا.

المطلوب:

١- احتساب عائد المساهمة لكل ساعة تكرير لكل منتج على حده.

٢- ما هو مزيج المنتجات، في ظل القيود المذكورة، الـذي يـؤدي الى تعظيم اجمـالي عائـد المساهمة للشركة؟

٣- احتساب اجمالي عائد المساهمة للشركة لمزيج المنتجات في البند السابق (٢).

إجابة مثال رقم (١٠):

(١)

البيان	الكاز	الديزل	البنزين
سعر بيع البرميل الواحد	٢٥ دينار	٤٦ دينار	٤٨ دينار
- التكاليف المتغيرة للبرميل الواحد	٢٠	٤٠	٤٠
عائد المساهمة للبرميل الواحد	٥ دنانير	٦ دنانير	٨ دنانير
÷ عدد ساعات التكرير لكل برميل	١	$\frac{٣}{٤}$	$\frac{١}{٢}$
عائد المساهمة لكل ساعة تكرير	٥ دنانير	٨ دنانير	١٦ دينار

(٢)

٣٠٠٠٠ ساعة	الطاقة التشغيلية لتكرير البترول
٥٠٠٠	- عقد الكاز (٥٠٠٠ برميل × ١ ساعة)
٢٥٠٠٠ ساعة	الطاقة المتوفرة لتكرير البنزين والديزل والكاز الاضافي
١٢٠٠٠	- تكرير البنزين (٢٤٠٠٠ برميل × ١/ ٢ ساعة)
١٣٠٠٠ ساعة	الطاقة المتوفرة لتكرير الديزل والكاز
١٢٠٠٠	- تكرير الديزل (١٦٠٠٠ برميل × ٣/ ٤)
١٠٠٠ ساعة	الطاقة المتوفرة لتكرير الكاز الاضافي
١	× عدد الساعات المطلوبة لتكرير برميل الكاز
١٠٠٠	عدد البراميل الاضافية للكاز

وعلى ذلك يكون مزيج المنتجات كالتالي:

٢٤٠٠٠ برميل	البنزين
١٦٠٠٠ برميل	الديزل
٦٠٠٠ برميل	الكاز
٤٦٠٠٠ برميل	الاجمالي

(٣)

١٩٢٠٠٠ دينار	عائد المساهمة للبنزين (٢٤٠٠٠ برميل × ٨ دنانير)
٩٦٠٠٠	عائد المساهمة للديزل (١٦٠٠٠ برميل × ٦ دنانير)
٣٠٠٠٠	عائد المساهمة للكاز (٦٠٠٠ برميل × ٥ دنانير)
٣١٨٠٠٠ دينار	اجمالي عائد المساهمة للشركة

يلاحظ من إجابة مثال رقم (١٠) انه تم في البداية استعمال جزء من الطاقة التشغيلية لتنفيذ عقد الكاز الملزم للشركة، وبعدها تم تكرير البنزين بسبب انه يعطي اعلى عائد مساهمة للبرميل الواحد، يليه الديزل ثم الكاز.

وتجدر الاشارة الى أنه يوجد عدة اساليب كمية لحل العديد من المشاكل المتعلقة بتعظيم الارباح وعائد المساهمة او تخفيض التكاليف الى أدنى حد ممكن في ظل عدة قيود موجودة لدى الشركة ومن هذه الاساليب أسلوب البرمجة الخطية Linear Programming واسلوب السمبلكس Simplex Method وسوف يتم التعرض لهذه الاساليب في الفصل الثاني عشر.

٨- قرار التخلص من البضاعة المتقادمة

Disposal of Obsolete Inventory Decision

قد تواجه بعض المنشآت قرار كيفية التخلص من بضاعة متقادمة موجودة لديها بالمخازن. فيمكن ان تبيع هذه البضاعة كخردة بسعر زهيد، او يمكن ان تعيد تصنيعها ومن ثم بيعها. وتعتبر في هذه الحالة التكاليف التاريخية لهذه البضاعة المتقادمة تكاليف غير ملائمة لاتخاذ القرار بكيفية التخلص من هذه البضاعة، بينما تعتبر الايرادات المستقبلية المتوقعة والتكاليف المستقبلية المتوقعة عوامل ملائمة لاتخاذ القرار المذكور.

ونورد المثال رقم (١١) التالي لتوضيح كيفية اتخاذ قرار التخلص من البضاعة المتقادمة.

مثال رقم (١١):

يوجد بضاعة متقادمة لدى الشركة الأهلية للصناعات الثقيلة وتبلغ تكلفة صناعتها ١٥٠٠٠٠ دينار ويمكن للشركة بيع البضاعة المتقادمة بمبلغ ٣٥٠٠٠ دينار كخردة او اعادة تصنيعها وصقلها بمبلغ ٤٠٠٠٠ دينار لتباع بعد ذلك بمبلغ ٨٠٠٠٠ دينار.

المطلوب:

ما هو القرار الذي يجب ان تتخذه الشركة في الحالة المذكورة؟

إجابة مثال رقم (١١):

البيان	الفرق	بيع البضاعة المتقادمة كخردة	إعادة التصنيع والصقل
الايراد المتوقع في المستقبل	٤٥٠٠٠ دينار	٣٥٠٠٠ دينار	٨٠٠٠٠ دينار
التكاليف المتوقعة المستقبلية	٤٠٠٠٠	-	٤٠٠٠٠
زيادة الايراد عن التكاليف المتوقعة	٥٠٠٠	٣٥٠٠٠	٤٠٠٠٠
التكلفة التاريخية للبضاعة المتقادمة	-	١٥٠٠٠٠	١٥٠٠٠٠
صافي الخسارة للبضاعة	٥٠٠٠ دينار	(١١٥٠٠٠)	(١١٠٠٠٠)

حيث أن تكلفة التصنيع المبدئية للبضاعة المتقادمة والتي تعادل ١٥٠٠٠٠ دينار لم تختلف من بديل لآخر فهي غير ملائمة لاتخاذ القرار موضوع البحث باعادة التصنيع أو بيع البضاعة كخردة. بينما عوامل الايرادات المتوقعة المستقبلية والتكاليف المتوقعة المستقبلية

فتعتبر فقط عوامل ملائمة لاتخاذ القرار المناسب بشأن اعادة التصنيع أو البيع بسبب تغير هذه العوامل من بديل لآخر.

يتضح من الجدول المبين اعلاه أن إعادة التصنيع تؤدي الى زيادة الايرادات عن تكاليف المتوقعة بمبلغ ٤٠٠٠٠ دينار وبالتالي يكون هناك صافي خسارة للبضاعة المتقادمة بمبلغ ١١٠٠٠٠ دينار في حين أن بيع البضاعة المتقادمة كخردة سوف يؤدي الى زيادة الايرادات بمبلغ ٣٥٠٠٠ دينار فقط مما يؤدي الى أن تكون صافي الخسارة للبضاعة المتقادمة تعادل ١١٥٠٠٠ دينار. وعليه نستنتج أن القرار الذي يجب ان تتخذه الشركة هو باعادة تصنيع وصقل البضاعة المتقادمة.

ويمكن ايضا التوصل الى نفس النتيجة باستبعاد التكلفة التاريخية كلياً من التحليل حيث ان إعادة التصنيع والصقل تفوق ايراداتها المتوقعة على تكاليفها المتوقعة بمبلغ ٤٠٠٠٠ دينار، في حين ان بيع البضاعة المتقادمة كخردة سوف يعطي ايرادات فقط بقيمة ٣٥٠٠٠ دينار ولا يوجد اية تكاليف متوقعة. ومن هنا فإن الفروقات البالغة ٥٠٠٠ دينار تصب في صالح إعادة التصنيع والصقل في مثالنا المذكور.

المصطلحات

tion or Elimination of a Product Line	اضافة او التخلص من احد خطوط الانتاج
Disposal of Obsolete Inventory	التخلص من البضاعة المتقادمة
Make – or – Buy Decision	قرار التصنيع والشراء
Relevant Costs	التكاليف الملائمة
Relevant Information	المعلومات الملائمة
Relevant Revenues	الايرادات الملائمة
Scarce Resources	الموارد النادرة
Sell or Process Further Decision	قرار البيع او التصنيع الى حد أبعد

أسئلة وتمارين

١- عدد الخطوات اللازمة لاتخاذ القرار المناسب.

٢- ما المقصود بمفهوم التكاليف الملائمة؟

٣- ما هي القرارات الإدارية التي يمكن اتخاذها باستخدام المعلومات المحاسبية؟

٤- ما رأيك بالقول بأن التكاليف المتغيرة هي التكاليف التفاضلية فقط لاتخاذ القرار المناسب؟

٥- متى تكون التكاليف الثابتة تكاليف تفاضلية لاتخاذ القرار المناسب؟

٦- هل يمكن اعتبار التكاليف الغارقة تكاليف تفاضلية؟ ولماذا؟

٧- ما هي التكاليف الملائمة لاتخاذ قرار التصنيع أو الشراء؟

٨- ما هي الاعتبارات التي يجب على المنشأة أن تأخذها في الحسبان عند اتخاذ قرار بالاستمرار في أحد الأنشطة او ايقافه؟

٩- كيف يتم تخصيص الموارد النادرة في المنشأة؟

١٠- ما هي الاعتبارات التي يجب على المنشأة أن تأخذها في الحسبان عند اتخاذ قرار بيع منتج معين أو تصنيعه الى حد أبعد؟

١١- تنتج شركة الهلال وتبيع ٨٠٠٠ وحدة من المنتج (س) شهرياً. فإذا علمت بأن سعر بيع الوحدة من المنتج (س) يعادل ٥٠ دينار، في حين أن التكلفة المتغيرة للوحدة تبلغ ٣٠ دينار، وان إجمالي التكاليف الثابتة الشهرية للمنتج (س) يبلغ ٨٠٠٠٠ دينار.

وترغب الشركة في التوسع بأعمالها بانتاج وبيع ٩٠٠٠ وحدة من المنتج (س) شهريا، علماً بأن اجمالي التكاليف الثابتة الشهرية سوف يزيد بمبلغ ١٨٠٠٠ دينار بسبب هذا التوسع المحتمل.

المطلوب:

عمل التحليل المناسب لاتخاذ القرار بشأن التوسع في انتاج المنتج (س) أو عدمه بالاستناد الى معيار صافي الربح للشركة.

١٢- يفتح احد المطاعم ابوابه للجمهور لوجبة الغداء فقط، وفيما يلي العناصر المتعلقة بالمصروفات والايرادات الشهرية لذلك المطعم:

٢٥٠٠٠ دينار ايراد المبيعات ، ٩٠٠٠ دينار تكلفة البضاعة المباعة،

٨٠٠ دينار ايجار المطعم ، ٢٢٠٠ دينار اجور العمال، ١٠٠٠ دينار الكهرباء والمياه والهاتف.

ويرغب صاحب المطعم بفتح أبواب المطعم لوجبة العشاء ايضاً إضافة إلى وجبة الغداء ومن المتوقع ان تكون عناصر الايرادات والمصروفات بهذه الحالة كما يلي:

٤٠٠٠٠ دينار ايراد المبيعات ، ١٣٠٠٠ دينار تكلفة البضاعة المباعة ،

٨٠٠ دينار ايجار المطعم ، ٣٥٠٠ دينار اجور العمال ،

٢٠٠٠ دينار الكهرباء والمياه والهاتف .

المطلوب:

١- تحديد التكاليف الملائمة والتكاليف غير الملائمة لاتخاذ القرار بفتح المطعم لوجبة العشاء ام لا.

٢- اتخاذ القرار المناسب بفتح المطعم لوجبة العشاء أم لا.

١٣- تنتج الشركة الاهلية وتبيع ٧٠٠٠٠ وحدة من المنتج (ص) سنوياً بسعر ١٥ دينار للوحدة وترغب الشركة باتخاذ احد البدائل التالية:

١- زيادة الطاقة الانتاجية والبيعية للمنتج (ص) لتصبح ٩٠٠٠٠ وحدة وتخفيض سعر بيع الوحدة ليصبح ١٣ دينار.

٢- زيادة الطاقة الانتاجية والبيعية للمنتج (ص) لتصبح ٩٠٠٠٠ وحدة مع بقاء سعر بيع الوحدة ١٥ دينار وإعطاء ٣% عمولة مبيعات.

٣- إضافة المنتج الجديد (س) وبيع ٥٠٠٠ وحدة منه بسعر ٢٠ دينار للوحدة.

المطلوب:

ما هو البديل الذي يجب أن يتخده مدير الشركة الأهلية بالاستناد الى معيار ايراد المبيعات؟

١٤- فيما يلي التكاليف المتعلقة بانتاج ١٥٠٠٠ وحدة من القطعة (ص) والتي يحتاجها المنتج (س) لاتمام تصنيعه في الشركة الصناعية العالمية:

تكلفة الوحدة من القطعة (ص)	اجمالي تكاليف ١٥٠٠٠ وحدة من القطعة (ص)	البيان
٢ دينار	٣٠٠٠٠ دينار	مواد مباشرة
٣	٤٥٠٠٠	اجور مباشرة
١	١٥٠٠٠	تكاليف صناعية غير مباشرة متغيرة
٤	٦٠٠٠٠	تكاليف صناعية غير مباشرة ثابتة
١٠ دنانير	١٥٠٠٠٠ دينار	مجموع التكاليف

وقد عرضت الشركة الأهلية على الشركة الصناعية العالمية ان تبيعها نفس القطعة (ص) بسعر ٩ دنانير للقطعة. فإذا علمت أن مبلغ ٢٥٠٠٠ دينار فقط من التكاليف الصناعية غير المباشرة الثابتة سوف يتم التخلص منها في حالة شراء الوحدات المطلوبة من القطعة (ص) من الخارج بدلا من تصنيعها داخل الشركة. وأن الطاقة المستخدمة في تصنيع القطعة (ص) سوف تصبح عاطلة عن العمل وغير مستغلة في حالة الشراء من الخارج.

المطلوب:

ما هو القرار الذي يجب أن تتخذه الشركة الصناعية العالمية بخصوص تصنيع القطعة (ص) داخلياً أو شراؤها من الشركة الأهلية؟

١٥- تنتج الشركة الصناعية الأردنية المنتج (د) بعد مروره بأربعة مراحل إنتاجية. ولكن يمكن ان يباع المنتج بعد المرحلة الثالثة بسعر ٢٠٠ دينار للوحدة علماً بأن تكلفة الصنع حتى نهاية تلك المرحلة تعادل ١٦٠ دينار للوحدة. ويمكن للشركة بيع ٩٠٠٠ وحدة من المنتج (د) بعد مروره بالمرحلة الرابعة والاخيرة والتي تكلف ٥٠ دينار للوحدة، ليباع المنتج (د) بعدها بسعر ٢٦٥ دينار للوحدة.

المطلوب:

اتخاذ القرار ببيع المنتج (د) بعد المرحلة الثالثة مباشرة او التصنيع للمرحلة الرابعة.

١٦- يقوم سوبرماركت الضاحية الشمالية بالتركيز في مبيعاته على ثلاثة انواع من المنتجات وهي الألبان والمشروبات الغازية والبضاعة الأخرى. وفيما يلي قائمة الدخل للمنتجات المذكورة عن السنة المنتهية في ٢٠٠٩/١٢/٣١ (المبالغ بالاف الدنانير):

الألبان	المشروبات الغازية	البضاعة الاخرى	الاجمالي	البيان
٥٠٠	٢٠٠	٣٠٠	١٠٠٠	ايراد المبيعات
٣٥٠	١٢٠	٢٣٠	٧٠٠	- تكلفة المبيعات (جميعها متغيرة)
١٥٠	٨٠	٧٠	٣٠٠	مجمل الربح
				- التكاليف الثابتة:
٢٠	٢٠	٢٠	٦٠	الايجار
٤٠	٢٥	٣٥	١٠٠	الرواتب
٣٠	٣٠	٣٠	٩٠	تكاليف بيعية وإدارية أخرى
٦٠	٥	(١٥)	٥٠	الربح (الخسارة) التشغيلي

وقد طلب مدير قسم الألبان التخلص من قسم البضاعة الأخرى بسبب تحقيقه للخسارة، وأضاف بأن التخلص من قسم البضاعة الأخرى سوف يؤدي إلى زيادة الربح التشغيلي للسوبرماركت من ٥٠٠٠٠ دينار الى ٦٥٠٠٠ دينار.

وقد طلب المدير العام للسوبرماركت من المحاسب تقديم بيانات عن التكاليف التي يمكن تجنبها في حالة التخلص من قسم البضاعة الاخرى، حيث تم تجميع المعلومات التالية:

١- ان كافة تكاليف المبيعات لقسم البضاعة الأخرى هي تكاليف متغيرة ويمكن تجنبها.

٢- ان الرواتب المتعلقة بقسم البضاعة الأخرى والبالغة ٣٥٠٠٠ دينار يمكن تجنبها.

٣- ان تكاليف الايجار لا يمكن تجنبها.

٤- انه يمكن توفير مبلغ ١٥٠٠٠ دينار من التكاليف البيعية والادارية الأخرى.

المطلوب:

اتخاذ قرار بشأن التخلص من قسم البضاعة الأخرى أو الإبقاء عليه في ضوء المعلومات السابقة.

١٧- افترض المعلومات الواردة في السؤال السابق رقم (١٦). واضافة إلى ذلك افترض بأنه يمكن استغلال مكان البضاعة الاخرى لزيادة بيع منتجات الألبان. وقد تم تجميع المحاسب للمعلومات التالية التي تم تقديرها بافتراض استعمال الموارد لزيادة بيع منتجات الألبان لتحل محل البضاعة الأخرى:

	التخلص من قسم البضاعة الأخرى
٣٠٠٠٠٠ دينار	نقص في الايرادات
٢٨٠٠٠٠	توفير تكاليف (٢٣٠٠٠٠ + ٣٥٠٠٠ + ١٥٠٠٠)
٢٠٠٠٠	نقص في الأرباح
	زيادة بيع منتجات الألبان
٤٢٠٠٠٠ دينار	بيع منتجات البان اضافية
٢٩٤٠٠٠	- تكلفة بيع منتجات الالبان الاضافية (جميعها متغيرة)
١٢٦٠٠٠	عائد المساهمة
	- تكاليف ثابتة إضافية:
٣٥٠٠٠	رواتب
١٠٠٠٠	تكاليف بيعية وإدارية أخرى
٨١٠٠٠ دينار	الارباح المكتسبة نتيجة بيع منتجات ألبان اضافية

المطلوب:

اتخاذ القرار المناسب بالتخلص من قسم البضاعة الأخرى ام لا في ضوء المعلومات السابقة وافتراض استغلال مكان قسم البضاعة الاخرى بزيادة بيع منتجات الألبان.

١٨- تنتج شركة الصناعات الخفيفة المنتجين (س) و(ص) وفيما يلي المعلومات المتعلقة بالايرادات والتكاليف لكل من المنتجين:

المنتج (س)	المنتج (ص)	البيان
١٠٠ دينار	١٥٠ دينار	سعر بيع الوحدة
٥٠	٩٠	التكاليف المتغيرة للوحدة
٣	٤	عدد ساعات تشغيل الالات المطلوبة لانتاج الوحدة

فإذا علمت أن طاقة المصنع تعادل ٦٠٠٠٠ ساعة تشغيلية للالات.

المطلوب:

في حالة الطلب الشديد على منتجات الشركة، أي من الأوامر المتعلقة بالمنتجات (س) أو (ص) يجب أن تقبلها الشركة؟

١٩- يوجد بضاعة متقادمة لدى شركة التقنيات الحديثة تبلغ تكلفة صناعتها ٢٤٠٠٠٠ دينار ويمكن بيعها بمبلغ ٥٠٠٠٠ دينار كخردة أو تطويرها بمبلغ ٦٠٠٠٠ دينار لتباع بعد ذلك بمبلغ ١٣٠٠٠٠ دينار.

المطلوب:

ما هو القرار الذي يجب أن تتخذه الشركة في الحالة المذكورة؟

٢٠- تنتج شركة الخزف الأردنية ثلاثة أنواع من المنتجات وهي البلاط والسيراميك والجرانيت بعد تكرير المواد الخام، وتعتمد كميات المنتجات على نوع المواد الخام وتراجع الشركة حالياً حاجاتها للشهر المقبل لتحديد مزيج المنتجات والحصول على المواد الخام المناسبة لتلك الحاجات، وفيما يلي المعلومات المتعلقة بمنتجات الشركة الثلاثة:

البلاط	السيراميك	الجرانيت	البيان
٤ دنانير	٦ دنانير	١٠ دنانير	سعر بيع المتر الواحد
٣	٤	٧	التكاليف المتغيرة للمتر الواحد
١/٤	٣/٤	١	عدد ساعات التكرير لكل متر

فإذا علمت بأنه يوجد لدى الشركة طاقة تشغيلية لتكرير المواد الخام تعادل ٥٠٠٠٠ ساعة بتكلفة ٢٥٠٠٠٠ دينار. وأنه يوجد عقد مع الشركة لبيع ١٠٠٠٠ متر بلاط شهريا، وأن هناك قيد على صناعة السيراميك بما يعادل ٣٠٠٠٠ متر شهريا، كما أن هناك طلب على الجرانيت بما لا يزيد عن ٢٥٠٠٠ متر شهريا.

المطلوب:

١- احتساب عائد المساهمة لكل ساعة تكرير لكل منتج على حده.

٢- ما هو مزيج المنتجات في ظل القيود المذكورة الذي يؤدي الى تعظيم إجمالي عائد المساهمة للشركة؟

٣- احتساب إجمالي عائد المساهمة للشركة لمزيج المنتجات في البند السابق (٢).

٢١- تحتاج شركة المنتوجات الصناعية الحديثة ٢٠٠٠٠ وحدة من جزء معين لاستعماله في انتاج احد منتوجاتها. وتقدر الشركة تكاليف ذلك الجزء في حالة تصنيعه داخلياً كما يلي:

٤ دنانير	مواد مباشرة
١٦	اجور مباشرة
٨	تكاليف صناعية غير مباشرة متغيرة
١٠	تكاليف صناعية غير مباشرة ثابتة محملة
٣٨ دينار	اجمالي تكاليف الجزء

فـإذا علمـت بـأن تكلفـة شراء الجـزء الواحـد مـن الخـارج تعـادل ٣٦ دينـار وأن ٦٠% مـن التكاليف الصناعية غير المباشرة الثابتة المحملة للجزء سوف تستمر بغض النظر عن القرار المأخوذ.

المطلوب:

١- ما هي التكاليف التفاضلية لاتخاذ قرار التصنيع الداخلي أو الشراء من الخارج؟

٢- ما هو القرار المناسب الذي يجب ان يتخذه مدير الشركة في هذه الحالة؟

٢٢- تقوم احدى الشركات الصناعية بانتاج ٥٠٠٠ وحدة شهرياً من جزء معين يدخل في صناعة أحد منتجاتها. وفيما يلي التكلفة المتعلقة بالوحدة من هذا الجزء عند المستوى المذكور من الإنتاج:

٢ دينار	مواد مباشرة
٨	أجور مباشرة
٤	تكاليف صناعية غير مباشرة متغيرة
٦	تكاليف صناعية غير مباشرة ثابتة محملة
٢٠ دينار	اجمالي تكلفة الجزء

وقد عرضت شركة قاسم أن تبيع للشركة الصناعية ٥٠٠٠ وحدة من الجزء المذكور بسعر ١٧ دينار للوحدة. فإذا علمت بأن الشركة الصناعية تستطيع استغلال مواردها المستعملة الآن في إنتاج الجزء المذكور لصناعة منتج آخر والحصول على عائد مساهمة إضافي قدره ٨٠٠٠ دينار شهريا. كما أن ثلث التكاليف الصناعية غير المباشرة الثابتة المحملة يمكن توفيرها في حالة شراء الجزء من شركة قاسم وتصنيع المنتج الآخر.

المطلوب:

ما هو تأثير شراء الجزء موضوع البحث من شركة قاسم بسعر ١٧ دينار للوحدة، مفترضاً أن الشركة الصناعية سوف تأخذ الفرصة لتصنيع المنتج الآخر؟

٢٣- تنتج شركة الازدهار الصناعية المنتجين (أ) و (ب) بتكاليف مشتركة قيمتها نصف مليون دينار، ويباع المنتج (أ) بسعر ١ دينار للجالون، في حين أن المنتج (ب) يباع بسعر 1.5 دينار للجالون. وفيما يلي المعلومات المتعلقة بالمنتجين المذكورين لشهر أيلول:

المنتج	عدد الجالونات المنتجة والمباعة
(أ)	٣٠٠٠٠٠
(ب)	٤٠٠٠٠٠

وبافتراض أنه يمكن اجراء عمليات اخرى على المنتج (ب) بتكلفة اضافية تعادل ١٠٠٠٠٠ دينار لانتاج المنتج (ب المحسّن) حيث يباع هذا المنتج المحسّن بسعر دينارين للجالون. علماً بأن المنتج (أ) سوف يباع باستمرار عند نقطة الانفصال.

المطلوب:

ما هو القرار الذي يجب أن تتخذه الشركة في الحالة المذكورة بخصوص الابقاء على المنتج (ب) فقط أو تحسينه وإنتاج المنتج (ب المحسّن)؟

٢٤- فيما يلي المعلومات المتعلقة بمنتجات شركة الهلال العربية:

المنتج	سعر بيع الوحدة	التكلفة المتغيرة للوحدة	عدد الساعات المطلوبة لانتاج الوحدة	قيد الطلب على المنتج
أ	٣٠ دينار	٢٥ دينار	٥	-
ب	٢٥	١٠	١٠	١٠٠٠٠ وحدة
جـ	١٣	٥	٤	٨٠٠٠
د	٨	٤	١	٤٠٠٠

فإذا علمت بأن إجمالي التكاليف الثابتة تعادل ٢٠٠٠٠٠ دينار، في حين أن عدد الساعات التشغيلية الموجودة بالشركة تعادل ٤٨٠٠٠ ساعة.

المطلوب:

١- اختيار أفضل مزيج للمنتجات بالاستناد الى المعلومات المذكورة.

٢- بافتراض عدم وجود أية قيود على طلب المنتجات، ما هو أفضل مزيج يمكن أن تنتجه الشركة وتبيعه من المنتجات الأربع؟

٢٥- يوجد لدى شركة الصناعة الوطنية بضاعة متقادمة قيمتها ٢٠٠٠٠٠ دينار. ويمكن للشركة إعادة تصنيع تلك البضاعة بتكلفة ٤٠٠٠٠ دينار لتباع بعدها بسعر ٧٥٠٠٠ دينار أو تستطيع الشركة بيع البضاعة المتقادمة بسعر ٥٠٠٠٠ دينار.

إن تكلفة الفرصة الضائعة لاتخاذ القرار المناسب هي:

أ) ٢٥٠٠٠ دينار   جـ) ٣٥٠٠٠ دينار

ب) ١٠٠٠٠ دينار   د) ٧٥٠٠٠ دينار

هـ) لا شيء مما ذكر

٢٦- تنتج شركة الأهرام وتبيع ١٠٠٠٠ وحدة من المنتج (أ) سنويا. علماً بأن سعر بيع الوحدة تعادل ١٠ دنانير، في حين تبلغ التكلفة المتغيرة للوحدة ٤ دنانير وتقدر الشركة بأن التخلص من المنتج (أ) سوف يوفر على الشركة ٨٠% من التكاليف الثابتة للمنتج (أ) والبالغة ٥٥٠٠٠ دينار.

في حالة التخلص من المنتج (أ) فإن صافي الربح الكلي للشركة سوف يظهر:

أ) ٤٠٠٠٠ دينار زيادة   جـ) ٦٠٠٠٠ دينار زيادة

ب) ١٦٠٠٠ دينار انخفاض   د) ٤٤٠٠٠ دينار تحفيض

هـ) لا شيء مما ذكر

٢٧- إن قرار التصنيع أو الشراء هو:

أ) قرار يتعلق بكل من الإيرادات الملائمة وفروقات التكاليف.

ب) قرار يتعلق فقط بالإيرادات الملائمة.

جـ) قرار يعرف بقرار التكلفة الأقل.

د) قرار يمكن اتخاذه بتقييم الفروقات بين الأرباح المحتملة.

هـ) لا شيء مما سبق.

الفصل الحادي عشر

أنظمة الرقابة الإدارية ومحاسبة المسؤولية

Managerial Control Systems and Responsibility Accounting

يهدف هذا الفصل إلى تعريف القارئ بما يلي:

١- مفهوم تفويض السلطات والرقابة الإدارية.

٢- اهداف الإدارة العليا الرئيسة والثانوية.

٣- مفهوم الرقابة الداخلية ومكوناتها.

٤- العوامل المؤثرة في اختيار نظام المحاسبة الإدارية.

٥- مفهوم مراكز المسؤولية وأنواعها.

٦- التكاليف القابلة وغير القابلة للرقابة.

٧- الموازنات ومحاسبة المسؤولية.

٨- تقارير الأداء.

٩- مفهوم الإدارة بالاستثناء.

١٠- توزيع التكاليف على مراكز المسؤولية.

١١- مفهوم الكفاءة والفاعلية.

١٢- الآثار السلوكية لمحاسبة المسؤولية.

الفصل الحادي عشر
أنظمة الرقابة الإدارية ومحاسبة المسؤولية
Managerial Control Systems and Responsibility Accounting

١- مقدمة Introduction

كلما كبر حجم المنشأة وتعقدت أعمالها كلما ادى ذلك الى أن تصبح مهمة ادارتها اكثر صعوبة. وعليه فإنه يتم تفويض المهام الإدارية والصلاحيات إلى القطاعات المختلفة بالمنشأة. وتصبح في هذه الحالة الرقابة الإدارية ضرورية للتأكد من القيام بالصلاحيات والسلطات المفوضة على أفضل وجه ممكن.

وتلعب المحاسبة دوراً بارزاً في تقييم أداء الذين تم تفويضهم بالسلطات والصلاحيات اللازمة للقيام بأعمالهم. وإن استعمال المحاسبة لتقييم الأداء يدعى محاسبة المسؤولية وتعتبر الموازنات والمعايير وتحليل التباين جزءاً من عملية محاسبة المسؤولية.

وسوف يتم في هذا الفصل التعرف على أهمية تفويض السلطات والرقابة الإدارية، والتعرف على أهداف الإدارة العليا الرئيسة والثانوية. كما سيتم التعرض إلى مفهوم الرقابة الداخلية وعناصر هذه الرقابة، هذا إضافة إلى التعرف على العوامل المؤثرة في اختيار نظام المحاسبة الإدارية. وسيتم شرح مفهوم مراكز المسؤولية وأنواعها والتعرف على التكاليف القابلة وغير القابلة للرقابة، ودور الموازنات في محاسبة المسؤولية.

وأخيراً سيتم التعرض إلى تقارير الاداء والتعرف على مفهوم الإدارة بالاستثناء ومفهوم الكفاءة والفاعلية والأثار السلوكية لمحاسبة المسؤولية.

وتجدر الاشارة إلى أن هناك عدة عوامل يجب اخذها بعين الاعتبار عند اتخاذ قرار بالاستقصاء عن تباين معين أم لا. وتشمل هذه العوامل حجم التباين، ونموذج التباين على عدة فترات، وطبيعة العنصر المقاس له التباين، وحجم ذلك العنصر.

وفي النهاية نقول بأنه يمكن استعمال المقاييس المالية وغير المالية لقياس الأداء. وقد جرت عادة المحاسبين على التركيز على المقاييس المالية كالتباين المتعلق بالأرباح والتكاليف وما شابه بسبب سيولة استخراجها مباشرة من خلال نظام المحاسبة التقليدي. علماً بأن المقاييس غير المالية لا تقل أهمية عن المقاييس المالية، ومن الأمثلة عليها عدد الوحدات التالفة المنتجة.

٢- تفويض السلطات والرقابة الإدارية
Delegation of Authorities and Managerial Control

لا يستطيع مدير المنشأة عادة القيام بكافة أعمال المنشأة لوحده، فمثلاً لا يستطيع رئيس الجامعة القيام بأعمال الصيانة التي تتطلبها مباني الجامعة بين حين وآخر، وعليه فهو يفوض مدير الصيانة للقيام بمثل هذه الأعمال. وكذلك الحال فإنه لغايات نشر ـ هذا الكتاب فقد تم تفويض السلطات وإعطاء المسؤوليات لي لكتابة فصول هذا الكتاب في حين التزم الناشر بطباعة الكتاب وتسويقه.

وتجدر الإشارة إلى أنه في كثير من الحالات فإن تفويض السلطات في المنشأة لا يعني تحويل المسؤولية، فرئيس الجامعة الذي يفوض سلطات ادارة كلية معينة إلى عميدها فإن ذلك لا يعني بأي حال من الأحوال أن رئيس الجامعة غير مسؤول عما يجري بتلك الكلية. وكذلك الحال فإن المدير العام للمنشأة الذي يفوض السلطات والصلاحيات بالانتاج لمدير المصنع يعتبر مسؤولاً عن مدى نجاح عمليات التشغيل والانتاج بالمصنع.

وتعتبر الرقابة الإدارية ضرورية في المنشآت التي يتم بها تفويض السلطات والصلاحيات وذلك للتأكد من إنجاز المهام والقيام بالصلاحيات المعطاة على أفضل وجه ممكن. ويوجد عدة طرق لتقييم ذلك الإنجاز منها المقارنة بين الخطط الموضوعة وبين ما تم إنجازه فعلا. وإن تصميم أنظمة محاسبة المسؤولية يساعد عادة في تقييم الإنجاز وعمل المقارنة المطلوبة بين الخطط الموضوعة والانجاز الفعلي.

وهناك عدة فوائد من عملية تفويض السلطات أهمها أولاً أنها تتيح المجال أمام كل شخص بأن يعمل الأشياء التي يعملها على أحسن وجه، فمثلاً عند عمل بحث مشترك فإن كل شخص يختار العمل بالجزء الذي يجيد عمله، فأحد الاشخاص يختار تجميع المعلومات، وآخر يختار تحليل المعلومات، وثالث يختار كتابة البحث..وهكذا.

أما الفائدة الثانية من عملية تفويض السلطات فهي السماح لكل شخص باستعمال معرفته الخاصة وموهبته الإبداعية التي يمتلكها للعمل بالصلاحيات والسلطات المخولة إليه. فمثلاً لأغراض إنتاج هذا الكتاب فإنني استعمال معرفتي العلمية الخاصة بالمحاسبة الإدارية من أجل إعداد فصول الكتاب، في حين ان الناشر يستعمل تجربته وخبراته لطباعة مادة الكتاب وتصميم غلافه وتسويقه.

وأخيراً فإن الفائدة الثالثة من عملية تفويض السلطات تتمثل في إتاحة الفرصة للاشخاص للقيام بعمليات ناجحة لا يستطيع أي فرد لوحده القيام بها وإنجازها. فمثلاً لا يستطيع مدير المستشفى بمفرده اتخاذ كافة القرارات المتعلقة بالمرضى وتنفيذ المهام الضرورية الخاصة بها. وبالتالي فإن تفويض السلطات والصلاحيات في المنشأة سوف يتيح المجال لتفتيت العمليات الكبيرة والضخمة إلى مهام وواجبات صغيرة يمكن للفرد القيام بها.

ويعتبر نظام الرقابة الإدارية وسيلة لتجميع المعلومات وتنسيقها لاتخاذ القرارات الإدارية المختلفة. ويمكن الحكم على نظام الرقابة الإدارية من خلال قدرته على اكتشاف الأخطاء والتلاعب وموافقة أعمال المنشأة مع المتطلبات القانونية ووجود التناسق والتعاون بين أعمال الاقسام المختلفة للمنشأة لتحقيق أهداف المنشأة الرئيسة والثانوية.

٣- أهداف الادارة العليا الرئيسة والثانوية
Top Management Main - and Sub - goals

يسعى نظام الرقابة الإدارية للتأكد من مدى تحقيق اهداف الإدارة العليا الرئيسة والثانوية، فقد تضع الادارة العليا هدفاً رئيساً لها مثل تعظيم الارباح على المدى الطويل. وللتوصل الى ذلك الهدف على المدى البعيد فقد تلجأ الادارة العليا إلى وضع أهداف ثانوية تسعى من خلالها الى تحقيق الهدف الرئيس.

وقد تشمل الاهداف الثانوية ربحية المنشأة في المدى القصير وتحسين الانتاجية والكفاءة للعاملين وتعزيز ولائهم للمنشأة بوضع الحوافز التشجيعية لهم. وتجدر الاشارة الى أنه في بعض الاحيان قد يكون من الصعوبة بمكان التوفيق بين الاهداف الثانوية القصيرة الأجل والأهداف الرئيسة طويلة الأجل، فمثلاً التركيز على ربحية المنشأة في الأجل القصير قد يكون متعارضاً مع تحقيق ربحية المنشأة على المدى البعيد.

وتعتبر الموازنة بين الأهداف المختلفة للمنشأة ضرورية لاغراض الرقابة الادارية. فقد يتم التركيز على عوامل لا تؤدي إلى تحقيق الاهداف المرجوه، في حين لا يتم التركيز على العوامل الأساسية المؤدية الى نجاح المنشأة وتحقيق أهدافها. ويواجه مدير المنشأة غالباً اتخاذ قرارات صعبة وقد تبدو متضاربة أحياناً. فمثلاً لزيادة حصة المنشأة بالسوق فقد تلجأ المنشأة الى تخفيض أسعار بيع منتجاتها في الأجل القصير، وهذا قد يؤثر على الربحية سلباً نظراً لتأثيره على ايراد المنشأة. وعليه فإن اختيار الهدف المناسب ومحاولة تحقيقه يعتبر عاملاً مهماً في نجاح مدير المنشأة.

ويجب التمييز بين أنظمة الرقابة الإدارية وبين أهداف الإدارة العليا للمنشأة، فعند تصميم أنظمة الرقابة الإدارية يجب الأخذ بعين الاعتبار عدة عوامل أهمها أهداف الإدارة العليا الرئيسة، والأهداف الثانوية للمنشأة، واختيار القرار الملائم من بين القرارات المتضاربة، وتكوين المنشأة.

ولتوضيح ما سبق فإننا نورد مثال رقم (١) التالي:

مثال رقم (١)

افترض أن هدف الإدارة العليا لشركة الهلال كان تحقيق أرباح للسنة القادمة مقدارها ربع مليون دينار. وللتوصل إلى ذلك الهدف فقد اضطرت الإدارة العليا للضغط على المساعدين عندما تبين بأن الهدف المنشود قد يكون صعب المنال. ويميل المساعدون إلى تخفيض المصاريف بتأجيل مدفوعات الصيانة وترويج المبيعات والابحاث المتعلقة بتطوير المنتجات.
المطلوب:
ابداء رأيك بقرارات المساعدين وهدف الإدارة العليا.

إجابة مثال رقم (١)

إن قرارات المساعدين المتعلقة بتخفيض المصاريف بتأجيل مدفوعات الصيانة وترويج المبيعات وأبحاث تطوير المنتجات، قد تؤدي الى عدم قدرة الشركة على تحقيق الأرباح مستقبلا. وعليه فإن هذه القرارات تعتبر غير مفضلة نظراً لتأثيرها المستقبلي على أرباح الشركة، وذلك بالرغم من مساهمتها في تحقيق الهدف المنشود للسنة موضوع البحث والذي حددته الإدارة العليا.

وبالرغم من التوصل الى هدف الإدارة العليا وتحقيقه، إلا ان ذلك الهدف كـان غـير مناسب للشركة. فقد تم تحقيق ذلك الهدف على حساب تعطيل إمكانية تحقيق مثل هـذا الهدف مستقبلا. فالاجراءات والقرارات التي تم اتخاذها مـن قبـل المسـاعدين كانت صعبة ومجحفة للغاية للسنوات المستقبلية بسبب تأثيرها العكسي على أرباحها.

يتبين مما سبق أن هدف الإدارة العليا يجب أن يكون قابلاً للتحقيق وأن تكون الاجراءات والقرارات المتعلقة بالتوصل إليه وتحقيقه غير مؤثرة سلباً على الفترات المستقبلية.

٤- الرقابة الداخلية   Internal Control

يتكون نظام الرقابة الداخلية مـن مجموعـة الطـرق والإجـراءات المتعلقة بتفويض العمليات وحماية الأصول ودقة السجلات المحاسبية والمالية. ويهدف نظام الرقابـة الداخليـة إلى تحقيق الأهداف التالية:

١- منع الأخطـاء والتجاوزات بوجـود نظـام تفويض للعمليـات وتسجيل العمليـات بدقـة وحماية أصول المنشأة.

٢- اكتشاف الأخطاء والتجاوزات بمقارنة السجلات المحاسبية بما هو موجود فعلاً. فمثلاً يمكن مقارنة رصيد النقدية الموجود بالدفاتر والسجلات المحاسبية بالنقدية الموجود فعلاً لدى المنشأة عن طريق العد الفعلي وكشوفات الحسـابات المتعلقـة بالنقدية لـدى البنـوك المختلفة. وتعتبر السجلات صحيحة ولا يوجد أية أخطاء أو تجـاوزات في حالـة مطابقـة الأرصدة الموجودة بالسجلات المحاسبية مع الأرصدة الموجودة فعلاً لدى المنشأة، وذلـك بافتراض أنه تم تسجيل وترحيل وترصيد كافة العمليات المتعلقة بالنقدية بالدفاتر.

٣- تشجيع الكفاءة والفاعليـة في عمليـات المنشـأة المختلفـة وذلـك بفحـص السياسـات والإجراءات المتبعة في المنشأة ومدى إمكانية تطويرها.

٤- التأكد من أن المنشأة تقوم باتباع القوانين والأنظمة المعمول بها.

ويعتبر نظام الرقابة الداخلية جزءاً من نظـام الرقابـة الإداريـة، حيـث يتكـون نظـام الرقابة الإدارية من جزءين رئيسين هما الرقابة الإدارية التنفيذية مثل عمل الموازنات لغايات التخطيط والرقابة على العمليات، والرقابة المحاسبية مثل

اجراءات الرقابة الداخلية بفصل مهام أمين الصندوق عن مهام الشخص الذي له علاقة بحساب النقدية من ناحية تسجيل وترحيل وترصيد.

وتجدر الاشارة إلى أن الادارة العليا بالمنشأة تتحمل المسؤولية الأساسية للرقابة الإدارية التنفيذية والرقابة المحاسبية.

٤-١ مكونات الرقابة الداخلية Components of Internal Control

تتكون الرقابة الداخلية من خمسة عناصر لها علاقة متبادلة مع بعضها البعض وهذه العناصر هي:

١- **محيط أو بيئة الرقابة** Control Environment : يعكس هذا العنصر بشكل عام فلسفة الإدارة واتجاهاتها. ويعتبر هذا العنصر بمثابة الأساس لبقية عناصر الرقابة الداخلية حيث أن عدم فعالية بيئة الرقابة قد يؤدي إلى إبطال منافع العناصر الأخرى للرقابة الداخلية. فمثلاً قد يكون لدى منشأة معينة نظام موثوق به لتسجيل المبيعات الآجلة كما أن هناك فصل في المهام للأشخاص الذين يسجلون بحسابات المدينين والأشخاص الذين يحصلون النقدية لاحقا. فإذا كان اتجاه الإدارة العليا للمنشأة هو الظهور أمام الآخرين بنمو المبيعات بأية تكاليف فقد تصدر الإدارة العليا تعليماتها للموظف المختص بتسجيل مبيعات وهمية في نهاية الفترة المحاسبية.

وتجدر الإشارة إلى أن بيئة الرقابة قد تتأثر بعدة عوامل أهمها وجود القيم الاخلاقية والأمانة التي يجب أن تتمتع بها الإدارة العليا للمنشأة، ووجود موظفين رقابة مؤهلين ويستطيعوا القيام بأعمالهم بكفاءة، ووضوح تفويض المسؤوليات والصلاحيات ووجود سياسات واضحة وعادلة في تعيين الموظفين وتدريبهم وترفيعهم وتعويضهم.

٢- **تقييم الخطر** Risk Assessment : حيث ان كافة المنشآت تواجه اخطاراً مختلفة فإن على الإدارة تقييم تلك الأخطار والعمل على الحد من آثارها السلبية. فيجب على إدارة المنشأة تحديد الأهداف التي تسعى إلى تحقيقها قبل التعرف على المخاطر من عدم امكانية تحقيق تلك الأهداف. ويساعد تحديد الأهداف على التعرف على العوامل التي تؤدي إلى نجاح المنشأة وتحقيق أهدافها. وتنشأ مخاطر عدم تحقيق أهداف المنشأة عن عدة عوامل أهمها

التغيير في الموظفين والنمو السريع ووجود التكنولوجيا الجديدة وإعادة هيكلة المنشأة والتغيرات في محيط العمل ووجود المنافسة الأجنبية وغيرها.

ومن الجدير بالذكر أن على إدارة المنشأة تقدير المخاطر المتعلقة بعدم تحقيق أهداف المنشأة والتعرف على أهمية تلك المخاطر بالإضافة إلى تحديد الإجراءات التي يجب عملها واتخاذها عند نشوء تلك المخاطر.

٣- **رقابة الانشطة Control Activities** : يتضمن هذا العنصر عدة أنشطة مثل تفويض الصلاحيات والتأكد من صحة العمليات وعمل التسويات اللازمة لمواجهة المخاطر التي تعترض تحقيق أهداف المنشأة. ويمكن أن تكون هذه الأنشطة مندمجة مع مؤشرات الانجاز (مثل انحراف سعر المشتريات) أو مع فصل المهام (مثل فصل مهام الاشخاص الذين يسجلون بالدفاتر عن مهام الأشخاص الذين يقومون بالاحتفاظ بتلك الاصول المسجلة بالدفاتر) أو مع الرقابة المادية (مثل تقييد الدخول الى مخازن البضاعة والاحتفاظ بالنقدية بخزائن حديدية محصنة ضد الحريق).

٤- **المعلومات ووسائل الاتصال Information and Communication** : يتضمن هذا العنصر نظام المعلومات المحاسبي الذي يصف ويقيس ويسجل كافة العمليات المالية وفي النهاية يزود المهتمين بشؤون المنشأة بالتقارير والقوائم المالية في نهاية كل فترة مالية. كما يتضمن هذا العنصر وسائل مختلفة من الاتصال مثل البريد الالكتروني والمذكرات المختلفة وغيرها. وبالإضافة إلى ذلك فإن العنصر المذكور يتضمن معلومات عن ربحية المنتجات المختلفة وحصة المنشأة بالسوق وأنشطة المنافسين لتطوير منتجاتهم وغيرها.

٥- **الضبط Monitoring** : حيث أن أنظمة الرقابة الداخلية قد تتغير من وقت لاخر، فهي بحاجة الى ضبط ورقابة بشكل مستمر لتبقى تعمل بفعالية. ومن الأمثلة على أنشطة الضبط هو التعرف على الأخطاء الهامة أو الانحرافات الهامة عن النتائج المتوقعة، وعمل التقييم المناسب من الجهات الداخلية ووسائل الاتصال مع الجهات الخارجية. فقد تتسلم إدارة المنشأة عدة شكاوي من العملاء على منتجات المنشأة، فعلى الإدارة عدم تجاهل هذه الشكاوي التي قد تشير إلى ضعف في الرقابة الداخلية بالمنشأة.

وتجدر الاشارة إلى أن هناك بعض المحددات للرقابة الداخلية التي تؤثر على مدى فعاليتها. وتنشأ هذه المحددات عن عدم فهم التعليمات فهماً جيداً وعدم اهتمام العاملين الكافي بالرقابة الداخلية وتجاوز الإدارة لبعض العمليات والاجراءات الضرورية بالرقابة. وعليه فإن الرقابة الداخلية تعطي تأكيداً معقولاً وليس كاملاً على أن اهداف المنشأة سوف تتحقق.

٥- العوامل المؤثرة في اختيار نظام المحاسبة الإدارية:

يتأثر اختيار نظام المحاسبة الادارية بعدة عوامل أهمها عامل التكلفة والمنفعة وعامل انسجام الهدف وعامل جهد الإدارة.

فالعامل الأول وهو عامل التكلفة والمنفعة يشير إلى أن اختيار نظام المحاسبة الإدارية يتم بمقارنة تكاليف ذلك النظام مع المنافع المتأتية من تطبيقه ويجب أن تكون المنافع اكثر من التكاليف ليتم تطبيق النظام. ولمقارنة نظامين مختلفين للمحاسبة الإدارية فإنه يتم اختيار النظام الاكثر منفعة إذا كانت التكاليف متساوية لكل من النظامين.

أما العامل الثاني المؤثر في اختيار نظام المحاسبة الإدارية وهو انسجام الهدف فيشير إلى موافقة وانسجام أهداف العاملين بالمنشأة مع أهداف الإدارة العليا للمنشأة. ويتم التوصل إلى انسجام الهدف عندما يعمل المدراء لمصالحهم الشخصية ويتخذون قرارات متوافقة مع الأهداف العامة للإدارة العليا.

وأخيراً فإن العامل الثالث وهو جهد الإدارة ويعني ذلك بأن تبذل الإدارة كل ما في وسعها من جهد لتحقيق اهداف المنشأة. ويتضمن الجهد بالاضافة إلى العمل المألوف المتعلق بالانتاج اية أعمال ذهنية أو مراقبة تؤدي الى أن تكون أعمال المنشأة بشكل اكثر فاعلية وأفضل كفاءة. ويزداد جهد الإدارة بكفاح الأشخاص والعاملين لتحقيق الأهداف المرسومة والموضوعة لهم والمنسجمة مع أهداف المنشأة. وتجدر الإشارة إلى أن وضع الحوافز التشجيعية للعاملين وتقييم إنجازهم سوف يدفعهم للإصرار على تحقيق الاهداف المنشودة للمنشأة بشكل عام.

٦- محاسبة المسؤولية Responsibility Accounting

إن كبر حجم المنشآت واتساع اعمالها يؤدي الى عدم قدرة المدير العام للمنشأة على اتخاذ كافة القرارات الإدارية اللازمة لإدارتها. وعلى ذلك يجب تفويض بعض الصلاحيات والسلطات للمستويات الادارية الأدنى مع تحديد مسؤولياتها. ويتم تطوير أنظمة التخطيط والرقابة في المنشأة تبعاً لمراكز المسؤولية. ويمكن تعريف مركز المسؤولية بأنه قسم أو دائرة في منشأة معينة مسؤول عن إدارة الأنشطة التي تناط به. ويعتبر رئيس القسم أو مدير الدائرة مسؤولاً عن أداء قسمه أو دائرته أو مركز مسؤوليته مع اعطاء الحرية الكافية لاتخاذ القرارات الادارية اللازمة لادارة قسمه أو دائرته. فمثلاً يعتبر رئيس قسم المشتريات في المنشأة مسؤولاً عن انحرافات الاسعار والكفاءة المتعلقة بالمشتريات.

وإن عمل الموازنات التخطيطية المختلفة لمراكز المسؤولية المرتبطة بالتنظيم الاداري للمنشأة يسهّل تطبيق محاسبة المسؤولية وذلك بمقارنة الأداء الفعلي لكل مركز مسؤولية مع الموازنة التخطيطية الموضوعة له.

وبشكل عام يمكن تقسيم مراكز المسؤولية في المنشأة الى أربعة مراكز مسؤولية هي مراكز التكلفة ومراكز الايراد ومراكز الربحية ومراكز الاستثمار. وفيما يلي شرح موجز لهذه المراكز.

٦-١ مراكز التكلفة Cost Centers

يكون مدير مركز التكاليف مسؤولاً عن عناصر التكاليف المتعلقة بقسمه. وتعتبر المصانع من الأمثلة البارزة على مركز التكاليف حيث يكون مدير المصنع مسؤولاً عن التكاليف المتعلقة بالمواد المستخدمة في الانتاج وعن مدى كفاءة العمال المستخدمين لانتاج المنتجات المختلفة بالمصنع. في حين أن مدير المصنع لا يحدد سعر بيع السلعة او المنتجات التي ينتجها. وعليه فإن مدير المصنع هو مسؤول فقط عن التكاليف التي تخضع لسيطرته ورقابته. ويركز تقرير الأداء في هذه الحالة على تكاليف القسم الخاضعة لرقابة المدير ومسؤوليته والتي يستطيع التأثير عليها بقراراته.

٦-٢ مراكز الايراد Revenue Centers

يكون مدير مركز الايراد مسؤولاً عن تحقيق الايرادات بصورة اساسية. ويعتبر قسم المبيعات من الأمثلة البارزة على مراكز الايراد. فمدير قسم المبيعات يكون مسؤولاً أساساً عن تحقيق الايرادات ببيع المنتجات، وعادة يكون مدير قسم المبيعات مسؤولاً أيضا عن التكاليف المتعلقة بالبيع والتوزيع والتي تخضع لسيطرته ورقابته. ولمعرفة فيما اذا كان مركزاً معيناً في المنشأة هو مركز ايراد أم لا فانه يجب التركيز على قرارات مدير المركز ومعرفة فيما اذا كانت تلك القرارات لها علاقة بالايرادات وتؤثر عليها أم لا.

٦-٣ مراكز الربحية Profit Centers

يعتبر مدير مركز الربحية مسؤولاً عن اتخاذ القرارات المتعلقة بكل من الإيرادات والتكاليف الخاصة بمركزه. فمثلاً يعتبر فرع شركة معينة الذي ينتج منتجاً معيناً ويبيعه للآخرين بمثابة مركز ربحية، وكذلك الحال يعتبر فرع بنك معين في منطقة معينة مركز ربحية حيث ان مدير الفرع مسؤول عن ايرادات وتكاليف فرعه. وعليه فإن تقرير اداء مركز الربحية سوف يتضمن كل من الايرادات والتكاليف المتعلقة بذلك المركز، ويتم تقييم المركز بمقارنة الارباح الفعلية بالأرباح المخطط لها والموضوعة طبقاً لموازنات وسياسات الشركة حيث يتم تحليل انحرافات الارباح لتعزيز قرار تقييم المركز. وتسعى الادارة العليا للشركة لاعطاء الحوافز التشجيعية لمدراء مراكز الربحية لزيادة ربحية مراكزهم عن طريق زيادة الايرادات وتخفيض التكاليف والسيطرة عليها ما أمكن.

٦-٤ مراكز الاستثمار Investment Centers

يكون مدير مركز الاستثمار مسؤولاً عن ارباح المركز واستثماراته في الأصول. فهو بعبارة أخرى مسؤول عن كل من الايرادات والتكاليف والاستثمارات المتعلقة بمركزه. فمدير المركز يعطى صلاحيات وسلطات للتصرف باموال كبيرة الى حد ما بحيث يستطيع اتخاذ القرارات المتعلقة بالاستثمارات الرأسمالية طويلة الأجل. فمثلاً قد يكون مدير مركز التكلفة في شركة معينة لديه الصلاحيات بشراء أصول لمركزه بحد أقصى خمسة الاف دينار دون الحاجة الى موافقة السلطات العليا. في حين أن مدير مركز الاستثمار يكون لديه الصلاحيات بشراء اصول

لمركزه بقيمة قد تصل الى نصف مليـون دينـار دون الحاجـة الى موافقـة الجهـات العليـا في الشركة. وتقاس كفاءة اداء مركز الاستثمار بمقياس العائد على الاستثمارات حيث بموجب هذا المقياس يتم الربط بين الارباح التي يحققها المركز واستثمارات الاصول بالمركز.

وتجدر الإشارة الى أن الصلاحيات والسلطات التي تمنح لمدير مركز الاستثمار هـي الأعلى مقارنة بالصلاحيات والسلطات الممنوحة لكل من مدير مركز التكلفـة أو مـدير مركز الايراد أو مدير مركز الربحية فقط.

يتضح مما سبق أن تصميم نظام محاسبة المسؤوليات يعتمـد عـلى التنظيـم الإداري للمنشأة حيث يتم تحديد مراكز المسؤولية ويتم تعيين المـدراء المسؤولين لتلك المراكـز مع اعطائهم السلطات والصلاحيـات اللازمـة لاتخـاذ القرارات الضروريـة لادارة مراكـزهم مع محاسبتهم على النتائج المترتبة على اتخاذ قراراتهم. وعليه فإن محاسبة المسؤولية تسـاعد الإدارة على اتخاذ القرارات الإدارية المطلوبة في مراكز المسؤولية دون أن تفقـد الإدارة العليـا سيطرتها ورقابتها على أداء مراكز المسؤولية المختلفة في المنشأة.

ومن الجدير بالذكر أنه يمكن تطبيق محاسبة المسؤولية في كافة أنواع وأحجـام المنشآت حيث يمكن تطبيقها في المنشآت التجاريـة والصناعية والخدميـة بغـض النظر عـن حجمها. كما يمكن تطبيق محاسبة المسؤولية في كافة المنشآت سـواء كانـت هادفـة للربح أو غير هادفة للربح كالمستشفيات والجامعـات وغيرهـا. هذا بالاضافة الى أنه يمكن تطبيـق محاسبة المسؤولية في كافة القطاعات سواء كانت خاصة او حكومية.

٧- التكاليف القابلة للرقابة وغير القابلة للرقابة
Controllable and Uncontrollable Costs

تميز أنظمة محاسبة المسؤولين بين التكاليف القابلة للرقابة والتكاليف غير القابلـة للرقابة. ويمكـن تعريـف التكـاليف غير القابلة للرقابة بأنهـا تلك التكـاليف التـي لا تتأثـر بقرارات مدير مركز المسؤولية خلال مدة من الزمن. في حين أن التكاليف القابلة للرقابة تتأثر بقرارات مدير مركز المسؤولية، فمثلاً مدير مركز الانتاج مسؤول عـن كميـة المـواد المبـاشرة المستخدمة في الانتاج وكذلك الحال هو مسؤول

عن الاجور المباشرة بينما لا يعتبر مسؤولاً عن ايجار مركز الانتاج ومصروف اهتلاك الالات.

ومما تجدر الاشارة اليه ان التكاليف القابلة للرقابة هي تلك التكاليف التي تتأثر بقرارات واعمال مدير مركز المسؤولية حتى لو كانت هذه التكاليف تتأثر بأحداث غير قابلة للسيطرة عليها. ففي واقع الحال لا توجد تكاليف تحت السيطرة الكاملة لمدير مركز المسؤولية. فمثلاً يجب على مدير المشروعات في شركة معينة تقع في منطقة أعاصير ان يكون مستعداً لمواجهة أخطار الاعاصير والتكاليف المترتبة عليها، هذا بالرغم من أن حدوث الأعاصير هي خارجة عن نطاق سيطرته.

أما التكاليف غير القابلة للرقابة كلياً فهي لن تعطي أية معلومات حول قرارات المدير وأعماله، وذلك بسبب ان المدير لا يستطيع التأثير عليها مهما عمل، وعليه يجب تجاهل تلك التكاليف عند تقييم أداء المدير. وعلى العكس من ذلك فإن التكاليف الخاضعة للرقابة والتي يمكن لمدير المركز ان يسيطر عليها ويؤثر بها فإنها تعطي مؤشراً على أداء المدير وبالتالي تساعد في الحكم على مدى إنجازه.

ويجب على مدير المركز أن يكون مستعداً لمجابهة المخاطر في ظل عدم التأكد، ويجب أن يتضمن تقرير نظام محاسبة المسؤولية كافة العوامل التي تتأثر بأعمال المدير وليس بالضرورة أن تكون خاضعة لسيطرته.

٨- الموازنات ومحاسبة المسؤولية
Budgets and Responsibility Accounting

تبنى أنظمة محاسبة المسؤولية عادة حول الموازنات، حيث تساعد الموازنات مدراء مراكز المسؤولية في التعرف على العوامل التي تؤثر على النتائج المالية. فالموازنة المرنة للربح التشغيلي تفصل تأثير حجم المبيعات عن تأثير العوامل الأخرى على الربح التشغيلي.

وتساعد الموازنات في التعرف على اعمال المدراء المتميزة في مراكز المسؤولية الأقل نجاحا. فمثلاً اذا خسر فرع شركة مبلغ مئة الف دينار في حين كانت الموازنة لذلك الفرع هي خسارة مئة وخمسون الف دينار فان ذلك يشير الى أن أداء مدير ذلك الفرع كان متميزاً بسبب انخفاض الخسارة الفعلية عن الخسارة المتوقعة في الموازنة. وبالمقابل، اذا كان ربح فرع الشركة الفعلي مبلغ مئة الف

دينار، بينما كان الربح المتوقع هو مبلغ مئة وخمسون ألف دينار فإن ذلك يشير الى انجاز غير جيد لمدير الفرع.

وباختصار فإننا نستطيع القول بأن على مدير مركز المسؤولية أن يقدم تقريراً عن نتائج أعمال مركزه بغض النظر عن تأثيره الشخصي على النتائج. وعند معرفة أسباب تلك النتائج فإنه يتم تقييم مدير مركز المسؤولية عن مدى تأثيره على تلك النتائج.

وتجدر الإشارة الى أن الفرق بين النتائج الفعلية والنتائج طبقا للموازنة يسمى بالاختلاف او التباين Variance . ويشار إلى هذا الاختلاف بكلمة مفضل Favorable أو غير مفضل Unfavorable وتعتمد هذه التسمية على نوع العنصر المقاس له التباين وعلى اتجاه ذلك التباين. فمثلاً اذا كان العنصر المراد قياس التباين له هو الايراد او الربح، فإننا نقول ان التباين مفضل في حالة ان النتائج الفعلية هي اكثر من النتائج طبقا للموازنة، في حين يكون التباين غير مفضل اذا كانت النتائج الفعلية اقل من النتائج طبقا للموازنة. وكمثال على ذلك نفترض ان مدير الشركة الاهلية يهدف الى تحقيق ارباح في الموازنة بمبلغ ٢٥٠٠٠٠ دينار خلال فترة معينة. فاذا كانت الارباح الفعلية للشركة تعادل ٣٠٠٠٠٠ دينار، فاننا نقول في هذه الحالة ان التباين يعادل ٥٠٠٠٠ دينار ويمكن وصفه بأنه تباين مفضل في الأرباح. بينما لو افترضنا بأن الأرباح الفعلية للشركة تعادل ٢٣٠٠٠٠ دينار لنفس الفترة، فاننا نقول في هذه الحالة بأن التباين في الارباح يعادل ٢٠٠٠٠ دينار (٢٥٠٠٠٠ - ٢٣٠٠٠٠) ويمكن وصفه بأنه تباين غير مفضل.

اما في حالة رغبة مدير الشركة بقياس التباين لعنصر تكاليف أو مصاريف، فإن تسمية التباين المفضل تطلق في حالة ان التكاليف أو المصاريف الفعالية هي أقل من التكاليف او المصاريف في الموازنة. اما التباين غير المفضل فيطلق في حالة كون التكاليف أو المصاريف الفعلية هي أعلى من التكاليف او المصاريف في الموازنة.

وعليه اذا كانت التكاليف الفعلية هي أعلى من التكاليف في الموازنة فان التباين في هذه الحالة يسمى غير مفضل، بينما اذا كان الايراد الفعلي اكثر من الايراد بالموازنة فان التباين عندها يسمى مفضل. ومن الأهمية بمكان أن يدرك

مدير مركز المسؤولية أن تسمية أو وصف التباين بأنه "مفضل" أو "غير مفضل" يشير فقط الى أن النتائج الفعلية أو النتائج بالموازنة هي الأعلى.

٩- تقارير الأداء   Performance Reports

تسمى التقارير المعدة بنظام محاسبة المسؤولية تقارير الأداء. ويوضح مثال رقـم (٢) التالي نموذجاً لتقرير أداء للتكاليف غير المباشرة لشركة صناعية بناء على موازنة الانتاج.

مثال رقم (٢) :

فيما يلي التكاليف الصناعية غير المباشرة الفعلية والتقديرية لشهر ايلول سنة ٢٠٠٩ لشركة الصناعة الوطنية علماً بأن التكاليف التقديرية مستندة الى موازنة الإنتاج للشركة:

البيان	التكاليف التقديرية (الموازنة)	التكاليف الفعلية
مواد غير مباشرة	٢٠٠٠ دينار	٢٥٠٠ دينار
أجور غير مباشرة	٤٨٠٠	٥٠٠٠
اهتلاك الات المصنع	٤٥٠٠	٤٥٠٠
اهتلاك مباني المصنع	٦٥٠٠	٦٥٠٠
تأمين الات ومباني المصنع	١٦٠٠	١٥٠٠
قوى محركة للمصنع	٤٣٠٠	٤٠٠٠

المطلوب:

عمل تقرير أداء بخصوص التكاليف الصناعية غير المباشرة لشركة الصناعة الوطنيـة لشـهر أيلول سنة ٢٠٠٩.

إجابة مثال رقم (٢):

شركة الصناعة الوطنية

تقرير أداء بخصوص التكاليف الصناعية غير المباشرة لشهر ايلول سنة ٢٠٠٩

التكاليف الفعلية	التكاليف التقديرية (الموازنة)	التباين ونوعه (الاختلاف)	البيان
٢٥٠٠ دينار	٢٠٠٠ دينار	٥٠٠ دينار غير مفضل	مواد غير مباشرة
٥٠٠٠	٤٨٠٠	٢٠٠ غير مفضل	اجور غير مباشرة
٤٥٠٠	٤٥٠٠	-	اهتلاك الات المصنع
٦٥٠٠	٦٥٠٠	-	اهتلاك مباني المصنع
١٥٠٠	١٦٠٠	(١٠٠) مفضل	تامين الات ومباني المصنع
٤٠٠٠	٤٣٠٠	(٣٠٠) مفضل	قوى محركة للمصنع
٢٤٠٠٠	٢٣٧٠٠	٣٠٠ غير مفضل	المجموع

يتم تحضير تقرير الأداء الموضح في إجابة مثال رقم (٢) لتقييم إنجاز المدير المسؤول عن التكاليف الصناعية غير المباشرة. ويتضمن التقرير المذكور معلومات عن المواد غير المباشرة والأجور غير المباشرة واهتلاك الات المصنع واهتلاك مباني المصنع وتأمين الات ومباني المصنع والقوى المحركة للمصنع. حيث يحتوي التقرير على التكاليف الفعلية والتكاليف التقديرية (الموازنة) والتباين بين هذين النوعين من التكاليف ونوع التباين.

وتجدر الاشارة الى أن تقارير الأداء قد تتضمن (١) التباين فقط (٢) المبالغ الفعلية والتباين فقط (٣) المبالغ الفعلية والمبالغ بالموازنة فقط (٤) المبالغ بالموازنة والتباين فقط.

يتبين من إجابة مثال رقم (٢) ان التكاليف بالموازنة للمواد غير المباشرة كانت أقل من التكاليف الفعلية بمبلغ ٥٠٠ دينار، وعليه فإن التباين هو غير مفضل، أما بالنسبة لتكاليف القوى المحركة للمصنع فإن التكاليف بالموازنة هي اكثر من التكاليف الفعلية بمبلغ ٣٠٠ دينار ولذلك فإن التباين هو مفضل. اما اذا كانت التكاليف الفعلية تعادل التكاليف بالموازنة فإن التباين في هذه الحالة يساوي صفراً.

أي انه لا يوجد تباين وعليه فلا يكون هناك أية صفة للتباين (مفضل/ غير مفضل) كما يتبين من تكاليف اهتلاك الات المصنع وتكاليف اهتلاك مباني المصنع في المثال رقم (٢).

٩-١ اختيار عناصر تقرير الأداء

Selection of Items on Performance Report

يعتبر اختيار عناصر تقرير الأداء أحد المظاهر الهامة لنظام محاسبة المسؤولية. وبشكل عام فإن تقرير أداء مدير معين يجب ان يتضمن معلومات عن العناصر التي تخضع لرقابة وسيطرة ذلك المدير. فمثلاً اذا اعطيت الصلاحيات والسلطات لمدير المصنع لتعيين عمال المصنع وطردهم والاستغناء عن خدماتهم فانه يصبح في هذه الحالة مسؤولاً عن تكاليف العمال. وعليه فإن تقرير أداء مدير المصنع يجب ان يتضمن تكاليف عمال المصنع. أما في حالة تخويل مدير شؤون الموظفين بعمليات تعيين الموظفين والاستغناء عن خدماتهم فإنه في هذه الحالة لا تخضع تكاليف العمال لسيطرة ورقابة مدير المصنع، وبالتالي فإن تقرير أداء مدير المصنع قد لا يتضمن تكاليف عمال المصنع.

ومما يجب الإشارة إليه ان تقرير الأداء قد يتضمن عناصر لا تخضع لسيطرة المدير بالإضافة للعناصر التي تخضع لسيطرته. وتكون بهذه الحالة الإدارة العليا للمنشأة ترغب بجلب انتباه ذلك المدير لتلك التكاليف بالرغم من عدم خضوعها لسيطرته ورقابته. ومن الأمثلة على ذلك عنصر اهتلاك الات المصنع وعنصر اهتلاك مباني المصنع في مثال رقم (٢) السابق في تقرير أداء مدير التكاليف الصناعية غير المباشرة. ومن المحتمل أن تكون التكاليف المذكورة غير خاضعة لسيطرة ذلك المدير ولكن الإدارة العليا للشركة ترغب بأن تجلب انتباه ذلك المدير لمجموع التكاليف الصناعية غير المباشرة بغض النظر عن خضوعها تحت سيطرته أم لا.

٩-٢ العلاقة بين تقارير الأداء

Relationship Among Performance Reports

يتم اعداد تقارير الاداء لكل من المدير المسؤول مباشرة عن تنفيذ خطة معينة والمدير الذي يتم تفويضه بالصلاحيات والسلطات لتنفيذ الخطة. وبشكل عام فإن المعلومات التي يتم التقرير عنها للمدير وكافة المدراء الذي هم في مستوى

أعلى منه هي نفسها ولكن تقل التفاصيل كلما نقلت هذه المعلومات من خلال التقارير الى المستويات العليا من الإدارة في المنشأة.

ولتوضيح النقطة السابقة نفترض بأن كل من أحمد، وباسم ، وجمال يدير مركز تكلفة وأن باسم هو رئيس احمد، وأن جمال هو رئيس باسم وسوف يتسلم احمد تقريراً من محاسب مركزه يستطيع بموجبه تقييم أداء ادارته للمركز ويساعده في تحسين إدارته لمركز التكلفة. ويمكن لأحمد أن يستعمل التقرير الذي تسلمه من محاسب مركزه كأساس لشرح وبيان أدائه لرئيسه باسم.

يبين الشكل رقم (١١-١) تقرير أداء المدير أحمد والذي يحتوي على تفاصيل التكاليف الذي هو مسؤول عنها. كما أن باسم سوف يتسلم تقريراً لأداء أحمد الذي يكون اقل تفصيلا من التقرير الذي يتسلمه أحمد، بحيث يظهر مقدار التكاليف الفعلية والتكاليف التقديرية بالموازنة والتباين أو الاختلاف بينهما حتى يتمكن باسم من تقييم أداء أحمد.

شكل رقم (١١-١)

العلاقة بين تقارير الأداء في ظل نظام محاسبة المسؤولية

التقرير الى جمال	التباين ونوعه	التكاليف بالموازنة	التكاليف الفعلية
ابراهيم	(١٠٠٠) مفضل	٧٦٠٠٠ دينار	٧٥٠٠٠ دينار
باسم	(٢٠٠٠) مفضل	٦٥٠٠٠ دينار	٦٣٠٠٠ دينار
عزمي	٢٥٠٠ غير مفضل	٨٢٥٠٠	٨٥٠٠٠
المجموع	(٥٠٠) مفضل	٢٢٣٥٠٠ دينار	٢٢٣٠٠٠ دينار
التقرير الى باسم	التباين ونوعه	التكاليف بالموازنة	التكاليف الفعلية
احمد	١٢٠٠ دينار غير مفضل	١٦٣٠٠ دينار	١٧٥٠٠ دينار
داود	(٢٧٠٠) مفضل	٢٢٧٠٠	٢٠٠٠٠
سليم	(٥٠٠) مفضل	٢٦٠٠٠	٢٥٥٠٠
المجموع	(٢٠٠٠) مفضل	٦٥٠٠٠ دينار	٦٣٠٠٠ دينار
التقرير الى احمد	التباين ونوعه	التكاليف بالموازنة	التكاليف الفعلية
رواتب	١٠٠٠ دينار غير مفضل	١٤٠٠٠ دينار	١٥٠٠٠ دينار
ايجار	-	٦٠٠	٦٠٠
لوازم مستعملة	٣٠٠ غير مفضل	١١٠٠	١٤٠٠
كهرباء ومياه وتلفون	(١٠٠) مفضل	٦٠٠	٥٠٠
المجموع	١٢٠٠ دينار غير مفضل	١٦٣٠٠ دينار	١٧٥٠٠ دينار

ولو أن كل مدير استلم نفس التقارير الذي يتسلمها المدراء في المنشأة الذين هـم في مستوى أدنى منه، لتوفر نتيجة لذلك معلومات كثيرة للمدراء في المستويات العليا، ولربما كانـت هـذه المعلومات اكثر مما يستطيعوا استعراضه ودراسته بصـورة جيـدة وإبـداء الـرأي فيـه. وعليـه وكما هو موضح في الشكل رقم (١١-١) فإن المعلومات والتقـارير المرسـلة الى الجهـات العليـا من الادارة تكون بشكلها الاجمالي وهذا مـما يخفـف كميـة المعلومـات المرسـلة للمسـتويات الادارية العليا لدراستها وإبداء الرأي فيها. هـذا بالاضـافة الى أن التركيـز يكـون أفضـل لكـون المعلومات المقدمة تكون في صلب الموضوع المراد بحثه وإبداء الرأي فيه.

وحيث ان بعض مسؤوليات باسم قد تم تفويضها لأحمـد، وأن جـمال سـوف يقـيم باسم على كيفية تنفيذ أحمد لخطـط المنشـأة وبسـبب اهـتمام جـمال بكيفيـة تنفيـذ باسـم لخطط المنشأة بشكل مباشر أو غير مباشر فإن انجاز وأداء احمد غير مذكور صراحة في تقرير أداء باسم المقدم الى جمال حيث أن تأثير اداء أحمد من ناحية التباين بين التكاليف الفعليـة والموازنة قد تم وضعه بتقرير باسم المقدم إلى جمال مدمجاً باجمالي أداء باسم.

وتستعمل الموازنات المرنـة في تقريـر الأداء المتعلقـة بمراكـز التكلفـة، حيـث تسـمح الموازنات المرنة بتحضير الموازنات المناسبة والمعقولة والتـي يمكـن مقارنتهـا مـع التكـاليف او المصاريف الفعلية. وتعرف الموازنة المرنة بأنها تلك الموازنة التي يمكن تعديلها بسـهولة طبقـاً للاختلاف في مستوى النشاط. وقد جـرى بحـث الموازنـات المرنـة في الفصـل الرابـع مـن هـذا الكتاب.

٩-٣ الادارة بالاستثناء Management By Exception

بعد احتساب الاختلاف والتباين بين النتائج الفعلية والنتـائج طبقـا للموازنـة وبعـد عمل التحليل الأولي فإن على إدارة المنشأة ان تقرر اية اختلافات يجب ان تبحثها اكثر. فمـن المعلوم أنه بنظام محاسبة المسؤولية يمكن لمدير معين أن يتسلم تقريراً بـه مئـات التباينـات والانحرافات، وحيث أن وقت الإدارة يعتبر من الموارد النادرة في المنشـأة فإنـه يجـب تحديـد الأولويات واستغلال وقت الإدارة بالطريقة المثلى ببحث واستقصاء التباينات التي يكون فيهـا منافع الاستقصاء والتصحيح اكـثر مـن تكـاليف الاستقصـاء، وان التركيـز يكـون عـلى المنـاطق والمحاور التي توجد بها مشاكل ومعضلات وهذا ما يسمى الإدارة بالاستثناء.

ولكن تطبيق قاعدة المنافع والتكاليف هو أمر صعب في كثير من الأحيان حيث توقع المنافع او التكاليف المتعلقة ببحث التباين هو في غاية الصعوبة وقد يكون مستحيلاً في بعض الحالات. وبشكل عام فإن العوامل التي يجب ان يأخذها المدير في الاعتبار عند اتخاذ قراره بالاستقصاء عن تباين معين أم لا، تشمل حجم التباين ونموذج التباين على عدة فترات، وطبيعة العنصر، وحجم العنصر، وسيتم فيما يلي شرح موجز لهذه العوامل.

١- حجم التباين Size of Variance : حيث ان التباين المحسوب لن يكون مساوياً للصفر في الغالب، فإن على المدير أن يقرر مدى حجم التباين قبل الاستقصاء والبحث فيه وقبل معاملته كاستثناء فكلما زاد حجم التباين زادت أهميته وبالتالي وجب البحث فيه والاستقصاء عن أسبابه.

ويعتبر العديد من المدراء أن التباين الذي يزيد عن ١٠% من الموازنة، يجب البحث فيه والاستقصاء عن أسبابه. ويوضح المثال رقم (٣) التالي أهمية حجم التباين في اتخاذ قرار الإدارة بالاستقصاء عن التباين أم لا.

مثال رقم (٣):

بلغت موازنة الارباح لشركة الازدهار ٢٥٠٠٠٠ دينار، علماً بأن مدير الشركة سوف يبحث في التباين في الارباح الفعلية اذا اختلف عن الموازنة بنسبة ١٠% فأكثر.

المطلوب:

توضيح فيما اذا كان سيتم استقصاء التباين للارباح في كل من الحالات التالية:

أ- بلغت الارباح الفعلية للشركة ٢٧٠٠٠٠ دينار

ب- بلغت الارباح الفعلية للشركة ٢٢٠٠٠٠ دينار

جـ- بلغت الارباح الفعلية للشركة ٢٩٠٠٠٠ دينار

إجابة مثال رقم (٣):

حيث أن مدير الشركة سيبحث في التباين إذا زاد عن موازنة الأرباح بنسبة ١٠% أي ما يعادل:

١٠% × ٢٥٠٠٠٠ = ٢٥٠٠٠ دينار

وبالتالي فإن قاعدة القرار هي:

عدم البحث في التباين إذا كان يقع بين ٢٥٠٠٠ دينار غير مفضل و٢٥٠٠٠ دينار مفضل ويمكن تمثيل قاعدة البحث في التباين كما هو موضح في الشكل رقم (١١-٢) التالي.

شكل رقم (١١-٢)
قاعدة البحث في التباين

الحالة (أ):
التباين في الارباح ونوعه = ٢٧٠٠٠٠ – ٢٥٠٠٠٠ = ٢٠٠٠٠ دينار مفضل.
وطبقا لقاعدة القرار وحيث أن التباين في الارباح يعادل ٢٠٠٠٠ دينار مفضل فإنه في هذه الحالة لا يتم البحث في التباين بسبب أنه يقع ضمن حدود المدى ما بين ٢٥٠٠٠ دينار غير مفضل و ٢٥٠٠٠ دينار مفضل، والذي لا يتم به الاستقصاء عن التباين طبقاً لرأي مدير الشركة كما هو موضح في شكل رقم (١١-٢).

الحالة (ب):

التباين في الارباح ونوعه = ٢٢٠٠٠٠ - ٢٥٠٠٠٠ = (٣٠٠٠٠) دينار غير مفضل

وطبقا لقاعدة القرار وحيث أن التباين في الارباح يعادل ٣٠٠٠٠ دينار غير مفضل فإنه في هذه الحالة سوف يتم البحث في التباين بسبب أنه يقع خارج حدود المدى ما بين ٢٥٠٠٠ دينار غيرمفضل و ٢٥٠٠٠ دينار مفضل والذي لا يتم به الاستقصاء عن التباين طبقاً لرأي مدير الشركة كما هو موضح في شكل رقم (١١-٢).

الحالة (ج):

التباين في الارباح ونوعه = ٢٩٠٠٠٠ - ٢٥٠٠٠٠ = ٤٠٠٠٠ دينار مفضل

وطبقا لقاعدة القرار وحيث أن التباين في الأرباح يعادل ٤٠٠٠٠ دينار مفضل فإنه في هذه الحالة سوف يتم البحث والاستقصاء عن التباين بسبب أنه يقع خارج حدود المدى ما بين ٢٥٠٠٠ دينار غير مفضل و ٢٥٠٠٠ دينار مفضل الذي لا يتم به الاستقصاء عن التباين طبقاً لرأي مدير الشركة كما هو موضح في شكل رقم (١١-٢).

٢- نموذج التباين على عدة فترات

Pattern of Variance Occurrence over time

قد يشير نموذج التباين على عدة فترات الى وجوب الاستقصاء والبحث عن أسباب حدوث هذا النموذج، مع أن حجم التباين يقع من ضمن المدى الذي لا يتم به الاستقصاء عن التباين.

ولبيان أهمية نموذج التباين على عدة فترات فإننا نفترض بأن مدير معين يعرف بأن المسؤول عنه لن يبحث في أي تبيان يزيد عن ١٠% من الموازنة. كما أنه بجهد قليل يستطيع التوصل الى نتائج فعلية بتباين غير مفضل يعادل ٨% من الموازنة تقريبا. علماً بأن النتائج القريبة من الموازنة سوف يتم التوصل اليها بجهد كبير. وبهذه الحالة فإن المدير يمارس جهداً قليلاً للتوصل إلى حجم تباين مقداره ٨% من الموازنة تقريباً بحيث لا يتم البحث فيه والاستقصاء عنه.

وفي حالة دراسة الإدارة العليا للتباين على مدار عدة فترات فإنه سيتضح بأن هناك نموذجاً مشكوكاً فيه. وفي هذه الحالة فإنه يجب دراسة وتحليل هذا النموذج وبيان اسبابه. وفي الاحوال العادية فإن الادارة العليا تتوقع ان يكون التباين مفضلاً أحياناً، ويكون غير مفضل في احيان اخرى ويبين شكل رقم (١١-٣) نموذج التباين المتوقع خلال عدة فترات.

شكل رقم (۳-۱۱)
نموذج التباين المتوقع خلال عدة فترات

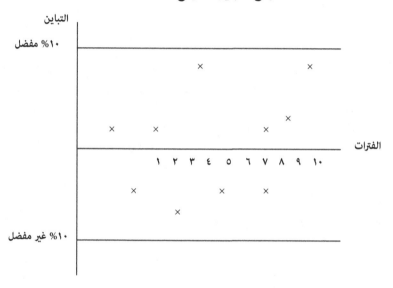

يتبين من نموذج التباين المتوقع خلال عدة فترات والموضح في شكل رقم (۳-۱۱) ان النموذج غير ثابت في اتجاه معين ويتقلب بين فترة واخرى وعليه تجد التباين مفضل في فترة معينة بينما تجده غير مفضل في فترة أخرى. كما تجد التباين صغيراً في فترة معينة وقد تجده كبيراً في فترة أخرى.

أما اذا كانت رغبة المدير بأن يكون التباين الفعلي ضمن التباين المقبول والمحدد من الإدارة العليا بنسبة ۱۰% من الموازنة، فإن هاجس المدير في هذه الحالة يكون ممارسة أقل جهد ممكن بحيث يكون التباين حوالي ۸% غير مفضل وهو بهذه الحالة غير خاضع للبحث او الاستقصاء بسبب دخوله ضمن النسبة ۱۰% من الموازنة وهي المحددة من قبل الإدارة العليا كي تكون غير خاضعة للبحث والاستقصاء. ويبين الشكل رقم (٤-۱۱) النموذج الفعلي للتباين خلال عدة فترات في حالة ممارسة المدير الجهد القليل والتوصل إلى نسبة تباين تعادل حوالي ۸% غير مفضل.

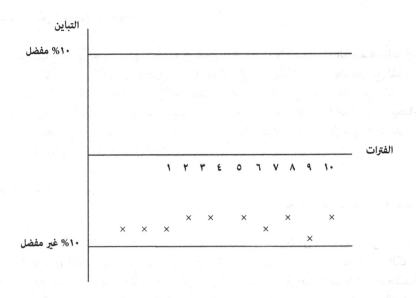

شكل رقم (١١-٤)
النموذج الفعلي للتباين خلال عدة فترات

يتضح من الشكل رقم (١١-٤) أن الادارة العليا سوف تلاحظ بأن أداء المدير الفعلي على مدار عدة فترات هو باستمرار يعطي نتائج تباين غير مفضل وتعادل تقريباً ٨% ويشير ذلك الى ان المدير غير جاد في محاولاته للوصول الى خطة وموازنة الإدارة العليا.

٣- طبيعة العنصر Nature of Item

تلعب طبيعة العنصر دوراً بارزاً لاتخاذ القرار بالاستقصاء عنه أم لا. فهناك بعض العناصر ذات الأهمية البالغة للمنشأة والتي في حالة عدم توافقها مع الخطة المرسومة فإنها قد تؤدي الى وقف عمليات المنشأة بالكامل. فمثلاً عدم توفر المواد المباشرة الصعبة المنال والضرورية لعمليات المنشأة في الوقت المحدد طبقاً لخطة الانتاج، قد تؤدي الى وقف عمليات الإنتاج بالمنشأة. ومن الأمثلة الأخرى عناصر أصول المنشأة كالنقدية التي تكون معرضة للسرقة والتلاعب اكثر من غيرها. فالتباين في النقدية والفروقات ما بين النقدية الفعلية الموجودة بالمنشأة

والنقدية بالموازنة والدفاتر يجب ان يتم البحث والاستقصاء عنه بغض النظر عن قيمة ذلك التباين.

٤- حجم العنصر   Size of Item

يلعب حجم العنصر دوراً هاماً في عملية البحث والاستقصاء الخاصة بالتباين المتعلق به. فمثلاً اذا كان العنصر صغيراً جداً ولا يؤثر على عمليات المنشأة ولا يخضع للسرقة أو التلاعب، فإن عدم اتباع الخطة والموازنة المتعلقة به سوف لن يؤثر على عمليات المنشأة أو سيكون تأثيره قليلاً للغاية اذا وجد. وعليه فإن التباين المتعلق بمثل هذا العنصر لن يحتاج إلى بحث واستقصاء بسبب أن المنافع المتأتية من استقصاء التباين لن تفوق بقيمتها مقدار التكاليف المتعلقة باستقصاء التباين لذلك العنصر.

١٠- توزيع التكاليف على مراكز المسؤولية
Cost Allocation to Responsibility Centers

يمكن توزيع التكاليف على مراكز المسؤولية باحدى طريقتين الاولى تسمى طريقة التكاليف الكلية والثانية تسمى طريقة التكاليف المتغيرة. وبموجب طريقة التكاليف الكلية فإنه يتم توزيع جميع عناصر التكاليف الثابتة والمتغيرة على مراكز المسؤولية المختلفة، وبذلك فهي تنقل مسؤولية التكاليف الثابتة من الإدارة العليا الى المستويات الادارية الادنى المسؤولة عن التنفيذ والتي لا تستطيع السيطرة أو التأثير على التكاليف الثابتة. وعليه فقد تكون طريقة التكاليف الكلية غير ملائمة لتطبيق محاسبة المسؤولية بسبب عدم تمييزها بين التكاليف الثابتة والمتغيرة عند توزيع التكاليف على مراكز المسؤولية. بالاضافة الى أنها قد تحمل جزءاً من عناصر التكاليف الى مراكز مسؤولية هي في الواقع غير مسؤولة عن تلك التكاليف حيث انها لا تستطيع السيطرة عليها او التأثير بها.

اما طريقة التكاليف المتغيرة فهي تحمل كل مركز مسؤولية التكاليف التي يستطيع السيطرة عليها او التأثير بها وهي أيضا خاضعة لرقابته. ولتحديد المسؤولية عن التباين بشكل أفضل فإن العديد من المنشآت قد يستعمل التكاليف المعيارية مع التكاليف المتغيرة في نظام واحد.

وتجدر الإشارة إلى أن محاسبة المسؤولية تتأثر بمدى الدقة في فصل التكاليف الخاضعة للرقابة عن التكاليف غير الخاضعة للرقابة لمراكز المسؤولية. فكلما كان الفصل واضحاً كلما كانت المسؤولية واضحة وبالتالي الرقابة أفضل بينما اذا الفصل غير واضح فإن المسؤولية مشوشة وغير واضحة وبالتالي تكون الرقابة اكثر صعوبة وأقل فاعلية.

وعندما يكون اكثر من مدير يستطيع التأثير على عنصر التكلفة فإن مشاكل فصل التكاليف وتحديد المسؤولية تزداد. فمثلاً تتأثر تكاليف المواد مباشرة بمدير قسم المشتريات من ناحية السعر، في حين أنها تتأثر بمدير قسم الانتاج من ناحية الكمية المستخدمة في الإنتاج وعند تطبيق نظام التكاليف المعيارية فإن ذلك سوف يساعد في تحديد المسؤولية. فالمسؤولية المتعلقة بانحراف سعر المواد المباشرة هي مسؤولية مدير المشتريات في المنشأة، بينما المسؤولية المتعلقة بكمية المواد المباشرة المستخدمة في الانتاج هي مسؤولية مدير الانتاج.

١١- قياس الأداء: المقاييس المالية وغير المالية

Measuring Performance: Financial and Nonfinancial Measures

يعتبر قياس وتقييم الاداء جزءاً من العناصر الأساسية للرقابة الإدارية ولمحاسبة المسؤولية. وحتى يتم تشجيع الموظفين للتوصل إلى أهداف المنشأة، فإن الإدارة العليا تقيس أداء هؤلاء الموظفين ومدى تقدمهم لتحقيق أهداف المنشأة وتستعمل المقاييس المختلفة لتقييم أدائهم. وتمتاز مقاييس الأداء الجيدة بالخصائص التالية:

١- العدالة في تقييم الأداء.
٢- الاستعمال لتقييم ومكافأة المدراء.
٣- الوضوح من وجهة نظر المدراء.
٤- انها متعلقة بأهداف المنشأة
٥- أنه يتم استعمالها بانتظام واستمرار,

وتجدر الإشارة إلى أهمية كل من مقاييس الاداء المالية وغير المالية. وقد اعتاد المحاسبون على التركيز على المقاييس المالية كالتباين المتعلقة بالارباح والتكاليف، حيث أن هذه المقاييس المالية يمكن استخراجها مباشرة من خلال نظام المحاسبة التقليدي. أما مقاييس الأداء غير المالية فانها تعطي معلومات حول مراكز المسؤولية لا يمكن استنتاجها واستخلاصها من مقاييس الأداء المالية. ومن الأمثلة

على مقاييس الأداء غير المالية، عدد الوحدات التالفة المنتجة، والمدة ما بين استلام الأمر وتسليم المنتجات، والوقت المستغرق لاعداد الالات للانتاج.

١٢- الكفاءة والفاعلية Efficiency and Effectiveness

تعني الكفاءة قياس العلاقة بين المدخلات والمخرجات، في حين تعني الفاعلية قياس مدى تحقيق الهدف. حيث يمكن ان يكون الأداء كفؤاً أو فعالاً أو كليهما. فإذا كان هدف منشأة معينة إنتاج وبيع ١٠٠٠٠ وحدة من المنتج (أ) بينما تم انتاج وبيع ٩٠٠٠ وحدة فقط. فإننا نستطيع القول بأن المنشأة كانت غير فعالة في الوصول إلى هدفها بسبب ان اداء المنشأة كان أقل من المتوقع حيث أن مقياس الفاعلية في هذه الحالة هو ٩٠% من الخطة.

أما من ناحية الكفاءة فإذا افترضنا أن الوحدة من المنتج (أ) تحتاج لانتاجها الى ٣كغم من المادة (س)، وان الوحدات التي تم انتاجها وبيعها والبالغة ٩٠٠٠ وحدة قد استهلكت ٢٧٩٠٠ كغم من المادة (س). وعليه فإن الوحدة من المنتج (أ) تكون قد استهلكت ٣.١كغم (٢٧٩٠٠ ÷ ٩٠٠٠) من المادة (س). ولهذا فإن المنشأة تكون قد استهلكت اكثر مما يجب من المادة (س) لانتاج الوحدة من المنتج (أ)، أي بعبارة اخرى أن المنشأة لم تكن كفوءه باستخدام المدخلات للتوصل الى المخرجات.

وكمثال آخر على الكفاءة والفاعلية فإذا افترضنا بأن احد الطلاب في الجامعة (سعيد) قد حصل على بكالوريوس المحاسبة بمدة ٥ سنوات، علماً بأن الطالب العادي يحتاج فقط الى حوالي ٣.٥ سنة للحصول على بكالوريوس المحاسبة والتخرج والسؤال هنا هو ما مدى كفاءة وفاعلية الطالب (سعيد) في الحصول على بكالوريوس المحاسبة والتخرج؟

نستطيع القول بأن الطالب (سعيد) كان فعالاً في الوصول إلى هدفه وهو الحصول على بكالوريوس المحاسبة والتخرج من الجامعة، في حين أنه كان غير كفؤ في التوصل إلى هدفه بسبب أنه أمضى مدة ٥ سنوات وهي اكثر مما يحتاجه الطالب العادي (٣.٥ سنة) للحصول على بكالوريوس المحاسبة والتخرج.

نورد فيما يلي المثال رقم (٤) لتوضيح الحالات المختلفة للكفاءة والفاعلية.

مثال رقم (٤):

تهدف شركة الصناعة الوطنية الى انتاج وبيع ١٠٠٠٠٠ وحدة من المنتج (ب) علماً بأن الشركة قد وضعت معياراً باستعمال ٢ كغم من المادة (ص) لانتاج كل وحدة من وحدات المنتج (ب).

المطلوب:

الحكم على مدى كفاءة وفاعلية الشركة في كل من الحالات التالية:

١- بلغ انتاج وبيع ١١٠٠٠٠ وحدة من المنتج (ب) وتم استخدام ٢٤٢٠٠٠ كغم من المادة (ص) لانتاج تلك الوحدات.

٢- بلغ إنتاج وبيع ٩٠٠٠٠ وحدة من المنتج (ب) وقد تم استخدام ١٩٨٠٠٠ كغم من المادة (ص) لانتاج تلك الوحدات.

٣- بلغ إنتاج وبيع ٩٠٠٠٠ وحدة من المنتج (ب) وقد تم استخدام ١٧١٠٠٠كغم من المادة (ص) لانتاج تلك الوحدات.

٤- بلغ إنتاج وبيع ١١٠٠٠٠ وحدة من المنتج (ب) وقد تم استخدام ٢٠٩٠٠٠ كغم من المادة (ص) لانتاج تلك الوحدات.

إجابة مثال رقم (٤):

١- حيث ان عدد الوحدات المنتجة والمباعة ١١٠٠٠٠ وحدة وهي اكثر من الهدف الموضوع للشركة بانتاج وبيع ١٠٠٠٠٠ وحدة، فإننا نستطيع القول بأن الشركة كانت فعالة في تحقيق هدفها، حيث مقياس الفاعلية في هذه الحالة يعادل ١١٠% (١١٠٠٠٠÷١٠٠٠٠٠) من الخطة او الهدف.

أما من ناحية الكفاءة فلم تكن الشركة كفوؤة باستخدام المدخلات للتوصل الى المخرجات، فقد تم استخدام ٢.٢كغم (٢٤٢٠٠٠ ÷ ١١٠٠٠٠) من المادة (ص) لانتاج كل وحدة من وحدات المنتج (ب) وهي اكثر من المعيار الموضوع والبالغ ٢كغم من المادة (ص) لانتاج الوحدة من المنتج (ب).

وبصورة اخرى ومن ناحية اجمالية فقد تم استخدام ٢٤٢٠٠٠ كغم من المادة (ص) لانتاج ١١٠٠٠٠ وحدة من المنتج (ب)، وكان من الواجب استخدام ٢٢٠٠٠٠ كغم (١١٠٠٠٠ وحدة × ٢كغم) من المادة (ص) طبقاً للمعايير الموضوعة لانتاج ١١٠٠٠٠ وحدة من المنتج (ب)، أي أنه تم استخدام ٢٢٠٠٠كغم (٢٤٢٠٠٠ - ٢٢٠٠٠٠) زيادة عما يجب استخدامه. لذلك لم تكن الشركة كفوؤه باستخدام المادة (ص) لانتاج المنتج (ب). وإذا نظرنا الى مقياس كفاءة الأداء فاننا سنجد بأن درجة الكفاءة كانت منخفضة في الشركة وبالتحديد فانها كانت اقل من

الخطة بمعدل ١٠% (٢٢٠٠٠ ÷ ٢٢٠٠٠٠ أو ٠.٢ ÷ ٢) وهذا يفسر استخدام ٢٢٠٠٠ كغم من المادة (ص) اكثر مما يجب.

٢- **الفاعلية:** لقد تم انتاج وبيع ٩٠٠٠٠ وحدة من المنتج (ب) وهي أقل من هدف الشركة بإنتاج وبيع ١٠٠٠٠٠ وحدة، ولهذا فقد كانت الشركة غير فعالة في تحقيق هدفها، وان مقياس الفاعلية في هذه الحالة يعادل ٩٠% (٩٠٠٠٠ ÷ ١٠٠٠٠٠) من الخطة او الهدف.

الكفاءة: لقد تم استخدام ١٩٨٠٠٠ كغم من المادة (ص) لانتاج ٩٠٠٠٠ وحدة من المنتج (ب) وكان من الواجب طبقاً للمعايير استخدام ١٨٠٠٠٠ كغم (٩٠٠٠٠×٢) من المادة (ص) لانتاج ٩٠٠٠٠ وحدة من المنتج (ب). وعليه فقد تم استخدام ١٨٠٠٠ كغم (١٩٨٠٠٠ – ١٨٠٠٠٠) من المادة (ص) اكثر مما يجب وبهذا فقد كانت الشركة غير كفوؤة باستخدام المادة (ص) لانتاج المنتج (ب). واذا نظرنا إلى كمية المادة (ص) المستخدمة لانتاج الوحدة من المنتج (ب) فاننا نجدها أنها تعادل ٢,٢ كغم (١٩٨٠٠٠ ÷ ٩٠٠٠٠) وهي اكثر من الكمية المعيارية والمعادلة ٢كغم من المادة (ص) لانتاج الوحدة من المنتج (ب)، وبالتالي نستطيع القول ايضا بأن الشركة كانت غير كفوؤة باستخدام المدخلات للتوصل إلى المخرجات. وبالنظر إلى مقياس كفاءة الأداء فإن درجة كفاءة الشركة كانت منخفضة وبالتحديد فانها كانت أقل من الخطة بمعدل ١٠% (١٨٠٠٠ ÷ ١٨٠٠٠٠ أو ٠.٢ ÷ ٢).

٣- **الفاعلية:** لقد تم انتاج وبيع ٩٠٠٠٠ وحدة من المنتج (ب) وهي أقل من هدف الشركة بإنتاج وبيع ١٠٠٠٠٠ وحدة، ولهذا فقد كانت الشركة غير فعالة في تحقيق هدفها. وإن مقياس الفاعلية في هذه الحالة يعادل ٩٠% (٩٠٠٠٠ ÷ ١٠٠٠٠٠) من الخطة أو الهدف.

الكفاءة: لقد تم استخدام ١٧١٠٠٠ كغم من المادة (ص) لإنتاج ٩٠٠٠٠ وحدة من المنتج (ب)، وكان من الواجب طبقاً للمعايير استخدام ١٨٠٠٠٠ كغم (٩٠٠٠٠×٢) من المادة (ص) لانتاج ٩٠٠٠٠ وحدة من المنتج (ب). وعليه فقد تم توفير ما يعادل ٩٠٠٠ كغم (١٨٠٠٠٠ - ١٧١٠٠٠) من المادة (ص) مقارنة بالخطة. ولهذا فإن الشركة تعتبر في هذه الحالة كفوؤه باستخدام المادة (ص) لانتاج المنتج (ب). وبالنظر إلى مقياس كفاءة الاداء فإننا سنجد بأن كفاءة الشركة كانت مرتفعة حيث أنها أعلى من الخطة بمعدل ٥% (٩٠٠٠ ÷ ١٨٠٠٠٠) فقد وفرت الشركة ٩٠٠٠ كغم من المادة (ص) لانتاج ٩٠٠٠٠ وحدة من المنتج (ب) مقارنة بالخطة.

٤- الفاعلية: حيث أن عدد الوحدات المنتجة والمباعة ١١٠٠٠٠ وحدة من المنتج (ب) وهي اكثر من الهدف الموضوع للشركة بإنتاج وبيع ١٠٠٠٠٠ وحدة من المنتج (ب) فإنه يمكن القول بأن الشركة كانت فعالة في تحقيق هدفها. وأن مقياس الفاعلية في هذه الحالة يعادل ١١٠% (١١٠٠٠٠ ÷ ١٠٠٠٠٠) من الخطة أو الهدف.

الكفاءة: لقد تم استخدام ٢٠٩٠٠٠ كغم من المادة (ص) لانتاج ١١٠٠٠٠ وحدة من المنتج (ب) وطبقاً للمعايير فإن تلك الكمية من الإنتاج يجب أن تكون قد استخدمت ٢٢٠٠٠٠ كغم (١١٠٠٠٠ وحدة × ٢ كغم) من المادة (ص) وعليه فإن الشركة تكون قد استخدمت اقل مما يجب بما يعادل ١١٠٠٠ كغم (٢٢٠٠٠٠ -٢٠٩٠٠٠) من المادة (ص). وبهذا تكون الشركة كفؤة في استخدام المدخلات من المادة (ص) للحصول على المخرجات من المنتج (ب). وإذا نظرنا الى كمية المادة (ص) المستخدمة لإنتاج وحدة من المنتج (ب) فإننا نجد بأنها تعادل ١.٩ كغم (٢٠٩٠٠٠÷١١٠٠٠٠) وهي أقل من الكمية المعيارية التي تعادل ٢كغم من المادة (ص) لكل وحدة من المنتج (ب)، وبهذا تكون الشركة كفؤة في استخدام المدخلات للحصول على المخرجات. فطبقاً لمقياس كفاءة الأداء نجد بأن كفاءة الشركة كانت مرتفعة حيث أنها أعلى من الخطة بمعدل ٥% (١١٠٠٠÷٢٢٠٠٠٠ أو ٠.١÷٢) وهذا يفسر استخدام ١١٠٠٠ كغم من المادة (ص) أقل مما يجب لإنتاج ١١٠٠٠٠ وحدة من المنتج (ب) في هذه الحالة.

نستنتج من إجابة مثال رقم (٤) فيما يتعلق بالكفاءة والفاعلية، أن مركز المسؤولية يمكن أن يتصف بأي من الصفات التالية بشكل عام:

١- الكفاءة والفاعلية (كما يتضح من الحالة رقم (٤) في اجابة مثال رقم (٤)).
٢- الكفاءة وعدم الفاعلية (كما يتضح من الحالة رقم (٣) في إجابة مثال رقم (٤)).
٣- الفاعلية وعدم الكفاءة (كما يتضح من الحالة رقم (١) في إجابة مثال رقم (٤)).
٤- عدم الكفاءة وعدم الفاعلية (كما يتضح من الحالة رقم (٢) في إجابة مثال رقم (٤)).

١٣- الآثار السلوكية لمحاسبة المسؤولية
Behavioral Aspects of Responsibility Accounting

يتضح مما سبق أن إعداد الموازنات والمعايير وتقارير الأداء المرتبطة بمراكز المسؤولية هي وسائل لتحفيز المدراء والتأثير على سلوكهم. ويمكن أن يكون هذا التأثير ايجابياً أو سلبياً. وفيما يلي بعض الاعتبارات السلوكية المتعلقة

بتقارير الأداء والتغذية العكسية لمعرفة مدى نجاح المدراء في تحقيق الموازنات والأهداف:

١- إن التمييز بين التكاليف الخاضعة للرقابة والتكاليف غير الخاضعة للرقابة هو أمر هام لآثاره السلوكية المترتبة على تقييم الأداء. فالشخص لا يجب أن يعتبر مسؤولاً عن الاشياء التي ليس له سلطة عليها. ويعتبر تقييم الشخص عن هذه الأشياء غير عادل ويمكن أن يؤدي إلى تأثيرات سلبية على ذلك الشخص. وبشكل عام فإن تقرير الاداء يجب أن يحتوي على العناصر التي هي تحت سيطرة الشخص كلياً أو جزئياً مما يشجعه في هذه الحالة على عمل كل ما بوسعه بكفاءة وفاعلية عالية تجاه تلك العناصر.

٢- إن التغذية العكسية المتعلقة بأداء الأفراد أو الجماعات يجب أن تكون في الوقت المناسب. فالتقارير الواضحة والتي تسلم في الوقت المناسب للعمال والمشرفين عليهم في الأقسام المختلفة تسمح لهم بتحليلها واتخاذ الاجراءات التصحيحية المناسبة.

٣- إن التغذية العكسية المتعلقة بأداء الأفراد أو الجماعات تعتبر ضرورية لتحديد مستويات الطموح المستقبلية. ويعتبر مستوى الطموح المستقبلي بمثابة هدف يعطي شعوراً بالنجاح إذا تم تحقيقه، في حين يعطي شعوراً بالفشل إذا لم يتم تحقيقه. ويعتبر مستوى الطموح ضرورياً لتطوير الموازنات للفترة التالية. وإن تأثير الموازنات التي يشترك في إعدادها الأفراد وينفذونها يكون ايجابيا عادة على سلوكهم حيث يعتبرون نجاح تنفيذها بمثابة نجاح لهم شخصياً، أما فشل تنفيذها فيعتبرونه بمثابة فشل شخصي لهم. وعليه فإنهم يبذلون أقصى ما في وسعهم لتنفيذ الموازنات وتحقيق الهدف المنشود بنجاح.

٤- يجب ان تركز التقارير على الحوافز الايجابية ما أمكن للتوصل إلى تحقيق الموازنة. وإن فلسفة الإدارة بالاستثناء هو التركيز على المناطق والمحاور التي يوجد بها مشاكل ومعضلات وذلك لاستثمار وقت الإدارة بالطريقة الفضلى. ويجب أن لا يمنع ذلك من اعطاء الحوافز والمكافآت للموظفين الذين يحققون الموازنات والأهداف المرسومة. وبالإضافة إلى ذلك فإن الإدارة بالاستثناء لا يجب أن تؤدي إلى توجيه اللوم لفرد أو مجموعة معينة لما في ذلك من آثار سلبية على أدائهم، وإنما من خلال الإدارة بالاستثناء يتم التعرف على العناصر التي هي بحاجة إلى استقصاء.

٥- يجب أن تحتوي التقارير على معلومات صحيحة ودقيقة وان تقدم في الوقت المناسب. علماً بأن توخي الدقة في المعلومات يحتاج إلى وقت طويل، وأن التقارير المتأخرة تكون الفائدة منها قليلة أو معدومة. وعلى ذلك فإن مقدم التقرير يجب أن يعرف حاجات مستخدم التقرير، بحيث يتم تزويده بالمعلومات المفيدة وفي الوقت المناسب. وإضافة إلى ذلك فإنه يجب على مستخدم التقرير أن يعلم كافة التقديرات والقيم التقريبية الموجودة بالتقرير ليتسنى له استعمال المعلومات الواردة به على نحو ملائم لتكون الآثار السلوكية لمحاسبة المسؤولية إيجابية قدر الإمكان.

المصطلحات

أسئلة وتمارين

١- ما المقصود بتفويض السلطات؟

٢- ما هي أهداف الإدارة العليا الرئيسة والثانوية؟

٣- ماذا تعني الرقابة الداخلية؟ وما هي مكوناتها؟

٤- اذكر العوامل المؤثرة على اختيار نظام المحاسبة الإدارية.

٥- ما المقصود بمحاسبة المسؤولية؟

٦- عدد أنواع مراكز المسؤولية.

٧- ما هي الفروقات بين مراكز التكلفة ومراكز الاستثمار؟

٨- ما هي التكاليف القابلة للرقابة؟ اذكر ثلاثة أمثلة عليها.

٩- ما هي العلاقة بين الموازنات ومحاسبة المسؤولية؟

١٠- ما المقصود بتقارير الأداء؟

١١- ماذا تعني الإدارة بالاستثناء؟

١٢- ما هي العوامل المؤثرة في الاستقصاء عن تباين معين؟

١٣- ما هي خصائص مقاييس الأداء الجيدة؟

١٤- اذكر ثلاثة أمثلة على مقاييس الأداء غير المالية.

١٥- ما هي الفروقات بين الكفاءة والفاعلية.

١٦- ما هي الآثار السلوكية لمحاسبة المسؤولية؟

١٧- تهدف الإدارة العليا لشركة الصناعة الأهلية إلى تحقيق أرباح للسنة القادمة مقدارها مليون دينار. ولتحقيق ذلك الهدف فإن الإدارة الوسطى تميل إلى تأجيل الأبحاث المتعلقة بتطوير المنتجات وتأجيل عمليات الصيانة وترويج المبيعات.

المطلوب:
ابداء رأيك بقرارات الإدارة الوسطى وهدف الإدارة العليا لشركة الصناعة الأهلية.

١٨- فيما يلي التكاليف الصناعية غير المباشرة الفعلية والتقديرية لشهر شباط سنة ٢٠٠٩ لشركة الصناعة الحديثة. علماً بأن التكاليف التقديرية مستندة إلى موازنة الانتاج للشركة:

البيان	التكاليف التقديرية	التكاليف الفعلية
مواد غير مباشرة	٥٨٠٠ دينار	٦٠٠٠ دينار
اجور غير مباشرة	٨٢٠٠	٩٠٠٠
قوى محركة للمصنع	٥٦٠٠	٥٠٠٠
اهتلاك الات ومباني المصنع	١٠٠٠٠	١٠٠٠٠
تأمين الات ومباني المصنع	٢٠٠٠	١٨٠٠

المطلوب:

عمل تقرير أداء بخصوص التكاليف الصناعية غير المباشرة لشركة الصناعة الحديثة لشهر شباط سنة ٢٠٠٩.

١٩- بلغت موازنة الأرباح لشركة السعادة الدولية ١٨٠٠٠٠ دينار، علماً بأن مدير الشركة سوف يبحث في تباين الارباح الفعلية اذا اختلف عن الموازنة بنسبة ١٠% فأكثر.

المطلوب:

توضيح فيما إذا كان سيتم استقصاء تباين الأرباح لكل حالة من الحالات التالية:

أ- بلغت الأرباح الفعلية للشركة ١٩٠٠٠٠ دينار.

ب- بلغت الأرباح الفعلية للشركة ٢٠٠٠٠٠ دينار.

ج- بلغت الأرباح الفعلية للشركة ١٦٠٠٠٠ دينار.

٢٠- تهدف شركة صناعة الإزدهار الى انتاج وبيع ٥٠٠٠٠ وحدة من المنتج (أ)، علماً بأن الشركة قد وضعت معياراً لانتاج كل وحده من وحدات المنتج (أ) باستعمال ٣ كغم من المادة (س).

المطلوب:

التعليق على مدة كفاءة وفاعلية الشركة في كل من الحالات التالية:

الحالة	عدد وحدات الانتاج والبيع من المنتج (أ)	الكمية بالكغم من المادة (س) المستخدمة في الانتاج
١	٦٥٠٠٠	٢٠٠٠٠٠
٢	٦٠٠٠٠	١٨٠٠٠٠
٣	٥٥٠٠٠	١٦٠٠٠٠
٤	٥٠٠٠٠	١٥٠٠٠٠
٥	٥٠٠٠٠	١٥٤٠٠٠
٦	٤٥٠٠٠	١٣٠٠٠٠
٧	٤٨٠٠٠	١٥٠٠٠٠
٨	٤٧٠٠٠	١٤٠٠٠٠
٩	٥٤٠٠٠	١٦٥٠٠٠
١٠	٥٢٠٠٠	١٥٠٠٠٠

٢١- فيما يلي الموازنة المرنة غير المكتملة لاحدى الأشهر لشركة الأنوار الصناعية:

تكاليف صناعية غير مباشرة	عدد ساعات الالات المستخدمة
	٣٠٠٠ ٤٠٠٠ ٥٠٠٠ ٦٠٠٠
متغيرة:	
مواد غير مباشرة	٨٠٠ دينار
اجور غير مباشرة	٦٤٠
صيانة	١٤٤٠
المجموع	٢٨٨٠ دينار
ثابتة:	
إشراف	٣٥٠٠ دينار
اهتلاك	١٤٤٠
متفرقة	٨٠٠
	٥٧٤٠ دينار

المطلوب:

تحديد المعلومات المحذوفة للموازنة المرنة

٢٢- ترغب شركة الاتحاد الصناعية إعداد موازنة مرنة للسنة القادمة. وفيما يلي التقديرات المتعلقة بالتكاليف الصناعية غير المباشرة وطاقة الانتاج الاجمالية:

١١٠٠٠٠ ساعة	عدد ساعات الالات التشغيلية
٢٧٥٠٠٠ دينار	تكاليف صناعية غير مباشرة متغيرة
٣٢٥٠٠٠ دينار	تكاليف صناعية غير مباشرة ثابتة

وقد تبين نتيجة لتحليل السوق أن مستوى المبيعات الأكثر احتمالاً للسنة القادمة سوف يتطلب أن يعمل المصنع بمستوى يعادل ٨٥% الطاقة الانتاجية الاجمالية. وقد طلب مدير الشركة عمل تقديرات للموازنة على مستويات ٨٠% و٨٥% و ٩٠% من الطاقة الانتاجية الاجمالية.

المطلوب:

١- إعداد موازنات التكاليف الصناعية غير المباشرة طبقاً لطلب مدير الشركة.

٢- احتساب معدل التكاليف الصناعية غير المباشرة المقدر بافتراض أن الإنتاج سوف يلبي مستوى المبيعات الأكثر احتمالاً.

٢٣- فيما يلي المعلومات المتعلقة بالموازنة السنوية والشهرية والتكاليف الفعلية لشهر آب سنة ٢٠٠٩ لشركة السيارات الحديثة:

البيان	التكاليف الفعلية لشهر آب	الموازنة للشهر الواحد	الموازنة السنوية
الوقود	٤٥٠٠ دينار	٤٠٠٠ دينار	٤٨٠٠٠ دينار
الزيوت وقطع الغيار	٦٥٠	٦٠٠	٧٢٠٠
التأمين	١٠٥٠	١٠٠٠	١٢٠٠٠
الرواتب	٥٠٠٠	٥٠٠٠	٦٠٠٠٠
الاهتلاك	٤٥١٠	٤٤٠٠	٥٢٨٠٠
الاجمالي	١٥٧١٠ دينار	١٥٠٠٠ دينار	١٨٠٠٠٠ دينار
المسافة المقطوعة بالكيلومترات	٨٧٥٠٠	٨٠٠٠٠	٩٦٠٠٠٠
التكلفة لكل كيلومتر	٠.١٧٩٥	٠.١٨٧٥	٠.١٨٧٥
عدد السيارات	٤١	٤٠	٤٠

المطلوب:

١- احتساب تكلفة الوقود لقطع الكيلومتر بالموازنة المرنة لشهر آب.

٢- احتساب تباين الموازنة للوقود لشهر آب.

٣- احتساب تكلفة الاهتلاك لكل سيارة بالموازنة المرنة لشهر آب.

٤- احتساب تباين الموازنة للاهتلاك لشهر آب.

٢٤- تنتج الشركة العالمية لصناعة الحديد عدة منتجات. وتعمل أقسام الانتاج لدى الشركة بموجب نظام الموازنة المرنة التي يتم إعدادها على فروقات ٢٠%. علماً بأن الطاقة الانتاجية الكلية مستندة إلى ٥٠٠٠ ساعة عمل مباشر. وقد عملت أقسام الانتاج في شهر أيلول سنة ٢٠٠٩ على مستوى ٨٥% من الطاقة الإنتاجية.

وفيما يلي جزءاً من الموازنة المرنة لأقسام الإنتاج على مستويات طاقة إنتاجية تعادل ٨٠% و ١٠٠% .

الموازنة المرنة

البيان	الطاقة الانتاجية	
	١٠٠%	٨٠%
عدد ساعات العمل المباشر	٥٠٠٠	٤٠٠٠
تكلفة العمل المباشر	١٠٠٠٠ دينار	٨٠٠٠ دينار
اجور غير مباشرة	٣٠٠٠	٢٧٠٠
لوازم مستعملة	١٠٠٠	٨٦٠
راتب رئيس العمال	١٠٠٠	١٠٠٠
الاهتلاك	١٠٠٠	١٠٠٠
التأمين	٩٠٠	٩٠٠

المطلوب:

عمل الموازنة المرنة عند مستوى طاقة انتاجية تعادل ٨٥%، مبيناً كل من الجزء الثابت والجزء المتغير ومجموع الموازنة المرنة لعناصر التكاليف غير المباشرة المذكورة أعلاه في السؤال.

٢٥- تحتوي المصاريف التسويقية على ٧٥٠٠٠ دينار (راتب مدير قسم المبيعات) وعمولة تعادل ١٥% من المبيعات (تدفع لموظفي قسم المبيعات). وخلال الفترة التي تكون فيها المبيعات ٧٥٠٠٠٠ دينار، فإنه من المتوقع أن يكون إجمالي المصاريف التسويقية:

أ) ١٨٧٥٠٠ دينار   جـ) ١١٢٥٠٠ دينار

ب) ٧٥٠٠٠ دينار   د) لا شيء مما سبق

٢٦- يعني مفهوم الإدارة بالاستثناء:

أ) يتوقع من المدراء أن يبحثوا في كل تباين بين التكلفة الفعلية والتكلفة بالموازنة.

ب) يتم تركيز المدراء على العناصر التي تحدث على نحو غير متوقع والتي لم تكن ضمن الموازنة.

جـ) يتم تركيز جهود الإدارة على التباينات الهامة بين التكاليف الفعلية والتكاليف بالموازنة.

د) لا شيء مما سبق.

٢٧- الموازنة المرنة هي:

أ) مناسبة للرقابة على التكاليف الصناعية غير المباشرة ولكنها غير مناسبة للرقابة على المواد المباشرة والاجور المباشرة.

ب) مناسبة للرقابة على الأجور المباشرة ولكنها غير مناسبة للرقابة على التكاليف الصناعية غير المباشرة.

جـ) غير مناسبة عندما تتأثر المصاريف والتكاليف بالتغير في حجم الإنتاج.

د) مناسبة لأي مستوى من مستويات النشاط.

٢٨- الموازنات المرنة هي مفيدة لما يلي:

أ) أغراض التخطيط فقط.

ب) أغراض التخطيط وتقييم الأداء والتغذية العكسية لتقارير الرقابة.

جـ) رقابة الأداء فقط.

د) لا شيء مما سبق.

٢٩- تتضمن المعلومات الضرورية لإعداد الموازنة المرنة ما يلي:

أ) إجمالي التكاليف الثابتة واجمالي التكاليف المتغيرة والطاقة الإنتاجية ومعلومات عن المدى الملائم.

ب) التكلفة الثابتة للوحدة والتكلفة المتغيرة للوحدة.

جـ) إجمالي التكاليف الثابتة وإجمالي التكاليف المتغيرة فقط.

د) إجمالي التكاليف فقط.

هـ) اجمالي التكاليف الثابتة والتكلفة المتغيرة للوحدة وعدة مستويات من الانتاج والمدى الملائم.

٣٠- الموازنة المرنة:

أ) تمثل خطة لمستوى واحد فقط من النشاط ولا يمكن تعديلها لتغيرات مستوى النشاط.

ب) تمثل توقعات لفترة معينة ولكن لا تمثل تعهد صارم.

جـ) تمثل خطة لعدة مستويات من الانتاج ويمكن تعديل الخطة طبقاً للتغيرات في مستويات الانتاج.

د) تصنف طبقاً لمستويات الانتاج وتقدر المنافع لكل مستوى.

هـ) تقسم أنشطة مراكز المسؤولية الفردية إلى سلسلة من المجموعات التي يتم صفها بالترتيب.

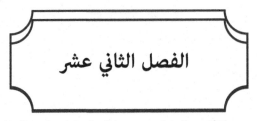

الفصل الثاني عشر

الأساليب الكمية المستعملة في المحاسبة الإدارية

Quantitative Techniques Used in Managerial Accounting

يهدف هذا الفصل إلى تعريف القارئ بما يلي:

١- أسلوب البرمجة الخطية وكيفية صياغة دالة الهدف والقيود المتعلقة بموارد المنشأة.
٢- تكاليف إدارة المخزون السلعي.
٣- النموذج الأساسي للكمية الاقتصادية لأمر الشراء.
٤- امتدادات النموذج الأساسي للكمية الاقتصادية لأمر الشراء في ظل وجود قيود على حجم الطلب أو على القدرة على تخزين المخزون السلعي أو في ظل خصم الكمية.
٥- تحديد نقطة إعادة الطلب والمخزون الأمني.

الفصل الثاني عشر
الأساليب الكمية المستعملة في المحاسبة الإدارية
Quantitative Techniques Used in Managerial Accounting

١- مقدمة:

لقد تزايد الاهتمام في الآونة الأخيرة باستعمال الأساليب الكمية لاتخاذ القرارات الإدارية المختلفة ولغايات التخطيط والرقابة. وهناك العديد من الأساليب والنماذج الكمية التي تستخدمها إدارة المنشأة في مجال التخطيط والرقابة واتخاذ القرارات الأخرى الضرورية للمنشأة.

وقد تم التركيز في هذا الفصل على أسلوب البرمجة الخطية لحل مشكلات تعظيم الربح أي التوصل إلى أقصى ربح ممكن أو التوصل إلى أدنى حد ممكن من التكاليف. حيث يتم في البداية صياغة دالة الهدف والقيود المفروضة على الموارد المتاحة أو استخداماتها، وتشمل هذه القيود ظروف الطلب والمنافسة في السوق والموارد الإنتاجية للمنشأة وما شابه. ومن خلال التمثيل البياني للمشكلة والقيود المتعلقة بها أو التحليل الرياضي لها فإنه يمكن التوصل إلى الحل الأمثل للمشكلة. كما تم التركيز أيضاً على نماذج التخطيط والرقابة على المخزون السلعي. حيث تم في البداية التعرف على التكاليف الرئيسة لإدارة المخزون السلعي والمكونة من تكاليف الاحتفاظ بالمخزون وتكاليف الطلب على المخزون وتكاليف نقص المخزون. وقد تم التوصل إلى النموذج الأساسي للكمية الاقتصادية لأمر الشراء بعد استبعاد تكاليف نقص المخزون، حيث تم التوصل إلى الحجم الأمثل لأمر الشراء بثلاثة طرق مختلفة وهي طريقة الرسم البياني وطريقة جدول اختبار إجمالي التكاليف لمستويات مختلفة من حجم أمر الشراء وطريقة استخدام معادلات تكاليف طلب المخزون والاحتفاظ به.

وأخيراً فقد تم التعرض إلى امتدادات للنموذج الأساسي للكمية الاقتصادية لأمر الشراء، حيث تم التوصل إلى الكمية الاقتصادية في ظل وجود قيود على حجم الطلب أو قيود على قدرة المنشأة على تخزين المخزون أو في ظل وجود خصم كمية على المخزون عند الطلب. كما تم التعرف على كيفية تحديد نقطة إعادة الطلب للمخزون بالإضافة إلى شرح مفهوم المخزون الأمني لدى المنشأة.

٢- البرمجة الخطية Linear Programming

يمكن تعريف البرمجة الخطية بأنها أداة رياضية تستعمل لاتخاذ القرارات الإدارية في الحالات التي يوجد بها عوامل محدودة أو ندرة نسبية. ومن الأمثلة على العوامل المحدودة هو النقص في الأيدي العاملة الماهرة وندرة المواد الخام ومحدودية عدد ساعات تشغيل الآلات. ويعتبر أسلوب البرمجة الخطية أحد الأساليب الأكثر فعالية لاتخاذ قرار مزيج المنتجات الذي يجب إنتاجه في ظل الحالات التي يوجد بها قيود معينة.

وتجدر الإشارة إلى أنه على كل من المحاسبين والمدراء التعرف على البرمجة الخطية وكيفية استعمالها والحالات التي يمكن استعمالها بها، وذلك لتسهيل صياغة الأهداف المنشودة في ظل القيود المختلفة وإيصال هذه المعلومات للمختصين من فنيين وموظفي الحاسب الآلي للتوصل إلى الحل الأمثل المناسب لكل حالة على حدة. وتتضمن التطبيقات العملية على البرمجة الخطية حالات مزيج المنتجات وجدولة الإنتاج وجداول الشحن وغيرها.

ويقع التحدي بأسلوب البرمجة الخطية في كيفية صياغة وتركيب المشكلة. وقد يكون الهدف هو التوصل إلى أقصى ربح ممكن أو إلى أدنى حد ممكن من التكاليف. وتتمثل دالة الهدف Objective Function في معرفة أفضل قيمة من القيم المراد التوصل إليها من خلال حل المشكلة. وفي حالة مشكلات تعظيم الربح Profit Maximization فإنه يتم صياغة دالة الهدف بشكل يضمن التوصل إلى أفضل قيمة لإجمالي عائد المساهمة Total Contribution Margin من المنتجات التي يتم إنتاجها وبيعها في المنشأة.

أما القيود Constraints المفروضة على الموارد المتاحة أو استخداماتها فهي تمثل محددات يجب أخذها بعين الاعتبار للتوصل إلى الحل الأمثل. فهناك قيود متعلقة بعدد ساعات تشغيل الآلات أو عدد ساعات تشغيل العمال أو عدد وحدات المواد المباشرة، وهذه القيود تفرضها الأحجام المتوفرة من الموارد الإنتاجية، وهناك قيود تفرضها ظروف الطلب على المنتجات في السوق في ظل المنافسة أو قدرة السوق على استيعاب منتجات المنشأة، ومن الأمثلة عليها وجود حد أقصى من عدد الوحدات التي يمكن بيعها من منتج معين. وبالإضافة إلى ذلك هناك قيود فنية لحل نموذج البرمجة الخطية بصورة منطقية وسليمة. ومن الأمثلة على ذلك ضرورة أن تأخذ الكميات المنتجة والممثلة للحل الأفضل قيماً موجبة أو صفراً كحد

أدنى، حيث لا يكون من المنطق أن يتم إنتاج مثلاً سالب خمسة آلاف وحدة من منتج معين، فإما أن تكون الكمية المنتجة رقماً موجباً أو صفراً كحد أدنى.

وبشكل عام يعتبر أسلوب البرمجة الخطية مناسباً في الحالات التي يمكن فيها تمثيل العلاقات المختلفة بين العوامل المتعلقة بالظواهر موضع البحث بالخطوط المستقيمة أو بعبارة أخرى تكون فيها العلاقات خطية. مثل افتراض ثبات التكلفة المتغيرة للوحدة للمستويات المختلفة من الإنتاج، وكذلك الحال افتراض ثبات سعر بيع الوحدة بغض النظر عن مستوى المبيعات.

نورد فيما يلي مثال رقم (١) لتوضيح كيفية استخدام أسلوب البرمجة الخطية لتعظيم الربح.

مثال رقم (١):

تنتج شركة الأثاث الحديثة نوعين من الكراسي هما الكرسي العادي (س) والكرسي الممتاز (ص) وفيما يلي المعلومات الأسبوعية المتعلقة بهذين المنتجين:

عدد ساعات المرحلة الأولى التقطيع والتجميع	عدد ساعات المرحلة الثانية الصقل	سعر بيع الوحدة	التكلفة المتغيرة للوحدة	عائد المساهمة للوحدة	البيان
٤ ساعات	٦ ساعات	١٥ دينار	١٠ دنانير	٥ دنانير	الكرسي العادي (س)
٨	٢	٣٠	٢٢	٨	الكرسي الممتاز (ص)
٢٤٠	٩٠				الطاقة الإنتاجية

المطلوب:

تحديد الكميات التي يجب إنتاجها وبيعها من المنتجين لتعظيم إجمالي عائد المساهمة للشركة بافتراض أنه يمكن بيع أية كمية تنتجها الشركة من المنتجين، وباستعمال أسلوب البرمجة الخطية.

إجابة مثال رقم (١):

باستخدام المعلومات الواردة في المثال رقم (١) فإنه يمكن صياغة المشكلة طبقاً لأسلوب البرمجة الخطية كما يلي:

دالة الهدف هي: تعظيم قيمة ٥س + ٨ص

في ظل القيود التالية:

٤س + ٨ص ≥ ٢٤٠ .... (١)

٦س + ٢ص ≥ ٩٠ .... (٢)

س ، ص ≤ صفر .... (٣)

عندما تتعلق مشكلة البرمجة الخطية بمتغيرين فقط، فإنه بهذه الحالة يمكن تمثيل المشكلة بيانياً لتحديد الحل الأمثل. وتجدر الإشارة إلى أن القيد رقم (١) المذكور يتعلق بمحدودية الطاقة الإنتاجية للمرحلة الأولى من الإنتاج وهي مرحلة التقطيع والتجميع. بينما يتعلق القيد رقم (٢) بمحدودية الطاقة الإنتاجية للمرحلة الثانية من الإنتاج وهي مرحلة الصقل. أما القيد رقم (٣) فيتعلق بضرورة أن تأخذ الكميات المنتجة من كل من المنتجين قيمـــــــة موجبـــــة وأن تكـــــون كحـــــد أدنى صـــــفر، حيث يستحيل للكميات المنتجة من كل من المنتجين (س) و (ص) أن تأخذ قيماً سالبة.

ولتمثيل المشكلة موضوع البحث في المثال بيانياً فإنه يمكن استخدام المحور الأفقي لكي يعبر عن عدد الوحدات التي يمكن إنتاجها من المنتج (س) وهو الكرسي العادي. في حين يتم استخدام المحور العامودي أو الرأسي ليمثل عدد الوحدات التي يمكن إنتاجها من المنتج (ص) وهو الكرسي الممتاز. وبالتالي فإن المساحة الواقعة أعلى المحور الأفقي وعلى يمين المحور العامودي تمثل القيم الإنتاجية لكل من المنتجين (س) و (ص).

ويظهر الشكل رقم (١٢-١) التمثيل البياني للمشكلة باستخدام أسلوب البرمجة الخطية.

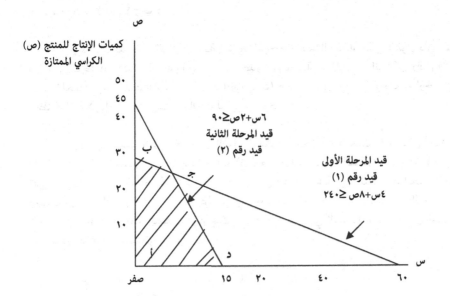

شكل رقم (١٢-١)

التمثيل البياني للمشكلة باستخدام البرمجة الخطية.

كميات الإنتاج للمنتج (س) الكراسي العادية

يلاحظ من الشكل رقم (١٢-١) أن قيد رقم (١) وهو المتعلق بعدد الساعات المتوفرة للمرحلة الأولى من الإنتاج وهي مرحلة التقطيع والتجميع يحصر ما يمكن استعماله من تلك الساعات في النقاط الواقعة على هذا الخط أو أسفله وهي محصورة بين المحورين الأفقي والرأسي. فإذا رغبت الشركة بإنتاج فقط الكراسي العادية وهي المشار إليها بالرمز (س)، فإنه يمكن إنتاج ٦٠ وحدة كحد أقصى أسبوعياً (٢٤٠ ÷ ٤=٦٠ وحدة). أما اذا أرادت الشركة إنتاج فقط الكراسي الممتازة وهي المشار اليها بالرمز (ص)، فإنه يمكن انتاج ٣٠ وحدة كحد أقصى اسبوعياً (٢٤٠ ÷ ٨ = ٣٠ وحدة). وأخيراً فقد ترغب الشركة بأن تنتج المنتجين معاً مستعملة الساعات المتوفرة للمرحلة الأولى من الإنتاج.

وبالتركيز على قيد رقم (٢) وهو المتعلق بعدد الساعات المتوفرة للمرحلة الثانية من الإنتاج وهي مرحلة الصقل، يلاحظ من الشكل رقم (١٢-١) أن أقصى ـ ما يمكن إنتاجه ـ من المنتج (س) وهي الكراسي العادية يعادل ١٥ وحدة أسبوعياً (٩٠ ÷ ٦ = ١٥ وحدة). في حين أن ما يمكن صقله أسبوعياً كحد أقصى ـ من المنتج (ص) وهي الكراسي الممتازة يعادل ٤٥ وحدة (٩٠ ÷ ٢ = ٤٥ وحدة).

وعند الأخذ بعين الاعتبار كافة القيود الموجودة بالمثال فإنه يمكن القول بأن النطاق الممكن إنتاجه Feasible Region ينحصر في حدود المنطقة المظللة في الشكل رقم (١٢-١)، وهي المحددة بالخطوط (أب) و (ب جـ) و (جـ د) و (دأ). وإن أي إنتاج يقع خارج المنطقة المظللة لا يمكن إنتاجه بسبب مخالفته للقيود الموجودة.

ويمكن رياضياً إثبات أن الحل الأمثل للمشكلة موضوع البحث يقع على أحد زوايا المنطقة المظللة والمشار إليها بالرموز (أ) و (ب) و (جـ) و (د) في الشكل رقم (١٢-١). ويجب تقييم إجمالي عائد المساهمة عند كل زاوية من الزوايا المذكورة لتحديد الحل الأفضل. وحيث أن النقطة (جـ) تمثل نقطة تقاطع قيد عدد ساعات مرحلة التقطيع والتجميع مع قيد عدد ساعات مرحلة الصقل، فإنه يمكن إيجاد إحداثيي النقطة (جـ) بحل المعادلتين المتعلقتين بالقيدين المذكورين وهما:

$$٤\text{س} + ٨\text{ص} = ٢٤٠ \quad \dots\dots\dots\dots \quad (١)$$
$$٦\text{س} + ٢\text{ص} = ٩٠ \quad \dots\dots\dots\dots\dots \quad (٢)$$

وبحل المعادلتين المذكورتين أعلاه ينتج أن (س) تعادل ٦ وحدات وأن (ص) تعادل ٢٧ وحدة. وعليه يكون إحداثيا النقطة (جـ) هما ٦ للمحور الأفقي و ٢٧ للمحور الرأسي.

ويبين جدول رقم (١٢-١) إجمالي عائد المساهمة لكل زاوية من زوايا المنطقة المظللة في الشكل رقم (١٢-١).

جدول رقم (١٢-١)
إجمالي عائد المساهمة لكل زاوية من زوايا المنطقة المظللة

النقطة	س	ص	إجمالي عائد المساهمة
أ	٠	٠	صفر ((٥×٠)+(٨×٠))
ب	٠	٣٠	٢٤٠ ((٥×٠)+(٨×٣٠))
جـ	٦	٢٧	٢٤٦((٥×٦)+(٨×٢٧))
د	١٥	٠	٧٥((٥×١٥)+(٨×٠))

يتضح من جدول رقم (١٢-١) أن أعلى عائد مساهمة لشركة الأثاث الحديثة يبلغ ٢٤٦ دينار وذلك عند النقطة (جـ) حيث يكون إنتاج وبيع الشركة ٦ وحدات من الكراسي العادية (س) و ٢٧ وحدة من الكراسي الممتازة (ص).

ويمكننا التحقق من أن الإنتاج والبيع الأمثل لا يتخطى القيود المفروضة على الإنتاج كما يلي:

(١) قيد عدد ساعات التقطيع والتجميع: ٤س + ٨ص = ٤(٦) + ٨(٢٧)
(المرحلة الأولى) = ٢٤ + ٢١٦
= ٢٤٠ ساعة

(٢) قيد عدد ساعات الصقل: ٦س + ٢ص = ٦(٦) + ٢(٢٧)
(المرحلة الثانية) = ٣٦ + ٥٤
= ٩٠ ساعة

(٣) قيد القيمة الموجبة: حيث أن كمية الإنتاج من كل من المنتجين هي قيمة موجبة، وعليه فإن الحل الأمثل يأخذ قيد القيمة الموجبة بعين الاعتبار ولا يتخطاه.

يلاحظ أن الإنتاج والبيع الأمثل قد استخدم بالكامل عدد الساعات المتوفرة للتقطيع والتجميع كما أنه استخدم أيضاً كامل عدد الساعات المتوفرة لعملية الصقل. وتجدر الإشارة إلى أنه أمكن التوصل إلى حل المشكلة في المثال رقم (١) باستعمال الطريقة البيانية وذلك لوجود متغيرين فقط. أما في حالة وجود أكثر من متغيرين في دالة الهدف والقيود المتعلقة بالمشكلة فإنه لا يمكن بهذه الحالة استعمال الطريقة البيانية للتوصل إلى حل المشكلة وإنما يتم استخدام ما يسمى بطريقة السمبلكس Simplex Method والتي يتم تنفيذها باستخدام برامج جاهزة على الحاسب الآلي.

لقد عالج المثال رقم (١) السابق مشكلة تعظيم إجمالي عائد المساهمة وكيفية استعمال أسلوب البرمجة الخطية لحلها. ويمكن أيضاً استعمال الأسلوب المذكور في حل المشاكل التي يكون الهدف فيها التوصل إلى أدنى حد ممكن من التكاليف. ولتوضيح ذلك فإننا نورد مثال رقم (٢) التالي:

مثال رقم (٢):

ترغب شركة الأدوية الأردنية بإنتاج ١٠٠ جالون من خليط معين باستعمال العنصرين (س) و (ص). فإذا علمت أن تكلفة الجالون من العنصر (س) تعادل ٢٠ دينار، في حين أن تكلفة الجالون من العنصر (ص) تعادل ٤٠ دينار. وأنه لا يجوز استعمال أكثر من ٣٠ جالون من العنصر (س) للحصول على الخليط المطلوب، بينما يجب استعمال ٢٥ جالون من العنصر (ص) على الأقل للحصول على الخليط. وترغب الشركة في الحصول على الخليط بأدنى تكلفة ممكنة.

المطلوب:

١. صياغة دالة الهدف والقيود المتعلقة بالمشكلة طبقاً لأسلوب البرمجة الخطية.
٢. التمثيل البياني للمشكلة باستخدام البرمجة الخطية.
٣. تحديد الكميات التي يجب استعمالها من العنصرين (س) و (ص) للحصول على الخليط المطلوب بأدنى تكلفة ممكنة.

إجابة مثال رقم (٢):

(١) باستخدام المعلومات الواردة في المثال رقم (٢) فإنه يمكن صياغة المشكلة طبقاً لأسلوب البرمجة الخطية كما يلي:

دالة الهدف هي: تخفيض قيمة التكاليف التالية للحد الأدنى=٢٠س+٤٠ص

في ظل القيود التالية:

س + ص = ١٠٠ .... (١)

س ≥ ٣٠ ....(٢)

ص ≤ ٢٥ ....(٣)

س ، ص ≤ صفر............(٤)

(٢) يظهر الشكل رقم (١٢-٢) التمثيل البياني للمشكلة باستخدام أسلوب البرمجة الخطية.

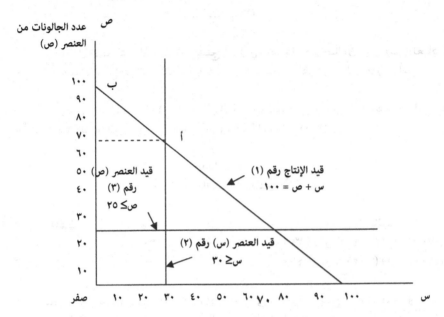

شكل رقم (١٢-٢)

التمثيل البياني للمشكلة باستخدام أسلوب البرمجة الخطية

يمكن تطبيق طريقة التمثيل البياني لمشاكل التوصل إلى الحد الأدنى من التكاليف كما هو الحال بالنسبة لمشاكل التوصل إلى تعظيم عائد المساهمة والأرباح. وعند الأخذ بعين الاعتبار كافة القيود الموجودة بالمثال فإنه يمكن القول بأن منطقة النطاق الممكن إنتاجه تنحصر بالنقاط الموجودة على الخط المشار إليه أب في الشكل رقم (١٢-٢). فأي نقطة تقع على الخط المذكور سوف تعطي ١٠٠جالون من المزيج المطلوب الذي يتكون من ٣٠ جالون من العنصر (س) كحد أقصى و٢٥ جالون من العنصر (ص) كحد أدنى. ويمكن إثبات رياضياً بأن الحل الأمثل للمشكلة موضوع البحث يقع على إحدى زوايا الخط أب، أي بعبارة أخرى إما أن تكون النقطة (أ) أو تكون النقطة (ب).

وحيث أن النقطة (أ) تمثل نقطة تقاطع قيد الإنتاج رقم (١) وقيد العنصر (س) رقم (٢)، فإنه يمكن إيجاد إحداثيي النقطة (أ) بحل المعادلتين المتعلقتين بالقيدين المذكورين وهما:

س + ص = ١٠٠ .... (١)

س = ٣٠ ....(٢)

وبحل المعادلتين المذكورتين ينتج أن (س) تعادل ٣٠ جالون، وأن (ص) تعادل ٧٠ جالون. وعليه يكون إحداثيا النقطة (أ) هما ٣٠ للمحور الأفقي و٧٠ للمحور الرأسي.

ويبين جدول رقم (١٢-٢) إجمالي التكاليف للنقطتين (أ) و (ب) وهما نقطتي الحل الأمثل للمشكلة موضوع البحث والمبينتين في الشكل رقم (١٢-٢).

جدول رقم (١٢-٢)

إجمالي التكاليف للنقطتين (أ) و (ب)

النقطة	س	ص	إجمالي التكاليف
أ	٣٠	٧٠	٣٤٠٠ دينار ((٢٠×٣٠)+(٤٠×٧٠))
ب	٠	١٠٠	٤٠٠٠ دينار ((٢٠×٠)+(٤٠×١٠٠))

(٢) يتضح من جدول رقم (١٢-٢) أن أدنى إجمالي تكاليف يبلغ ٣٤٠٠ دينار وذلك عند النقطة (أ) حيث يتم إنتاج ١٠٠ جالون من الخليط المطلوب باستعمال ٣٠ جالون من العنصر (س) و٧٠ جالون من العنصر (ص). وبالتالي فإن الحل الأمثل للحصول على الخليط المطلوب بأقل التكاليف الممكنة يكون عند النقطة (أ) المذكورة.

ويمكننا التحقق من أن الإنتاج الأمثل لا يتخطى القيود المفروضة على الإنتاج كما يلي:

(١) قيد الإنتاج: س + ص = ٣٠ + ٧٠ = ١٠٠ جالون من الخليط.

(٢) قيد العنصر (س): س = ٣٠ جالون.

(٣) قيد العنصر (ص): ص = ٧٠ جالون.

(٤) قيد القيم الموجبة: حيث أن الكمية المستخدمة في الإنتاج لكل من العنصرين (س) و (ص) هي قيمة موجبة. وبالتالي فإن الحل الأمثل يأخذ قيد القيمة الموجبة بين الاعتبار ولا يتخطاه.

يلاحظ من الحل الأمثل أنه تم استخدام الحد الأقصى من المادة (س) وهو ٣٠ جالون وذلك بسبب انخفاض تكلفة الجالون من المادة (س)، وأن بقية الكمية المطلوبة وهي ٧٠ جالون (١٠٠-٣٠= ٧٠ جالون) يتم استعمالها من المادة (ص) باعتبارها أعلى تكلفة من المادة (س)، حيث تبلغ تكلفة الجالون من المادة (س) ٢٠ دينار، في حين أن تكلفة الجالون من المادة (ص) تبلغ ٤٠ دينار.

٣- نماذج التخطيط والرقابة على المخزون السلعي

Inventory Planning and Control Models

يمكن تطبيق نماذج إدارة المخزون السلعي على كافة أنواع المنشآت التي يوجد لديها مخزون سلعي. فوجود الكمية الكبيرة من المخزون السلعي سوف يؤدي إلى وجود تكاليف تخزين وتأمين غير ضرورية، هذا بالإضافة إلى إمكانية تقادم البضاعة وتعطيل جزء من أموال واستثمارات المنشأة التي كان يمكن استثمارها في مجالات أفضل. كما أن وجود الكمية القليلة من المخزون السلعي سوف يؤدي إلى فقدان جزء من مبيعات المنشأة بسبب تحول العملاء إلى شراء البضاعة من أماكن أخرى خارج المنشأة. ومن هنا فإننا نستطيع القول بأن الهدف الرئيس من إدارة المخزون السلعي هو التوصل إلى أفضل مستوى يمكن الاحتفاظ به من الاستثمار في المخزون السلعي.

ومن المعلوم أن المخزون السلعي يعتبر عنصراً هاماً من عناصر الأصول المتداولة للعديد من المنشآت الصناعية والتجارية نظراً لضخامة حجم الأموال المستثمرة بهذا العنصر. وبالإضافة إلى ذلك فإن المخزون السلعي يؤثر على تكلفة المبيعات بالمنشأة وبالتالي على الأرباح بشكل عام. وعليه فإن إدارة المخزون السلعي من عمليات تخطيط وتنظيم ورقابة باستخدام النماذج الكمية والأساليب الإحصائية المختلفة تعتبر ذا أهمية بالغة للمنشأة.

٣-١ تكاليف إدارة المخزون السلعي Inventory Management Costs

إن هدف الرقابة على تكاليف المخزون السلعي هـو تخفيض إجمالي التكاليف إلى أدنى حد ممكن مع الاحتفاظ بكميات المخزون اللازمة لانسياب العمليات في المنشأة. ويمكن تقسيم تكاليف إدارة المخزون السلعي إلى عدة مجموعات رئيسة أهمها تكاليف الاحتفاظ بالمخزون Carrying Costs وتكاليف طلب المخزون Ordering Costs، وتكاليف نقـص المخزون Shortage Costs، وفيما يلي شرح موجز لهذه التكاليف.

١. تكاليف الاحتفاظ بالمخزون السلعي: هي تلك التكاليف التـي تتحملها المنشأة بسبب ملكيتها للمخزون والاحتفاظ به لمدة من الزمن قبـل استخدامه أو بيعه. وتزداد هـذه التكاليف مع زيادة كمية المخزون، وتشمل هذه التكاليف العناصر التالية:

(أ) تكلفة الأموال المستثمرة في المخزون: وتمثل عائد الفرصة الضائعة لاستثمار الأمـوال في المخزون.

(ب) تكاليف التخزين: وتمثـل تكلفة إيجار المخـازن المستعملة لتخزين البضاعة أو تكلفة الفرصة الضائعة لاستعمال المخازن للتخزين بـدلاً مـن استعمالها لأغـراض أخرى.

(جـ) تكاليف التقادم والتلف التدريجي الناتج عن عملية تخزين المخزون.

(د) تكاليف التأمين على المخزون السلعي: وعادة تكون هـذه التكاليف نسبة مئويـة من متوسط المخزون خلال الفترة.

٢. تكاليف طلب المخزون: هي تلك التكاليف المتعلقة بالحصول على المخزون وتشمل هذه التكاليف البنود التالية:

(أ) تكلفة تحضير وعمل أوامر الشراء في المنشآت التجاريـة أو الإنتاج في المنشـآت الصناعية.

(ب) تكلفة استلام المخزون وتنزيله وفحصه وما شابه.

(ج) تكاليف الشراء أو النقل الإضافية الناتجة عن الأوامر المتكررة.

(د) التكاليف الإضافية الناتجة عن عملية تحضير الآلات والبـدء في الإنتـاج لكميـات قليلة بشكل متكرر، وتكاليف التدريب وتكاليف ساعات العمل الإضافي. ومـن الملاحظ أن تكاليف الطلب بشكل عام تتناسب عكسياً مـع كميـات المخزون السلعي الموجودة لدى المنشأة.

ويلاحظ أن عناصر تكاليف الاحتفاظ بالمخزون السلعي وعناصر تكاليف طلب المخزون تعوض بعضها البعض. فكلما قلت الأوامر بعددها مع زيادة حجمها وقيمتها فإن ذلك يؤدي إلى تخفيض تكاليف الطلب بشكل عام مع زيادة تكاليف الاحتفاظ بالمخزون السلعي، والعكس بالعكس.

٣- تكاليف نقص المخزون Shortage Costs

تمثل هذه التكاليف خسارة الفرصة الضائعة الناتجة عن زيادة الطلب على العرض الخاص بالمخزون السلعي. ومن الأمثلة عليها الخسائر الناتجة عن فقدان بعض العملاء بسبب نقص المخزون وعدم القدرة على تلبية طلباتهم في الوقت المناسب، وكذلك الحال الخسارة الناتجة عن توقف العمليات الإنتاجية في المنشآت الصناعية وعدم انسيابها بالشكل الملائم. ولهذا وتجنباً لمثل هذه التكاليف والخسائر، فإن على المنشآت تحديد حد الأمان للمخزون Safety Stock كما سيتم توضيحه لاحقاً. فالسؤال الذي يطرح نفسه هو ما هي الكمية المناسبة التي يجب أن تطلبها المنشأة ومتى يجب أن يكون ذلك؟ ولمعالجة هذه الأمور سيتم شرح النموذج الأساسي للكمية الاقتصادية لأمر الشراء.

٣-٢ النموذج الأساسي للكمية الاقتصادية لأمر الشراء

Basic Economic Order Quantity Model

إن الغاية الرئيسة لهذا النموذج هي تحديد الكمية الاقتصادية لكل أمر شراء للمخزون السلعي بحيث تؤدي إلى تخفيض إجمالي التكاليف المتعلقة بطلب المخزون والاحتفاظ به لحدها الأدنى. ويفترض هذا النموذج عدم وجود نقص في المخزون، وعليه فإنه يتم استبعاد تكاليف نقص المخزون في هذا النموذج. ويمكن التوصل إلى الحجم الأمثل لأمر الشراء بعدة طرق أهمها:

(أ) طريقة الرسم البياني Graphic Approach.

(ب) طريقة إعداد جدول لاختبار إجمالي التكاليف لمستويات مختلفة من حجم أمر الشراء Tabular Approach.

(ج) طريقة استخدام معادلة الكمية الاقتصادية لأمر الشراء Formula Approach وسيتم فيما يلي شرح موجز لهذه الطرق.

(أ) طريقة الرسم البياني Graphic Approach

يبين الشكل رقم (٣-١٢) التمثيل البياني لكل من تكاليف الاحتفاظ بالمخزون السلعي وتكاليف طلب المخزون السلعي وإجمالي التكاليف المتعلقة بطلب المخزون السلعي والاحتفاظ به.

وطبقاً للنموذج الأساسي للكمية الاقتصادية لأمر الشراء، فإنه يتضح من الشكل رقم (١٢-٣) أن الحد الأدنى لإجمالي التكاليف المتعلقة بطلب المخزون السلعي والاحتفاظ به يحدث عند تساوي دالة التكاليف لطلب المخزون السلعي مع دالة التكاليف للاحتفاظ بالمخزون السلعي. علماً بأن هذا التطابق يحدث في الغالب لدى النموذج الأساسي للكمية الاقتصادية لأمر الشراء، وقد لا يمكن تعميمه في الحالات المعقدة لأوامر الشراء للكميات المختلفة من المخزون السلعي.

يشير الرمز (ك*) للكمية الاقتصادية للشراء في الشكل رقم (١٢-٣) وهي تمثل أفضل كمية لأمر الشراء والتي يكون عندها الحد الأدنى لإجمالي تكاليف طلب المخزون السلعي والاحتفاظ به.

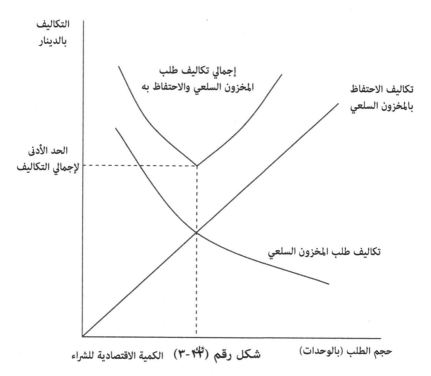

الكمية الاقتصادية للشراء
ك*

شكل رقم (١٢-٣)

التمثيل البياني لتكاليف طلب المخزون السلعي وتكاليف الاحتفاظ به وإجمالي التكاليف لطلب المخزون والاحتفاظ به لتحديد الكمية الاقتصادية للشراء

(ب) طريقة إعداد جدول لاختبار إجمالي التكاليف لمستويات مختلفة من حجم أمر الشراء Tabular Approach:

لإيجاد الكمية الاقتصادية لأمر الشراء (ك*) التي تؤدي إلى الحد الأدنى لإجمالي تكاليف طلب المخزون السلعي والاحتفاظ به طبقاً لهذه الطريقة فإننا نورد المثال رقم (٣) التالي لاشتقاق تلك الكمية.

مثال رقم (٣):

تتوقع شركة الازدهار أن يكون إجمالي الطلب على المخزون السلعي خلال العام القادم ٥٠٠٠ وحدة، وقد تم تقدير تكلفة الطلب بمبلغ ١٠ دنانير لكل أمر شراء، فإذا علمت بأن تكلفة الاحتفاظ بالوحدة من المخزون السلعي تعادل ٠.١ دينار وتحسب على متوسط المخزون خلال العام.

المطلوب: إعداد جدول لإيجاد الكمية الاقتصادية لأمر الشراء.

إجابة مثال رقم (٣):

يبين جدول رقم (١٢-٣) إجمالي تكاليف طلب المخزون السلعي وتكاليف الاحتفاظ به لمستويات مختلفة من حجم أمر الشراء، وذلك لإيجاد الكمية الاقتصادية لأمر الشراء.

جدول رقم (١٢-٣)

جدول إيجاد الكمية الاقتصادية لأمر الشراء

عدد أوامر الشراء خلال العام	حجم أمر الشراء	تكاليف الطلب	تكاليف الاحتفاظ بالمخزون	إجمالي تكاليف الطلب والاحتفاظ بالمخزون
(ن)	(ك)	(ن×١٠) =١٠ن	(ك/٢×٠.١) =٠.٠٥ك	(١٠ن+٠.٠٥ك)
١	٥٠٠٠	١٠	٢٥٠	٢٦٠
٢	٢٥٠٠	٢٠	١٢٥	١٤٥
٣	١٦٦٧	٣٠	٨٣	١١٣
٤	١٢٥٠	٤٠	٦٣	١٠٣
٥*	١٠٠٠	٥٠	٥٠	١٠٠
٦	٨٣٣	٦٠	٤٢	١٠٢
٧	٧١٤	٧٠	٣٦	١٠٦
٨	٦٢٥	٨٠	٣١	١١١
٩	٥٥٦	٩٠	٢٨	١١٨
١٠	٥٠٠	١٠٠	٢٥	١٢٥

يتضح من جدول رقم (١٢-٣) أن الكمية الاقتصادية لأمر الشراء (*ك) هي ١٠٠٠ وحدة، وعدد أوامر الشراء هو ٥ أوامر سنوياً، وأن إجمالي تكاليف طلب المخزون والاحتفاظ به يعادل ١٠٠ دينار عند تلك الكمية وهي الحد الأدنى لإجمالي تكاليف الطلب والاحتفاظ بالمخزون كما يتبين من الجدول المذكور بمقارنة إجمالي التكاليف عند المستويات المختلفة من حجم أوامر الشراء.

(جـ) طريقة استخدام معادلة الكمية الاقتصادية لأمر الشراء

Formula Approach

لاستخراج النموذج الأساسي للكمية الاقتصادية لأمر الشراء فإنه يمكن استعمال المعادلات المتعلقة بتكاليف طلب المخزون السلعي وتكاليف الاحتفاظ بالمخزون السلعي للتوصل إلى النموذج المطلوب.

وللتعريف بمعادلة أو نموذج الكمية الاقتصادية لأمر الشراء فإنه يمكن استخدام المصطلحات التالية:

ط = إجمالي عدد وحدات الطلب على المخزون السلعي خلال الفترة.

ك = حجم أمر الشراء (كمية الطلبية) بالوحدات.

ن = عدد أوامر الشراء خلال الفترة ويساوي (ط ÷ ك)

أ = تكلفة إصدار أمر الشراء (الطلب)

ب = تكلفة الاحتفاظ بوحدة من المخزون خلال الفترة.

باستخدام المصطلحات المذكورة فإنه يمكن التعبير عن معادلة تكاليف الطلب على المخزون السلعي كما هو موضع بالمعادلة رقم (١) أو المعادلة رقم (١-١) التالية:

تكاليف الطلب على المخزون السلعي = أ × $\frac{\text{ط}}{\text{ك}}$ .... (١)

أو تكاليف الطلب على المخزون السلعي = أ×ن ...... (١-١)

كما يمكن التعبير عن معادلة تكاليف الاحتفاظ بالمخزون السلعي كما هو مبين بالمعادلة رقم (٢) التالية:

تكاليف الاحتفاظ بالمخزون السلعي = ×$\frac{\text{ك}}{٢}$..........(٢)

وتمثل (ك/٢) معدل المخزون السلعي خلال فترة معينة، بافتراض أن ما يصل في بداية المدة هو (ك) وحدة وأن ما يبقى في نهاية المدة هو صفر. وعليه فإن معدل المخزون السلعي خلال المدة يساوي ((ك+٠)/٢) أو (ك/٢). وحيث أن أدنى إجمالي تكاليف يكون عند النقطة التي يتساوى بها دالة تكاليف الطلب على المخزون السلعي مع دالة تكاليف الاحتفاظ بالمخزون السلعي، أو بعبارة أخرى تكون الكمية الاقتصادية لأمر الشراء عند تساوي المعادلتين رقم (١) و (٢) كما يلي:

تكاليف الطلب على المخزون السلعي = تكاليف الاحتفاظ بالمخزون السلعي

$$أو \qquad \frac{أ \times ط}{ك} \qquad = ب \times \frac{ك}{٢}$$

وبالضرب التبادلي ينتج:
$$٢ \times أ \times ط = ب \times ك^٢$$

وبقسمة الطرفين على ب ينتج:
$$\frac{٢ \times أ \times ط}{ب} = ك^٢$$

وبأخذ الجذر التربيعي للطرفين ينتج:
$$ك = \sqrt{\frac{٢ \times أ \times ط}{ب}}$$

أو بعبارة أخرى نستطيع القول أن:

$$الكمية الاقتصادية لأمر الشراء = \sqrt{\frac{٢ \times تكلفة الطلب لكل أمر شراء \times احتياجات المخزون خلال الفترة}{تكلفة الاحتفاظ بوحدة من المخزون خلال الفترة}} \quad \ldots(٣)$$

ونورد المثال التالي رقم (٤) تطبيقاً لطريقة استخدام معادلة الكمية الاقتصادية لأمر الشراء.

مثال رقم (٤):

افترض المعلومات الواردة في مثال رقم (٣) السابق.

المطلوب:

إيجاد الكمية الاقتصادية لأمر الشراء باستخدام المعادلة رقم (٣) المتعلقة باستخراج تلك الكمية.

إجابة مثال رقم (٤):

باستخدام المعادلة رقم (٣) المتعلقة بالكمية الاقتصادية لأمر الشراء فإننا نستطيع استنتاج ما يلي:

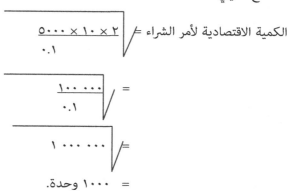

$$\text{الكمية الاقتصادية لأمر الشراء} = \sqrt{\frac{٢ \times ١٠ \times ٥٠٠٠}{٠.١}}$$

$$= \sqrt{\frac{١٠٠\ ٠٠٠}{٠.١}}$$

$$= \sqrt{١\ ٠٠٠\ ٠٠٠}$$

= ١٠٠٠ وحدة.

نلاحظ في إجابة المثال رقم (٤) أن الكمية الاقتصادية لأمر الشراء تعادل ١٠٠٠ وحدة باستخدام المعادلة رقم (٣) المتعلقة بالكمية المذكورة. وهي نفس الإجابة التي تم التوصل إليها باستعمال نفس المعلومات الواردة في مثال رقم (٣) باستخدام طريقة إعداد جدول إجمالي التكاليف لمستويات مختلفة من حجم أمر الشراء.

كما يمكن استعمال المعلومات الواردة في مثال رقم (٣) وتطبيق طريقة الرسم البياني عليها واستخراج نفس الإجابة المتعلقة بالكمية الاقتصادية لأمر الشراء.

وبافتراض أن إدارة شركة الازدهار في مثال رقم (٣) ومثال رقم (٤) قد اتبعت سياسة طلب الكمية الاقتصادية لأمر الشراء بطلب ١٠٠٠ وحدة في كل أمر شراء، فإن التكاليف السنوية المتعلقة بسياسة المخزون السلعي ستكون كما يلي:

$$\text{تكاليف طلب المخزون السلعي} = \frac{\text{أ} \times \text{ط}}{\text{ك}} \quad \text{..............} (١)$$

$$= \frac{١٠ \times ٥٠٠٠}{١٠٠٠}$$

= ٥٠ دينار

$$\text{تكاليف الاحتفاظ بالمخزون السلعي} = \frac{\text{ب} \times \text{ك}}{٢} \quad \text{...........} (٢)$$

$$= \frac{٠.١ \times ١٠٠٠}{٢}$$

= ٥٠ دينار

وعليه فإن إجمالي تكاليف طلب المخزون السلعي والاحتفاظ به يعادل ١٠٠ دينار (٥٠ دينار تكاليف طلب المخزون السلعي + ٥٠ دينار تكاليف الاحتفاظ بالمخزون السلعي). وهذا يمثل الحد الأدنى لإجمالي تكاليف طلب المخزون السلعي والاحتفاظ به عند المستويات المختلفة من حجم أمر الشراء.

ويلاحظ بهذا الصدد أن إجمالي تكاليف طلب المخزون السلعي يعادل إجمالي تكاليف الاحتفاظ بالمخزون السلعي، وهذا متفق مع طريقة الرسم البياني لاستخراج الكمية الاقتصادية لأمر الشراء والمبينة في الشكل رقم (١٢-٣).

وتجدر الإشارة بأن هناك طريقة رياضية أخرى لإيجاد الكمية الاقتصادية لأمر الشراء نوضحها فيما يلي:

إجمالي تكاليف الطلب على المخزون السلعي والاحتفاظ به = تكاليف الطلب على المخزون السلعي + تكاليف الاحتفاظ بالمخزون السلعي خلال فترة معينة

وباستعمال الرموز والمصطلحات الواردة في الصفحات السابقة فإننا نستطيع القول أن:

$$\text{إجمالي تكاليف الطلب على المخزون السلعي والاحتفاظ به} = \text{أ} \times \frac{\text{ط}}{\text{ك}} + \text{ب} \times \frac{\text{ك}}{٢} \quad \text{.........} (٤)$$

ويمكن تحديد الكمية الاقتصادية لأمر الشراء (*ك) رياضياً عن طريق إيجاد المشتقة الأولى للمعادلة رقم (٤) بالنسبة لحجم أمر الشراء (ك) ومساواتها بالصفر ومنها ينتج أن:

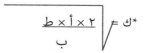

$$^*ك = \sqrt{\dfrac{٢ \times أ \times ط}{ب}}$$

وهي نفس المعادلة رقم (٣) المستخرجة سابقاً لتحديد الكمية الاقتصادية لأمر الشراء.

ومن الجدير بالذكر أنه قد تم الاعتماد على الافتراضات التالية للتوصل إلى النموذج الأساسي للكمية الاقتصادية لأمر الشراء:

١. إمكانية تحديد حجم الطلب على المخزون السلعي بدقة خلال الفترة مع اتساق معدل الطلب وتوزعه بالتساوي خلالها.

٢. إمكانية تحديد تكلفة الطلب على المخزون السلعي وتكلفة الاحتفاظ به بدقة مع ثبات هذه التكاليف خلال الفترة.

٣. عدم وجود تكاليف متعلقة بنقص المخزون السلعي خلال الفترة.

٤. إمكانية تحديد طول دورة طلب المخزون السلعي وفترة استلام المخزون السلعي.

٤- امتدادات للنموذج الأساسي للكمية الاقتصادية لأمر الشراء
Extensions of the Basic Economic Order Quantity Model

يمكن توسيع النموذج الأساسي للكمية الاقتصادية لأمر الشراء ليشمل تكاليف واعتبارات أخرى خلاف ما تم التعرض إليه لغاية هذه النقطة. وبالتحديد فإنه سيتم التعرض إلى معالجة الحالة التي تكون فيها قيود على حجم الطلبية، وأيضاً سيتم التعرض للحالة التي يكون فيها قيود على التخزين والاحتفاظ بالمخزون لدى المنشأة. وأخيراً سيتم التعرف على كيفية الحصول على الكمية الاقتصادية لأمر الشراء في حالة وجود خصم كمية على مشتريات المخزون السلعي.

٤-١ الكمية الاقتصادية لأمر الشراء عند وجود قيود على حجم الطلبية
Economic Order Quantity (EOQ) with Order Size Restrictions

تضع كثير من الشركات قيوداً على حجم الطلبية المقبول، فمثلاً قد تقبل تلك الشركات حجم الطلبيات بالدزينة أو بمئات الوحدات أو بآلاف الوحدات وما شابه. وعادة تكون هذه القيود بسبب متطلبات تجميع أو تغليف المنتجات. وإذا كانت الكمية الاقتصادية لأمر الشراء لا تساوي إحدى كميات الطلب المسموح بها، فإنه من الضروري احتساب تكاليف التخزين والاحتفاظ بالمخزون لكل من حجم الطلبية الأدنى وحجم الطلبية الأعلى من الكمية الاقتصادية لأمر الشراء، ومن ثم مقارنة إجمالي التكاليف للحجم الأدنى والأعلى المسموح بهما. وتجدر الإشارة إلى أن تحديد الاختيارين المذكورين فقط للتوصل إلى البديل الأفضل للكمية الاقتصادية لأمر الشراء، هو بسبب أن إجمالي تكاليف الطلب والاحتفاظ بالمخزون تكون أقرب إلى الحد الأدنى لها كلما اقتربت من الكمية الاقتصادية لأمر الشراء، وعليه فإن أي حجم آخر يتم اختياره سوف يؤدي إلى أن تكون إجمالي تكاليف الطلب والاحتفاظ بالمخزون أعلى من إحدى الخيارين المذكورين.

ونورد المثال رقم (٥) التالي لتوضيح اختيار البديل الأفضل للكمية الاقتصادية لأمر الشراء في حالة وجود قيود على حجم الطلبيات.

مثال رقم (٥):

تتوقع شركة الازدهار أن يكون إجمالي الطلب على المخزون السلعي خلال العام القادم ٥٠٠٠ وحدة. وتطلب شركة الازدهار مخزونها السلعي من الشركة العالمية التي تقبل الطلبات بمجموعات ٤٠٠ وحدة فقط. فمثلاً يمكن لشركة الازدهار طلب ٤٠٠ وحدة أو ٨٠٠ وحدة أو ١٢٠٠ وحدة وهكذا. وقد تم تقدير تكلفة الطلب ١٠ دنانير لكل أمر شراء، في حين أن تكلفة الاحتفاظ بالوحدة من المخزون السلعي تعادل ٠.١ دينار وتحسب على متوسط المخزون خلال العام.

المطلوب:

١. احتساب الكمية الاقتصادية لأمر الشراء.
٢. احتساب البديل الأفضل للكمية الاقتصادية لأمر الشراء إذا كانت الشركة العالمية لا تسمح بشراء الكمية الاقتصادية لأمر الشراء.

إجابة مثال رقم (٥):

١) باستعمال المعادلة رقم (٣) نستنتج أن:

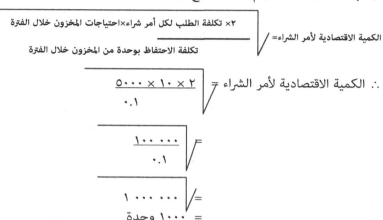

$$\text{الكمية الاقتصادية لأمر الشراء} = \sqrt{\frac{\text{٢} \times \text{تكلفة الطلب لكل أمر شراء} \times \text{احتياجات المخزون خلال الفترة}}{\text{تكلفة الاحتفاظ بوحدة من المخزون خلال الفترة}}}$$

$$\therefore \text{الكمية الاقتصادية لأمر الشراء} = \sqrt{\frac{٢ \times ١٠ \times ٥٠٠٠}{٠.١}}$$

$$= \sqrt{\frac{١٠٠\,٠٠٠}{٠.١}}$$

$$= \sqrt{١\,٠٠٠\,٠٠٠}$$

$$= \text{١٠٠٠ وحدة}$$

٢) حيث أن الشركة العالمية لا تقبل طلبية الكمية الاقتصادية لأمر الشراء البالغة ١٠٠٠ وحدة لأنها ليست من مضاعفات ٤٠٠ وحدة. وعليه فإن على شركة الازدهار أن تطلب إما ٨٠٠ وحدة أو ١٢٠٠ وحدة وهي الأقرب للكمية الاقتصادية لأمر الشراء والتي تؤدي إلى إجمالي تكاليف للطلب والاحتفاظ بالمخزون أقرب ما يكون للحد الأدنى. وبهذا يكون البديل الأفضل إما طلب ٨٠٠ وحدة أو ١٢٠٠ وحدة. وللتوصل إلى حجم الطلب الأفضل فإنه يمكن مقارنة إجمالي تكاليف الطلب والاحتفاظ بالمخزون عند البديلين المذكورين.

البديل الأول: طلب ٨٠٠ وحدة:

$$\text{تكاليف الطلب على المخزون} = \text{أ} \times \frac{\text{ط}}{\text{ك}} \;\ldots\ldots\ldots\ldots\; (١)$$

$$= ١٠ \times \frac{٥٠٠٠}{٨٠٠} = ٦٢.٥ \text{ دينار}$$

$$\text{تكاليف الاحتفاظ بالمخزون السلعي} = \text{ب} \times \frac{\text{ك}}{٢} \;\ldots\ldots (٢)$$

$$= ٠.١ \times \frac{٨٠٠}{٢} = ٤٠ \text{ دينار}$$

∴ إجمالي تكاليف الطلب والاحتفاظ بالمخزون=٦٢.٥ + ٤٠ = ١٠٢.٥ دينار عند طلب ٨٠٠ وحدة

البديل الثاني: طلب ١٢٠٠ وحدة:

$$\text{تكاليف الطلب على المخزون} = 10 \times \frac{5000}{1200} = 41.7 \text{ دينار}$$

$$\text{تكاليف الاحتفاظ بالمخزون} = 0.1 \times \frac{1200}{2} = 60 \text{ دينار}$$

∴ إجمالي تكاليف الطلب والاحتفاظ بالمخزون = ٤١.٧ + ٦٠ = ١٠١.٧ دينار عند طلب ١٢٠٠ وحدة

حيث أن إجمالي تكاليف الطلب والاحتفاظ بالمخزون عند طلب ١٢٠٠ وحدة يعادل ١٠١.٧ دينار وهو أقل من إجمالي تكاليف الطلب والاحتفاظ بالمخزون عند طلب ٨٠٠ وحدة والبالغ ١٠٢.٥ دينار، فإن البديل الأفضل للشركة هو طلب ١٢٠٠ وحدة في كل مرة عند وجود قيود على حجم الطلبية المتعلقة بالكمية الاقتصادية لأمر الشراء والبالغة ١٠٠٠ وحدة.

ويلاحظ من الإجابة السابقة أن الفرق بين إجمالي تكاليف الطلب والاحتفاظ بالمخزون للبديلين المذكورين هو ضئيل إلى حد ما ويعادل ٠.٨ دينار فقط. وبشكل عام فإننا نستطيع القول بأنه طالما كان حجم الطلب مقارباً للكمية الاقتصادية لأمر الشراء، فإن النموذج الأساسي للكمية الاقتصادية لأمر الشراء يكون غير حساس للتغيرات القليلة في كميات الطلب. أو بعبارة أخرى فإن الفروقات بين إجمالي التكاليف المتعلقة بطلب المخزون السلعي والاحتفاظ به تكون ليس بذات أهمية عندما تكون كمية الطلب قريبة من الكمية الاقتصادية لأمر الشراء. أما إذا كانت كمية الطلب الفعلية بعيدة عن الكمية الاقتصادية لأمر الشراء، فإن التغيرات في إجمالي تكاليف طلب المخزون السلعي والاحتفاظ به ستكون كبيرة وذات أهمية.

فمثلاً إذا افترضنا في المثال السابق رقم (٥) أن حجم الطلب كان ٤٠٠٠ وحدة فإن إجمالي تكاليف طلب لمخزون والاحتفاظ به تعادل ٢١٢.٥ دينار ويتم احتسابها كما يلي:

إجمالي تكاليف طلب المخزون والاحتفاظ به= تكاليف طلب المخزون+تكاليف الاحتفاظ بالمخزون

$$= \left(\frac{١٠ \times ٥٠٠٠}{٤٠٠٠} \right) + \left(\frac{٠.١ \times ٤٠٠٠}{٢} \right)$$

= ١٢.٥ + ٢٠٠

= ٢١٢.٥ دينار

وبمقارنة إجمالي تكاليف طلب المخزون والاحتفاظ به البالغ ١٠٠ دينار عند الكمية الاقتصادية لأمر الشراء مع إجمالي التكاليف البالغة ٢١٢.٥ دينار عندما يكون حجم أمر الشراء (أو الطلبية) ٤٠٠٠ وحدة، فإننا نستنتج أن التغيرات في إجمالي التكاليف هي كبيرة وذات أهمية نسبية عالية.

ويوضح الشكل رقم (١٢-٤) تأثير القيود على حجم الطلبية وأن البديل الأفضل يقع على أحد الجوانب القريبة من الكمية الاقتصادية لأمر الشراء. وقد تم استعمال المعلومات الواردة في مثال رقم (٥) للتمثيل البياني في الشكل المذكور.

شكل رقم (١٢-٤)

الكمية الاقتصادية لأمر الشراء عند وجود قيود على حجم الطلبية

٤٠٠
٤٠٠٠

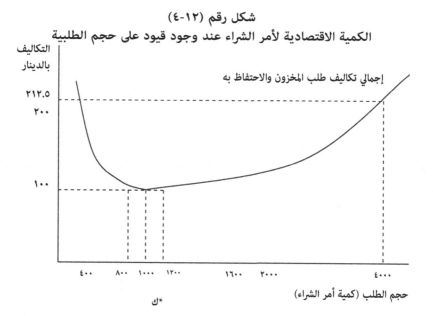

يتضح من الشكل رقم (١٢-٤) أن الكمية الاقتصادية لأمر الشراء تبلغ ١٠٠٠ وحدة وهي مشار إليها بالرمز (ك*) وتبلغ تكلفتها الإجمالية لطلب المخزون والاحتفاظ به ١٠٠ دينار وتمثل الحد الأدنى لتلك التكاليف عند المستويات المختلفة لطلب المخزون والاحتفاظ به، وحيث أن الشركة لا تستطيع طلب ١٠٠٠ وحدة كل مرة نظراً لوجود القيد على حجم الطلبية الذي يجب أن يكون من مضاعفات ٤٠٠ وحدة، فإنه يجب اختيار البديل الأفضل من البديلين القريبين للكمية الاقتصادية لأمر الشراء، وهما طلب ٨٠٠ وحدة أو طلب ١٢٠٠ وحدة.

ويتبين من الشكل رقم (١٢-٤) أن البديل الأفضل هو طلب ١٢٠٠ وحدة في كل مرة عند وجود قيود على الطلب، حيث يبلغ إجمالي تكاليف طلب المخزون والاحتفاظ به ١٠١.٧ دينار عند البديل المذكور، وهو قريب جداً من الحد الأدنى لاجمالي التكاليف والبالغ ١٠٠ دينار. في حين أنه إذا ابتعدنا عن الكمية الاقتصادية لأمر الشراء وتم طلب ٤٠٠٠ وحدة على سبيل المثال، فإن إجمالي التكاليف يقفز إلى أكثر من ضعف الحد الأدنى وبالتحديد فإن إجمالي التكاليف يبلغ ٢١٢.٥ دينار عند ذلك الحجم من الطلب. مما يشير إلى أهمية التغيرات في إجمالي التكاليف كلما كان حجم الطلب بعيداً عن حجم الطلب للكمية الاقتصادية.

٤-٢ الكمية الاقتصادية لأمر الشراء عند وجود قيود على تخزين المخزون السلعي
EOQ with Storage limitations

في حالة وجود قيود على تخزين المخزون السلعي لدى شركة معينة بحيث أن الكمية الاقتصادية لأمر الشراء هي أكثر مما يمكن تخزينه من المخزون السلعي، فإنه في هذه الحالة سيكون حجم الطلب الملائم هو ما يمكن تخزينه. ويوضح الشكل رقم (١٢-٥) أن الحد الأدنى لإجمالي تكاليف طلب المخزون والاحتفاظ به يقع عند الحد الأعلى الذي يمكن تخزينه.

شكل رقم (١٢-٥)

الكمية الاقتصادية لأمر الشراء عند وجود قيود على تخزين المخزون السلعي

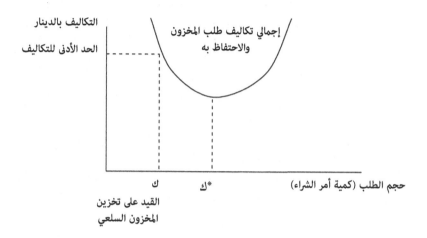

يتبين من الشكل رقم (١٢-٥) أن الكمية الاقتصادية لأمر الشراء تقع عند النقطة (*ك). وحيث أن هذه الكمية هي أعلى من الطاقة القصوى للتخزين لدى الشركة والتي تقع عند النقطة (ك)، فإنه يتحتم على الشركة اختيار البديل الذي يتناسب مع القيد على حجم التخزين لدى الشركة، وبالتالي يكون البديل الأفضل هو أن تكون كمية الطلب مساوية لقدرة الشركة على التخزين في هذه الحالة ويصل عندها إجمالي التكاليف لطلب المخزون والاحتفاظ به إلى الحد الأدنى في ظل وجود القيود على تخزين المخزون السلعي.

وتجدر الإشارة إلى أن الشركة قد ترغب في ظل وجود قيود على تخزين المخزون السلعي بأن تستأجر أماكن معينة لتخزين البضاعة الفائضة عن قدرتها على التخزين وذلك في حالة أن تكون عملية الاستئجار مبررة اقتصادياً. ونورد المثال رقم (٦) لتوضيح هذه النقطة.

مثال رقم (٦):

تتوقع شركة السهم الأخضر أن يكون إجمالي طلبها على المخزون السلعي خلال العام القادم ٧٥٠٠ وحدة، وقد تم تقدير تكلفة الطلب بما يعادل ٧٥ دينار لكل أمر شراء. فإذا علمت أن تكلفة الاحتفاظ بوحدة من المخزون خلال الفترة تعادل ٠.٥ دينار وتحسب على متوسط المخزون خلال الفترة.

المطلوب:

١) احتساب الكمية الاقتصادية لأمر الشراء.
٢) احتساب تكاليف طلب المخزون والاحتفاظ به للكمية الاقتصادية لأمر الشراء.
٣) بافتراض أنه يوجد لدى الشركة طاقة تخزينية لما يعادل ١٠٠٠ وحدة فقط. ويوجد مبنى قريب من الشركة يمكن استئجاره لتخزين ٥٠٠ وحدة إضافية بإيجار سنوي ٢٠٠ دينار. فهل تنصح الشركة باستئجار المبنى الإضافي؟
٤) بافتراض أنه يوجد لدى الشركة طاقة تخزينية لما يعادل ١٠٠٠ وحدة فقط. كما يوجد مبنى قريب من الشركة يمكن استئجاره لتخزين ٥٠٠ وحدة إضافية بإيجار سنوي مقداره ٥٠ دينار. فهل تنصح الشركة باستئجار المبنى الإضافي لتخزين الوحدات الإضافية أم لا؟

إجابة مثال رقم (٦):

١) طبقاً للمعادلة رقم (٣) فإن:

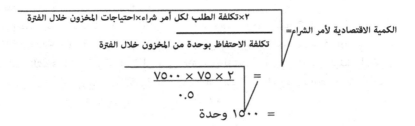

$$\text{الكمية الاقتصادية لأمر الشراء} = \sqrt{\frac{\text{٢} \times \text{تكلفة الطلب لكل أمر شراء} \times \text{احتياجات المخزون خلال الفترة}}{\text{تكلفة الاحتفاظ بوحدة من المخزون خلال الفترة}}}$$

$$= \sqrt{\frac{\text{٢} \times \text{٧٥} \times \text{٧٥٠٠}}{\text{٠.٥}}}$$

$$= \text{١٥٠٠ وحدة}$$

٢) تكاليف طلب المخزون = $\frac{\text{٧٥٠٠} \times \text{٧٥}}{\text{١٥٠٠}}$ = ٣٧٥ دينار

تكاليف الاحتفاظ بالمخزون = $\frac{\text{١٥٠٠}}{\text{٢}}$ × ٠.٥ = ٣٧٥ دينار

∴ تكاليف الطلب والاحتفاظ بالمخزون للكمية الاقتصادية لأمر الشراء=٣٧٥+٣٧٥=٧٥٠ دينار

٣) حيث أن هناك طاقة تخزينية لدى الشركة لما يعادل ١٠٠٠ وحدة فقط، فإن أفضل ما يمكن أن تعمله الشركة هو طلب كمية ١٠٠٠ وحدة فقط في كل مرة بسبب قيد التخزين. وإذا تم تنفيذ الطلب المذكور فإنه يمكن احتساب التكاليف كما يلي.

تكاليف طلب المخزون = $\frac{75 \times 7500}{1000}$ = ٥٦٢,٥ دينار

تكاليف الاحتفاظ بالمخزون = $\frac{1000}{2} \times 0.5$ = ٢٥٠ دينار

∴ تكاليف طلب المخزون والاحتفاظ به عند كمية ١٠٠٠ وحدة تعادل ٨١٢.٥ دينار.

وبهذه الحالة بطلب ١٠٠٠ وحدة بدلاً من الكمية الاقتصادية وهي ١٥٠٠وحدة ستكون الزيادة في التكاليف ٦٢.٥ دينار (٨١٢.٥- ٧٥٠). فإذا رغبت الشركة بطلب الكمية الاقتصادية فإنها ستوفر ٦٢.٥ دينار ولكنها ستدفع بالمقابل إيجار سنوي مقداره ٢٠٠ دينار وهو أعلى مما ستوفره، وعليه فإن من الأفضل للشركة عدم استئجار المبنى الإضافي وطلب المخزون السلعي بكميات كل منها ١٠٠٠ وحدة.

٤) تبين من إجابة البند السابق رقم (٣) أن الشركة سوف توفر مبلغ ٦٢.٥ دينار في حالة طلبها للكمية الاقتصادية لأمر الشراء. وحيث أن قيمة الإيجار السنوي ومقداره ٥٠ دينار هو أقل من التوفيرات المتوقعة، فإن من الأفضل للشركة أن تستأجر المبنى الإضافي وتطلب من الآخرين تزويدها بالكمية الاقتصادية لأمر الشراء ومقدارها ١٥٠٠ وحدة لأنه سوف تكون توفيراتها النهائية ١٢.٥ دينار (٦٢.٥-٥٠).

٤-٣ الكمية الاقتصادية لأمر الشراء عند وجود خصم كمية

EOQ Model with Quantity Discount.

عند شراء منشأة معينة لكميات كبيرة من المخزون السلعي فإنها قد تحصل على خصم كمية من الموردين للمخزون السلعي أو على أجور نقل مخفضة للكميات الكبيرة. وقد تكون التوفيرات في مثل هذه الحالة أكثر من التكلفة الإضافية للاحتفاظ بالمخزون السلعي. وبشكل عام فإنه عند وجود خصم كمية للفئات المختلفة المشتراة من المخزون السلعي ستكون أقل كمية اقتصادية لأمر الشراء هي تلك الكمية التي يتم احتسابها طبقاً للمعادلة رقم (٣) المذكورة سابقاً دون الأخذ بعين الاعتبار لخصم الكمية المتعلق بالفئات المختلفة التي يمكن شراؤها. وتجدر الإشارة بأنه قد يكون أفضل للشركة وأقل تكلفة، شراء كمية من المخزون السلعي أكبر من

الكمية الاقتصادية لأمر الشراء التي تم احتسابها طبقاً للمعادلة رقم (٣) وذلك للحصول على خصم الكمية للفئة التي يتم الشراء منها.

ونورد المثال رقم (٧) التالي لتوضيح كيفية احتساب أفضل كمية للطلب والشراء في حالة وجود خصم كمية.

مثال رقم (٧):

تشتري شركة الصناعات الوطنية ٤٠٠٠٠ وحدة من مادة (س) سنوياً التي يتم استعمالها لإنتاج المنتج (ص). فإذا علمت أن تكلفة الوحدة من المادة (س) تعادل ١٠٠ دينار وأن تكلفة رأس المال للشركة هي ٢٥%، وأن تكاليف التخزين الإضافية للمادة (س) تعادل ٥ دنانير للوحدة. وتبلغ تكلفة أمر الشراء للمادة (س) ٩٦٠ دينار. فإذا علمت أن الشركة الموردة تعطي خصم كمية كالتالي:

الكمية المطلوبة	مقدار الخصم للوحدة
٠ -٩٩٩	لا شيء
١٠٠٠-١٩٩٩	٠.٥ دينار
٢٠٠٠-٣٩٩٩	١
٤٠٠٠-٩٩٩٩	١.٥
١٠ ٠٠٠ فأكثر	٢

المطلوب:

١) احتساب الكمية الاقتصادية لأمر الشراء دون الأخذ بعين الاعتبار خصم الكمية.

٢) احتساب أفضل كمية طلب يمكن أن تشتريها الشركة في ظل خصم الكمية المذكور.

إجابة مثال رقم (٧):

١) تكلفة الاحتفاظ بوحدة من المخزون = تكلفة رأس المال + تكلفة التخزين الإضافية للوحدة

= (٢٥% × ١٠٠) + ٥

= ٢٥ + ٥

= ٣٠ دينار

بتطبيق المعادلة رقم (٣) المذكورة سابقاً فإنه يمكن استنتاج أن:

$$\text{الكمية الاقتصادية لأمر الشراء} = \sqrt{\frac{٢ \times ٩٦٠ \times ٤٠٠٠٠}{٣٠}}$$

= ١٦٠٠ وحدة.

٢) إن أفضل كمية طلب يمكن أن تشتريها الشركة في ظل خصم الكمية المذكور ستكون إحدى الكميات الأربع التالية: ١٦٠٠ وحدة أو ٢٠٠٠ وحدة أو ٤٠٠٠ وحدة أو ١٠٠٠٠ وحدة. ولن تكون هناك أية كمية أخرى مفضلة اقتصادياً عن الكميات الأربع المذكورة. ولاحتساب أفضل كمية طلب في ظل خصم الكمية فإنه يمكن عمل الجدول التالي رقم (١٢-٤):

جدول رقم (١٢-٤)
كمية الطلب المفضلة في ظل خصم الكمية

حجم الطلب	تكاليف الاحتفاظ بالمخزون	تكاليف الطلب	الخصم المفقود	إجمالي التكاليف
١٦٠٠	٢٤٠٠٠دينار(١)	٢٤٠٠٠دينار(٥)	٦٠ ٠٠٠دينار(٩)	١٠٨٠٠٠دينار
٢٠٠٠	٢٩٨٧٥دينار(٢)	١٩٢٠٠دينار(٦)	٤٠ ٠٠٠دينار(١٠)	٨٩٠٧٥دينار(الأفضل)
٤٠٠٠	٥٩٥٠٠دينار(٣)	٩٦٠٠دينار(٧)	٢٠ ٠٠٠دينار(١١)	٨٩,١٠٠دينار
١٠ ٠٠٠	١٤٨١٢٥دينار(٤)	٣٨٤٠دينار(٨)	صفر (١٢)	١٥١٩٦٥دينار

يتضح من جدول رقم (١٢-٤) أن كمية الطلب الأفضل هي ٢٠٠٠ وحدة والتي يكون عندها إجمالي التكاليف ٨٩٠٧٥ دينار وهي الأقل مقارنة بباقي كميات الطلب.

وفيما يلي توضيح لكيفية احتساب المبالغ المتعلقة بتكاليف الاحتفاظ بالمخزون وتكاليف الطلب والخصم المفقود والمشار إليها بالأرقام من (١) إلى (١٢) في الجدول رقم (١٢-٤).

١) تكلفة الاحتفاظ بالمخزون السلعي = $\frac{\text{تكلفة الاحتفاظ بوحدة من المخزون × حجم أمر الشراء}}{٢}$

$$= \frac{١٦٠٠ \times (٥ + (١٠٠ \times \%٢٥))}{٢}$$

= ٢٤٠٠٠ دينار

بافتراض أن تكلفة الوحدة ١٠٠ دينار هي بعد الخصم في هذه الفئة.

٢) تكلفة الاحتفاظ بالمخزون السلعي = ((٢٥%×٩٩.٥) + ٥) × ٢٠٠٠ = ٢٩٨٧٥ دينار
٢

حيث أن ٩٩.٥ دينار هي ١٠٠ - ٠,٥ الخصم الإضافي.

٣) تكلفة الاحتفاظ بالمخزون السلعي = ((٢٥%×٩٩) + ٥) × ٤٠٠٠ = ٥٩٥٠٠ دينار
٢

حيث ٩٩ = ١٠٠ - ١ (الخصم الإضافي)

٤) تكلفة الاحتفاظ بالمخزون السلعي = ((٢٥%×٩٨.٥) + ٥) × ١٠٠٠٠ = ١٤٨١٢٥ دينار
٢

٥) تكاليف الطلب على المخزون السلعي= **تكلفة إصدار أمر الشراء×احتياجات من المخزون السلعي خلال الفترة**
حجم أمر الشراء

= ٩٦٠ × ٤٠٠٠٠ = ٢٤٠٠٠ دينار
١٦٠٠

٦) تكاليف الطلب على المخزون السلعي= ٩٦٠ × ٤٠٠٠٠ = ١٩٢٠٠ دينار
٢٠٠٠

٧) تكاليف الطلب على المخزون السلعي=٩٦٠×٤٠٠٠٠ = ٩٦٠٠ دينار
٤٠٠٠

٨) تكاليف الطلب على المخزون السلعي= ٩٦٠ × ٤٠٠٠٠ = ٣٨٤٠ دينار
١٠٠٠٠

٩) الخصم المفقود = ٤٠٠٠٠× (٢-٠.٥) = ٦٠٠٠٠ دينار

حيث ٢ دينار هي الحد الأعلى لخصم الكمية الذي يمكن الحصول عليه للوحدة.

١٠) الخصم المفقود = ٤٠٠٠٠ × (٢-١) = ٤٠٠٠٠ دينار
١١) الخصم المفقود = ٤٠٠٠٠ × (٢-١.٥) = ٢٠٠٠٠ دينار
١٢) الخصم المفقود = ٤٠٠٠٠ × (٢-٢) = صفر

٥- تحديد توقيت الطلب الاقتصادي Economic Order Point

لقد تم لغاية الآن معالجة كيفية احتساب الكمية الاقتصادية لأمر الشراء في ظل المتغيرات والقيود المختلفة، وهناك قرار آخر ذات أهمية بالغة يجب اتخاذه وهو متى يتم إصدار الطلب؟ وتكون الإجابة على هذا السؤال سهلة في حالة معرفة فترة التوريد Lead time وهي الفترة الفاصلة بين وضع الطلب واستلام المخزون السلعي المتعلق بالطلب، ومعرفة الكمية الاقتصادية لأمر الشراء، ومعرفة الطلب بالتأكيد خلال فترة التوريد.

نورد المثال رقم (٨) التالي لتوضيح العلاقة بين الكمية الاقتصادية لأمر الشراء وفترة التوريد ومعدل الطلب خلال تلك الفترة.

مثال رقم (٨):

تبلغ الكمية الاقتصادية لأمر الشراء لشركة الصناعة الأهلية ٦٠٠ وحدة من المخزون السلعي (أ)، وأن معدل الطلب على المخزون السلعي (أ) يعادل ١٥٠ وحدة أسبوعياً، وأن فترة التوريد هي أسبوعين.

المطلوب:

١) تحديد توقيت إعادة الطلب في ظل معرفة الطلب وفترة التوريد بالتأكيد.

٢) تمثيل العلاقة بين الكمية الاقتصادية لأمر الشراء والزمن بيانياً مع توضيح نقطة إعادة الطلب على الرسم البياني.

إجابة مثال رقم (٨):

١) يعتمد توقيت إعادة الطلب في ظل معرفة الطلب بالتأكيد على معدل الطلب على المخزون السلعي خلال فترة التوريد. وحيث أن معدل الطلب على المخزون السلعي (أ) يعادل ١٥٠ وحدة أسبوعياً، وفترة التوريد تعادل أسبوعين. فإن إعادة الطلب سيكون عندما يصل مستوى المخزون السلعي (أ) إلى ٣٠٠ وحدة (١٥٠×٢).

٢) يوضح الشكل رقم (١٢-٦) علاقة الطلب على المخزون السلعي مع الزمن. كما يبين الشكل المذكورة توقيت إعادة الطلب على المخزون السلعي (أ) عند وصول مستوى المخزون السلعي إلى ٣٠٠ وحدة.

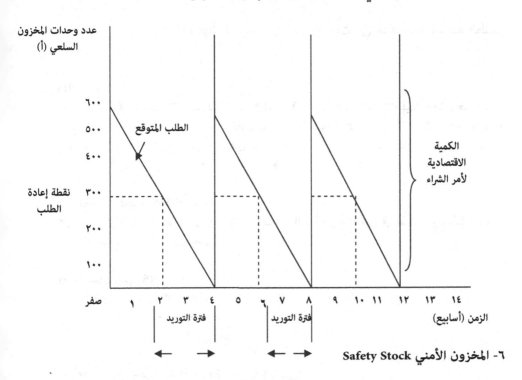

شكل رقم (٦-١٢)
علاقة الطلب على المخزون السلعي مع الزمن
في ظل التأكد من الطلب وفترة التوريد

عدد وحدات المخزون
السلعي (أ)

الطلب المتوقع

٦٠٠
٥٠٠
٤٠٠

نقطة إعادة
الطلب

٣٠٠
٢٠٠
١٠٠

الكمية
الاقتصادية
لأمر الشراء

صفر ١ ٢ ٣ ٤ 5 ٦ ٧ ٨ ٩ ١٠ ١١ ١٢ ١٣ ١٤   الزمن (أسابيع)

فترة التوريد   فترة التوريد

٦- المخزون الأمني Safety Stock

يتغير الطلب على المخزون السلعي بين حين وآخر، وبالتالي وفي بعـض الحـالات فـإن المنشأة قد تخلو من المخزون السلعي في حالة كون الطلب على المخزون السلعي أكثر مـن المتوقع. فمثلاً في المثال السابق رقم (٨) قد يكون معدل الطلب على المخزون السلعي أكثر من ١٥٠ وحدة أسبوعياً، أو قد يكون تأخير في التسليم من الشركة الخارجيـة مـما قـد ينـتج عنه عدم وجود المخزون السلعي لدى المنشأة في فترة معينة. وعليه فإن العديد من المنشـآت قد تلجأ إلى الاحتياط ضد مخاطر نقص المخـزون السـلعي بـأن تحـتفظ بكميـة إضـافية مـن المخزون السلعي والتي تسمى بالمخزون الأمني.

٤٥٩

وبشكل عام فإنه يمكن احتساب نقطة إعادة الطلب في حالة الاحتفاظ بالمخزون الأمني كما يلي:

نقطة إعادة الطلب= الطلب المتوقع خلال فترة التوريد+المخزون الأمني......(٤)

نورد المثال رقم (٩) التالي لتوضيح دور المخزون الأمني عند عدم معرفة الطلب بحقه.

مثال رقم (٩):

تبلغ الكمية الاقتصادية لأمر الشراء في شركة الصناعة الأهلية ٦٠٠ وحدة من المخزون السلعي (أ)، وأن معدل الطلب على المخزون السلعي (أ) يعادل ١٥٠ وحدة أسبوعياً. وأن فترة التوريد هي أسبوعين. فإذا علمت بأن أقصى طلب على المخزون السلعي خلال فترة التوريد هو بمعدل ٢٠٠ وحدة أسبوعياً.

المطلوب:

١. تحديد نقطة إعادة الطلب.
٢. التمثيل البياني للعلاقة بين مستوى المخزون السلعي والزمن في ظل عدم التأكد من الطلب ووجود مخزون أمني.

إجابة مثال رقم (٩):

١) المخزون الأمني=(الحد الأقصى للطلب-الطلب المتوقع)×فترة التوريد......(٥)

= (٢٠٠ - ١٥٠) × ٢

= ١٠٠ وحدة.

وعليه يمكن تحديد نقطة إعادة الطلب كما يلي:

نقطة إعادة الطلب= الطلب المتوقع خلال فترة التوريد+المخزون الأمني

= (١٥٠ × ٢) + ١٠٠

= ٤٠٠ وحدة

٢) يوضح الشكل رقم (١٢-٧) علاقة الطلب على المخزون السلعي مع الزمن في ظل عدم التأكد من الطلب ووجود مخزون أمني.

شكل رقم (١٢-٧)

التمثيل البياني للعلاقة بين مستوى المخزون السلعي والزمن في ظل عدم التأكد من الطلب

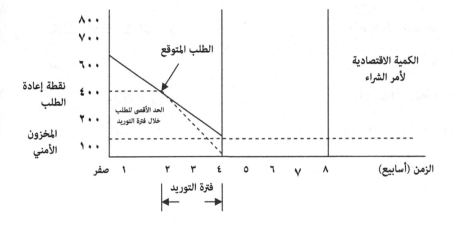

عدد وحدات المخزون السلعي
المخزون الأمني

المصطلحات

Carrying Costs for Inventory	تكاليف الاحتفاظ بالمخزون
Constraints	قيود
Economic Order Quantity	الكمية الاقتصادية لأمر الشراء
Inventory Management Costs	تكاليف إدارة المخزون السلعي
Inventory Planning	تخطيط المخزون السلعي
Lead Time	فترة التوريد
Objective Function	دالة الهدف
Ordering Costs	تكاليف الطلب
Profit Maximization	تعظيم الربح
Quantitative Techniques	أساليب كمية
Safety Stock	المخزون الأمني
Shortage Costs for Inventory	تكاليف نقص البضاعة

أسئلة وتمارين

١) ما المقصود بالبرمجة الخطية؟

٢) ما هي المشكلات التي يمكن حلها عن طريق البرمجة الخطية؟

٣) ما هي أنواع تكاليف إدارة المخزون السلعي؟

٤) ما المقصود بتكاليف نقص المخزون؟

٥) ما هي طرق التوصل إلى الحجم الأمثل لأمر الشراء؟

٦) اذكر المعادلة المتعلقة بتكاليف الطلب على المخزون السلعي.

٧) اذكر المعادلة المتعلقة بتكاليف الاحتفاظ بالمخزون السلعي.

٨) اذكر المعادلة المتعلقة بالكمية الاقتصادية لأمر الشراء.

٩) عدّد بعض القيود والعوامل التي تؤثر على الكمية الاقتصادية لأمر الشراء.

١٠) اشرح المقصود بنقطة إعادة الطلب وفترة التوريد والمخزون الأمني.

١١) ما هي العلاقة بين نقطة إعادة الطلب والمخزون الأمني؟

١٢) "إذا كان الطلب على المخزون وفترة التوريد معلومة بشكل مؤكد، فليس هناك حاجة للمخزون الأمني". هل توافق على ذلك؟ اشرح.

١٣) أي من المعادلات التالية تعتبر معادلات خطية؟

١) س + ص = ١٠

٢) س^٢ = ص

٣) س^٢ + ص = ٢٥

٤) ٥ص = ١٥

١٤) تنتج إحدى الشركات نوعين من المنتجات هما (أ) و (ب) وفيما يلي المعلومات الأسبوعية المتعلقة بهذين المنتجين علماً بأنهما يمران في مرحلتين للإنتاج:

البيان	عائد المساهمة للوحدة	التكلفة المتغيرة للوحدة	سعر بيع الوحدة	عدد ساعات المرحلة الثانية	عدد ساعات المرحلة الأولى
المنتج (أ)	٨ دنانير	١٢ دينار	٢٠ دينار	٨	٥
المنتج (ب)	٢٠	٢٥	٤٥	٣	١٠
الطاقة الإنتاجية				١٢٠	٣٠٠

المطلوب:

تحديد الكميات التـي يجب إنتاجهـا وبيعهـا مـن المنتجـين لتعظيم إجمالي عائـد المساهمة للشركة باستعمال أسلوب البرمجة الخطية وبافتراض أنه يمكن بيع أية كمية تنتجها الشركة من المنتجين.

١٥) ترغب شركة النهار الصناعية بإنتاج ٣٠٠ جالون من خليط معين باستعمال العنصرين (أ) و (ب). علماً بأن تكلفة الجالون مـن العنصـر (أ) تعـادل ٥٠ دينـار، في حـين أن تكلفـة الجالون من العنصر (ب) تعادل ١٠٠ دينار. وأنه لا يجوز استعمال أكثر من ١٢٠ جالون من العنصر (أ)، بينما يجب استعمال على الأقل ٨٠ جالون مـن العنصـر (ب) للحصول على الخليط المطلوب. وترغب الشركة في الحصول على الخليط بأدنى تكلفة ممكنة.

المطلوب:

١) صياغة دالة الهدف والقيود المتعلقة بالمشكلة طبقاً لأسلوب البرمجة الخطية.

٢) التمثيل البياني للمشكلة باستخدام البرمجة الخطية.

٣) تحديد الكميات التي يجب استخدامها من العنصرين (أ) و (ب) للحصول على الخليط المطلوب بأدنى تكلفة ممكنة.

١٦) تنـتج الشركة الوطنيـة ثلاثـة منتوجـات هـي (أ) و (ب) و (جـ) والتي تسـتعمل مـواد مشتركة وهي (س) و (ص). فإذا علمت أن تكلفة المادة (س) هي ٥٠٠ دينار للطن، في حين أن تكلفة المادة (ص) هي ٦٠٠ دينار للطن. وفيما يلي كمية المـواد المطلوبـة لكل طن من المنتج والوزن المطلوب لكل طن من المنتج:

البيان	المنتج (جـ)	المنتج (ب)	المنتج (أ)
المادة (س)	١٠ كغم	٢٠ كغم	٥ كغم
المادة (ص)	٢٥ كغم	٦ كغم	١٥ كغم
الحد الأدنى المطلوب للوزن	٢٥٠ كغم	١٢٠ كغم	١٥٠ كغم

المطلوب:

تحديد عدد الأطنان من كل مادة الذي يجب استعماله لإنتاج المنتجات المطلوبة بأقل التكاليف الممكنة وباستعمال طريقة الرسم البياني.

١٧) تتوقع شركة الصباح أن يكون إجمالي الطلب على المخزون السلعي خلال العام القادم ٦٠٠٠ وحدة، وقد تم تقدير تكلفة الطلب بمبلغ ٢٠ دينار لكل أمر شراء. فإذا علمت بأن تكلفة الاحتفاظ بالوحدة من المخزون تعادل ٣ دنانير وتحسب على متوسط المخزون خلال العام.

المطلوب:

إعداد جدول لإيجاد الكمية الاقتصادية لأمر الشراء.

١٨) استعمل المعلومات الواردة في السؤال السابق رقم (١٧).

المطلوب:

إيجاد الكمية الاقتصادية لأمر الشراء باستخدام طريقة المعادلة المتعلقة باستخراج تلك الكمية.

١٩) تتوقع شركة السعادة أن يكون إجمالي الطلب على المخزون السلعي خلال العام القادم ٨٠٠٠ وحدة. وتطلب شركة السعادة مخزونها السلعي من الشركة المتحدة التي تقبل الطلبات بمضاعفات ٥٠٠ وحدة. ويقدر تكلفة الطلب بمبلغ ١٥ دينار لكل أمر شراء، في حين أن تكلفة الاحتفاظ بالوحدة من المخزون السلعي تعادل ٥ دنانير وتحسب على متوسط المخزون خلال العام.

المطلوب:

١) احتساب الكمية الاقتصادية لأمر الشراء.

٢) احتساب البديل الأفضل للكمية الاقتصادية لأمر الشراء إذا كانت الشركة المتحدة لا تسمح بشراء الكمية الاقتصادية لأمر الشراء.

٢٠) تتوقع الشركة الأهلية بأن يكون إجمالي طلبها على المخزون السلعي خلال العام القادم ٦٠٠٠ وحدة، وتقدر تكلفة الطلب بما يعادل ٨٠ دينار لكل أمر شراء، وأن تكلفة الاحتفاظ بوحدة من المخزون خلال الفترة تعادل ٥ دنانير وتحسب على متوسط المخزون خلال الفترة.

المطلوب:

١) احتساب الكمية الاقتصادية لأمر الشراء.

٢) احتساب تكاليف طلب المخزون والاحتفاظ به للكمية الاقتصادية لأمر الشراء.

٣) بافتراض أنه يوجد لدى الشركة طاقة تخزينية لما يعادل ١٢٠٠ وحدة فقط. ويوجد مبنى قريب يمكن استئجاره لتخزين أية وحدات إضافية بإيجار سنوي ٤٠٠ دينار. فهل تنصح الشركة باستئجار المبنى الإضاف أم لا؟

٢١) تشتري الشركة الصناعية ٥٠ ٠٠٠ وحدة من مادة (أ) سنوياً التي يتم استعمالها لإنتاج المنتج (ب). فإذا علمت أن تكلفة الوحدة من المادة (أ) تعادل ٢٠٠ دينار وأن تكلفة رأس المال للشركة هي ٢٥%، وأن تكاليف التخزين الإضافية للمادة (أ) تعادل ٤ دنانير للوحدة. وتبلغ تكلفة أمر الشراء للمادة (أ) ٨٠٠ دينار. فإذا علمت أن الشركة الموردة تعطي خصم كمية كالتالي:

الكمية المطلوبة	مقدار الخصم للوحدة
٠ - ٩٩٩	لا شيء
١٠٠٠-١٩٩٩	١ دينار
٢٠٠٠-٤٩٩٩	١.٥
٥٠٠٠-٩٩٩٩	٢
١٠ ٠٠٠ فأكثر	٢.٥

المطلوب:
١) احتساب الكمية الاقتصادية لأمر الشراء دون الأخذ بعين الاعتبار خصم الكمية.
٢) احتساب أفضل كمية طلب يمكن أن تشتريها الشركة في ظل خصم الكمية المذكور.

٢٢) تبلغ الكمية الاقتصادية لأمر الشراء لشركة الصناعات الوطنية ٨٠٠ وحدة من المخزون السلعي (س)، وأن معدل الطلب على المخزون يعادل ٢٠٠ وحدة أسبوعياً، وأن فترة التوريد هي أسبوعين.
المطلوب:
١) تحديد توقيت إعادة الطلب في ظل معرفة الطلب وفترة التوريد بالتأكيد.
٢) تمثيل العلاقة بين الكمية الاقتصادية لأمر الشراء والزمن بيانياً مع توضيح نقطة إعادة الطلب على الرسم البياني.

٢٣) تبلغ الكمية الاقتصادية لأمر الشراء لشركة الصناعات الوطنية ٨٠٠ وحدة من المخزون السلعي (س)، كما يبلغ معدل الطلب على المخزون ٢٠٠ وحدة أسبوعياً، وتعادل فترة التوريد أسبوعين. فإذا علمت بأن أقصى طلب على المخزون السلعي خلال فترة التوريد هو بمعدل ٢٥٠ وحدة أسبوعياً.

المطلوب:

١) تحديد نقطة إعادة الطلب.

٢) التمثيل البياني للعلاقة بين مستوى المخزون والزمن في ظل عدم التأكد من الطلب ووجود مخزون أمني.

٢٤) تشتري إحدى الشركات مخزونها السلعي بسعر الوحدة ٤٠ دينار. علماً بأن الطلب السنوي على المخزون يعادل ٤٠٠٠٠ دينار، وأن تكلفة الطلب الواحد تعادل ٢٠٠ دينار، وأن تكاليف التخزين الإضافية تعادل ٥ دنانير للوحدة وأن معدل تكلفة رأس المال هو ٣٠%.

المطلوب:

احتساب الكمية الاقتصادية لأمر الشراء.

٢٥) تعطي الشركة العالمية خصم كمية على مبيعاتها طبقاً للجدول التالي:

الكمية	الخصم
١ -٩٩٩	لا شيء
١٠٠٠-١٩٩٩	١ دينار
٢٠٠٠-٤٩٩٩	١.٧٥
٥٠٠٠-٩٩٩٩	٢.٥
١٠ ٠٠٠-١٤٩٩٩	٤
١٥٠٠٠ فأكثر	٦

وترغب الشركة الأهلية بمعرفة إمكانية الاستفادة من الخصم الممنوح لدى الشركة العالمية. فإذا علمت بأن الشركة الأهلية تستخدم مخزون سلعي بما يعادل ٢٥٠٠٠ وحدة وأن لديها قدرة تخزينية لما يعادل ١٦٠٠٠ وحدة، وأن تكلفة الأمر أو الطلبية تعادل ٥٠٠ دينار، في حين أن تكاليف الاحتفاظ بوحدة من المخزون السلعي تعادل ٥ دنانير.

المطلوب:

عمل جدول يبين الكمية الأفضل للطلب.

٢٦) فيما يلي المعلومات المتعلقة بشركة السهل الأحمر:

٦٠٠ دينار تكلفة الاحتفاظ بوحدة من المخزون السلعي خلال الفترة

٤٠٠ دينار تكلفة أمر الشراء

٣٠ ٠٠٠ وحدة عدد الوحدات المستعملة من المخزون خلال الفترة

ما هي الكمية الاقتصادية لأمر الشراء بافتراض طلب المخزون خلال الفترة بالتساوي؟

(أ) ٥٠٠ وحدة   (ج) ٣٠٠ وحدة   (هـ) لا شيء مما سبق

(ب) ٤٠٠ وحدة   (د) ٢٠٠ وحدة

مراجع مختارة

أ- كتب باللغة العربية:

- احمد حسين، "المحاسبة الإدارية المتقدمة"، الاسكندرية: جامعة الاسكندرية، ٢٠٠٠.

- السيد عبد المقصود دبيان، "النماذج الكمية في المحاسبة الإدارية واتخاذ القرارات"، الاسكندرية: دار المعرفة الجامعية، ١٩٩٩.

- امين السيد لطفي، "تخطيط الارباح والأداء المالي المستقبلي لمنشآت الأعمال باستخدام أساليب المحاسبة الإدارية المتقدمة"، القاهرة: مكتبة دار النهضة العربية، ١٩٩٨.

- علي أحمد أبو الحسن، "المحاسبة الإدارية المتقدمة: اتخاذ القرارات - تقارير الأداء- تقييم الأداء"، الاسكندرية: الدار الجامعية، ١٩٩٧.

- فتحي رزق السوافيري، "الأساليب الكمية في المحاسبة"، عمان: دار الحامد، ١٩٩٨.

- محمد تيسير الرجبي، "المحاسبة الإدارية"، الطبعة الثانية، عمان: المؤلف، ١٩٩٩.

- يحيى محمد أبو طالب، "نظم المعلومات الإدارية والمحاسبية في مجالات التخطيط والرقابة واتخاذ القرارات"، القاهرة: دار الأمين، ١٩٩٩.

ب- كتب باللغة الإنجليزية

- A.A. Atkinson, R.S. Kaplan, E.M. Matsumura and S.M. Young, Management Accounting, 5th ed., (Upper Saddle River, N.J.: Prentice Hall , Inc., 2007).

- C.T. Horngren, A. Bhimani, G. Foster, and S.M. Datar, Management and Cost Accounting, (London: Prentice Hall Europe, 1999).

- C.T. Horngren, S.M. Datar, and G. Foster, Cost Accounting, 12th ed., (Upper Saddle River, N.J. : Prentice Hall, Inc., 2006).

- R.W. Hilton, Managerial Accounting, 4th ed., (Boston: Irwin/ McGraw- Hill, 1999).

- S. Ansari and J. Bell, Target Costing: The Next Frontier in Strategic Cost Management, (Chicago: Irwin, 1997).

- T. Lucey, Costing, 5th ed., (London: Continuum, 1996).

- T. Lucey, Management Accounting, 4th ed., (London: Continuum, 1996).

جـ- دوريات باللغة الإنجليزية:

- A. Norkiewicz, "Nine Steps to Implementing ABC", Management Accounting, (April 1994), PP. 28-33.

- D. Hicks, "A Modest Proposal for Pricing Decisions", Management Accounting, (November 1992), PP. 50-53.

- E. Shim and A. Stagliano, "A survey of US manufacturers on implementation of ABC", Journal of Cost Management, (March/ April 1997), PP. 39-41.

- E. Shim and E.F. Sudit, "How Manufacturers Price Products", Management Accounting, (February 1995), PP. 37-39.

- K.L. Henning and F.W. Undahn, "Implementing ABC: the link between individual motivation and system design", Advances in Management Accounting, 1995, PP. 42-62.

- R. Balakrishnan and D.V. DeJong, "The Role of Cost Allocation in the Acquisition and Use of Common Resources", The Accounting Review, (July 1993), PP. 395-414.

- R.S. Kaplan, "Flexible Budgeting in an Activity – Based Costing Framework", Accounting Horizons, (June 1994), PP. 104-109.

- T. Hobdy, J. Thompson, and P. Sharman, "Activity – Based Management at AT & T", Management Accounting, (April 1994), PP. 35-39.

- Y.T. Mak and M.L. Roush, "Flexible Budgeting and Variance Analysis in an Activity – Based Costing Environment", Accounting Horizons, (June 1994), PP. 93-103.

Printed in the United States
by Bookmasters

T0271280

Printed in the United States
By Bookmasters